# 皇权的力场

## 清前中期天津大盐商的兴衰

吉朋辉 著
天津市档案馆 编

天津社会科学院出版社

图书在版编目（CIP）数据

皇权的力场 ： 清前中期天津大盐商的兴衰 / 吉朋辉著 ; 天津市档案馆编. -- 天津 ： 天津社会科学院出版社, 2022.12
ISBN 978-7-5563-0852-1

Ⅰ. ①皇… Ⅱ. ①吉… ②天… Ⅲ. ①盐业史－研究－天津－清代 Ⅳ. ①F426.82

中国版本图书馆 CIP 数据核字(2022)第 178635 号

皇权的力场 ： 清前中期天津大盐商的兴衰
HUANGQUAN DE LICHANG : QING QIANZHONGQI TIANJIN DA YANSHANG DE XINGSHUAI
**选题策划：**韩　鹏
**责任编辑：**吴　琼
**装帧设计：**高馨月
**出版发行：**天津社会科学院出版社
**地　　址：**天津市南开区迎水道 7 号
**邮　　编：**300191
**电　　话：**（022）23360165
**印　　刷：**北京盛通印刷股份有限公司
**开　　本：**787×1092　　1/16
**印　　张：**26.75
**字　　数：**357 千字
**版　　次：**2022 年 12 月第 1 版　　2022 年 12 月第 1 次印刷
**定　　价：**88.00 元

# 前　言

相比扬州盐商，清代前中期天津盐商的存在感并不强，既不是治盐业史、经济史者重点关注的对象，也几乎没有留下任何可见可触的历史遗址。但是天津盐商之于天津，具有扬州盐商之于扬州同样的意义，他们是地方文化活动的召集者和推动者，亦是天津城市发展进程的参与者和贡献者。

天津地方史学者们其实早就开始了对天津大盐商家族的研究。但这些研究集中于文化活动较多的几个家族，专注于其在天津文化、社会层面的影响。本书的立意则在于，尽量全面地挖掘清代前中期天津出现过的主要大盐商家族的历史，并将各家族置于清代前中期盐业的大框架内，寻绎出他们之间联络沿革的轨迹，穷究其兴衰的本源，恢复盐商家族史作为盐业史缩影的本来面目。

本书写作的主要依据是档案，辅以谱牒、方志与各类古籍，考索出不少此前模糊不清或不为人知的历史事实，梳理了这些家族兴衰的历史，揭示了他们与权贵阶层尤其是皇权之间在经济、政治上千丝万缕的联系。书中可以看到盐商在追求财富和权力之路上的求索挣扎，也可以看到皇权对他们的种种利用、警惕和控制。其间既有烈火烹油的繁华荣耀，也有穷途末路的萧索屈辱。

但关于盐商家族的历史资料是有局限性的：一般来说，只有当他们被卷入案件，档案中才会留下关于他们的记录，而他们的日常活动则难觅踪迹。在清代前中期天津大盐商家族长达数十年甚至上百年的盐业经营史中，这些案件只是一个个时空扭结点，可以用来连缀起家族兴衰的轨迹，却不能提供足够全面的历史细节。其结果就是，从本书着力叙述的事件来看，盐商家族似乎只会做那些偷漏税课、夹带私盐、权钱交易、恃强凌弱、以公谋私的勾当，前仆后继地在"作死"的路上狂奔。

那么，清代前中期天津大盐商家族的覆灭、天津盐商群体的衰落，是否可以简单归结为"不作就不会死"？答案当然是否定的。这些家族的兴衰，与长芦盐业乃至整个中国盐业的兴衰是同步的，他们只是这个历史大变局中的一朵朵浪花而已。正如本书所揭示出的，张霖、查日乾、安岐等盐商作为个体具备人性的复杂，同时他们作为盐商群体也并不是单面的。盐商的行为无法摆脱历史规定性，都是为适应专商引岸制度的框架体系而自然生发，而以皇帝为首的管理者并没有为盐商提供正确的导向，这种导向的根源在于专商引岸制度及其背后的法理逻辑。

本书对顺治朝到道光朝皇帝盐务政策及其效果所进行的梳理，正是对以上观点的详细论证。因此对盐业史来说，天津盐商同样也具备扬州盐商所拥有的典型性。他们的家族史映现了皇权掌控盐业和盐商的目的、机制、过程和结果，这是清代前中期盐业的根本特征。从这个意义上说，本书也可以被视作以天津大盐商家族为载体的清代前中期盐业史，这也使得他们的家族史更显厚重。

所以，请读者不要因为书中写了盐商的那些悖离常规的行为，就认定本书对这些盐商全盘否定和批判。这些行为其实是专商引岸制及其所服务的皇权专制导引或催逼出的副产品，而专商引岸制本身也是有其积极意义的，这是本书的一个基本观点。实际上，当本书列出了盐商经营的引地引额时，自然也就表明了他们对于国家财税的贡献，因为他们运销的每一引食盐，都要按照朝廷规定的税率纳税，更何况他们还献出了数额不菲的捐输。而这只是盐商历史贡献的一部分,学界对此多有研究,读者自可参考。

本书的写作方式力求学术性与可读性的融合。既考索了史实、总结了规律,又追求以下的叙事效果:从散乱的历史碎片中梳理出完整清晰的脉络,将庞杂的材料转化为凝练晓畅的叙述,将繁琐的盐务描绘成气韵生动的画卷,重现早已模糊的历史踪影,阐发其中蕴含的人性和历史性。希望本书至少在一定程度上达到了这样的目标。

# 目　录

## 下　篇

# 绪　论

# 专商引岸制

清顺治元年①，五月三日，摄政王多尔衮率兵进入北京城。一个多月后，清廷正式决定将都城从盛京迁往北京。此时战争还远远没有结束，在山海关以内，多尔衮和他的铁骑控制的地域仅有北京、河北一带。这里的物产与赋税不像江南那样富足，却要成为清军平定天下的根据地。清廷很快将眼光集中在了盐这件特殊的物事上。京畿河北自古就是名为"长芦"的海盐产销区②，每年贡献着大量的盐税，这是征战和立国经费来源的首选。但是长芦盐区经过明末以来自然灾害及战乱的蹂躏，经济崩溃、人口锐减，盐业早已萧条不堪，亟待整顿。八月十四日，就在离开盛京前夕，顺治帝批准了詹事府舍人王国佐关于长芦盐法的条奏。这个条奏共分十四条，开宗明义的前三条"复额引以疏壅滞""改引部以速引利""便引价以壮京圉"③明白无误地传达出一个信息：和其他许多领域一样，清廷在盐务管

① 本书采用年号纪年，与公元纪年的对照见附表五《年号纪年与公元纪年对照表》。

② 清代盐务管理包括生产与运销两部分，本书讨论的重点在于运销。关于长芦盐生产的情况，可参见陈锋：《清代盐政与盐税（第二版）》，武汉大学出版社，2013；张毅：《明清天津盐业研究（1368—1840）》，天津古籍出版社，2012；张致和：《清代长芦盐业经济研究》，博士论文，南开大学，2022。

③ 《世祖章皇帝实录》卷七，《清实录》第三册，中华书局，1985，影印版，第 80 页下。

理上也打算因袭明朝制度,也就是"专商引岸制"。

这是新朝廷唯一的选择,除了因为沿用旧制能够最快地重启盐税机制,更因为满洲权贵们久已浸润于汉文化,知道专商引岸制忠实地执行了一个有利于皇权稳固的、关于国家财货归属与分配的法理逻辑。这个逻辑的起点是"利出一孔",旨归则在于实现皇帝对于天下财货分配的绝对权威。清廷毫不犹豫地接受了专商引岸制并坚定地执行了下去。有清一代,虽然少数地区保留了官督官销及票盐等其他运销方式,但专商引岸制始终通行于所有主要的盐区,在贡献了大量盐税的同时,养成了引岸专商这个特殊的群体,也就是一般意义上所称的盐商。他们一方面享受垄断特权带来的财富和地位,但另一方面,自始至终都被专商引岸制体系及其背后的法理逻辑牢牢束缚。这既体现在他们经营盐业的过程中,更体现在他们与国家、皇权的关系上。

## 一、利出一孔

"利出一孔"的概念出自先秦学术著作《管子》,体现了先秦时代对天下财货分配的一种基本态度:"利出一孔者,其国无敌;出二孔者,其兵不屈;出三孔者,不可以举兵;出四孔者,其国必亡。"[①]所谓"孔",既可以理解为获取财货(利)的通道,也可以理解为天下财货的掌控者。《管子》的观点是,若以国家强盛为旨归,"孔"只能是唯一的,那就是君主。君主通过国家机器控制一切财货的来源,并且拥有调遣分配财货的绝对权力,只有这样,才能获得政权稳固的经济基础,并且能够集中力量去完成专制集权和大一统的战略目标。自先秦而下,历代王朝无不秉持"利出一孔"的思

① 黎翔凤撰,梁运华整理:《管子校注》,中华书局,2004,第1262页。

想管理天下财货，直到晚清的曾国藩，仍以“利出一孔”作为税厘政策之鹄的[①]。

盐务是将“利出一孔”思想贯彻得最彻底的领域之一，这是因为在天下财货中，盐是极为特殊的一种。《管子》记载，齐桓公以征税问题问询于管仲，先后提出征收房产税、林木税、牲畜税、人头税，却被管仲一一否定。管仲的理由是，这些税种会逼迫百姓毁坏房屋、砍伐树木、宰杀牲畜、抑制生育，给社会经济造成严重后果。于是齐桓公无奈地问：“然则吾何以为国？”管仲这才明确地回答说：“唯官山海可耳。”齐桓公又问：“何谓官山海？”管仲回答：“海王之国，谨正盐策。”“正盐策”也就是由国家垄断盐的生产与销售，将盐利直接纳入国家财政。管仲解释说，“十口之家十人食盐，百口之家百人食盐”，盐对每个人来说都是必需品，因而利润也就极为稳定；每个人食盐有限，盐价又极便宜，即便国家增加盐价，分摊到人户后也极有限，不会显著增加百姓负担，而累加汇总于国家，增加的财税又相当可观。他最后强调说：

> 使君施令曰：“吾将藉于诸君吾子！”则必嚣号。今夫给之盐策，则百倍归于上，人无以避此者，数也。[②]

房产税、人头税一类的税率，相当于直接告诉百姓，国家要从他们身上取利，必然会引起他们的强烈不满；而“正盐策”的好处是既可以增加国家财税，又可以让百姓在不知不觉间接受，避免激起他们的激烈反应。齐桓公采纳了管仲的建议，齐国由此达到了富国强兵的目的。“官山海”是对“利出一孔，其国无敌”的一次实证，也是盐的国家专卖的肇端，可以说，盐

① 曾国藩在处理厘卡过多的问题时说：“政出多门，焉能利出一孔？”参见曾国藩：《曾国藩全集》13《批牍》，岳麓书社，1994，第 613 页。

② 黎翔凤撰《管子校注》，第 1262 页。

的国家专卖从一开始就不仅仅是一个经济问题，还是一个关系政权安全的政治、社会问题。

西汉初年，在休养生息的总方针下，朝廷对盐铁采取自由经营、征收赋税的政策，造就了一大批富比王侯的盐铁商，山海之利集中于民而非国家。汉武帝时期，在连年征伐带来财政危机后，汉武帝任用桑弘羊等人推行“盐铁官营”“均输平准”“算缗告缗”等经济统制政策，不但将盐铁经营重新收归国家，而且剥夺了商人大量的财富。这次对“利出一孔”的强力实践，虽然充实了国库，却给工商业带来重创，因此饱受诟病。汉昭帝始元六年，朝廷召开了一次盐铁会议，桑弘羊和代表反对声音的文学贤良以盐铁问题为中心展开了激烈的交锋。在驳论辩难中，桑弘羊将盐铁自由经营的深层隐患阐发了出来：第一，由于采制艰难，山海之利最终将被豪强大家所垄断，他们盘剥小民百姓，形成兼并之态，导致社会失衡；第二，豪强大家靠盐铁致富后，聚集宵小之徒奸诈欺骗、结党营私，甚至生出叛逆之心①。所以，“令意总一盐铁，非独为利入也，将以建本抑末，离朋党，禁淫侈，绝并兼之路也”②。通过国家垄断阻止山海之利落入私人之手，并不单单是为了充裕国家财政，更是要抑制富商大贾的兴起，避免社会财富和势力的失衡，肃正社会风气，瓦解朋党，杜绝兼并。盐铁经营的政治属性再次被强调。

这次盐铁会议被记录下来，即著名的《盐铁论》。桑弘羊的盐铁思想由此得到传承，成为后世管理盐务的指导思想，清朝君臣也是这个思想的继承者。雍正帝曾亲自揭示了盐专卖制的作用：“古先哲王知盐之为用，切于民生，故设官以掌之，使其足于国，周于民，平其法而息其争，用意至深远也。”③足于国，也就是使国家财税收入充足；周于民，也就是使百姓普遍

---

① 陈桐生译注《盐铁论·禁耕第五、复古第六》，中华书局，2015，第51、59—60页。

② 陈桐生译注《盐铁论·复古第六》，第59页。

③ 雍正《〈新修长芦盐法志〉御制序》，莽鹄立等纂修《新修长芦盐法志》，台湾学生书局，1966，第2—3页。

享受盐利带来的好处；平其法而息其争，即杜绝盐利带来的不公和争竞。雍正三年山东盐运使葛斗南的一番言论可以作为雍正帝盐法观的注脚：

> 铸山煮海，天下之大利也，其权不可以假人。侯王君公擅其利者犹骄悖难制，况蚩氓虓横之辈欤？古者善于均利者，必立之防，必为之节，使上下各得其分，而宇内谧宁，大抵如父母之治家，子孙奴婢衣食有等，咸得温饱，不相凌夺，抚育训诲得其平，则家齐矣。①

雍正帝君臣希望通过盐法达到的政治目的，一是防止权势阶层借财力做大到难以控制，进而危害政权的稳固；二是避免财富集中于少数人手中而导致社会失衡，进而危害社会的安定。其思路与桑弘羊一脉相承。这并非杞人忧天，由于盐利的巨大吸引力，早在顺治朝盐业恢复的时期，就已经出现了"内外大小官员势豪之家多有贸易贩盐"的局面。他们自恃权势在手，并不遵守行盐秩序，甚至嚣张到不纳盐课的地步，有些盐务官员畏势徇情，导致了课银亏欠②。所以后来清朝明文规定："监临盐法官吏及内外权势之人诡立伪名，领引行盐，侵夺民利者，查参治罪，追缴引票，盐斤入官。"③

需要注意的是，清朝的盐专卖制在具体操作上与管仲的"官山海"和桑弘羊的"盐铁官营"已经有了很大的不同。后两者都是国家直接专卖，一切生产销售事宜都由朝廷官员直接办理，而清朝的专卖制已经将商人引入其中。这是国家直接专卖的弊端所导致的。负责盐的生产和运销的官员普遍无能或腐败，常常导致百姓的负担加重，大量盐利被官吏们用舞弊

① 葛斗南《〈山东盐法志〉序》，莽鹄立等纂修《（雍正）山东盐法志》，台湾学生书局，1966，第 9 页。

② 王世球等纂修《（乾隆）两淮盐法志》卷首《制诏》，乾隆十三年刻本。

③ 黄掌纶等纂修《长芦盐法志》卷七《律令 · 监临势要中盐》，科学出版社，2009，第 107 页。

手段私自占有。在西汉的盐铁会议上,文学贤良们已经抨击了这些弊端,这是他们反对盐铁专卖的重要原因。不过直到唐代刘晏的改革前,国家直接专卖一直是盐专卖的主要形式。唐代最初实行国家专卖与私人经营并存的盐务政策,安史之乱后,朝廷为了充实国家财政开始实行榷盐法,牢牢控制了盐的生产、运销的所有环节,很快就造成盐务机构臃肿、官吏中饱私囊的败坏局面,导致盐利的大量流失。唐肃宗上元元年,刘晏对盐政进行了开创性的改革,将盐的运销以行政许可的方式交给商人,朝廷的盐务机构只负责监管和调控。商人从此被纳入盐专卖体系当中,专卖盐商阶层开始出现。这并没有改变盐专卖体制的性质,因为盐商只是政府的代理人,他们所缴纳的盐课,从性质上说仍然"是一种间接税,它的税负落于纳税人(食盐者)身上"①,只不过从食盐者到国家财政的通道,由盐务官员变成了盐商而已。因此盐商专卖与国家直接专卖并无本质不同,或者说,盐商专卖只是国家直接专卖的变种。唐代之后,宋朝的钞引法、明朝的开中法等都继承了刘晏的做法,将商人引入专卖体系之中,只是行政许可的形式和范围发生了一些变化,并划分了行盐区域。

明朝后期,袁世振主持的盐法改革确立了"纲法"也就是专商引岸制,将盐商登记纲册成为世袭的专商,而其销售食盐的区域也就是引岸成为家族垄断经营的产业,商人在盐专卖体系中的作用和地位空前提高。至此,专商引岸制背后的法理逻辑已经完成,这个逻辑就是:天下财货必须由国家(君主)掌握和分配以实现"利出一孔",而盐是其中至关重要的一项;实现盐务方面的"利出一孔"要依靠国家专卖,专商引岸制是皇权时代国家专卖的最终形式;动摇了专商引岸制度,也就违背了"利出一孔"的初衷,也就动摇了政权稳固的根基。

明清易代之际,顺治帝和他的臣僚们几乎全盘接受了明朝的专商引岸制,只是在引额、斤重、盐区等方面进行了微调。在经历了最初的休养生息

① 陈锋:《清代盐政与盐税(第二版)》,第231页。

之后，清代的专商引岸制很快暴露出难以克服的弊端，如无法遏制的私盐、官吏的腐败、对于市场变化极弱的应变能力等。然而面对这些弊端，盐商们要么无奈地破产请退，要么就只能以各种各样的舞弊行为消极应对，而没有任何改变这个制度的意识和能力。那些熟谙盐务的官员，即便能对盐务的弊端条分缕析、侃侃而谈，最终提出的建议也只是对这个制度的治标之策，而从来不会怀疑这个制度的合理性。至于皇帝本人，可能没有谁比他们更坚定地支持这个制度的存在，因为这是他们能够想到的、利用盐这种财货实现“利出一孔”的最好方式。

## 二、成为盐商

在专商引岸制度下，盐商处于什么地位呢？表面上看，盐商和朝廷是合作伙伴，甚至有的研究者将二者之间的关系定义为“共利关系”[①]，但双方的共利并不是建立在平等的基础上的。盐商的经营活动被国家机器严格地束缚，完全不能自主：他们的准入准出许可掌握在朝廷手中，经营的时间、空间、方式、规模都被限制在专商引岸制的框架之内，接受朝廷的审批和管理；他们资金的流入、利润的流出也受到国家机器的干预和规约；甚至他们个人的行为、命运也都在国家机器的控制之下。因此盐商只是国家专卖制度的一环，是实现“利出一孔”的工具。朝廷会为了构建盐务制度而选择并扶植盐商，也会为了弥补这个制度的漏洞而打击或放弃盐商。在必要的时候，朝廷会挤压盐商的利润空间，甚至毫不犹豫地牺牲盐商的利益，即使令盐商倾家荡产也在所不惜。这并不奇怪，在中国的皇权时代，即便名义上属于私有的土地都无法实现真正的私有权，更何况本来就不具备私

① 林文勋：《中国古代专卖制度的源起与历史作用——立足于盐专卖制的考察》，《盐业史研究》2003 年第 3 期。

有资格的盐商[①]。

然而在操作层面上，盐商又是重要的，甚至处于整个运销体系的核心位置。正所谓"盐非商曷通"[②]，盐的流通增值必须通过盐商的运销活动才能实现。专商引岸制度的所有环节，都是围绕着对盐商及其运销行为的组织和监管而设置的。明末推行的纲法将盐商推上了垄断专营的宝座，但他们很快就被不断加派的陋规杂课压得苦累不堪，再加上战乱的破坏，在纲的盐商或破产毁家，或逃亡星散[③]，能够行盐办课者所剩无几。因此当清廷想要恢复盐业时，首要的任务就是招商。而"欲招商先须惠商"[④]，顺治元年王国佐关于整顿盐务的条奏中，直接施惠于盐商的就有四条[⑤]，其他各条也无不以恢复行盐秩序、减轻盐商负担为旨归，其目的不外乎招徕商人。这些措施最先在长芦盐区落地实施，于是不少仍有财力的商人"闻风远涉，携资办课行盐"[⑥]，长芦盐业先于其他大盐区恢复起来，清代长芦盐商群体也由此开始形成。

在清初盐业恢复的阶段，商人只要资本足够、有行盐的意愿，就大概率可以成为盐商，因为此时有大量无主的闲置引岸，而新朝廷又急于获得盐税。但是随着社会经济的恢复，盐务也需要像其他领域一样重建规则，于是盐商的准入开始有了诸多限制。一般来说，成为盐商需要满足三个条件：有足够的资本；品行值得信任；并且觅得妥当的担保人。这并非清朝的

---

① 关于中国皇权时代臣民私有权的缺失，可参考历史学家侯外庐先生的相关论述。

② 《新修长芦盐法志》卷七《商政》，第 499 页。

③ 顺治十五年《盐臣马腾升题本》："长芦运司旧商，因明末加增繁剧，俱已星散。"见《长芦盐法志》卷十五《奏疏上》，第 299 页。

④ 张茂炯等编《清盐法志》卷六十二《山东十三 · 征榷门》，民国盐务署铅印本，1920。

⑤ 顺治元年七月《詹事府舍人王国佐条奏盐政十弊疏》："革防销以省商费，除淫赎以伸商冤，免徭助以济孤商，设赏例以鼓富商"，见《长芦盐法志》卷十五《奏疏上》，第 298—299 页。

⑥ 顺治十五年《盐臣马腾升题本》，《长芦盐法志》卷十五《奏疏上》，第 299 页。

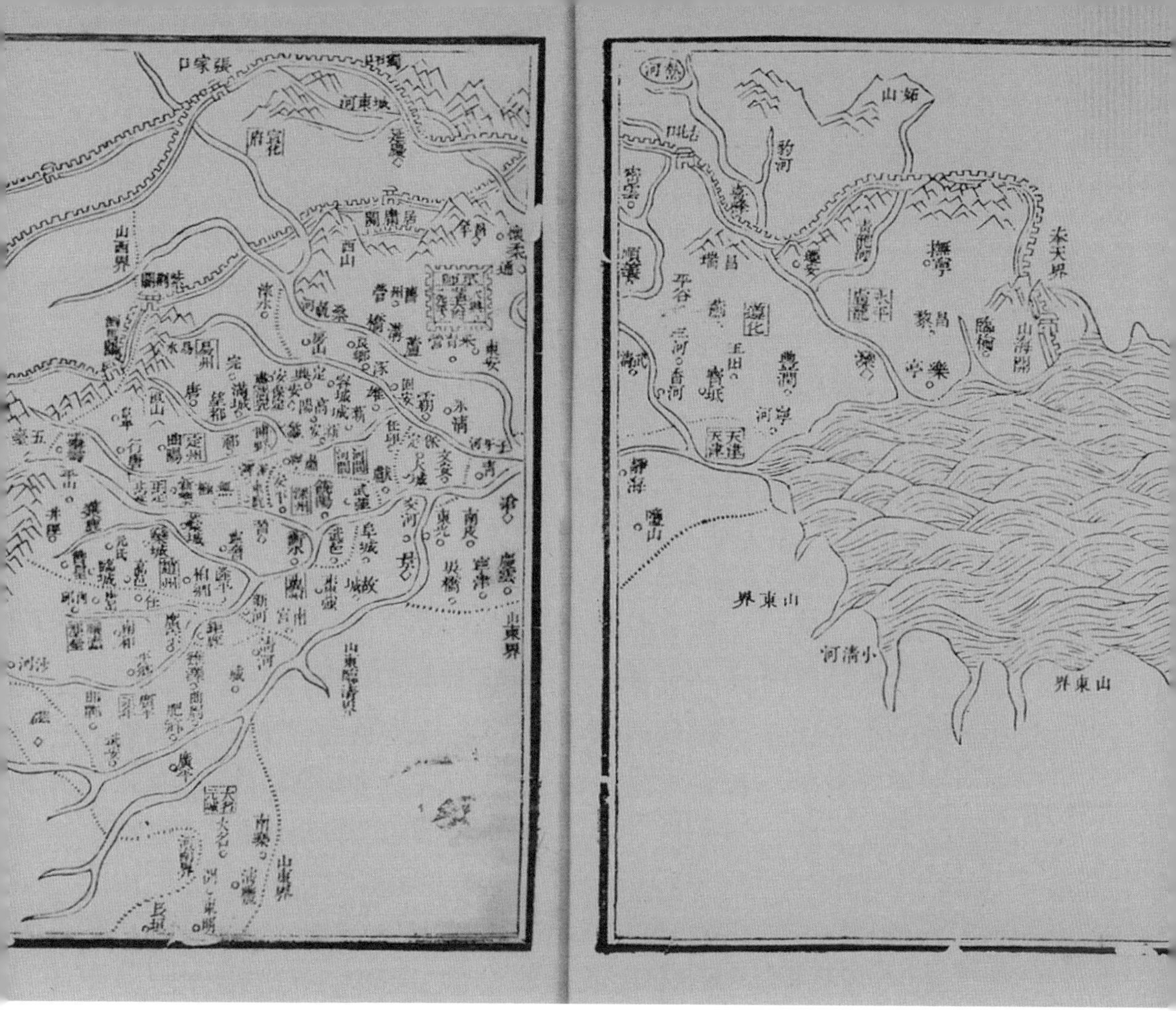


**《长芦盐法志》中的长芦直隶引岸图①**

具文规定，而是各级盐务管理者在选任盐商时实际执行的标准。在各盐区的最高长官巡盐御史给皇帝关于盐商选任的奏报中，经常可以看到“家道果系殷实，品行素为商贾所信服者”②这样的表述。所谓家道殷实，从量化的角度来说就是家产的数额足以抵赔引岸的价值，从操作的角度来说就是能够拿出足够的资金缴付引岸的窝价。对于商人的品行，除了“素为商贾

① 图片来源：黄掌纶等纂修《长芦盐法志》，《续修四库全书》编纂委员会编《续修四库全书》第 840 册，上海古籍出版社，1995，第 433—434 页。

② 佶山修、单渠纂、方浚颐续纂《（嘉庆）两淮盐法志》卷二十五《课程九 · 经费上》，广陵书社 2015 年影印同治九年扬州书局重刊本。

所信服”的商业信用，朝廷更看重的是“急公”二字，即能够忠实履行缴纳盐课的责任，并在朝廷需要其作出额外付出时毫不吝啬。资本与品行足够的商人显然更容易觅得担保人，因为如果盐商拖欠了盐课或其他帑项，其担保人需要负担连带责任。对盐商的招募和资格审查由巡盐御史责成和监督盐运使实施，然后上报户部备案[①]。如果是比较重要或者数量较大的引地招商，长芦巡盐御史会直接上报给皇帝定夺。

商人成为盐商的标志是获得引岸，领取盐引行盐。所谓“**引岸**”，也可以称为“**引地**”，即盐商拥有盐专卖权的特定区域，一般以州或县为单位。清代长芦盐区的引岸，包括直隶的所有府县及河南开封府、陈州府、怀庆府等所属的部分州县，再加上采育营、延庆卫等军事单位。其数量有所变化，雍正年间是一百九十二州县营卫[②]，至乾隆三十六年减为一百八十四州县及旧州、采育二营[③]。盐商获得引岸的基本方式是向朝廷缴纳巨额的保证金，这种保证金被称为“**窝价**”，因为通过这种方式获得的引岸有一个别称“**盐窝**”。即使对那些财力雄厚的盐商来说，窝价也是一笔不小的支出，因为通常他们需要一次性交出数万两现银（也可以分年递交）。比如天津盐商王惠民在康熙五十七年认办滦州、迁安、乐亭三处引岸，所缴纳的窝价是九万二千余两[④]，天津另一位大盐商牛绳祖认办的深州等八处引地的窝价则达三十余万两[⑤]。引岸可以世代承袭，其他盐商不得侵越，看起来已经是盐商的私有产业，但实际上引岸的所有权仍归朝廷，盐商只享有经营权。盐商可经营一个或数个甚至更多的引岸，一个引岸也有可能被多个盐商分

---

① 王定安纂修《（光绪）重修两淮盐法志》卷一百三《征榷门·窝价》，清光绪刻本。

② 唐执玉、李卫等修，陈仪纂《（雍正）畿辅通志》卷三十六《盐政》，清雍正十三年刻本。

③ 乾隆三十六年《长芦盐政西宁请融销盐引事奏折》，《长芦盐法志》卷十六《奏疏下》，第 321 页。

④ 见后文《皇商家族》章。

⑤ 吴奇衍：《清前期长芦官盐商的管理制度和破产原因》，《平准学刊》编辑委员会编《平准学刊》第五辑下册，光明日报出版社，1989，第 386 页。

享。如果盐商不经允许将盐运到不属于自己的引岸销售，不管是有意无意，都要受到“杖一百”的惩罚[①]。

在交清窝价并取具其他盐商的保结后，朝廷会发给盐商一纸凭证，称为“**窝单**”，引岸便正式成为盐商的产业，这个盐商便作为“**业商**”或者“**窝商**”被纳入纲册。名义上，只要盐商能正常缴纳盐课，并有能力支付朝廷摊派的各种费用，朝廷便会承认他对引岸的经营权，当盐商想要退回或转让引岸的时候，窝价便可以发还。但实际上极少发生窝价被发还的情况，因为极少有盐商能够一直维持引岸的正常经营。绝大多数窝价都在盐商违法或者引岸破产的时候，被朝廷扣抵罚银或者欠交的税费了。盐商也从来不指望窝价能够收回。乾隆二十九年，王惠民因为滦州、迁安、乐亭三处引岸经营陷入困境，主动要求将这三处引地退交归公，在呈文里就表示“情愿不取窝价”[②]。其实就算朝廷将窝价银发还给他，这些银子也仍不够他补缴三处引岸所欠下的税费。牛绳祖的三十多万两窝价，也全部被抵补他所欠下的盐课了[③]。这种情况是普遍且自始至终存在的，道光四年，整个长芦盐区陷入困境，盐商们积欠的款项已经不下一千余万两，而所有引窝价值银不过六七百万两，纵使窝价全数入官，也已不足抵其欠项[④]。

盐商获得引岸，还有两种无须缴纳窝价的方式。一种是租办，这又分两种情况：向私人租办和向内务府租办。经营盐业是一件非常费心的事情，有的盐商就将引地租给别人经营，自己则坐收租价银，那些承租引岸的商人，被称为“**租商**”。当然租商和业商的分界并不是那么绝对，业商也可

① 《长芦盐法志》卷七《律令·律例》，第 105 页。

② 乾隆二十九年七月初九日《长芦盐政高诚为调剂积弊之滦州迁安等引地事奏折》，中国第一历史档案馆、天津市档案馆、天津市长芦盐业总公司编：《清代长芦盐务档案史料选编》，天津人民出版社，2014，第 104 页。

③ 吴奇衍：《清前期长芦官盐商的管理制度和破产原因》，第 387 页。

④ 道光四年闰七月二十七日《广东道监察御史王世绂为长芦商亟欠宜清理运库亟盘查事奏折》，《清代长芦盐务档案史料选编》，第 343 页。详见后文《尾声：衰败的洪流》。

能租办着其他业商的引岸。对于出不起窝价的商人来说，这无疑是分沾盐利的绝佳方式，某些利润较高的引岸出租时，甚至会引发租办人的明争暗斗。雍正十二年，天津盐商王深就曾经陷入过这样一场争斗。他所租办的是北京康王府所拥有的引岸，尽管他善于经营，从来没有拖欠过租银，但因为他的竞争对手与康王府有很深的瓜葛，最终他仍然被强迫交出了尚未到期的租权[①]。皇室引地的最大所有者是内务府。乾隆年间，内务府拥有的引岸数量是四十余处，到嘉庆十四年已达到六十二处。这些引岸全部都位于长芦盐区，其数量是任何一个盐商都无法相比的。内务府的引岸当然不是缴纳窝价买来的，实际上，这些引岸大都是盐商为了抵偿欠款而不得不交给内务府的。内务府也会派人经营这些引岸，但更多情况下是交给盐商代为经营并收取“成本利银”，其性质类似于租金[②]。

另一种无须缴纳窝价而获取引岸的方式，是代办违法或破产盐商的引岸而成为“**代商**”。这种方式不涉及引岸所有权的转让，因为代办的盐商无需付出窝价，他只需要在正常缴纳各种税费之外，替引岸的主人偿还欠款或罚银。乾隆三十六年，传承到第三代的王惠民家族盐业生意走到了尽头，其仅剩的八处引岸被交给天津另一位盐商吴肇元经营，唯一的条件是替王惠民偿还一百多万两的欠款。吴肇元之所以接受这个条件，是因为他被允许以每年三万八千多两的额度，在三十年内将那一百多万两欠款偿还完毕。只要他每年的利润高于此数，那么他就仍然有利可图。吴肇元通过打通朝廷的关节而数次得以延长还款期限，这笔欠款直到道光四年还剩下十二万七千余两没有还。吴家通过这种方式大大减少了每年需要交还的

---

① 康亲王府经营盐业的情况，见雍正十三年正月二十九日《长芦巡盐御史三保奏报护卫阿哈诺违例擅自出京指称王差逼退引地情形折》、雍正十三年二月初七日《长芦巡盐御史三保奏报查审康亲王门上护卫阿哈诺逼勒现商王深退引情形折》，中国第一历史档案馆编：《雍正朝汉文朱批奏折》第 27 册，江苏古籍出版社，1989，第 600、653—657 页；并参见吉朋辉《康亲王府的盐务官司》，《中国档案报》2019 年 4 月 12 日第四版“明清密档”。

② 参见第七章。

欠款额度,从而捞取了更多的利润,同时也牢牢地把这八处引岸攥在自己的手里。嘉庆九年,王惠民的后人曾经向朝廷提起申诉,想要夺回原本属于自己家族的引岸,却没能获得朝廷的支持,因为吴家善于经营,从来没有拖欠过应该交给朝廷的款项①。吴家的经验显示出,在盐商所有的品质中,“急公”是高于一切的,即便他们破坏了某些规则,侵占了其他盐商的利益,对朝廷来说也并非不可原谅的。

## 三、盐引·引额·引名

盐商在获得引岸后,还要领取盐引才可以开始行盐。**盐引**是由户部印制颁发、具有法律效力的执照。户部存有专门印制长芦盐引的十一块铜版,由宝泉局铸造②。印好的盐引上,还须钤盖户部的盐引专用大印。一张盐引代表着一定重量引盐的专卖资格,也就代表着相应斤重引盐的利润和税务责任。清初长芦每引斤重为二百二十五斤,雍正元年增加至三百斤。但此后数次加斤,到道光朝增加到了三百七十五斤③。拥有盐引的盐被称为“**引盐**”,只有引盐才是合法销售的盐。判断一个盐商的经营规模,标准不是他的引岸数量,而是他的盐引数量,也就是**引额**。每个引岸的引额都不一样,由朝廷“照州县营卫之大小,军民户口之多寡,计口食盐”④而定,盐商无权改动。

① 嘉庆十年五月十九日《芦商王志德之子崇文为代奏情愿趱限代商完帑事呈文》,《清代长芦盐务档案史料选编》,第217—219页。

② 这些铜版曾数次重铸,见《长芦盐法志》卷九《转运上·引目》,第157页。

③ 参见《长芦盐法志》卷九《转运上·引地引额》,第142页;道光二十二年五月初八日《长芦盐政德顺为严定征收加价章程并核计应征银两数目事奏折》,《清代长芦盐务档案史料选编》,第405页。

④ 乾隆九年十一月二十七日《长芦盐政伊拉齐为盐务变通事奏折》,《清代长芦盐务档案史料选编》,第52页。

顺治初年，长芦盐区引额为七十一万九千五百五十道，此后随着人口的增加而不断加引，到乾隆朝引额总量是九十六万六千四百一十六道[①]。一般引岸的引额都是数千道，拥有上万道引额的引岸不在少数，也有像怀柔县这样引额仅有一千五百余道的小引岸[②]。北京周边的大兴县、宛平县引额都在三万五千道以上。这是因为这两县销售的是“**京引**”，也就是北京城的引额。京引最初只许销售到京城，引额原为八万五千余道。朝廷过于高估了京城人口的食盐能力，到康熙十六年，盐商们运到北京的盐都堆积在张湾的盐厂，根本卖不出去。朝廷给出的解决方案是“三引两盐”，也就是命令盐商每三张盐引只许运销两引的盐，剩余的一张盐引销毁上缴，但盐税还要按三引缴纳。这样做的确缓解了盐的积压，京引暂时摆脱了困境。但朝廷似乎并没有吸取教训，此后将京城的引额不断提高，很快就达到十万五千九百余道。康熙二十六年，终于又“盐不能行，引不能销”了，盐政蒋鸣梧不得不奏请将京引疏销到大兴、宛平两县，永为定例。这就是大兴、宛平两县运销京引的由来[③]。

京引不但数额巨大，而且行盐区域人口稠密、经济富庶，所以不易亏损，再加上紧邻天津，水道运载方便，因此是长芦盐区最受欢迎的引岸。对于运销京引的盐商，朝廷在管理上也与其他盐商区别对待，将他们以“**京商**”的名目单列出来，其他盐商则被称为“**外商**”。根据《长芦盐法志》的记载，雍正年间长芦盐区有京商一百六一家、外商一百四十二家[④]；嘉庆年间有京商九十九家、外商一百三十家[⑤]。很多盐商既是京商又是外商，比如

① 《长芦盐法志》卷九《转运上 · 引地引额》，第 142 页。

② 《长芦盐法志》卷十《转运下 · 融销》，第 171—191 页《顺天直隶转运表》。

③ 康熙二十六年《盐臣严曾榘请将京引疏销至大兴宛平两县事题本》，《长芦盐法志》卷十五《奏疏上》，第 303 页。

④ 《新修长芦盐法志》卷七《商政 · 商纲册》，第 635—642 页。

⑤ 《长芦盐法志》卷九《转运上 · 京商引名、外商引名》，第 155—156 页。

天津大盐商安岐、查日乾、查有圻等。《长芦盐法志》中记载的并不是他们的本名，而是行盐时所用的**引名**，类似于其他商人的商号。如雍正年间安岐以“金义”“钱仁”的引名经营京引，同时以“钱仁”的引名经营外引；查日乾以“查日昌”的引名经营京引，同时以“查茂德”的引名经营外引；查有圻以“查奕茂”“江公源”的引名经营京引，同时也以这两个引名经营外引。上文提到的吴肇元引名为“义和泰”，牛绳祖引名为“杨永裕”。当然也有少数盐商以本名作为引名，如王惠民及其子王至德②。

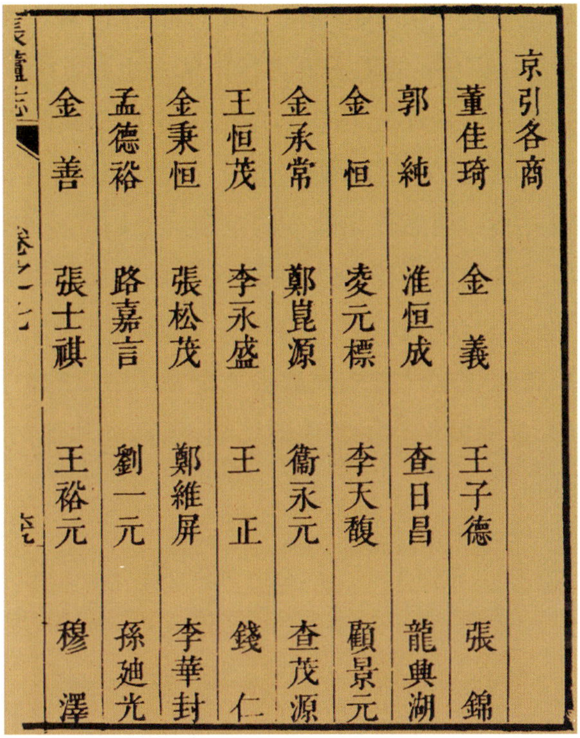
京引各商
董佳琦 金義 王子德 張錦
郭純 淮恒成 查日昌 龍興湖
金恒 麦元標 李天馥 顧景元
金承常 鄭崑源 衛永元 查茂源
王恒茂 李永盛 王正 錢仁
金秉恒 張松茂 鄭維屏 李華封
孟德裕 路嘉言 劉一元 孫廸光
金善 張士祺 王裕元 穆澤

**《新修长芦盐法志》中的商纲册①**

引额虽有定数，但并非一成不变。考虑到人口增加、经济发展的因素，或者当财政需要更多的盐税时，朝廷会增加某些引岸的引额。当盐商认为自己引岸的引额不足以满足百姓需求的时候，也可以向盐运使和盐政提出申请，如果申请被认为是合理的，引额也会得到增加。如果某个年份风调雨顺，百姓有能力购买更多的盐，那么盐商也可以申请临时增加引额。在引额范围内的盐引被称为“**正引**”，而临时增加的引额则被称为“**余引**”，余

① 图片来源：《新修长芦盐法志》，第635页。
② 参见本书附表一《清前中期天津大盐商家族本名引名对照表》。

引也要随正引一起纳税。雍正朝以后，朝廷每年会预留出五万道余引的额度，如果不够的话需要再行申请。比如乾隆二十九年，各引岸食盐畅销，盐商们在运销完五万道余引后，又申请了十万道的余引[①]。

增加引额或者颁发余引，固然会让盐商和朝廷双双获利，但有时候盐商并不太愿意作出这样的申请。他们宁可在表面上固守着原有的引额，私下里却偷偷运销额外的盐斤，这些盐斤可以为他们省下巨额的税费，带来比正引、余引高得多的利润。在康熙朝后期至雍正朝的二十多年间，王惠民曾经用这种方式聚敛了上百万两白银的财富。当然，这种行为一旦被揭穿，盐商就得接受相应的惩罚，王惠民和他的子孙就曾经为此付出沉重的代价[②]。

## 四、天津盐商

在康熙七年的一份奏折里，御史孟戈尔代将天津称为“行盐之所”[③]，也就是长芦盐运销活动的中心枢纽。天津之所以能有这个地位，主要得益于此地发达的水上交通。素称“九河下梢”的天津拥有通向京城及直隶省腹地的水道，这些水道在毗邻天津城的三岔河口交汇，经由海河通向大海。盐商凭盐引从盐场购盐后，方便运到天津存储、转运，然后运往各自的引岸销售。盐务官员也可以借助天津的水运要道设置关卡，方便对引盐进行查验和监督。

长芦盐区的中心最早在沧州一带，进入明代以后却迅速向天津转移，

① 乾隆二十九年九月十一日《长芦盐政高诚为长芦商人请领二十九年余引事奏折》，《清代长芦盐务档案史料选编》，第105页。实际上增加引额、颁发余引在清代都是非常频繁的。

② 详见第六章。

③ 《新修长芦盐法志》卷二《沿革》，第145页。

这是由盐商对盐场的选择造成的。明初长芦盐区有晒制海盐的盐场二十处,北部十场称为“北场”,由青州分司掌管;南部十场称为“南场”,由沧州分司掌管。北场由水路运往天津,用大船一次可以运百余引,就是用小船也不下数十引,运量大而成本低;南场由陆路运往沧州,车载牛牵,最多一次运数不超过十引,运量小而脚价昂①。于是长芦盐商对北场趋之若鹜,南场则备受冷落。万历年间,已经有七成长芦盐商都在北场买盐②。盐商重北场而轻南场的趋势,提升了天津的盐业枢纽地位,盐务管理机构顺应大势,纷纷向天津转移。明永乐十八年,长芦盐运使在天津小直沽设立批验所,盘查过往盐、引是否相符,这是天津城范围内设立的第一个盐务管理机构。万历三十八年,青州分司由唐山移驻天津③。清乾隆四十六年改名为天津分司④;康熙七年、十六年,长芦巡盐御史、长芦盐运使先后由北京、沧州移驻天津,并在东门外海河东岸设立盐关;康熙十三年,天津成立芦纲公所。与行盐有关的配套设施也陆续在天津出现:清代初年在盐关三官庙北建立了掣盐厅,乾隆三年改建于盐关南盐坨附近,专司掣验引盐⑤;雍正八年,东门外盐关建成浮桥,成为验放盐船的门户⑥。这些机构、设施,使天津成为长芦盐区真正的中心,其结果便是南场的衰落。到了雍正十年,长芦盐区几经裁并后保留的十个盐场中,南场仅占据二席;在长芦的二百余家盐商之中,去南场运盐的不过寥寥数家⑦。

---

① 雍正元年八月十八日《巡盐御史莽鹄立题本》,《长芦盐法志》卷十五《奏疏上》,第307页;鲁史《青州分司署碑记》,《新修长芦盐法志》卷十四《艺文》,第1299页。

② 万历年间长芦巡盐御史姚思仁《循职掌酌时宜敷陈盐政利毙以禆国计疏》,吴亮辑《万历疏钞》卷二十七《钱盐类》,《续修四库全书》第468册,上海古籍出版社,1996。

③ 万历三十八年《长芦巡盐御史毕懋康条陈盐法六事》,《长芦盐法志》附编《援证七·历代奏疏》,第521页。

④ 《长芦盐法志》卷二十《图识·天津分司公署图识》,第439页。

⑤ 《长芦盐法志》卷十九《营建·衙署》,第408页。

⑥ 《长芦盐法志》卷二十《图识·盐关浮桥图识》,第436页。

⑦ 雍正元年八月十八日《巡盐御史莽鹄立题本》:南场“一岁约晒得盐十万余包,告引之商不过数家。”见《长芦盐法志》卷十五《奏疏上》,第307页。

对天津盐商可以有狭义与广义两种理解。狭义上的天津盐商就是住在天津的长芦盐商，他们或为天津本地人，或为入籍或寄籍天津的外地人；广义上的天津盐商则包括所有与天津联系密切的长芦盐商，一个最重要的标志就是：他们告运北场引盐，以天津盐坨作为运销的出发点。他们即便不居住在天津，为了办理行盐手续及联系盐务机构的方便，也必定在这里设立代理处，甚至置办产业。明代万历年间的长芦巡盐御史就已经有“天津富商”的表述①，崇祯二年清军进攻永平府，大量运商“拼命回津”②，也可证明明末聚集于天津的盐商已经不在少数。虽然战乱让天津盐商遭受重创，但经过清初的整顿后，天津很快又成为盐商聚集之处。比如浙江籍盐商陈抑之“侨寓津门有年，治盐筴起家”，在顺治十五年左右就已经兴建起规模颇为宏大的宅邸③。在清朝经济鼎盛的康雍乾时期，除了那些将重心放在仕途的盐商家族外，大部分长芦盐商都居住于天津，即便是在繁华落幕的道光朝，天津聚居的盐商仍达三百七十二户④。

实际上，狭义也罢，广义也罢，只要是业盐于长芦盐区的盐商，就无法不与天津发生密切的联系。这种联系甚至可以说是“天然”的，因为长芦盐商会通过盐利的输送将自己的基因渗入天津的血脉。他们每年上缴的盐课首先要汇集到天津城内的长芦盐运使衙门银库，并因此参与到天津的地方财政支出中，比如天津官员的薪俸养廉、天津城市政建设等项，每年都要从运库中拨付银两。他们还会以绅商的身份参与到天津地方事务中来，

---

① 姚思仁《循职掌酌时宜敷陈盐政利毙以裨国计疏》：“北场余姑无论，如芦台、越支产盐之薮，场分既大，煎晒亦多，天津富商皆在二场收买。”。

② 毕自严《提补永平代勘部单疏》，《度支奏议》山东司卷三，《续修四库全书》，第487册，上海古籍出版社，1996。

③ 谈迁：《北游录》，中华书局，1960，第241页。

④ 《津门保甲图说》，天津市地方志编修委员会编《天津通志 · 旧志点校卷》下，南开大学出版社，1999，第435—441页。

佚名《潞河督运图》中天津城东门外盐关浮桥验放盐船的景象
（原件藏于中国国家博物馆）①

天津俨然成了他们实现社会价值的舞台。天津对于长芦盐商的意义，更在于此地完整的盐务管理系统，将盐商牢牢限定在专商引岸制的框架之内。朝廷为盐商行盐制定了严密的程序规范，长芦盐商从盐场买盐后，由水陆运至盐坨堆放，然后就要按照规范奔走于天津各层级盐务衙门之间，去办理烦琐的手续，接收盐务官员对引盐的的查验、称掣。朝廷以此来确保整个行盐过程都处于监控之下②。



① 图片来源：北京市通州区政协文史资料委员会编《古韵通州》附《潞河督运图》，文物出版社，2006。

② 查验称掣步骤颇为烦琐，参见张毅《明清天津盐业研究》、张致和《清代长芦盐业经济研究》的相关论述。

## 五、纲总与大盐商

康熙十三年，天津盐商在天津城内鼓楼东建立起半官方的公会组织，名为“**芦纲公所**”，也称“通纲商人公所”。“纲”是盐商的组织单位，也是专商引岸制被称为“纲法”的由来。长芦盐区划分商纲的标准是盐商的籍贯，如明代设立的五纲为浙直之纲、宣大之纲、泽潞之纲、平阳之纲、蒲州之纲①。从纲名可以看出，除了浙直之纲外，其余商人出身于山西宣化、大同、泽州、潞安、平阳、蒲州各府。到了清雍正年间，长芦盐商共分六纲，即浙晋纲商、晋昇纲商、晋源纲商、晋泽纲商、庆丰纲商、河东纲商②，仍然是以山西籍商人为主。各纲作为一个整体被称为“**通纲**”，每纲有**纲总**一人，统筹盐商运销盐的事务，并作为联系盐商和官府的纽带，又被称为“**总商**”。纲总的人数随着纲数的变化而变化，从四人到六人不等，轮流在位于天津城内鼓楼东的芦纲公所内值年，处理通纲事务。纲总之中又有**纲首**与**副纲**之分，都必须由朝廷任命③。

清廷重视纲总的作用，在顺治元年王国佐整顿盐务的条奏中，即规定了对纲总的选任和激励：“使老成行高者为纲首，年次者为副纲，责令查私盐、搜隐弊”，如果三年之内得见成效，那么纲首给以冠带，副纲升为纲首④。纲总本身即为盐商，由他们组织引盐运销、催收课税及帑利、发放帑银，比官员直接面对盐商要便利和有效得多，因此可以成为朝廷操控盐商

---

① 《新修长芦盐法志》卷二《沿革》，第112页。

② 雍正十年十一月二十九日《直隶总督李卫奏复天津典史崔天机收受奠仪节规及商人冯相臣狂妄招摇情形折》，《雍正朝汉文朱批奏折汇编》第23册，第710页。

③ 京商的公会组织称为“京盐公局”，其首脑名为“总催”。见第三章。

④ 顺治元年七月《詹事府舍人王国佐条奏盐政十弊疏》，《长芦盐法志》卷十五《奏疏上》，第298—299页。

的完美抓手。纲总深得盐务官员信任和依赖,当需要遴选新商或分派新的引地时,盐务官员们总是采纳纲总的意见。比如乾隆二十七年,天津盐商宛平查氏经营的昌平、延庆二处引地需要更换盐商,长芦盐政金辉即谕令纲总公举良商接办[①]。这样一来,纲总就可以推荐与自己关系密切的盐商,由此产生了对其他盐商不公的特权,以至于经常会有盐商向朝廷呈控纲总把持盐务,损害其他盐商的利益[②]。

**光绪三年长芦纲总严克宽立“振纲持纪”木匾[③]**

一般来说,纲总的人选都是那些实力最为雄厚的**大盐商**,因为他们在盐商中威信素著,也更容易取得官方的信任。担任纲总对盐商的好处是明显的,即使大盐商本人无暇顾及纲务,也会通过其商伙占据纲总的职位,在乾隆朝中期以后的天津,这甚至已经成为惯例。这样的大盐商有以下的几个特点:第一,经营规模远远大于其他盐商,财力雄厚,在同一税则下,自然也就向朝廷贡献了远多于其他盐商的盐税;第二,与政权阶层甚至最高统治阶层关系密切,拥有一定的政治地位或社会影响力;第三,盐业生意跨代传承,成为长期存在的盐商家族;第四,这些家族之间,在盐业生意、家族命

① 乾隆二十七年五月十九日《长芦盐政金辉为敕发商人筹办昌平延庆运务以整引地事奏折》,《清代长芦盐务档案史料选编》,第 83 页。

② 见第八章。

③ 图片来源:天津博物馆编《鹾之韵—长芦盐业与天津城市文化》,天津人民美术出版社,2016,第 15 页。

运等方面都有着千丝万缕的联系。清代康、雍、乾、嘉时期，天津先后出现的大盐商家族有抚宁张氏家族、宛平查氏家族、朝鲜安氏家族、皇商王氏家族、皇商范氏家族、凤台王氏家族、鄞县王氏家族、海宁查氏家族等，前后相继，连绵不绝。他们动辄拥有十几二十几处引地，无论从财富、势力还是与政权阶层之间的关系来看，清代前中期的天津盐商都非清代后期盐商可同日而语。这些大盐商家族的经营活动和家族兴衰史都极具代表性，可充分而鲜明地揭示出清代前中期盐业发展史中某些规律性的特征，因此他们将是本书叙述的主要对象。

## 六、巡盐御史

清代盐务管理体系最突出的特点，是巡盐御史地位的凸显，这是皇帝的绝对权威得到加强的结果。长芦巡盐御史也称“长芦盐政”，辖区为长芦、山东两个盐区。雍正元年，雍正帝在给新任长芦巡盐御史莽鹄立的诏敕中这样概括他的职权：

> 兹命尔前往长芦，专理盐课，查照户部所定运司、分司、场灶、官丁、亭户，照例统理。该管各府州县额引，照旧督销。凡边商、内商，正课、余盐引目，俱属尔征核。该管衙门官吏、胥役，宜严加约束，使恪遵法纪，无致作弊生事，扰害商民。①

可见巡盐御史的职权，囊括了对盐课、盐引、运销、盐务官员等各个环节的管理。盐运使的职责范围与巡盐御史类似，只不过他们是具体事务的执行者，并统辖分司、批验所、盐场等职能机构，其所有政务都在巡盐御史

① 《新修长芦盐法志》卷一《诏敕》，第59—60页。

《潞河督运图》中的长芦巡盐御史衙门

的监管之下,并通过巡盐御史上达皇帝和户部,此即所谓“一切盐政分别经理,而上之巡盐御史,以达于内部”①。比如当某些引岸需要重新招商时,招商的饬令会由巡盐御史下发给盐运使,而盐运使招募的商人名单必须上报给巡盐御史批准;盐运使征收盐课完毕后,必须造册提交给巡盐御史稽核,巡盐御史还常常现场盘查运库存银的数额;当盐运使出现渎职或舞弊贪污时,巡盐御史与督抚都有参劾的责任。盐运使虽然也有直接上奏的权力,但几乎只用于得到任命后向皇帝谢恩时。如果他们对于盐务事宜有所筹划,一般的程序是先向巡盐御史详报,然后由巡盐御史奏报皇帝,皇帝再批交户部制定出具体的实施方案。

① 岳浚等纂修:《(乾隆)山东通志》卷十三《盐法志》,江苏广陵古籍刻印社,1986。

在名义上，户部总览天下盐法①，诸如刊发与缴销盐引、额定及征收盐课、划分引岸、酌定盐价、制定关于盐务的大政方针等都是户部的职责，但几乎所有这些职责，都要以巡盐御史的奏报作为依据。户部极少会主动整顿盐法，除非巡盐御史出于盐区实际的需要，向皇帝提出相关建议；皇帝如果对盐务事宜有所疑虑，一般也是直接征询巡盐御史而非户部。另外，巡盐御史并不只是高高在上地监临，他们也要躬亲参与关于盐务的具体事务，比如向户部领取盐引，监督每年春秋季的开关放盐，随时抽查盐船称掣盐包的重量，按季向户部或内务府报解课帑等②。总之，在清代的盐务管理架构中，巡盐御史处于关键地位，无论是从职权范围还是公务程序来说，他们都是盐务的实际操纵者。

然而真正的主角并非巡盐御史，而是皇帝。巡盐御史自明代设立以来即作为由皇帝派出的钦差，携带着“如朕亲临”的威势，其对盐务的监督和决策都是在为皇帝作代言。到了清代尤其是康熙朝以后，巡盐御史作为皇帝“工具人”的属性被加强了。按照正常的程序，巡盐御史由都察院提交待选名单，然后由皇帝从中确定人选，满人、汉人比例相当。但是从康熙朝中期开始，皇帝极少会把这份名单作为参考，而是乾纲独断地任命自己亲近信任之人。在长芦盐区，康熙四十年之后的巡盐御史基本上都是由满人或汉军担任③。到了雍正朝以后，又进一步强化为皇帝亲信的满人。

清朝规定巡盐御史一年一任，以防止他们专擅利薮，但是频繁的更调又带来了弊端。由于没有给巡盐御史足够的时间熟悉繁杂的盐务，“迨巡

① 《盐法通志》：“天下盐法，通归户部”，见周庆云编纂《盐法通志》卷五十二《引目十》，1928年鸿宝斋刊本。

② 以上关于长芦巡盐御史职权及其与皇帝、盐运使、户部之间公务程序的概述，系由笔者所见大量清宫档案中提炼总结而来。这些档案主要存于中国第一历史档案馆、“台北故宫博物院”，并曾以影印、点校的方式大量出版公布。这些档案是本书的主要依据。

③ 《长芦盐法志》卷十四《职官下·官表》，第266—286页。

盐之头绪稍知，而一年之差期将届，急公之心不胜其营私之念"[①]。所谓"营私之念"，主要就是懒政惰政以期平安卸任，将所有麻烦和风险都留给继任者。康熙四十五年六月，朝廷追缴天津盐商张霖、查日乾借欠的帑银，康熙帝因为顾虑"巡盐御史一年一换，是以凡事惟思推脱，每至延迟"，特地下令命直隶巡抚赴天津与巡盐御史一同办理[②]。但这笔欠款直到雍正元年仍然没有追完。刑部尚书佛格向雍正帝报告说，直隶巡抚和巡盐御史都没有尽职尽责："该抚只图脱卸，交于巡盐御史；而御史盐差系一年一换，既无催追之责，复无不力之考成，惟知照案依行。"[③]雍正帝决定改变这种局面。他推翻了过去以低品级官员加监察御史衔巡视盐政的惯例，直接任命理藩院侍郎莽鹄立出任此职，并且允许他连任了三年，此后的长芦巡盐御史大部分都能连任两年以上，乾隆朝西宁的任职更是达十年之久。

长芦巡盐御史的使命不止是管理盐务，还有"与闻"并"上达"一切他们认为重要的事务，并从乾隆元年开始兼管天津关务。所有这些事务的处理，都要"伏祈皇上睿鉴"。巡盐御史通过奏折甚至是密折搭建了盐务、盐商与皇帝之间沟通的便捷通道，盐商会通过他们向皇帝递交呈文，皇帝也会通过他们向盐商发布谕旨。他们的存在方便了皇帝对盐务的直接操控，对于清政权和皇帝本人来说，这都是极为重要的，因为只有这样才能实现皇帝对盐务的绝对掌控。

## 七、天子之私

皇帝掌控盐务的根本目的，在于实现其对盐这种财货的控制和分配，

---

① 《清盐法志》卷二二八《两广十五·征榷门》。

② 徐尚定标点：《康熙起居注》第7册，东方出版社，2014，第231页。

③ 雍正元年八月初五日《刑部尚书佛格等奏请特查长芦盐商积欠银两久悬折》，中国第一历史档案馆译编《雍正朝满文朱批奏折全译》（上册），黄山书社，1998，第269页。

这是“利出一孔”的题中应有之义。在《管子》中，管仲强调了“利出一孔”的重要性后紧接着就说：“先王知其然，故塞民之羡，隘其利途，予之在君，夺之在君，贫之在君，富之在君。故民之戴上如日月，亲君若父母。”①概言之，想要实现“利出一孔”，就必须阻塞百姓自主获利的渠道，由君主掌控一切财货的分配，以百姓经济上的依附性造就其身份上的依附性。这也是君权天授的政治理论及儒家三纲五常的伦理体系的内在要求。历代帝王对此都毫不避讳，秦始皇在统一中国后即宣布“六合之内，皇帝之土。西海流沙，南尽北户，东有东海，北过大夏。人迹所至，无不臣者”②。到了清代，雍正帝说“朕富有四海”③，嘉庆帝说得更加直白：“天下山陬海澨，所有财货，皆朕之财货”④。在这样的前提下，皇帝对财货的分配，无论严苛或宽惠，莫不是皇帝的雨露之泽，“爱养之道”⑤。百姓所获得的财富，即便这些财富来自百姓的生产经营，那也是经过了皇帝的恩准，是皇帝惠养子民的结果，犹如子女从父母那里获得生长的养分，因此皇帝对这些财富拥有绝对的支配权。

皇帝对天下财货的所有权，是一种将私与公糅为一体的“天子之私”。作为皇室家长，皇帝是有私的，从秦汉时期的“少府”到清代的内务府，历代皇家都设有内府机构，“管山林池泽之税及关市之资以供天子”⑥。但是皇家之私并不能完全与国家之公撇清关系。一方面，即便是作为皇室家长角色的皇帝，也有其为公的一面，乾隆帝甚至曾表示“天子不言有无，外府内府均属一体”⑦。在清代前中期财用充足的时候，皇帝经常会将内务府

---

① 《管子校注》，第 1262 页。
② 司马迁：《史记》卷六《秦始皇本纪第六》，岳麓书社，1988，第 58 页。
③ 《世宗宪皇帝实录》卷二十四，《清实录》第七册，第 380 页下。
④ 《仁宗睿皇帝实录》卷六十一，《清实录》第二十八册，第 814 页上。
⑤ 《康熙起居注》第 6 册，第 176 页。
⑥ 史游撰：《急就篇》卷四，岳麓书社，1989，第 298 页。
⑦ 《高宗纯皇帝实录》卷六百九十四，《清实录》第十七册，第 781 页上。

存银或本来应该解送内务府的款项拨付他用，或者直接补充给户部的国库[①]。另一方面，皇帝的“公”在本质上仍然是“私”。虽然乾隆帝大方地表示“天子不言有无”，但这句话的真正含义是天下皆为天子所有，而非天子放弃了拥有的权力。皇帝既是国家权力的中枢，又是对天下拥有所有权的个人。他们都像刘邦那样把天下视为自己家的“产业”[②]，包括盐商在内的所有子民的私有财产都是这份产业的一部分。他们对于国家一切领域所作出的决策，最终目的都是稳固和延续“祖宗基业”这个最大的“私”。在这个逻辑之下，皇室内库与国家财库之间的界线并不是判若鸿沟。事实上清朝户部每年都要拨付一定数量的银两给内务府，就连内务府创收最为充足的乾隆朝，每年的拨付额也在六十万两左右[③]。

与其他财货相比，盐更能契合“天子之私”的真正内涵。《盐铁论》对于山海之间的盐铁等财货的归属有这样的表述：“古者，名山大泽不以封，为下之专利也。山海之利，广泽之畜，天地之藏也，皆宜属少府；陛下不私，以属大司农，以佐助百姓。”[④]为了避免诸侯的垄断，山海湖泽之利都应该归主管皇家私用的少府管辖；但皇帝并不将其占为私有，而是交给主管国家公用的大司农管辖，以佐助百姓。根据这段言论，盐铁本来属于皇家私产，是“陛下”大公无私而让其由皇家私产转化成了国家公产。所以，盐商

---

① 比如雍正六年，雍正帝曾经拿出九十四万余两内府库银，帮助欠下国帑的西北军满汉蒙古官兵清还债务(《世宗宪皇帝实录》卷七十四，《清实录》第七册，第 1105 页上至 1106 页下)；乾隆二十八年，乾隆帝拒绝了两广总督苏昌将广东地方现款解送内务府的请求，令其留用于地方事务(《高宗纯皇帝实录》卷六百九十四，《清实录》第十七册，第 781 页上)；乾隆三十四年，乾隆帝下令从内务府广储司存银中拨出一百万两交户部存贮(《高宗纯皇帝实录》卷八百三十七，《清实录》第十九册，第 173 页上)。嘉庆帝曾经矜夸道：“历年以来，每将内府余款拨给户部应用，岁不下数十万，有将及百万者。”(《仁宗睿皇帝实录》卷二百六十，《清实录》第三十一册，第 524 页上)此言倒也并非虚妄。

② 司马迁：《史记》卷八《高祖本纪第八》，岳麓书社，1988，第 107 页。

③ 祁美琴：《清代内务府》，中国人民大学出版社，1998，第 128—131 页。

④ 《盐铁论・复古第六》，第 59 页。

所获得的盐利,一向被视为来自皇帝的恩赐。乾隆帝曾经多次表达这样的观点:“商人领运盐引,已擅牢盆之利”①;“商人等资藉官盐,营运滋息,获利甚厚”②。而在皇帝的心腹巡盐御史口中,盐商“世受国家深恩厚泽,得以安居乐业”③,“仰沐皇恩至深极厚,人人乐业辈安居”④,这样的言论更是老生常谈。所以,盐商虽然看起来是“已擅牢盆之利”,但这是国家专营体系中的牢盆之利,更是“少府”中让出的牢盆之利,因此皇帝可以更加理直气壮地操控盐利的去向。

专商引岸制度下盐利有五个主要去向:一是国家财税收入,包括解交户部的正课、流向各种公务用途的杂课及盐商对军需、河工等国家公务进行的捐输;二是皇室内库收入,即内务府的收入,包括官有引地的利银、租金,盐商杂课中解送内务府的部分,贡品、帑利、节省银,以及盐商用于皇家事务的捐输报效等;三是盐商的收入,即刨除成本、课税、规费、捐输等支出后的利润;四是各级衙门官吏的合法收入如养廉银,以及各类灰色收入如程仪、规费、别敬等陋规浮费及引盐运销途中地方官的摊派勒索;五是非法盐利收入,包括私盐利润、官吏的贪污及盐商通过各种舞弊手段(私卖余盐、增重砝码等)获取的额外收入等。皇帝要做的,就是平衡国家财税收入、皇室收入与盐商的收入,并尽量避免灰色和非法盐利收入的发生。这是通过盐商承担其责任和朝廷履行其义务实现的。

---

① 《高宗纯皇帝实录》卷一千三十二,《清实录》第二十一册,第830页下。

② 《高宗纯皇帝实录》卷一千一百九十七,《清实录》第二十四册,第17页上。

③ 乾隆十三年十二月初七日《署理长芦盐政丽柱等为金川用兵芦商东商情愿捐银事奏折》,《清代长芦盐务档案史料选编》,第57页。

④ 乾隆十九年十一月二十四日《长芦盐政普福为代商奏请捐银助赏事奏折》,《清代长芦盐务档案史料选编》,第68页。

## 八、盐商的责任与朝廷的义务

在皇帝看来，盐商既然依恃朝廷的许可获得专擅盐利的特权，也就必然要承担一些特定的责任，按照乾隆帝的说法就是"商人领运盐引，已擅牢盆之利，所有应完纲课，理宜按限催交"[①]；"商人等资藉官盐，营运滋息，获利甚厚，如果情殷报效，备物输忱，亦属分所应有"[②]。乾隆帝用这两句话明确了盐商向朝廷输送盐利的两个主要方式，即盐课和捐输报效，实际上也就是明确了盐商对国家、社会及皇室的责任。

清代盐课对于国家财税意义非常。在天下尚未平定时，顺治帝说"盐课钱粮，关系军国急需"；在天下归于一统后，康熙帝便强调"盐课关系国赋，最为紧要"[③]。康熙年间一位官员说："国家赋税所出，自地丁而外盐务所关最重。"[④]清代前中期，盐课是仅次于田赋的第二大赋税来源[⑤]。盐课分为正课与杂课，正课按引征收，解交户部，纳入中央财政统一调配使用；杂课名目繁多，去向不一，体现了盐商所承担的责任之广，比如其中的内务府笔帖士银、护军校银、仁寿寺香灯银、各项帑本利银交给内务府用作皇室

① 《高宗纯皇帝实录》卷一千三十二，《清实录》第二十一册，第830页下至831页上。

② 《高宗纯皇帝实录》卷一千一百九十七，《清实录》第二十四册，第17页上。

③ 谢开宠等修纂《(康熙)两淮盐法志》卷八《诏敕》，台湾学生书局，1966，第664、665页。

④ 康熙十六年十月二十八日《陕西道监察御史傅廷俊为查灶盐加商引禁私贩题本》，见中国第一历史档案馆辑《康熙年间关于盐务的御史奏章》，《历史档案》1985年第1期，第19页。

⑤ 清代前中期国家财政岁入的三大来源是田赋(地丁)、盐课、关税。据统计，顺治朝至嘉庆朝田赋一直占岁入的60%以上，盐课所占比重大体在10%—20%，关税所占比重最高的年份也只有12%左右，一直低于盐课。参见陈锋：《清代财政政策与货币政策研究(第2版)》，武汉大学出版社，2013，第364—367页。

的经费。盐政铜斤考察银是办理铜务的经费;都察院饭银、翰林院饭银、内阁饭银是中央政府衙门的经费;督号银是直隶总督衙门的经费;将军养廉银是奉天、宁古塔、黑龙江三处将军的养廉经费;河工银是兴修水利的经费等。另外天津地方行政及社会事业也从盐税中分一杯羹,大到各级盐务管理部门官吏及天津镇等地方衙门的薪俸、养廉,小到天津水师营钞关、马头浮桥的岁修费、某些官祀祠庙的祭祀费等,俱从盐税中支给①。按时如数缴纳盐课是盐商不容含糊的首要责任,拖欠盐课的盐商将会受到从枷号到徒刑不等的刑事惩罚,并且要用窝价及家产来变抵②。

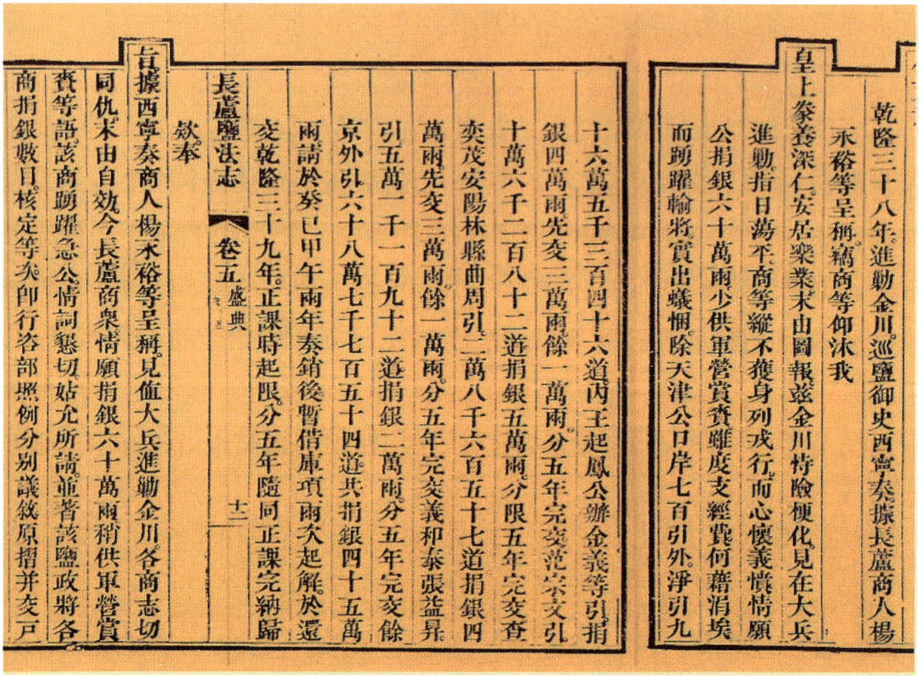
乾隆三十八年進勦金川巡鹽御史西寧奏據長蘆商人楊
永裕等呈稱竊商等仰沐我
皇上豢養深仁安居樂業未由圖報茲金川恃險梗化見在大兵
進勦指日蕩平商等縱不獲身列戎行而心懷義憤情願
公捐銀六十萬兩少供軍營賞賚雖度支經費何藉涓埃
而踴躍輸將實出蟻悃除天津公口岸七百引外淨引九
十六萬五千三百四十六道內王起鳳公辦金義等引捐
銀四萬兩先交三萬兩餘一萬兩分五年完交范宗文引
十萬六千二百八十二道捐銀五萬兩分限五年完交查
奕茂安陽林縣曲周引二萬八千六百五十七道捐銀四
萬兩先交三萬兩餘一萬兩分五年完交義和泰張盖昇
引五萬一千一百九十二道捐銀二萬兩分五年完交餘
京外引六十八萬七千七百五十四道共捐銀四十五萬
兩請於癸巳甲午兩年奏銷後暫借庫項兩次起解於還
交乾隆三十九年正課時起限分五年隨同正課完納歸
長蘆鹽法志 卷五 盛典 十二
欽奉
旨據西寧奏商人楊永裕等呈稱見值大兵進勦金川各商志切
同仇未由自效今長蘆商衆情願捐銀六十萬兩稍供軍營賞
賚等語該商踴躍急公情詞懇切姑允所請並著該鹽政將各
商捐銀數目核定等次即行咨部照例分別議敘原摺并交戶

《长芦盐法志》记载天津盐商捐助金川战役的情况③

① 《长芦盐法志》卷十二《赋课下·商课目·商杂课目》,第209—215页。
② 《长芦盐法志》卷七《律令·律例·商人欠课》,第110页。
③ 图片来源:《续修四库全书》第840册,第94页。

所谓捐输报效，就是盐商在朝廷明文规定的盐课定例之外，不定时、不定额地以捐银的方式贡献盐利，这些捐输的去向主要有军需、皇室经费、赈济、河工、地方公务等，有时由盐商自愿捐出，有时却出自朝廷的摊派。盐商的捐输报效在康熙朝已经成为普遍的现象，而在乾、嘉两朝达到高峰。从用途上看，捐输报效其实是盐课的延伸，因为其去向正是盐课发挥着重要作用的领域。比如占据盐商捐输报效最大份额的是军需报效，而盐课同样也是军费的重要支柱。清初"滇黔闽粤未尽削平，所需兵饷半资盐课"①，康熙朝平定三藩之乱时，各盐区解往军前的盐课更是源源不断。再比如朝廷甚至会专门为了军需、河工而加课，比如康熙十四年曾经为解决的军费问题而每引加征银五分②。

捐输报效和盐课一样体现了盐商对于皇室、国家和社会的特定责任，只不过盐课将这种责任隐匿于内，捐输报效则将这种责任昭然于外，尤其昭然于盐商献出捐输之前，通过长芦巡盐御史向皇帝递交的呈文里。比如雍正十年，以王惠民、金义、查日昌、范宗文等为代表的长芦二百三十二名盐商向朝廷捐银十万两，他们在公呈中这样表述自己的热忱：

> 商等叠蒙皇上高厚隆恩，抚恤备至，历年以来商困日苏，积欠渐补，欢呼感激，莫可名言。惟有踊跃输将，早完课项，以图仰报。然商等虽效犬马之力，未伸蝼蚁之忱。额征引课原属本分应完，而带征、缓征更蒙恩施格外。现今西陲兵饷需用繁多，我皇上俯念商艰，不忍稍加课额，俾得宽容优裕，乐业办公。兹商等情愿各量己力，公捐银十万两，于雍正癸丑年随同正课交纳，听候部拨，以充军需。③

① 金镇：《盐法考》，贺长龄、魏源辑：《皇朝经世文编》卷五十《户政二十五 · 盐课下》，沈云龙主编《近代中国史料丛刊》第七十四辑，台湾文海出版社，1972。

② 《长芦盐法志》卷十一《赋课上 · 商课》，第195页。

③ 雍正十年十一月初七日《长芦巡盐御史鄂礼为奏报禁捕天津盗窃及盐商捐银事折》，允禄、鄂尔泰等编：《朱批谕旨》第37册，清光绪丁亥上海点石斋刊本，第98页下。

芦商这次捐输的背景有二：一是雍正帝任命莽鹄立为长芦盐政，对长芦盐务进行了整顿改革，使盐商走出康熙朝后期以来的困境而逐渐复苏，尤其是当年二月刚刚开始实行的一文加价，对芦商是一个巨大的利好；二是雍正帝出兵平定准噶尔叛乱，并没有像康熙帝平定三藩之乱时那样增加盐课以补充军需。此时盐商主动提出捐输，体现出他们对自身特定责任的自觉性，即在财力充裕的前提下，除了承诺完纳"原属本分应完"的盐课外，还主动承担起本该由国家财政担负的军费。这本来是在为国家出力，却被他们表述成(应该也是内心的真实想法)向皇帝个人"效犬马之力"，以报答皇帝的"高厚隆恩"，因为他们将所有恤商政策都归功于皇帝，这是皇帝在行政决策和财货分配上行使绝对权威的必然结果。所以，在盐商心目中，对于国家、社会的责任毋宁说是对皇帝的责任。这种设定是被当时的法理所允许甚至鼓励的，也是皇帝本人乐于看到的。正如乾隆帝所说，盐商的"情殷报效"本是"分所应有"，皇帝因此也就理直气壮地接受，甚至于直接向盐商摊派。比如乾隆十三、十四年，为了补足金川军需的缺口，朝廷曾向凤台王氏、皇商范氏各摊派饷银十五万两、二十万两[①]。

既然盐商通过盐课与捐输报效向朝廷提供财税支持，那么朝廷也就有义务采取措施，保证盐商的正常经营。这些措施分为两类：一类是在专商引岸制度的框架内，由盐务职能部门执行的例常措施，如查缉私盐、杜绝摊派勒索、整顿盐务陋规、调整引岸引额等。另一类是在盐商的经营出现困难时所采取的临时措施，这一类措施更能体现朝廷尤其是皇帝本人对盐商有意识的扶助。比如盐商因自然灾害等原因而遭受亏损，无法正常缴纳盐课时，会通过巡盐御史向皇帝请求缓征、带征，把缴税的负担分散到此后的若干年中，或者干脆将部分盐课减免，以获得喘息之机。在这种情况下，皇帝考虑到严厉催收盐课会导致盐商流动资金不继，耽误下一季引盐的运

① 见本书附表三《清前中期天津大盐商家族捐输报效表》。

销，一般会恩准盐商的请求。在长芦盐区，这种恤商政策在顺治十八年第一次施行，康熙朝施行了九次，雍正朝施行了四次，乾隆朝则施行了二十四次之多①。朝廷更为直接的扶助措施，就是在盐商缺乏资本时借给帑银，这些帑银有一部分来自某些衙门闲余的经费，主要来自内务府，其主导者正是皇帝本人。

## 九、破题

盐商的责任与朝廷的义务之间本应是一种良性互动——朝廷赋予盐商专卖的特权，并以各种措施保证盐商的经营，盐商用赚取的盐利反哺于朝廷，盐商与朝廷之间，或者说盐商与皇帝之间由此建立起互利的合作机制。但是对盐商来说，与朝廷的合作存在许多不可控的因素，最不可控的就是拥有绝对权威的皇帝。尤其是当我们将对盐业兴衰的考察聚焦在大盐商家族时，更容易感受到皇权的力量。

皇权是一个兼具法理与政体意义的概念。从法理的角度来说，"皇权是中国传统社会的最高政治权威，皇帝处于权力的顶峰，是最高政治权威的掌握者"②。这种权威在《尚书·洪范》中被描述为"天子作民父母，以为天下王"③，而西汉董仲舒在《天人三策》《春秋繁露》中倡言"天之所大奉使之王者，必有非人力所能致而自至者，此受命之符也，天下之人同心归之，若归父母"④，"唯天子受命于天，天下受命于天子"⑤，树立了君权天授

① 《长芦盐法志》卷一《谕旨》、卷五《盛典》、卷六《优恤·恤商》。并参考本书附表四《乾隆朝长芦课帑缓带征表》。

② 萧国亮：《皇权与中国社会经济》，新华出版社，1991，第 7 页。

③ 陈戍国校注：《尚书》，岳麓书社，2019，第 109 页。

④ 班固：《汉书》，中华书局，1962，第 2500 页。

⑤ 苏舆：《春秋繁露义证》，中华书局，2015，第 406 页。

的观念，从天人关系的角度为皇帝的权威奠定了理论基础。从政体的角度来说，皇权是一种专制主义，因此也可被称为“专制主义皇权”，即皇帝对国家的人民、土地、财富、行政、军事、立法、司法、文教等一切都拥有至高无上的独断权。其特点包括大一统、高度中央集权、奴隶式的家长式专制、牢固的人身控制与对工商业的排挤、全面的文化专制等[①]。

中国古代的皇权开创于秦朝，到元明清发展成为一种“极端专制主义”[②]，清代又是元明清专制主义皇权的高潮。杜家骥先生曾经从七个方面论述了清代皇权的空前加强[③]，概言之，清代皇帝谋求在尽可能的范围内，牢牢掌握住大小政务的知情权与决策权，使得政权由国家公器向皇帝的私人权柄转变，皇权与国家政权已经高度重合。在这方面，乾隆皇帝的言论是最有力的证明：“朕为天下主，一切庆赏刑威皆自朕出，即臣工有所建白，而采而用之仍在于朕，即朕之恩泽也”[④]；“从古帝王，以优柔寡断而致败者恒有之，从未有振纲肃纪、生杀予夺大权不移而致败者也。”[⑤]不只是乾隆帝，清代历朝皇帝都笃信“乾纲独断”的威力，以超出于常人的精力躬亲处理大小政事，盐务更是他们展示权威的重点领域。

从顺治帝开始，清代皇帝对盐业经营与管理进行了广泛而深入的直接介入，一切关于盐务和盐商的决策，不管先期官员们做了多少调研、思索，最终都要由皇帝拍板定论，付诸实施。皇帝拥有对盐利的绝对支配权，不但可以决定引地的分配，还可以将盐商的引地直接收归内务府。除了定额定向的盐税，皇帝对剩余的盐利也拥有划拨分派、予取予夺的权力，比如各盐区运库存银的拨解都要经过皇帝的批准。盐商对自己的私人财富的所有权也并不是神圣不可侵犯的，皇帝可以要求盐商为皇家事务或国事贡献

---

① 周良霄：《皇帝与皇权》（增订本），上海古籍出版社，2006，第223、335—400页。

② 同上，第284—309页。

③ 杜家骥：《杜家骥讲清代制度》，天津古籍出版社，2014年。

④ 《高宗纯皇帝实录》卷七十一，《清实录》第十册，第140页上。

⑤ 《高宗纯皇帝实录》卷一百四十六，《清实录》第十册，第1095页。

捐输，当皇帝认为需要对盐商进行惩戒，就可以凭自己的好恶决定罚银的数量。甚至对关系国家命脉的盐税，皇帝也会视其他因素决定缓征、加征，让盐商在政策的频繁变化中疲于奔命。总之，无论是从法理逻辑还是从管理机制来看，皇帝在专商引岸制中都拥有最高的权威。

盐商尤其是那些实力雄厚的大盐商家族的命运更是直接掌握在皇帝手中。皇帝熟悉那些家族，时刻关注、评判着他们的经营状况及在其他方面的表现，并决定这些盐商的选黜、奖惩，从而达成对他们的控制与利用。因此，在本书对清代前中期天津大盐商家族的叙述中，皇帝将会经常作为决定性的角色出现。管子曰："明王之所操者六：生之，杀之；富之，贫之；贵之，贱之。此六柄者，王之所操也。"[①]以此来概括清代前中期天津大盐商家族的遭遇，简直再恰当不过了。皇帝的权威始终像强大的力场一样束缚在盐商的周围，盐商们绝对不会也无法摆脱、反抗这力场，只能通过对人身依附关系、经营方式、盐利输送方式的主观选择去顺应它。如果皇帝做出不符合盐务规律的决定，盐商通常的反应不是试图改变皇帝的决定，而是利用这些决定的漏洞，在与皇帝及盐务官员的"合作"中牟取额外的收益。一旦这种"合作"失去控制，就会将专商引岸制体系固有的瑕疵放大成为难以弥补的裂隙。

从顺治朝到道光朝约二百年间，每一位皇帝盐务政策的侧重点都有所不同，这取决于他们对盐商持有财富、盐商捐输报效、内务府获取盐利、官员舞弊贪腐的态度，既来自现实的需要，也带有皇帝鲜明的个人色彩。大体上，顺治朝至雍正朝盐务政策理性而务实，盐商在经济、政治上都保持着激进的追求，盐业实现了恢复与上升；乾隆朝的盐务政策则在多方面失度，盐商因之而消沉，丧失了自主性，更多依赖于皇权而生存，盐业发生了由盛到衰的转折，此后便再也没有恢复。在这个过程中，盐商们始终像琴弦那样，卑微而顺从地承接着皇帝的琴弓拨动的频率，振动出不同的时代乐章，

① 《管子校注》，第 909 页。

而主旋律就回响于那些大盐商家族的家族史之中。据此，本书将分上篇(顺治朝至雍正朝)、下篇(乾隆朝至道光朝)两部分展开叙述，每部分先概述皇帝盐务政策的阶段性特征，在此基础上详述天津主要大盐商家族的历史。

# 上篇

# 第一章

# 重入正轨

顺治朝到雍正朝是包括长芦盐业在内的清代盐业恢复与上升的时期。顺治帝和康熙帝专注于商民的休养生息，他们的宽松政策将盐业从明末崩溃的边缘拯救出来，使其重回正轨。但是康熙帝执政的后期宽松过度，在盐务领域也是如此。他对盐商、盐官非正常行为的绥靖，导致盐务体系漏洞百出。雍正帝致力于匡补康熙帝的过失，通过一系列改革将盐务再次拉回正轨。在社会经济上行的背景下，盐业产销出现前所未有的繁荣。但是康熙帝曾经制造的漏洞，尤其是他曾经与盐商建立起的那种类似于合作或交易的关系模式，已经成为埋藏在盐务体系内部的隐患。

## 一、宽容与报答

顺治朝的主旋律是休养生息，恢复被战乱破坏的盐务体系，其关键之点就是召集逃散的盐商，因此采取惠商为主的宽松政策，在国家的盐税收入上向盐商作出让步，比如取消了明代繁杂的盐课加色，允许盐商“见盐上课","行盐若干即征课若干"[①]。在盐税之外的其他盐利的分配上,顺治帝将恤商裕民作为首要的宗旨。顺治八年闰二月,他看到各盐区上报到户部的盐课,经常会包括若干余银,也就是超出应征课额之外的银两。他考虑到这些余银"非多取诸商人,即系侵克百姓,大属弊政",因此下旨严厉禁止,并且允许盐商首告御史、运司等官员勒索余盐的行为[②]。顺治帝的目的很明确,就是要让盐商尽快获得财富积累,以保证引盐运销的活跃。在捐输报效方面,除了清军征战南北时有个别盐商自愿出资"犒师"[③]之外,并未见顺治朝盐商大规模捐输的记载。朝廷偶有倡捐之举,也并非强制性,并不专门针对盐商。比如顺治十三年夏天,顺天府遭遇水灾和蝗灾,顺治帝拿出了内府银三万两用于救灾,然后号召缙绅商民捐输银米,并承诺给与捐赈者议叙[④]。总体上,顺治朝的盐务政策对盐商是利好的。天津大盐商抚宁张氏家族即在此时进入盐业领域,随后很快就积累起了丰厚的财富[⑤]。

康熙帝即位后以"仁"作为施政的原则,在财货的分配上,主张"仁育万民,皆欲使之共享安乐"[⑥]。他是清朝第一个明确提出"藏富于民"的皇帝,其依据是儒家的民本思想:"夫民为邦本,足民即以富国","总期藏富于民,使家给人足,则礼让益敦,庶渐臻雍穆之治"[⑦]。康熙帝并没有遵循传统的重农抑商思想将商人排斥在外,而是主张"商人为四民之一,富民亦国家所庇",因此,他对盐商总体上是宽容的。在盐课征收上,康熙帝大

① 顺治四年八月十二日《长芦盐政王守履为山东二三两年未领额引蠲免事题本》,《清代长芦盐务档案史料选编》,第1页。

② 《世祖章皇帝实录》卷五十四,《清实录》第三册,第436页下。

③ 比如顺治二年两淮盐商汪文德以三十万家财犒师,见《(嘉庆)两淮盐法志》卷四十四《人物·汪文德传》。

④ 《世祖章皇帝实录》卷一百零三,《清实录》第三册第800页。

⑤ 参见第二章。

⑥ 《圣祖仁皇帝实录》卷一百七十五,《清实录》第五册,第893页下。

⑦ 《圣祖仁皇帝实录》卷一百三十九,《清实录》第五册,第517页下至518页上。

度地表示“不在计此铢两”[①]，频繁实施宽免及缓带征措施。比如康熙元年，康熙帝将长芦盐区顺治年间积欠的盐课分年带征，到康熙四年干脆将“催征不得者”蠲免了[②]。在全国范围内，康熙二十年停征了三年前开征的闰月课银，并豁免了拖欠的部分[③]；康熙二十五年，取消了康熙十四年为平定三藩之乱而加征的盐课[④]；康熙二十六年豁免了康熙十三年以后增加的其他各项税银[⑤]。对盐课的带征主要施行于盐商的经营普遍陷入困境时，比如康熙五十、五十四、五十九、六十一年，长芦盐商遭遇水旱之灾，康熙帝都曾批准长芦巡盐御史带征盐课的请求[⑥]。这些宽缓措施对盐商意义重大，能够确保他们在两个运盐季交替的青黄不接之际，不至于因资金不继而中断运销，从而可以源源不断地获取利润。当然，其背后是康熙帝对国家经济恢复增长的自信。

康熙帝的宽容的政策鼓励了盐商。三藩之乱被平定后，社会经济趋于稳定，人口持续增长，食盐的需求量稳步提升，盐商的人数及经营规模迅速增长，到康熙朝结束时，长芦盐区引额已经从康熙元年的七十一万余道增加到九十二万余道[⑦]。按照常理，引额越多则朝廷可以征收的盐课就越多，但康熙帝并不一味追求盐引的规模，而是根据不同引岸的具体情况区别对待。有的引岸食盐需求量并没有那么大，康熙帝认为这些引岸加“加引虽可增课，然于商人无益”[⑧]，所以宁可减少引额。比如康熙二十八年，长芦盐区赵州、滑县等引岸由于地瘠民贫，户口凋残，引盐积滞难销，盐商

---

① 《圣祖仁皇帝实录》卷九十七，《清实录》第四册，第 1223 页。

② 《圣祖仁皇帝实录》卷十四，《清实录》第四册，第 2210 页下。

③ 《长芦盐法志》卷一《谕旨一》，第 4 页。

④ 《长芦盐法志》卷十一《赋课上》，第 196 页。

⑤ 《长芦盐法志》卷一《谕旨一》，第 4 页。

⑥ 关于康熙帝带征盐课的情况，见《长芦盐法志》卷一《谕旨一》、卷六《优恤 · 恤商》、卷十一《赋课上 · 商课》，第 3—5、92—93、195—197 页。

⑦ 《长芦盐法志》卷九《转运上 · 引地引额》，第 144、150 页。

⑧ 《圣祖仁皇帝实录》卷二百七十一，《清实录》第六册，第 662 页下。

请求减引，康熙帝便下旨削减了这些地方的盐引三万余道，使盐商免除了被积引套牢的风险[①]。有的引岸食盐需求量大，运销畅旺，康熙帝便允许这些引岸增加引额。比如康熙五十九年，宛平、大兴京引盐商请领余引三万五千余道[②]，这是清代长芦盐区第一次请领余引。正是因为有了这样宽松、理性的经营环境，盐商抚宁张氏、宛平查氏、朝鲜安氏、凤台王氏等家族才迅速崛起，开创了清代前中期天津大盐商家族的时代。

盐商们对康熙帝的“仁育”政策知恩图报，报答的主要方式就是捐输报效。康熙朝较大规模的捐输报效开始于平定三藩之乱时，在此之前，朝廷征缴盐利的原则是尽量限定在盐课正额之内。康熙十二年底战端一开，浩繁的军需实在非当时的国库所能承受，所以康熙帝施行了一系列节流开源之法，比如裁减部分官俸、公费，增加房田、牙行等领域的税课等[③]。康熙十四年，康熙帝决定在全国范围内每引加增盐课五分用于军需，长芦盐区课银陡增三万八千余两[④]。这实质上无异于强制性军需捐输，虽然这是不得已而为之，且在三藩之乱平定后很快就取消了，但已经打破了朝廷在盐课正额之外向盐商索取盐利的禁忌。与此同时，康熙帝接受了两淮盐商三十余人的捐资助饷[⑤]。康熙十七年，淮商陈光祖等三十五人又一次捐银十三万五千两[⑥]。长芦盐商实力弱于两淮盐商，在平定三藩时期，除了按照朝廷的规定缴纳增课，并没有大规模捐输的记载。不过到了康熙六十年朝廷在西北用兵的时候，芦商凤台王氏的王廷扬一次性捐纳了军需报效二十万两[⑦]。

---

① 《长芦盐法志》卷九《转运上 · 引地引额》，第 147—148 页。

② 《长芦盐法志》卷九《转运上 · 引地引额》，第 149 页。

③ 《长芦盐法志》卷一《谕旨一》，第 3—4 页。

④ 《长芦盐法志》卷十一《赋课上 · 商课》，第 195 页。

⑤ 《(嘉庆)两淮盐法志》卷四十四《人物 · 程量入传》。

⑥ 《(嘉庆)两淮盐法志》卷四十二《捐输一》。

⑦ 《历年报效数额的统计与说明》，陈锋：《清代盐政与盐税》，第 294 页。

康熙帝亦不拒绝盐商向他个人表达感激之忱，这尤其表现在他六次南巡的过程中。每次南巡时他都强调“日用所需俱自内廷供御，从无纤毫取办于民”①，然而这只是一句漂亮的说辞，南巡的资金中有很大一部分其实来自两淮盐务，多年后乾隆帝的话就是证明：“向来盐政衙门有赢余闲款银两，存留运库，为各项帮贴杂费之用。昔年皇祖巡幸，遇有赏赉及办差之需，多于此内动给。”②康熙帝也并不拒绝盐商尤其是两淮盐商直接的报效，甚至有时主动提出要求。这些报效包括进献贡品及出资点缀景观、修建行宫等。比如康熙四十四年第五次南巡前，康熙帝降旨于两淮盐商，令他们集资修建扬州宝塔湾之塔，盐商在将塔修建完成后，又主动捐资在塔旁兴建了行宫③。另外，南巡造成的两淮运

扬州“南巡御道”碑（徐顺荣提供）

① 《圣祖仁皇帝实录》卷二百一十九，《清实录》第六册，第210页上。

② 《（光绪）重修两淮盐法志》卷一《王制门·制诏一》。

③ 《内务府等衙门奏曹寅李煦捐修行宫议给京堂兼衔折》，故宫博物院明清档案部编《关于江宁织造曹家档案史料》，中华书局，1975，第30页二五折。

库巨额亏空，最终也要由两淮盐商弥补[①]。康熙帝并不认为这是什么过分的事，甚至在承认“亏空之由皆因南巡费用”之后，仍然理直气壮地说：“朕之巡幸，原以为民，无庸隐讳，即用帑银百万，亦所当然。”[②]康熙帝说这话的底气，既来自他长期对商民实行宽免政策的自矜，也来自“海宇升平，国用充足”的自信，所以他说“朕历年蠲免天下钱粮，至数万万两有余，今此项亏空，若令补垫，亦不为多”[③]。

正如康熙帝所相信的，无论是捐输还是弥补亏空，盐商们都心甘情愿。这不单单是因为他们真切地想要报答天恩，更因为他们知道这些付出能给他们带来什么。早在康熙十四年两淮盐商三十余人第一次捐资助饷后，康熙帝便下令给予他们议叙，也就是赐给名义上的职衔；康熙十七年陈光祖等捐银后，也得以“酌银数多寡分别从优议叙”[④]；康熙四十四年，为了感谢两淮盐商出银建造宝塔湾行宫，康熙帝又一次下旨按照出银的数量“给以虚衔顶戴”[⑤]。虽然只是虚衔，却给盐商们的身份带来了根本的转变，让他们从微贱的“四民之末”一步跨入缙绅阶层，甚至得到皇帝的另眼相看，后来乾隆帝在对比典商和盐商时就曾经说过：“典商不过里巷逐利细民，并非淮浙盐商，各有职衔，世受国恩者可比。”[⑥]除了政治上的优待，康熙帝还动用皇家私财给予盐商经济上的扶助。康熙四十二年，两淮盐商向南巡到扬州的康熙帝请求借领内务府帑银，鉴于两淮的亏空很大程度上由南巡造成，康熙帝大方地一次性借给他们一百万两[⑦]。

---

① 关于康熙帝南巡时两淮盐商献纳的情况，可参见王振忠：《康熙南巡与两淮盐务》，《盐业史研究》1995 年第 4 期。

② 《圣祖仁皇帝实录》卷二百四十四，《清实录》第六册，第 423 页下。

③ 《圣祖仁皇帝实录》卷二百四十四，《清实录》第六册，第 422 页下。

④ 《(光绪)重修两淮盐法志》卷一百四十五《捐输门·助军》。

⑤ 《内务府等衙门奏曹寅李煦捐修行宫议给京堂兼衔折》，《关于江宁织造曹家档案史料》，第 30 页二五折。

⑥ 《高宗纯皇帝实录》卷八百九十二，《清实录》第十九册，第 956 页上。

⑦ 《(光绪)重修两淮盐法志》卷一百三十九《优恤门·恤商上》。

# 二、危险的关系

政治与经济上的互动让皇帝和盐商的关系变得亲密起来。康熙五十二年康熙帝六旬万寿时，两淮盐商通过巡盐御史李煦向康熙帝请求入都叩贺，在康熙帝朱批“商人不必来”后，仍然强烈要求“必要赴阙，瞻天仰圣，叩祝万寿无疆，以稍申一点蚁忱”，康熙帝也只好同意了他们的请求①。这些盐商俨然已经成为皇帝的亲信之人。在长芦盐区，盐商们虽然不像两淮

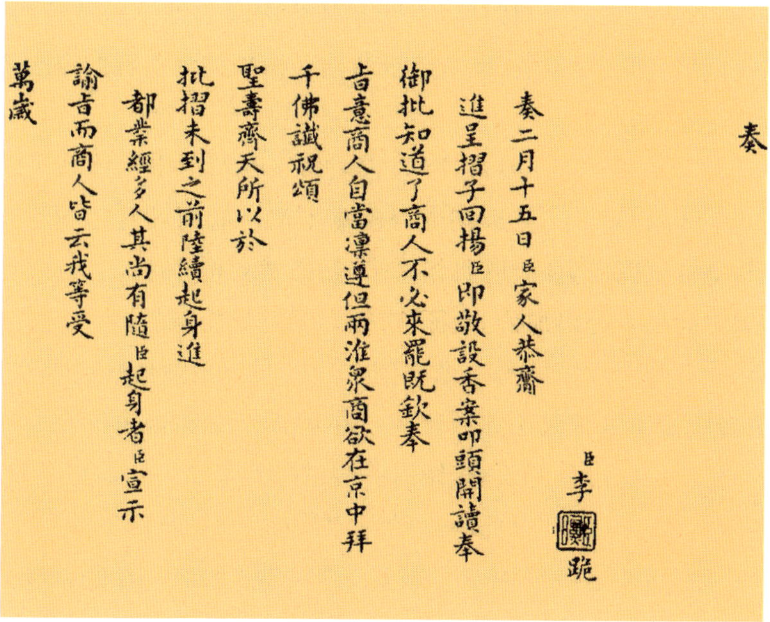
奏
臣李煦跪
奏二月十五日臣家人恭齎
進呈摺子回揚臣即敬設香案叩頭開讀奏
御批知道了商人不必來罷既欽奉
旨意商人自當凛遵但兩淮衆商欲在京中拜
千佛識祝頌
聖壽齊天所以於
批摺未到之前陸續起身進
都業經多人其尚有隨臣起身者臣宣示
諭旨而商人皆云我等受
萬歲

康熙五十二年二月十七日《苏州织造李煦奏为淮商进京祝寿势难谕留折》（部分）②（原件保存在中国第一历史档案馆）

①　②　康熙五十二年二月十七日《苏州织造李煦奏为淮商进京祝寿势难谕留折》，中国第一历史档案馆编《康熙朝汉文朱批奏折汇编》，第 4 册，档案出版社，1985，第 700 页。

盐商那样频繁捐输，但由于靠近权力中心，大盐商家族与皇帝之间的关系掺杂了更多的政治因素。康熙帝打破权贵业盐的禁忌，纵容康亲王府及与皇室有姻亲关系的纳兰明珠家族经营盐业，纳兰家族则将部分盐利进献于皇室；凤台王氏由盐商起家而成为仕宦之家，王廷扬在康熙六十年一次性报效军需二十万两，实际上是借此报答皇帝给予其家族的政治地位，并为他的家族换来了此后很长一段时期内的政治资本。另外，康熙四十五年重新分配张霖被罚没的引地时，康熙帝开创了允许内务府商人参与盐业经营的先河。他给予内务府商人接办这些引地的特权，并让内务府借帑银作为资本，内务府商人赚取盐利后，再以利银和节省银的方式回馈内务府[①]。总之，在康熙朝尤其是中期以后，皇帝和盐商之间出现了一种新的相处模式，即以盐商提供金钱献纳、皇帝给予政治经济扶持为内容的双向合作，或者说是交易。

这是一种危险的相处模式，因为它凌驾于专商引岸制体系之上，极容易扰乱这个体系的秩序，使规则变得模糊不清。盐商具有趋利的本性，当他们感到皇帝试图以宽容、恩典相笼络时，必然会得寸进尺，一有机会便通过巡盐御史向皇帝提出加价、缓征、带征乃至宽免盐课的请求，这是康熙帝频繁施行盐务宽缓政策的另一个原因。这些政策虽然使盐商获得喘息之机，却也造成盐课常常无法如数征收。在借领帑银和捐输报效方面，盐商甚至还会提出一些过分的要求、做出一些过分的举动。比如在两淮盐商借到内务府帑银的第二年，对此眼红的天津盐商张霖、查日乾等也设法借到了七十万两内帑。这些帑银给了张霖“拉大旗作虎皮”的机会，在他与查日乾贩卖私盐的过程中，“皇帑”成了他无形的保护伞[②]。这无疑给天津盐商起到了示范作用，康熙四十四年，当康熙帝第五次南巡的御舟停泊在天

---

① 参见第六章。

② 参见第二章。

津时,竟又有盐商百余人跪在岸上,请求照两淮之例借帑一百万两[①]。两淮盐商借帑的问题更加严重,一百万两帑银只有八十万两到了盐商手里,其中还有非盐商之人冒名领取的,这必定是经手帑银发放的纲总做了手脚。至于剩余的二十万两,不问可知都被各级盐官、地方官挪用了[②]。两淮盐商还在捐输上要起了花样,他们曾经以捐输瓜洲河工银为名,从运库借出库银二十四万两,而后分五年偿还,开创了借运库银垫付捐输的先河[③]。

好在康熙帝对盐商还是怀有警惕的。康熙四十四年天津盐商拦御舟请求借帑时,康熙帝向他们说道:“去年众商已借过几十万了,两淮盐课多,且商人殷实体面,也止借一百万,你长芦盐课少,且商人零星,借这几十万,俟完过再借罢。”[④]算是委婉地拒绝了。但所谓“盐课少,且商人零星”只是一个现成的借口,真正的原因是,此时康熙帝已经收到了对于张霖的检举,并且早已通过曹寅的奏折知道了两淮帑银的秘密。到了康熙五十六年,两淮盐商再次请求借帑一百二十万两,并承诺向内务府缴纳一分利息,被康熙帝以一句“万万行不得”断然拒绝了[⑤]。康熙五十七年,两淮盐商江楚吉等呈请捐输军需,再次提出借运库存银垫交,然后再分五年偿还的要求,也被康熙帝果断拒绝了:“此折断然行不得。西边用银即可以发库帑,

---

① 佚名《圣祖五幸江南全录》,第 4 页,收录于汪康年辑《振绮堂丛书初集》,沈云龙主编《近代中国史料丛刊》第 55 辑(546),台湾文海出版社,1970 年。

② 康熙四十三年十一月二十二日《江宁织造曹寅奏查过盐商借帑情弊折》,《康熙朝汉文朱批奏折汇编》第 1 册,第 137 页。

③ 康熙五十七年闰八月初二日《苏州织造李煦奏为淮商愿捐军需先借库银分年补完事折》,《康熙朝汉文朱批奏折汇编》第 8 册,第 303 页。

④ 佚名《圣祖五幸江南全录》,第 4 页。

⑤ 故宫博物院明清档案部编:《两淮众商代题再借皇帑折》,《李煦奏折》,中华书局,1976,第 219—220 页。

何苦五年分补？皆因奸商借端补亏之法耳。"①。康熙帝看到了盐商捐输、借帑中潜藏的风险：盐商借领库银名为捐输，实为弥补亏空，此端一开，必然使盐课与运库亏空、军需捐输、内务府帑银勾连牵混，导致盐课征收体制的混乱。

但康熙帝的警惕和约束是有限度的，对于盐商其他一些不法行为，他的态度显得暧昧不明，这其中既有政治的羁绊，也有经济方面的考量。比如纳兰家族勾结张霖非法获得陈州等处引地，在被揭露后，康熙帝仍然保留了他们对这些引地的所有权，只是因为这个家族与皇室关系密切；对于张霖、查日乾打着皇帑的旗号贩卖私盐的行为，康熙帝决定是否原谅的唯一标准，就是看他们是否能如数缴纳罚银和欠帑，因此查日乾在出狱后仍然被允许经营盐业。康熙帝对盐商的这种暧昧态度被他的心腹大臣所领会。康熙四十三年十一月，两淮巡盐御史曹寅查出了盐商所借帑银有一部分去向异常，但他只是向康熙帝说明了情况，却并没有提出任何追查的建议。他的理由是，盐商在领借帑银时已经联络保结，"一人有欠，全纲摊赔"，日后帑银必然能够全部回收，所以他也就不再"苛刻多事"了，而康熙帝也以一句"知道了"默许了曹寅的做法②。也许康熙帝顾虑对盐商的严厉惩罚会导致盐商资本不继，影响盐课的正常征收，但这种暧昧的态度足以给盐商发出错误的信号：只要皇帝的帑银没有损失，那么通过舞弊牟取额外的盐利就不是什么不可饶恕的罪过；按部就班地遵循盐务律令只能获得有限的利润，讨好皇帝才是永保兴旺的黄金法则。尽管他们在康熙帝这里受到了一定的挫折，但基因里已经埋下了攀附皇权以求捷径的种子，一旦遇到合适的土壤就会繁滋茂盛，正如后来乾隆朝所发生的那样。

---

① 康熙五十七年闰八月初二日《苏州织造李煦奏为淮商愿捐军需先借库银分年补完事折》，《康熙朝汉文朱批奏折汇编》第8册，第303页。

② 康熙四十三年十一月二十二日《江宁织造曹寅奏查过盐商借帑情弊折》，《康熙朝汉文朱批奏折汇编》第1册，第137页。

康熙帝对官员的纵容更甚于盐商，尤其是在他们向盐商收取陋规浮费方面。所谓陋规浮费，也被称为“余银”，就是盐务官员和地方官员在盐课正额之外向盐商征收的费用，用以支付各项公务或地方事务的费用，甚至暗中攫入私囊。早在顺治十二年，时任长芦巡盐御史的王秉乾就公然违背“止许征解额课，不许分外勒索余银”[①]的上谕，增设割没、赃罚、宁饷、滴珠、酬商、浮课、开封等杂课，加征课银九万余两，且后来大部分都成为定例[②]。康熙帝在主政之初摆出了反对陋规的姿态，比如康熙九年曾经痛斥“各处盐差官员因循陋规，巧立名色，额外私派，苦累商民，深为可恶”[③]。但是到了其执政的中后期，康熙帝的态度已经发生了变化。康熙四十三年，曹寅在上任两淮盐政不久后义正词严地向康熙帝报告，巡盐御史及上自督抚、下及州县的地方官无不贪图盐务陋规浮费，应该一概禁革。康熙帝却给了他一个明确的指示：“生一事不如省一事，只管为目前之计”[④]，制止了他的设想。但是曹寅的热情并没有被一下子浇灭，很快又提出了几条裁革浮费的建议，康熙帝仍未置可否[⑤]。康熙帝对官员的纵容甚至涉及一些明显的违法行为，比如他明知南巡造成的江南盐务亏空中有许多是地方官借因公挪用之名馈送于人，但仍然“概从宽典”[⑥]，不予追究。

为什么康熙帝对这些官员的行为如此宽容呢？在公开的场合，他对臣子们宣称自己这样做是因为国库充足，他有足够的资本对臣民“宽仁爱养”[⑦]，但真实的原因恐怕没有如此温情。有的研究者认为，康熙帝这样做

---

① 《世祖章皇帝实录》卷五十五，《清实录》第三册，第436页下。

② 顺治十五年盐臣马腾升题本，见《长芦盐法志》卷十五《奏疏上》，第299—300页。

③ 《长芦盐法志》卷一《谕旨一》，第3页。

④ 康熙四十三年十月十三日《江宁织造曹寅奏报禁革浮费折》，《康熙朝汉文朱批奏折汇编》第1册，第126—127页。

⑤ 康熙四十三年十一月二十二日《江宁织造曹寅奏为禁革两淮监课浮费折》，《康熙朝汉文朱批奏折汇编》第1册，第135页。

⑥ 《圣祖仁皇帝实录》卷二百四十四，《清实录》第六册，第422页下。

⑦ 《圣祖仁皇帝实录》卷二百四十四，《清实录》第六册，第422页下。

是为了确保余银,因为这些余银可以"用以支应他的举措,或流入内务府的藩库"[①]。但这只是原因之一,另一个原因更让康熙帝感到难堪,只在与曹寅这样的心腹的秘密交流中才会提及。当曹寅第一次建议禁革两淮盐务陋规浮费时,康熙帝表示这样做"恐后尾大难收,遗累后人,亦非久远可行"[②],看起来有着深远的忧惧。当曹寅第二次奏请裁革浮费时,康熙帝在其中一条裁革"江苏督抚司道各衙门规礼共三万四千五百两有零"的建议上朱批:"此一款去不得。必深得罪于督抚,银数无多,何苦积害?"[③]可见康熙帝所忧惧的根本问题,是他的大臣们的积极性被打击,不再实心任事。事实上由于俸禄微薄或者其他原因,懒政已经成为官员们普遍存在的心态。默许盐务陋规浮费的存在,未尝不是激励官员的权宜之策。

由于康熙帝的纵容,陋规浮费在康熙朝中后期愈演愈烈。两淮盐区仅巡盐御史衙门每年收取的陋规就达八万余两,其他衙门的程仪、规礼、别敬等也盈千累万[④]。在长芦盐区,康熙朝末期巡盐御史衙门每年所得余银已达二万余两[⑤]。长芦巡盐御史的日用花费同样需要盐商供给,比如御史巡按沧州时,当地盐商照例要在其下车伊始供给三日,由于地方官员及盐院官吏仆从层层盘剥,盐商所交实数会增加数倍[⑥]。其他地方衙门每年也要

① 史景迁:《曹寅与康熙:一个皇帝宠宦的生涯揭秘》,广西师范大学出版社,2014,第 193 页。

② 康熙四十三年十月十三日《江宁织造曹寅奏报禁革浮费折》,《康熙朝汉文朱批奏折汇编》第 1 册,第 127 页。

③ 康熙四十三年十一月二十二日《江宁织造曹寅奏为禁革两淮盐课浮费折》,《康熙朝汉文朱批奏折汇编》第 1 册,第 135 页。

④ 《李煦奏折》,第 26—27 页。

⑤ 康熙五十八年《长芦巡盐御史达礼设法捐补欠课疏》,《新修长芦盐法志》卷十一《奏疏》,第 1005 页。

⑥ 张泰交《革供给示》《防诈伪示》,参见张泰交:《受祜堂集》卷四,白鸿昌等整理、冀东等审订:《阳城历史名人文存》第五册,三晋出版社,2010。

收取一定数额的盐规，比如天津道衙门的盐规为每年七千两[①]。

长芦盐区的陋规更多体现在盐商行盐的过程中。由于行盐的手续极为复杂，环节极为繁多，盐商的运销行为在受到盐务机构层层把控的同时，还必须得到各级地方官府的认可。这些官府的官员、胥吏都视盐商为利薮，如果不对自己手中掌握的权力"善加利用"，似乎便有些对不住头上的乌纱帽。比如每到放盐时节，掌管天津盐关浮桥的官吏们都会向过关的盐船额外收取费用，久而久之，沿为惯例，成为陋规之一种。不愿意配合的盐船便不得通行，以至于滞留至河水结冰，耽搁盐的运销[②]。还有的官员会指使差役向盐商借贷，如果遭到拒绝，就会想方设法为难盐商，比如擅自查验盐包，或者在盐商还未将盐卖完的时候就限期催逼缴销盐引。作恶者既有中上层官员，也有典史、巡检这种下层胥吏[③]。后来雍正帝曾经这样总结康熙朝官员需索盐商的危害：

> 夫以一引之课渐添至数倍有余，官无论大小，职无论文武，皆视为利薮，照引分肥，商家安得而不重困？赔累日深，则配引日少，配引日少，则官盐不得不贵，而私盐得以横行。故逐年之课难以奏销，连岁之引尽皆壅滞，非加派之所致欤？[④]

概而言之，官员的需索导致盐商赔累，盐商无力运盐则盐引必然壅滞，官盐价格因此上涨，私盐乘虚而入，引盐更加滞销，形成了恶性循环。在康

① 雍正元年九月，《长芦巡盐御史莽鹄立奏报天津道年裕遵旨详请核减盐规折》，《雍正朝汉文朱批奏折汇编》第2册，第53页。

② 张泰交《革陋规示》，《受祜堂集》卷四。

③ 刘灏《禁官吏需索咨》，《新修长芦盐法志》卷十五《奏疏》，第1364页。

④ 雍正二年二月初二日上谕《关差盐差奉公守法》，《新修长芦盐法志》卷一《诏敕》，第65—66页。

熙朝中后期,长芦盐区每年都会有二三十万道盐引滞销[①]。

盐商同样对盐引的滞销负有责任。他们不会只是坐受盘剥而无所行动,但他们通常的行动并不是向朝廷揭发检举,而是寻求与官员合作的空间。盐商们很容易发现,官员收受陋规后,带给他们的额外收入远远超过他们缴纳的陋规本身,所以他们并不极力反对缴纳陋规,有时甚至会主动以盐利供养盐官,以求得官员的纵容保护。盐商们似乎"天生"就有这种倾向,在长芦盐区,顺治元年就有盐商串通奸吏,当盐发卖完毕之后不注销盐引,以一张盐引行两引之盐[②]。康熙朝中后期,盐商以陋规浮费换取的非法操作早已渗透于行盐整个过程中,包括压低场价、哄抬卖价、短斤、掺土甚至夹带贩私,而官员则不得不"任其夹带,不完课税,皆称官盐,恣意射利"[③]。长芦盐商行盐时普遍暗中夹带盐斤,到康熙朝末年,原本二百五十斤每包的引盐,竟有私自加至二百八九十斤者[④],即便领引并未足额,他们获得的利润也与足额相差无几。像抚宁张氏、朝鲜安氏、皇商王氏这样有强大政治背景的盐商,其与官员勾结更加方便,所作出的非法行为也就更加严重。张霖、王惠民带卖私盐都是从康熙朝中后期开始的。

另一方面,陋规的存在给了盐商更加充足的理由,让巡盐御史向皇帝请求盐课的宽免,这给朝廷的盐课征收带来了更大的损失。以长芦盐区论,在康熙朝的最后几年,巡盐御史频繁替盐商请求缓征、带征[⑤],旧的带征尚未完成,新的带征又叠加上来,致使欠缴的盐课大部分都没能收回,到

① 《长芦盐法志》卷六《优恤·恤商》,第93页。

② 顺治元年七月《詹事府舍人王国佐条奏盐政十弊疏》,《长芦盐法志》卷十五《奏疏上》,第298页。

③ 曹一士《请停商捐并申盐禁疏》,《皇朝经世文编》卷五十《户政二十五·盐课下》。

④ 雍正元年九月《户部通融销运量加引目札》,《新修长芦盐法志》卷十一《勘札》,第1067页。

⑤ 《新修长芦盐法志》卷十一《奏疏》,第992—1010页。

雍正元年，盐商积欠课银已达一百六十余万两[①]。所以，缓征、带征虽然扶助了盐商，但实际上是放任盐商侵蚀国家税课。到康熙六十一年，户部国库存银只有八百余万两，与此相较，雍乾时期的平均库额都在数千万两，最多时达六七千万两。清末学者魏源为这种现象总结出四条原因，其中之一就是"盐课未足额"[②]。如果用一句话概括康熙朝中后期的盐政，那就是：官员与盐商在互相合作中分别获取了利益，受损的只有食盐的百姓和户部的国库。

## 三、拨乱反正

雍正帝非常清楚康熙朝盐务的积弊，因此一即位便开始了对盐务的整顿，试图匡补父亲执政后期的过失。雍正元年正月初一，他以明发上谕表明了自己的决心：

> 盐道一官，尤关国课。迩年盐法弊窦丛生，正项钱粮每多亏欠。一由上下各官需索商人，巧立名色，诛求无已，穷商力竭，不得不挪新补旧，上亏国课，高抬盐价，下累小民，至于官盐腾贵，贫民贩卖私盐，捕役斗殴，株连人民，流弊无穷。一由商人用度奢靡，相仍陋俗不知节俭，致欠额征。尔等运筹盐法，宜将陋例积习尽情禁革，必思何以苏商，何以裕课，上供军国，下利闾阎，方为称职。……果能肃清纲纪，无致废弛，朕当破格奖励，其或因循不改，朕必置之重法，特谕。[③]

① 雍正元年八月户部《呈明带征灶课札》，《新修长芦盐法志》卷之十一《奏疏》，第1076页。

② 魏源：《圣武记》，岳麓书社，2011，第494页。

③ 雍正元年正月初一日《谕道员》，《新修长芦盐法志》卷一《诏敕》，第54—56页。

雍正帝将康熙朝盐法败坏的表现总结为两点,即上亏国课和下累小民;将原因也归结于两点,即官员之需索与盐商之奢靡。他对于包括长芦在内的各盐区的整顿,即从官员与盐商两者作为切入点,采取软硬兼施的策略:对于官员,毫不手软地惩治贪腐、革除陋规,同时以养廉的形式提高他们的收入;对于盐商,施行宽免抚恤措施,以减轻其负担,同时以一种严厉而疏远的态度,划清皇权与盐商之间的界限,纠正两者之间过分亲密的关系。

在长芦盐区,雍正帝很快将决心付诸行动。五月,他一改过去以低品级官员加监察御史衔巡视盐政的做法,直接任命正三品的理藩院侍郎莽鹄立出任此职。莽鹄立出身满洲镶黄旗,是一个忠诚正直的实干家。在他出任长芦巡盐御史之前,就已经接受了雍正帝的密谕,暗中访查盐务的弊端[①]。在五月八日的任前接见时,雍正开门见山地告诉莽鹄立:"长芦盐法近来大坏,朕素知尔存心忠直,今特简尔前去清除弊端,整理盐法。"他表示自己是莽鹄立的坚强后盾,要求其"只操真诚,坚心办理,凡有利弊,务必彻底清查。当奏之事,尔即奏闻,候旨遵行,勿得隐蔽。"为了确保成功,他又特意下诏确认和扩大了莽鹄立的权力:除了主导一切有关盐务的事项,还强调了其参劾"所属行盐道、府、州、县官员"的权力[②]。这项权力虽然是钦差御史的题中应有之义,但此前的长芦巡盐御史从没有真正行使过。

雍正帝的态度预示着,这位新任巡盐御史绝不会像他的那些来自给事中、郎中、员外郎等七品、五品职位的前任那样[③],在毫无建树地例行公事一年后就被轮换掉。事实上,莽鹄立第一次担任巡盐御史就连任了三年,

---

① 雍正元年三月二十日《监察御史莽鹄立奏报遵旨访查行盐情弊折》,《雍正朝满文朱批奏折全译》(上册),第57页。

② 参见雍正元年五月初八日《谕长芦巡盐御史》、五月十一日《长芦巡盐御史敕》,雍正《新修长芦盐法志》卷一《诏敕》,第56—61页。

③ 《新修长芦盐法志》卷四《职官》,第257—259页。

并且在雍正五年第二次署理这一职位。雍正帝强调巡盐御史参劾官员的权力,说明他不想再像父亲那样对官员姑息纵容,因为他深知官员舞弊会对盐务造成怎样的破坏。雍正二年,他又一次下谕旨对各省盐务官员提出警告:"盐差之弊,尤合重惩。飞度重照,贵卖夹带,弊之在商者尤小,加派陋规,弊之在官者更大。""特谕尔等经理榷税者,务期奉公守法,遴委得人,知商旅之艰辛,绝箕敛之弊窦。……如自利自便,罔上行私,责有攸归。"①

比谕旨警告更具有威慑力的是对不称职或违法官员的惩治。即位之初,雍正帝毫不犹豫地将父亲任命的长芦巡盐御史傅赍革职,并且在雍正三年将已升任直隶巡道的前任盐运使宋师曾也查办了。宋师曾从康熙五十三年至康熙六十年担任长芦盐运使长达八年,莽鹄立参劾他"惰征芦商积欠课银一百一十六万余两"及亏空运库银三十余万两,雍正帝下旨将他革职,查抄家产弥补亏空②。与此同时,莽鹄立广泛联络、调动各级地方官员与他合作,逐步清理那些与盐务有关的陋习,比如移会天津镇总兵徐仁杰,共同查禁地方官吏于运盐道路勒索盐商的现象③。对于困扰盐商已久的盐务陋规浮费,雍正帝和莽鹄立给出了切实可行的解决之道:一方面禁止再增加新的名目,对已有的陋规进行彻底清查,仅保留其中的一部分,确定数额,悉数作为杂课缴纳运库④;另一方面将各级衙门原有的余银确定数量,作为养廉银发放给官员。自巡盐御史、盐运使以至于库大使、批验所

---

① 雍正二年二月初二日《上谕关差盐差奉公守法》,《新修长芦盐法志》卷一《诏敕》,第65—66页。

② 参见雍正三年五月初六日《长芦巡盐御史莽鹄立密陈直隶总督李维钧累商误课折》,《雍正朝汉文朱批奏折汇编》第4册,第927页;雍正三年五月二十日《谕著将宋师曾拿交刑部严审并严查原籍家产》,中国第一历史档案馆编:《雍正朝汉文谕旨汇编》第1册,广西师范大学出版社,1999,第132页。

③ 雍正二年二月十九日莽鹄立《会查运盐道路移文》,《新修长芦盐法志》卷十五《艺文》,第1377—1380页。

④ 芮和林:《勤政清廉的长芦巡盐御史——莽鹄立》,《盐业史研究》2000年第4期。

大使、各场大使等皆有养廉[①],其中巡盐御史养廉银两万两,正与康熙年间长芦巡盐御史署每年的余银数额相符[②]。至于其他地方衙门的陋规也都在删减后转为养廉。比如天津道衙门由规费七千两减为养廉二千两[③]。这两项措施,将原无定额的灰色收入,转变为有定额的合法收入,使官员无法再随意向盐商摊派勒索。

在整顿官员弊端的同时,雍正帝给予盐商十分有力的政策扶持。在缓征、带征盐课方面,雍正帝表现得与父亲一样宽仁。雍正元年,他允许芦商康熙年间欠缴的盐课分十二年带征,当年应缴的盐课也宽限至雍正二年,此后又曾经两次因水灾而带征长芦盐课[④]。莽鹄立特意咨询天津盐商查日乾,制定出查缉私盐、融销积引、加斤免课、官本收盐[⑤]等措施,这些措施和带征盐课一样,只是缓解盐商压力的治标之策,但由于是对症下药,效果十分显著。

对盐商帮助最大的措施是“加斤免课”。雍正元年九月,莽鹄立上疏请求每年增加额引八万道,相应增加课银一万三千余两,以缓解盐商的积欠压力。但户部认为此法不可行,因为这样容易导致原本已经壅滞的引盐更加难以疏销。随后户部提出了另一个思路:由于此时芦商私自加斤的现象已经十分普遍,芦盐斤重早已混乱,与其听任商人违禁行私,“莫若明广皇仁,将长芦现行盐斤每包加盐五十斤”,而且增加的盐斤免于纳课,以避免加重盐商负担,这就是前所未有的“加斤免课”。雍正帝对此朱批道:

---

① 《长芦盐法志》卷十二《赋课下》,第210—212页。

② 雍正二年十月初二日莽鹄立《奏明余引疏》,《新修长芦盐法志》卷十一《奏疏》,第1041页。

③ 雍正元年九月《长芦巡盐御史莽鹄立奏报天津道年裕遵旨详请核减盐规折》,《雍正朝汉文朱批奏折汇编》第2册,第53页。

④ 《长芦盐法志》卷六《优恤》,第93页。

⑤ 详情参见《勤政清廉的长芦巡盐御史——莽鹄立》。

"议得甚好,极周详,依议。"[①]雍正十年,雍正帝又一次给盐商一个有力的扶持,就是每斤引盐卖价增加一文。这是基于当时"钱价渐平,以钱易银不敷原数",盐商资本消乏的现实所作出的调整[②]。在长芦盐区,这是朝廷第一次有意识地主动加价。

总之,雍正帝对于盐务的整顿特点鲜明:一是紧密结合现实,针对性极强、精准有效,立竿见影;二是注重厘清合法与非法的界限,重塑盐务律令的权威性;三是不再只依赖于缓征、带征这类被动的治标之策,而是通过主动调整斤重、盐价等市场要素,从根本上改善盐商的经营状况。客观来说,雍正年间的加斤、加价顺应了当时人口增长、钱盘变动的现实,因此对改善盐商的经营起到了积极的作用。

整顿的效果是明显的,最直接的表现就是解决了困扰康熙朝盐务已久的引盐滞销问题。雍正二年,长芦盐区仍有二十万道积引,不得不通过展限疏销的方式解决[③];但到了雍正朝后期,由于运销的畅旺,不但积引消失了,而且九十二万余道额引已经满足不了运销之数,朝廷不得不加引或者颁发余引。比如雍正十年、十二年,先后两次增加蓟州、遵化、滦州等地引额共四万四千五百道,于是长芦盐区的引额变为九十六万六千零四十六道[④]。雍正十年,芦商鉴于运销畅旺的情况,预先在额引之外请领了五万道余引存贮运库,约定若额引不足时随时补充[⑤],此后每年的五万道余引成为定例。也正是在这一年,天津盐商们告诉雍正帝,他们为"商困日苏,积欠渐补"而"欢呼感激"[⑥],长芦盐务总算走上了正轨。到雍正朝末年,长

---

① 雍正元年九月《户部通融销运量加引目札》,《新修长芦盐法志》卷十一《勘札》,第1067页。

② 《长芦盐法志》卷六《优恤》,第93页。

③ 《长芦盐法志》卷九《转运上》,第150页。

④ 《长芦盐法志》卷九《转运上》,第151—152页。

⑤ 《长芦盐法志》卷九《转运上》,第153页。

⑥ 雍正十年十一月初七日长芦巡盐御史鄂礼《为奏报禁捕天津盗窃及盐商捐银事折》,《朱批谕旨》,第37册,第98页下。

芦盐商没有完交的欠款已经减少到十六万余两[①],还是因为雍正八年水灾而采取了缓征政策[②]。包括长芦盐业在内的全国盐业都恢复到了商富课裕的局面,大盐商家族更是从中获益良多。

## 四、崇本抑末

从雍正帝约束官员和优恤盐商的力度来看,他似乎比康熙帝更亲近盐商,这给了盐商们信心,开始试探性地拉近自己与新皇帝的关系。雍正二年二月,天津盐商趁莽鹄立巡视山东盐务之机,用两个月的时间将破败已久的长芦巡盐御史署修葺一新。盐商们细致贴心到把厨房、厕所、马厩全部重修了,就连莽鹄立在衙署后面临时开辟的射圃,都建起了三间房屋和四面围墙[③]。

除了讨好皇帝宠信的巡盐御史,盐商们也使出了老办法,试图通过捐输报效建立起与皇帝的直接经济联系。雍正十年,长芦盐区二百余名盐商共同捐银十万两用于西北军需。盐商们通过巡盐御史鄂礼向雍正帝表达了他们热烈的“蝼蚁之忱”,但并没有得到他们期望中同样热烈的回应。雍正帝很冷静地批道:“该商等愿捐情由,应行具疏题请,候朕斟酌有旨。”[④]雍正帝斟酌的结果就是,将这十万两捐银中的大部分都用于抵扣芦商积欠的盐课,剩余的都存贮天津运库以备接济贫乏商灶的不时之需[⑤],

---

① 乾隆元年正月上谕,见《长芦盐法志》卷二《谕旨二》,第12页。

② 乾隆六年六月十八日《长芦盐政三保为盐引加斤请定盐课事奏折》,《清代长芦盐务档案史料选编》,第44页。

③ 莽鹄立《重修院署记》,《新修长芦盐法志》卷十五《艺文》,第1349页。

④ 雍正十年十一月初七日长芦巡盐御史鄂礼《为奏报禁捕天津盗窃及盐商捐银事折》,《朱批谕旨》第37册,第98页下。

⑤ 《长芦盐法志》卷五《盛典》,第82页。

而没有将一两银子用于军需或收入皇室内库。其实雍正帝对于盐商捐输报效的态度早已表现于两淮盐区。雍正元年,两淮盐商欲将朝廷为他们追回的十三万余两加斤盐课贡献给朝廷,被雍正帝以一句“朕岂需此”拒绝了[①]。雍正四年,盐丰课裕的两淮盐商为了感谢雍正帝的赈恤蠲免之恩,主动捐银二十四万两充作公用,雍正帝下令将这些银子用来在当地买贮米谷盖造仓廒之用,并给盐商所盖仓廒赐名“盐义仓”[②]。第二年,两淮盐商又一次以同样的理由请求公捐银二十四万两,雍正帝这次显得有些不快。他下旨说,自己施行的那些优恤盐商的措施,无非是想使众商均沾利益,资本饶裕,“并不计其感激报效”,拒绝了盐商的捐输,并且告诫他们此后不必再捐[③]。

由上可见,雍正帝对盐商的捐输报效基本上是拒绝的。在经过数年的社会经济改革整顿后,雍正帝自信国库日渐充足,并不需要盐商以捐输报效相辅助,并且他本人理性务实,不尚浮华,既没有像父亲康熙帝那样频繁南巡之举,也并不追求日用的奢侈华靡,因此无需盐商额外的供应。另一个重要的原因是,雍正帝认为盐商过多的捐输未见得是好事,其中极有可能暗藏舞弊的图谋。雍正九年,当两淮盐商又一次呈请捐银时,雍正帝提醒官员们注意这样的趋势:“近闻其中富商固有余赀,而无力商人务捐助之名,转于正课有未清者,已谕该督抚留心体察。”[④]盐商意图通过捐输报效牵混盐课,这样的事情在康熙朝也曾经发生过,所以雍正帝对此十分警惕,尤其警惕那些本来并不富裕的盐商捐输的真实意图。

但值得玩味的是,雍正帝并不拒绝某些特定大盐商家族的捐输报效,甚至还会有意向他们“敲竹杠”,比如他曾经授意长芦巡盐御史莽鹄立令安岐父子出资修天津城垣,以及暗示王廷扬出资重修大沽口海神庙。但雍

① 《世宗宪皇帝实录》卷三,《清实录》第七册,第 84 页下。

② 《世宗宪皇帝实录》卷四十,《清实录》第七册,第 595 页下。

③ 《世宗宪皇帝实录》卷五十二,《清实录》第七册,第 787 页下。

④ 《世宗宪皇帝实录》卷一百零三,《清实录》第八册,第 368 页下。

正帝这两次索取捐输与康熙帝南巡时要求两淮盐商捐银修塔有本质的区别：第一，安氏和王氏的捐输都用于天津地方事务，而并没有用于皇帝的私人事务；第二，安氏修城是雍正帝削弱政敌经济实力的一个策略，而王氏的捐输是被卷入隆科多案的后果，雍正帝这两次索取捐输都有政治胁迫的性质①。所以雍正帝即便是主动索取盐商的捐输，也没有给盐商留下亲近宸怀、邀取恩典的空间，反而透露出一种冷厉的、极不友好的态度，这与他对盐商大规模捐输的冷淡态度是统一的。

雍正帝的态度源自他的崇本抑末思想。这种发端于春秋战国时期的经济思想，自从产生之日起就被历朝政权奉为圭臬，雍正帝更是不折不扣的拥趸，以至于在谕旨中再三强调：

> 朕惟四民以士为首，农次之，工商其下也。汉有孝弟力田之科，而市井子孙不得仕宦，重农抑末之意，庶为近古。②
>
> 夫养民之道，惟在劝农务本，若皆舍本逐末，争趋目前之利，不肯尽力畎亩，殊非经常之道。且各省游手无赖之徒，望风而至，岂能辨其奸良而去留之，势必至众聚难容。③
>
> 朕观四民之业，士之外，农为最贵。凡士工商贾，皆赖食于农，以故农为天下之本务，而工贾皆其末也。……是逐末之人多，不但有害于农，而并有害于工也。小民舍轻利而趋重利，故逐末易而务本难，苟遽然绳之以法，必非其情之所愿，而势有所难行。惟在平日留心劝导，使民知本业之为贵，崇向朴实，不为华巧，如此日积月累，遂成风俗。④

他坚定地认为农为天下之本务，而工贾皆为末，商人则是最低下的

① 详见第四章及第七章。
② 《世宗宪皇帝实录》第十六卷，《清实录》第七册，第 277 页下。
③ 《世宗宪皇帝实录》第二十四卷，《清实录》第七册，第 380 页上。
④ 《世宗宪皇帝实录》第五十七卷，《清实录》第七册，第 866—867 页。

"逐末之人"。逐末之人多,不但有害于农,甚至有害于工。在雍正帝看来,"崇本抑末"还是一种政治和伦理道德原则。他推崇"汉有孝弟力田之科,而市井子孙不得仕宦",表明他并不赞同商人入仕;他认为逐末者多游手无赖之徒,其中奸良难辨,若任其聚众则必然成为隐患;他笃信"君子喻于义,小人喻于利"的儒家义利观,认为逐利之人最能败坏社会风俗,对正统的伦理道德构成威胁。他对盐商的奢靡之风尤为深恶痛绝,因为这与他所崇尚的节俭平实是相违背的。雍正元年,他甚至专门下谕旨加以痛斥:

国家欲安黎庶,莫先于厚风俗;厚风俗,莫要于崇节俭。《周礼》一书,上下有等,财用有度,所以防僭越、禁骄奢也。孟子亦曰:"食时用礼,菽粟足而民无不仁。"朕临御以来,躬行节俭,欲使海内之民,皆敦本尚实,庶康阜登而风俗醇。夫节俭之风贵行于闾里,而奢靡之习莫甚于商人。朕闻各省盐商,内实空虚而外事奢侈,衣服屋宇穷极华靡,饮食器具备求工巧,俳优妓乐恒舞酣歌,宴会嬉游殆无虚日,金钱珠贝视为泥沙,甚至悍仆豪奴服食起居同于仕宦。越礼犯分,罔知自检;骄奢淫逸,相习成风。各处盐商皆然,而淮阳为尤甚。使愚民尤而效之,其弊可胜言哉!①

雍正帝认为盐商的奢靡危害甚深:一是大量盐利被消耗于享乐,以至于盐课都被耽搁,所以他说"省一日之靡费,即可以裕数日之国课"②;二是传播骄奢淫逸的恶习,对小民产生恶劣的影响,败坏社会风气。这一点尤为雍正帝所忌惮,因为在他的观念里,"国家欲安黎庶,莫先于厚风俗;厚风俗,莫要于崇节俭",所以"防僭越、禁骄奢"已经被他提升到关系政权安

① 雍正元年八月初二日《谕各省盐差》,《新修长芦盐法志》卷一《诏敕》,第61—63页。

② 《世宗宪皇帝实录》第十卷,《清实录》第七册,第181页上。

危的政治高度了。基于这样的观念，雍正帝对盐商一直不信任乃至怀有敌意，他对待查日乾的方式证明了这一点[①]。雍正帝对盐商的态度虽然有失公允，却有积极意义，那就是有效地维持了盐商与皇帝之间关系的界限，而不像康熙朝以及后来的乾隆朝那样关系暧昧、界限模糊，以至于扰乱了盐务秩序。而且这种态度并没有妨碍雍正帝给予盐商优恤扶助，只不过其目的是恢复引岸专商制体系的秩序、增加国课。

## 五、新的变化

作为独断专行的皇帝，雍正帝的施政不可避免地具有主观性，因此给盐务体系带来了不少新的变化。首先是放任与皇室关系密切的人员更多地参与盐业经营、分取盐利。在长芦盐区，除了皇商王氏经营着盐业，雍正九年皇商范氏也参与进来，并凭借其原有的经济实力一举成为新的大盐商。雍正四年，雍正帝剥夺了安氏经营的吉安府引地后赏给了怡亲王，使其成为继康亲王后第二个经营盐业的皇室宗亲，而这些引地的收入大部分都被用以支付雍正帝的供用了。面对这些亲信之人，雍正帝收起了冷冰冰的面孔，不再坚持他的原则。他毫不吝啬地将内务府帑银借给皇商王氏，直到雍正朝结束后还有超过十万两没有还清[②]。为了确保这个家族不至破产，当王惠民私卖余盐的行为被揭露后，雍正帝有意加以袒护[③]。

在其他一些事务上，雍正帝表现得毫无原则，比如雍正七年，怡亲王府的门人两淮盐商安瑞成身犯刑案时，雍正帝态度鲜明地加以偏袒[④]；雍正十二年，康亲王意图强行撕毁与天津盐商签订的引地租办合同，雍正帝同

---

① 见第三章。
② 见本书附表二《清前中期天津大盐商家族借领帑银表》。
③ 详见第六章。
④ 详见第四章。

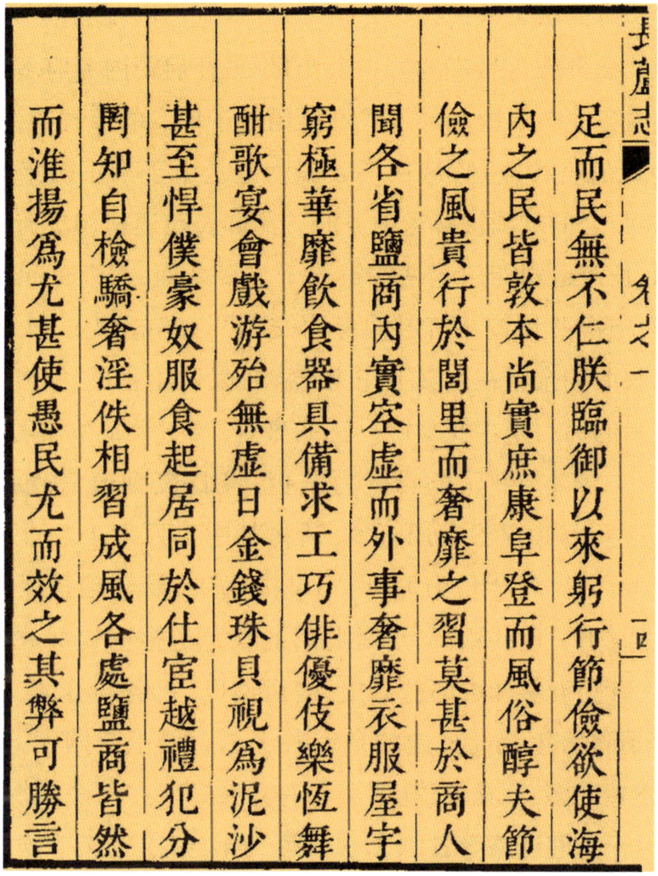
長蘆志　卷之一　一四

足而民無不仁朕臨御以來躬行節儉欲使海內之民皆敦本尚實庶康阜登而風俗醇夫節儉之風貴行於閭里而奢靡之習莫甚於商人聞各省鹽商內實空虛而外事奢靡衣服屋宇窮極華靡飲食器具備求工巧俳優伎樂恆舞酣歌宴會戲游殆無虛日金錢珠貝視爲泥沙甚至悍僕豪奴服食起居同於仕宦越禮犯分罔知自檢驕奢淫佚相習成風各處鹽商皆然而淮揚爲尤甚使愚民尤而效之其弊可勝言

**雍正元年八月初二日《谕各省盐差》①**

样没有给予康亲王应有的处置②。这些事实标志着一类新的盐商的诞生，也就是与皇室及皇帝本人关系密切的“亲信盐商”，皇帝对待这类盐商的方式往往会突破盐务管理规则的界限，就连素以严格著称的雍正帝也不例外。进入乾隆朝以后，天津的大盐商家族几乎都属于这类盐商，乾隆帝给



① 图片来源：《新修长芦盐法志》，第 62 页。

② 雍正十三年二月初七日《长芦巡盐御史三保奏报查审康亲王门上护卫阿哈诺逼勒现商王深退引情形折》，《雍正朝汉文朱批奏折》第 27 册，第 653—657 页，并参见吉朋辉《康亲王府的盐务官司》，《中国档案报》，2019 年 4 月 12 日第四版“明清密档”。

予他们的特殊待遇更为普遍。

雍正帝给盐务政策带来的另一个变化,是开启了内务府多途径分沾盐利的时代。内务府获取盐利的方式不再局限于皇商的节省银,而是增加了从运库到内库的直接输送,这在很大程度上是由于雍正初年的陋规改革中,许多裁撤归公的款项被解送内务府。比如长芦巡盐御史衙门原有笔帖式银五千两、长芦运司衙门笔帖式银五千二百余两,在雍正元年裁革了笔帖式后,这两项银两都按年解赴内务府交纳[①]。巡盐御史、盐运使等衙门从盐商那里收取的余银在名义上作为养廉银发放给官员,但很快就成为内务府盐利收入的另一个主要来源。比如雍正二年,莽鹄立奏称自己"莅任以来绝宾客、忘家室,弟兄至戚概为摈拒,惟日夜勤慎清理盐务以图报效",所以二万两养廉银根本用不完,请将其中一万六千二百两解送内务府。雍正帝朱批说"转年量力而行,不可拘执"[②],婉转地批评了莽鹄立的呆板,但还是收下了这些银两,于是此后的长芦巡盐御史都效法而行。而在两淮盐区,雍正五年两淮巡盐御史、盐运使以"已各给养廉,实无需用之处"为由,奏请将每年盐商公送的余银共十二万两上交国库,雍正帝认为"各商年来省费已多,而盐院、盐道又各有养廉"[③],于是下令将这些银两解送内务府,用于修理道路等各项工程。第二年,雍正帝又下令将这项余银解送江南织造。

以上事实表明,内务府获取盐利并没有一定的章程,完全取决于皇帝的意志。当皇帝认为盐商和国库饶有余裕时,也就不会拒绝盐利进入内务府成为皇家私产。这也就是后来乾隆帝允许内务府大规模分沾盐利的基本逻辑。

① 雍正十三年十二月二十三日《长芦巡盐御史三保为长芦及山东运司起解内务府银两事奏折》,《清代长芦盐务档案史料选编》,第27页。

② 雍正二年十月初二日莽鹄立《奏明余引疏》,《新修长芦盐法志》卷十一《奏疏》第1041页。

③ 《世宗宪皇帝实录》卷八十九,《清实录》第八册,第192页上。

## 六、结语

从顺治到雍正朝，清代盐务体系中各种弊政、漏洞已经显露，其根源在于皇帝、官员、盐商三者之间形成了危险的相处模式。皇帝的宽容、盐商的贪婪、官员的胆大妄为形成“共振”，开始销蚀着专商引岸制体系。不过这一阶段危险被约束在了一定范围之内，至少在长芦盐区是如此。其原因如下：第一，人口的增长使引盐市场不断扩大，同时由于此时社会经济正处于上升期，盐商成本、资金的风险较小，容易维持稳定的经营并持续获利。第二，皇室并没有过多地与盐商争利。康熙帝虽然有意识地培育内务府盐商，但其主要目的是使盐务变得易于操控，除了“节省银”和有限的帑利，盐商并没有以其他方式向内务府输送盐利。雍正帝虽然增加了运库向内务府的盐利输送，但所涉及的款项都额有定例，不会失去控制。第三，盐商的大规模捐输报效和生息借帑此时还没有开始，债务负担并没有成为他们的不可承受之重。第四，雍正帝对盐务进行了极有针对性的调整，有效地遏止了盐务败坏的趋势。第五，不管是康熙帝还是雍正帝，都有意识地与盐商保持一定的距离，避免了盐务政策上的非理性。

总之，这一时期不管是皇帝的政策失误，还是盐官与盐商的权钱交易，给盐务体系造成的破坏都是有限的，经过一定的调整就可以补救。除了必须应付各级官员无休止的需索，长芦盐商并没有面临什么致命的风险，更何况只要不是实力微薄或过分循规蹈矩，他们总能从各种非法操作中获取额外收入，抵销官员需索带来的损失。那些经济实力雄厚或背景强大的大盐商，有更多方式利用盐务体系的漏洞牟取暴利。比如张霖、王惠民带卖私盐所获非法利润数以百万计。这一时期兴起的天津大盐商家族有抚宁张氏、宛平查氏、朝鲜安氏、皇商王氏、皇商范氏、凤台王氏，而走向没落的只有抚宁张氏，并且抚宁张氏是因为政治原因及带卖私盐被揭发而受到了严厉惩罚，其他盐商家族或处在上升期，或进入鼎盛时期，其中包括深受政治斗争牵连而付出相当大代价的朝鲜安氏。在这些大盐商家族中，最具代表性的是抚宁张氏、宛平查氏、朝鲜安氏，以下章节将会详述他们的家族史。

# 第二章

# 大盐商崛起

顺治朝是天津大盐商的酝酿阶段。顺治元年,清廷开始着手整顿被战乱破坏的盐业,其采取的措施,包括恢复长芦盐区的管理机构[①]、严禁开店卖私以维护行盐秩序[②]等。最让盐商得到实惠的是一系列优惠政策,比如取消明代加派的各色杂课,使盐商的盐课负担减轻了三分之一[③]。这些措施使长芦盐业逐渐回到正轨。与此同时,清廷对长芦盐业进行了一些改革,其中"包课改引"为大盐商的产生创造了机会。抚宁人张希稳抓住了这次机会,使他的家族成为天津最早的大盐商家族之一。张希稳的儿子张霖投身于权臣明珠的政治集团,在经营盐业的同时走上了仕途。这种经商、出仕两条腿走路的策略让他自此飞黄腾达,同时也给他带来了意想不到的灾祸。

① 顺治元年九月十一日《长芦都转运使敕》,《新修长芦盐法志》卷一《诏敕》,第35—37页。

② 顺治四年六月十七日谕旨《禁开盐店私卖》,《新修长芦盐法志》卷一《诏敕》,第38页。

③ 《长芦盐法志》卷一《谕旨一》、卷六《优恤·恤商》,第2、92页。

## 一、包课改引

明万历三十五年，张希稳出生于直隶省永平府临榆县县城以西的农村[①]，因为临榆在乾隆二年之前是抚宁县的一部分，所以他和他的子孙籍贯都被记载为抚宁[②]。在姜宸英撰写的墓志铭里，张希稳被描述为一个颇有机变之才的农民，甚至与附近山海卫的驻军军官普遍结交，说服其约束部下不要滋扰乡民，因此为乡民信任和依仗。但他并不甘于困守乡间，于是在父母去世守丧期满后，便只身赴京师。

按照墓志铭中的描述，张希稳是读过一些书的，向人们谈起其中的“仁义忠信之道”以及前代的历史兴衰、是非得失，都能切中肯綮。张希稳还有一项本事，就是“为人谋议，事后不失铢毫”。凭借这些本事，他在京城结交了不少缙绅先生，虽然居于陋巷，门前却是车骑往来源源不绝。总的来说，张希稳心思活泛、眼光独到、善于交际和谋事。他很快受到“隐君某公”的赏识，直接被招为女婿[③]。顺治元年，张希稳虚岁三十八岁，此时他已经在北京站稳了脚跟，他那广泛的交际网让他有足够的信息能够察觉到机会的到来，而那位“隐君”岳父可以为他提供所需的资金。正在此时，他得到了新朝廷“包课改引”的消息。

明代，长芦盐区的顺天、永平、正定、河间四府州县因为临近盐场，私贩

---

① 姜宸英：《赠工部营缮清吏司主事加十级张公墓志铭》记：张希稳“年五十七岁卒”，“卒于康熙癸卯年某月”。载《姜先生全集》卷十，《清代诗文集汇编》编纂委员会编《清代诗文集汇编》第107册，上海古籍出版社，2010，第185页。

② 光绪《抚宁县志》、光绪《临榆县志》都有关于张霖的记载。光绪《临榆县志》卷十九《事实编·乡型》记张霖为“县西富家店人，抚宁籍”，见高锡畴等纂、高凌蔚等重修《临榆县志》，台湾成文出版社，1968，第907页。另可参见游智开修、史梦兰纂《（光绪）永平府志》卷二十八，见董耀会主编《秦皇岛历代志书校注》，中国审计出版社，2001，第1116页。

③ 姜宸英：《赠工部营缮清吏司主事加十级张公墓志铭》。

盛行，引盐行销困难，所以朝廷不颁引目，而是招募土商运盐，每年包纳按地亩人丁确定的课银，这称为“包课”。顺治元年，清廷议定“包课改引”，“顺天府属蓟州、遵化、丰润、玉田、宝坻、平谷、香河、三河八州县，永平府属滦州、卢龙、迁安、抚宁、乐亭、昌黎六州县，正定府属冀州、深州、南宫、武强、饶阳、安平、衡水、武邑八州县，河间府属沧州、献县、静海、青县、盐山、庆云六州县，向来包课者皆改行引盐，责令各商比照引数给引行盐，不得仍前包课。”[①]这样一来，长芦盐区增加引地二十余处、引额三万五千四百五十三道。对于想扩大经营规模或者开始进入盐业的人来说，这是一个绝佳的时机。

张希稳立刻采取了行动。顺治二年，他以弟弟张希思的名义认领了顺天府香河县八百六十四引，预纳引课，开始行盐[②]；顺治四年，永平府抚宁县改引，共定五千八百十六引，由张希稳和武国臣认领，此时他们的身份已经是“纲商”[③]；同年，张希稳和武国臣还分认了永平府乐亭县的一千四百二十三引[④]。至此，张希稳已经拥有了三处引地。顺治十七年，他得到了一个大幅度扩大经营规模的良机。顺天府蓟州、遵化等八州县原来认办引盐的土商因为拖欠盐课而被革去，朝廷计划将这些引地交给纲商运行。张希稳和另一位盐商王域尊顺利地拿到了这些引地的所有权，分享了八千七百六十三引的引额[⑤]。张希稳在十余年的盐业经营后已经积累了足够的资本，能够负担经营这些引地的窝价和行盐成本，并且他的人脉又一次发

① 民国盐务署编印：《中国盐政沿革史 · 长芦》，1914 年，第 26 页。“滦州”原文误记为“泺州”。

② 王葆安修、陈式谌纂：《香河县志》卷四《盐法》，1936 年排印本。

③ 李利锋编著：《抚宁史料集（下）》，中国文史出版社，2006，第 1206—1209 页。

④ 同上，第 531 页。

⑤ 这八州县是：蓟州（1128 引，增 300 引）、遵化（752 引，增 300 引）、丰润（1128 引，增 200 引）、玉田（752 引，增 400 引）、三河（1128 引，增 300 引）、香河（564 引，增 300 引）、宝坻（3071 引，不增）、平谷（240 引，增 200 引）。据《新修长芦盐法志》卷七《商政 · 引目》，第 505 页。

挥了作用,所以朝廷才会将这么多引地打包交给他。

按照地方志的记载,张希稳开始业盐后就带领家眷从北京迁居天津了[①]。顺治十四年,五十岁的张希稳老来得子,他为这个儿子取名为"霖",以表达他犹如久旱逢雨的欣喜[②]。不幸的是,康熙二年张希稳就去世了,此时的张霖年仅七岁。张希稳夫人将盐业生意全部交给张希思打理,自己则闭门长斋诵经,绝口不言外事,专心教养张霖。姜宸英在张希稳墓志铭中还特意提到,此时的张家已经靠盐业生意发达起来,但并没有忘记乡里的亲戚族人,每当他们前来天津有所求于张家,都能满载而归[③]。

## 二、捐纳和雅集

张霖在优渥的家庭条件和良好的教育下长大,从他的父亲到他的母亲、叔父,长辈们给他灌输的人生理想已经远远不止做一个成功的盐商,因为这个身份无法给他带来与财富相匹配的社会地位。自从战国管仲将商人列为四民之末,商人便在社会结构的夹缝中尴尬生存。他们一方面向社会和朝廷贡献着巨大的财富,另一方面又不得不忍受社会观念的鄙视、朝廷政策的压制。宋元时期商业政策较为宽松,商人也获得了提高社会地位的机会,但到了明初,对于商人的宽容政策倒退了,统治者大力提倡"贱

---

① 《乾隆天津府志》卷之二十九《人物志(下)·循吏》:"张霖,字汝作,号鲁庵,永平抚宁县人。父明宇,迁天津遂家焉",见《天津通志·旧志点校卷》下,第450页。龙震《记亡友张帆史交情始末》中也记述:"封翁闻予公旧随其兄光禄明宇公业盐于长芦,遂家天津。"载华鼎元编《津门征献诗》,光绪十二年刻本。

② 张霖是在天津长大的,佐证是梁份《送张方伯往山海关序》:张霖"世家山海,而生长直沽,往来数"。参见李国强、秦良选注:《江西古文精华丛书·散文卷》,江西人民出版社,1998,第302页。

③ 姜宸英:《赠工部营缮清吏司主事加十级张公墓志铭》。

商”，直到正德年间，官方仍将商贩与仆役、倡优同等并列①。明末清初，即便是在商业最为发达的江南地区，人们也普遍认为商人都巧于算计，盐商则全部是“豪滑之民”②。社会崇尚的是读书和仕宦，商人也渴望以这两种方式赢得尊重，光耀门楣。

与一般商人相比，盐商对官职的渴求更为热切。专商引岸制实质上是一种官督商办的模式，这就决定了盐商天然与官府、官员之间有着盘根错节的联系。且不说盐商直接受到巡盐御史和盐运使的双重管制，举凡引岸的取得、盐引的申领、销量的调剂、官帑的借贷、盐税的宽免等环节无不仰赖于这两位官老爷，就是行盐过程中的大小地方官，也有权力盘验引盐，甚至有可能借盘验之名行需索之实。如果盐商想要采取点灰色甚至违法的手段牟取暴利，那就更少不了官员们赐予的方便之门。为了让这扇方便之门更加方便，清代前中期的大盐商家族很多都是用经商和出仕两条腿走路。这种出仕并不是在捐输或报效之后，由朝廷象征性地赐给品级很低的虚衔，而是实实在在进入官场，用职位和人脉为他的盐业生意制造方便，并免去行盐中的需索之累。所以盐商对于仕宦的执着，既有抹去身份屈辱感的心理动因，又有为盐业生意保驾护航的利益追求。

在很长的历史时期内，包括盐商在内的商人身份被以商籍（市籍）的形式固定下来，即使是财力雄厚、对社会广有影响的商人，也不能随意转变身份③。好在张霖成长的时代，身份的壁垒已经被打破，官方允许商人子

① 正德元年，“禁商贩、仆役、倡优、下贱不许服用貂裘”，见张廷玉等撰《明史》卷六七《舆服》，中华书局，1974，第 1650 页。

② 顾炎武《天下郡国利病书》卷 16 记：“吴中风俗，农事之获利倍而劳最，愚懦之民为之；工之获利二而劳多，雕巧之民为之；商贾获利三而劳轻，心计之民为之；贩盐获利四而无劳，豪滑之民为之。”见江右集团、南昌大学编：《江右》，宁波出版社，2014，第 300 页。

③ 《史记》卷三十《平准书第八》：“贾人有市籍者及其家属，皆无得籍名田，以便农”，岳麓书社，1988，第 232 页；班固：《汉书》卷五《景帝纪第五》：“有市籍不得宦”，上海古籍出版社，2003，第 106 页；刘昫等撰：《旧唐书》卷 48《食货上》：“工商杂类，不得预于士伍”，中华书局，1975，第 6 册，第 2089 页。

弟以商籍参加科考，并且考试地可以在家族经商的地区而不必返回本籍[①]。如果不想参与激烈的科考竞争，商人还可以花钱买取监生和贡生的功名，进而再买取相应的职衔，这被称为“捐纳”或“纳捐”。以钱鬻官古已有之，但都是一时权宜，清代则形成定制。最初纳捐所得官职多限于虚衔，康熙年间平定三藩时开捐纳实官之例，首次所捐京官可至郎中，外官可至道员。这项政策极受盐商欢迎，许多大盐商家族内部有了明确的分工：一部分人经营着盐业生意，另一部分则负责在官场中铺设人脉，为家族生意保驾护航，天津大盐商风台王氏家族即是如此[②]。这种家族发展模式，可以说是大盐商保证经营规模与持久性的法宝。在流寓扬州、天津经营盐业的晋商、徽商中，这样的家族比比皆是[③]。

张家显然和风台王氏一样，希望做官和经商两条腿走路。在地方志的记载里，张霖颇具读书的天赋，“岐痴嗜学，读书十行俱下”，但这个记载恐怕有夸张的成分。在康熙十五年二十岁时考取秀才后，张霖并没有通过科考正途获得功名，而是在康熙二十年通过纳捐成为例贡生。对于财力雄厚的张家来说，这不失为一条稳当的捷径，张霖很快便得到了工部营缮司主事的职位[④]。这个职位是正六品，虽然品级不高，但对张霖来说已经足够了。他顺利地站在了仕途的起点，进入了仕宦阶层，无论对于他本人还是对于他的家族来说，都是质的改变。

---

① 商籍开始于明，清继承之。许承尧《歙事闲谭》卷二十九《吴宪》篇：“明制设科之法，士自起家应童子试，必有籍。籍有儒、官、民、军、医、匠之属，分别流品，以试于郡，即不得就他郡试。而边镇则设旗籍、校籍。都会则设富户籍、盐籍，或曰商籍。山海则设灶籍。士或从其父兄还役，岁岁归就郡试不便，则令各以家所业闻著为籍，而就试于是郡。”见许承尧撰、李明回等校点《歙事闲谭》，黄山书社，2001，第 1041 页。另可参见王振忠《明清徽商与淮扬社会变迁》，生活 · 读书 · 新知三联书店，1996，第 58—65 页。

② 详见第七章。

③ 宋良曦：《清代中国盐商的社会定位》，载宋良曦《盐史论集》，四川人民出版社，2008，第 194 页。

④ 见光绪《临榆县志》卷十九《事实编 · 乡型》。

清代叶芳绘《九日行庵文宴图》(局部),此图描绘扬州盐商马曰琯、马曰璐兄弟在自己的园林中举行雅集的情形①

纳捐虽然解决了仕宦的问题,却容易给人留下不学无术的印象,商籍子弟如果想要在读书人占主体的官场站稳脚跟,就必须让自己看起来足够文雅。张霖文才平庸,只能借助外力,他的方式是让自己成为当时最有名望的文人圈子中的一员。他遗传了父亲善于交际的基因,同时又得到了机遇的垂青。康熙十八年,朝廷特开博学鸿词科,征召天下博学名士入京应试,被推荐参试者有一百余人,其中包括著名的遗民、隐士、思想家、学者、

① 图片来源:美国克利夫兰艺术博物馆藏。

文章大家，他们中少数被录用任京职，而其余未被录用者也有不少滞留京城。这些人搅动起京城文人圈的风云际会，张霖不失时机地厕身其间。

到康熙二十二年秋，张霖的经营已经颇见成效，他在重阳节组织的登高雅集，已经能够聚集起"南北知名士会饮者三十余人"。这次雅集的地点是位于北京阜成门外东北角的自家园子①，根据参与此次雅集的诗人邵长蘅记述，这个园子名为"一亩居"。邵长蘅作诗四首记载了此次雅集的盛况，称赞"群贤毕集，斐然有作"，是帝京多年少见的盛会②。而另一位参与者姜宸英在多年以后也回忆道：此次雅集打破了京城文人圈多年来的沉寂，很快便被传为盛事③。张霖在文人圈立刻变得知名起来，他由此将一大批文人笼络在自己的身边，其中不乏朱彝尊、赵执信、吴雯这样极具影响力的名士。直到多年后张霖罢官闲居天津，他的私家园林仍然是这些文人失意时的庇护所，而张霖文雅的名声，也随着他们的诗文传遍大江南北。

当然张霖结交这些文人并不只是为了一个文雅的名声。这些文人与最高权力阶层有着千丝万缕的联系，足以构建起一个强大的人脉网络。在一亩居的雅集上，张霖有幸结识了随朋友前来赴会的姜宸英④。这位与朱彝尊、严绳孙并称"江南三布衣"的诗人、学者，因为其对明代厂卫制度及刑法的熟稔，而以布衣身份被《明史》总裁官徐乾学荐入明史馆任纂修。他也参加了博学鸿词科的考试，却不幸名落孙山，然而通过徐乾学等人的引介，他早已进入京城文人圈的核心，与权臣明珠的长子纳兰性德尤为契厚⑤。姜宸英比张霖年长三十岁，却与之一见如故，在此后的十数年间二

---

① 姜宸英：《赠工部营缮清吏司主事加十级张公墓志铭》。

② 原句"此会帝京少"，邵长蘅：《天津张鲁庵水部招饮一亩居，群贤毕集，斐然有作》（其三），（清）梅成栋纂，卞僧慧、濮文起校点：《津门诗钞》下，天津古籍出版社，1993，第816页。

③ 姜宸英：《赠工部营缮清吏司主事加十级张公墓志铭》。

④ 同上。

⑤ 杜广学：《姜宸英与纳兰性德交游考论》，《文艺评论》2015年第10期。

人一直保持着密切的关系。张霖欣赏姜宸英的文采，有时会请其为自己代笔[①]，并请他为父亲张希稳撰写了墓志铭。

与姜宸英的结识，对于张霖来说意义重大，因为通过姜宸英，张霖得以进入明珠的政治集团。张霖和“明珠党”的重要成员佛伦关系非同一般，他们可能是在康熙二十二年后相识于北京，在张霖任职于北京的数年间一直有所交往[②]。康熙三十一年十月，佛伦调任川陕总督，一上任便把张霖调到陕西担任驿传道[③]。张霖成为佛伦整治川陕政务的得力助手，他除了修整残破的驿站等本职工作，还曾帮助佛伦完成了采买贮米这样的要务。

康熙三十三年，佛伦专门上折子举荐张霖，称他“德才兼优，廉洁奉公，诚心理事，到任以来，勤勉效力”，不但大量节省了政务开支，且得到“民人交口称赞感激”，如果加以拔擢，“必有所作为”[④]。在佛伦举荐下，张霖次年顺利升任安徽按察使，康熙三十七年九月升任福建布政使[⑤]，官居从二品。布衣起家且并非科举正途出身的张霖入仕短短十余年，离封疆大吏便只有一步之遥，如果没有强大的人脉提携勖助，这几乎是不可能做到的。

## 三、经济合作

明府之所以接纳了张霖，看中的当然不是他的政治实力，而是经济实

---

① 姜宸英代张霖作《重建陕西驿传道衙门记(代)》，《姜先生全集》，第220页。

② 佛伦从康熙二十二年九月从四川回京后，先后任刑部右侍郎、兵部左侍郎、都察院左都御史、工部尚书、刑部尚书、户部尚书，而张霖曾先后在工部、兵部任职。

③ 姜宸英代张霖作《重建陕西驿传道衙门记(代)》。

④ 康熙三十三年四月初八日《川陕总督佛伦奏荐驿道张林以备升用折》，王小虹等编译、中国第一历史档案馆编：《康熙朝满文朱批奏折全译》，中国社会科学出版社，1996，第59页。此处将张霖译为“张林”。

⑤ 《抚宁史料集》下，第803页。

力，张霖很快成为明府经济上的合作伙伴。康熙二十六年，张霖得到了一个扩大盐业经营规模的良机。这年，朝廷决定将本来行销两淮引盐的河南陈州和其所属的商水、项城、沈丘、西华四县，以及南阳府属舞阳县这六处引地改为行销长芦盐，长芦盐区因此又出现了新的引地和引额[①]。张霖和明府采用了一种互惠互利的合作方式：明府利用其在朝廷的影响力帮助张霖获得了这六处引地的经营权，并借给张霖十万两本银经营这六处引地及河南的另外一处引地，张霖则以利息的形式将行盐所得的部分利润分享给明府，两者之间的利益捆绑由此开始。

康熙三十三年，当明府想要通过其家人安氏染指长芦盐业的时候，张霖立刻为他们提供了方便，让在天津主持家族盐业生意的叔叔张希思将河南的河阴、荥阳、荥泽、汜水四处引地转让给安氏。康熙三十五年，张希思将以明府借款作为本银的河南陈州等七处引地转让到了安氏名下。明府给这些引地作价十六万九千零四十八两，扣除借款本利，还找给了张家几万两银子。在康熙二十六年陈州等六处引地刚刚划归长芦的时候，明府碍于身份不便直接入手，经过这样一番引地抵债的操作，这些引地还是落入明府囊中，张霖家族也并没有遭受任何经济损失。当初借给张霖的那十万两本银，看起来像是明府为这七处引地预付的转让金。安氏的另一处河南引地许州，也是在康熙四十二年从张霖家族手中购入的[②]。

张霖家族与政权阶层的合作并不仅限于明府，也并不开始于明府。康熙十七年，朝廷看到天津逐渐成为“商人聚凑之处，户口繁多”，却向来不行销引盐，浪费了这里潜在的盐税额度，于是将天津划为引岸，设盐引四千道，并将这四千道盐引的四分之一交给了“静海商人”张行。张行是张霖

① 《（康熙）两淮盐法志》卷四《省考》，第402页。

② 以上据康熙四十八年四月十九日《直隶巡抚赵宏燮奏陈审理明珠家人安尚仁等隐匿盐引案折》、康熙四十八年十二月十六日《直隶巡抚赵弘燮奏报质审安尚仁等暗分盐引案情形折》，中国第一历史档案馆编：《康熙朝汉文朱批奏折汇编》第2册，档案出版社，1985，第428页、716页。

家族的引名之一，静海只是其诸多引地中的一处。对于盐商来说，在盐坨的所在地天津行盐，成本自然远远低于其他引岸，因此利润极高，但也面临着未知的风险。由于引盐价高，习惯于食用低价菜盐的天津百姓无法接受，以至于销售壅滞。为了让盐商足额缴纳盐税，地方官和盐务官不得不将引盐按丁口强派给天津百姓，导致民怨沸腾。康熙二十九年，长芦巡盐御史江蘩终于顶不住压力，上疏建议将天津的引盐取消，但同时顾及了张家的利益，建议保留张行承办的一千道盐引中的七百道。康熙帝批准了这个建议，并将张行的七百道盐引疏销到其静海引地①。在天津食盐行销方式的改革探索中，张家担任了朝廷合作者的角色，而朝廷也并没有让张家因为盐务改革而遭受过多的损失。

张家与朝廷的合作还表现在其他方面。康熙三十六年朝鲜半岛遭遇饥荒，朝鲜国王请求清朝在中江开市，卖给朝鲜米谷。清朝接受了朝鲜的请求，向朝鲜运输盛京所存储的米谷，方法是选择殷实诚信的商人由盛京陆运。张家以“张行”的名义向朝廷提出呈请，从而获得了进行海外贸易的机会。张家和其他盐商一道向朝鲜运送了仓米二万石，并从朝鲜换回了当地物产②。

在政权阶层的保驾护航下，张家的盐业生意做得顺风顺水。根据可以查到的资料，截至康熙四十四年，除了转让给安氏的十二处引地之外，张霖名下的引地包括包课改引的顺天府蓟州、宝坻、香河、平谷、遵化、丰润、三河、玉田；永平府抚宁、乐亭；另有宛平、大兴、禹州、临颍、新城、清源、静海、

① 《新修长芦盐法志》第七卷《商政 · 引目》，第 553 页；《天津政俗沿革记》：“天津州食盐原有额引七百道，向附静海疏销”，见《天津通志 · 旧志点校卷》中，第 37 页；高凌雯《天津盐业纪略》：“康熙二十九年，……除于静海商人代认一千引内酌留七百道外，其余三千三百道题请豁免，特旨允行”，庄建平主编：《近代史资料文库》第 8 卷，上海书店出版社，2009，第 504 页。

② 《圣祖仁皇帝实录》卷一百八十六，《清实录》第五册，第 986 页上。

青县[①]。为了不至于太引人注目并分散风险，张霖家族将这些引地分列在五个引名之下，这五个引名是张行、张希思、迟茂相、常天卓、郑维屏，另外张霖的弟弟张起凤自立引名行盐[②]。档案记载，仅蓟遵等八州县引地的价值就有三十余万两，禹州、临颍、新城、清源、静海、青县等引地值银十三万余两[③]，而根据后来张霖获罪后官方查抄的数目，康熙四十四年张霖的家产总共有九十九万四千余两[④]。张家凭借实力成为天津的盐商领袖，康熙三十七年，张家以“张行”的名义，作为盐商代表向巡盐御史张泰交交涉盐价事宜[⑤]，由此可见张家很有可能担任纲总。

## 四、门下人·领本·私盐问题

张霖所采取的业盐和出仕两条腿走路的策略是奏效的，但也带来了新的问题，即如何让这两条腿同时保持强壮有力。张霖从康熙二十年就开始在北京做官，家族盐业生意都由叔叔张希思打理，张霖近在北京，参与盐务并非难事。但张霖被调到陕西任职以后，盐业生意势难兼顾，张希思又逐

① 参见康熙四十四年《工部尚书王鸿绪奏陈陕西捐马案马票半虚并张霖案情折》、康熙四十八年四月十九日《直隶巡抚赵弘燮奏陈审理明珠家人安尚仁等隐匿盐引案折》、康熙四十九年四月初五日《直隶巡抚赵弘燮奏报安尚仁等与张霖私分盐引案情形折》，《康熙朝汉文朱批奏折汇编》第1册，第300页、第2册，第427、818页；乾隆八年二月十七日《长芦盐政三保为盐商王惠民未完盐价不应宽免事奏折》，《清代长芦盐务档案史料选编》，第47页。

② 康熙四十五年七月三十日《直隶巡抚赵弘燮奏报严查查日昌金大中产业情形折》，《康熙朝汉文朱批奏折汇编》第1册，第398页。

③ 康熙四十四年《工部尚书王鸿绪奏陈陕西捐马案马票半虚并张霖案情事折》，《康熙朝汉文朱批奏折汇编》第1册，第300页。

④ 雍正十三年十二月十二日《长芦巡盐御史三保为查明盐商张霖应追侵贪利息数目请旨宽免事奏折》，《清代长芦盐务档案史料选编》，第26页。

⑤ 张泰交：《受祜堂集》卷四。

渐衰老，精力不足以应付复杂的盐务事宜。张霖曾将张希思接到陕西赡养[①]，天津的盐务都交给“管事人”李秀管理[②]。但张霖似乎并不安于守成，业盐赚取的银子躺在银库里，永远都是一堆废金属，张霖要让这些银子成为他引地之外的另一个财源。既然自己身在官场无暇兼顾，他便要寻觅一个妥当的代理人，于是查日乾进入了他的视野。

查日乾曾经是天津关的一名书办，这个年轻人不到二十岁从南方来到天津，便很快因为其口才佳及办事能力强而在天津士绅、富商中间名声广布[③]。在张霖担任陕西驿传道前后，查日乾“投在张霖户下”，成为张霖的“门下人”[④]。在清代，“门下人”可以视作依附寄居的门客，也可以视作被主家使唤的仆从[⑤]。康熙四十四年，步军统领托和齐在一份奏折里称查日乾为“大商人张琳下承办其京城事务书办”[⑥]，所以查日乾应该是张霖的门客。张霖对他信任而倚重，让他代理京城事务，并且“领本行京师一万引”[⑦]。张霖并非无私地帮助查日乾，而只是以“领本”的形式，借助查日乾让自己的资本得到增殖。

“领本”是商人们合作的一种方式，有经商能力而缺乏资本的人，从富

---

① 高凌雯《志余随笔》，《天津通志·旧志点校卷》下，第709页。

② 康熙四十四年《工部尚书王鸿绪奏陈黄纯祐包捐马价有弊并张霖私盐事折》，《康熙朝汉文朱批奏折汇编》第1册，293页。

③ 刘荫枢《允哲府君方太君刘太君合传》，见查禄百、查禄昌修：《宛平查氏支谱》卷二，铅印本，1941。

④ 康熙四十四年《工部尚书王鸿绪奏陈九卿会议通仓亏空案并张霖案情形折》，《康熙朝汉文朱批奏折汇编》第1册，第306页。

⑤ 《儒林外史》第二十九回：“鲍廷玺道：‘这是我家十七老爷，我是他门下人，怎么不来？’”，吴敬梓：《儒林外史》，人民文学出版社，1979，第350页。

⑥ 《步军统领托和齐奏报火漆可疑并翰林官行贿折》，见《康熙朝满文朱批奏折全译》，第1646页。其中张霖译为张琳，查天行即查日乾，译作扎天星。此份档案时间标注为“七月初九日”，但年份不详。文中有“今年皇上巡幸江南之时”并提及李光地参劾张霖之事，所以应为康熙四十四年。

⑦ 康熙四十四年《工部尚书王鸿绪奏陈九卿会议通仓亏空案并张霖案情形折》，《康熙朝汉文朱批奏折汇编》第1册，第306页。

户那里领取资本进行经营，富户作为财东并不向领本人收取利息，而是按照一定的比例分得其利润[①]。对“领本”最具体的描述，来自康熙年间王维德的史料笔记《林屋民风》，“凡经商之人，未必皆自有资本，类多领本于富室者”。“领本”的发生，取决于财东对领本人绝对认可：“盖其平日勤俭，忠信有余，虽无立锥之地，而千金重托，不以为异。”领本人若忠信勤俭且有营运之才，即便穷到身无立锥之地，财东也会毫不犹豫地交与千金重托。至于利润分成的比例，“恒例三七分认，出本者得七分，效力者得三分，赚折同规”，或者是“贯贷以逐利，得息则均析”[②]，即领本人和财东进行三七或五五分利，若亏折则按同样比例分担损失。领本与借贷的不同在于：借贷是按利率收取利息，不管贷款人经营状况如何，都必须交付利息，张霖借明府本银就是这种情况；领本经营则是财东与领本人分享利润的同时也分担风险，双方变成亲密的利益共同体。既然如此，则必然要以双方关系上的亲近作为前提，所以富户所选择的领本人，若非自己的亲族、家仆，便必是依附于户下的门客[③]，查日乾正是这样的身份。

以“门下人”身份领本行盐，对于查日乾来说有一个极大的好处，就是能够分享张霖积累下的人脉和来自政权阶层的庇护。张霖在京城结交的官员，在他简放外任以后依然忠心耿耿。康熙三十四年，当康熙帝就张霖的晋升征询廷臣的意见时，兵部尚书索诺和、杜臻、刑部尚书翁叔元、工部尚书李振裕等交口称赞他“为人素优，办事好”[④]，帮助张霖顺利升补安徽按察使。张霖毫无保留地把这些资源介绍给查日乾，那些曾经与张霖盘桓

① 这种合作方式在中国的商人中行之已久，明清时期尤为普遍。中国商业史的研究者经常将“领本经营”作为中国古代商业资本合作的方式之一，与自本经营、合本经营、贷本经营并列来进行论述，参见刘秋根：《中国典当制度史》，上海古籍出版社，1985，第57—60页；吴慧主编：《中国商业通史》第3卷，中国财政经济出版社，2005，第737—738页。

② 王维德《林屋民风》卷七《领本》，清康熙刻本。

③ 如涪陵韩晱为总盐商，其门下“众客多领本经营”。见涪陵韩氏2000年续修并印《涪陵韩氏宗谱》，第73页。

④ 《康熙起居注》第5册，第137页。

雅集的名士，也迅速成为查日乾的座上客[①]。查日乾依靠这些资源，在短短几年内不但积累起大量财富，而且成为京引总催，掌管着京引的发卖次序，担当京引盐商和朝廷官员之间沟通的媒介[②]。获得了财富和地位的查日乾既然感沐张霖的知遇之恩，就必想方设法赚取利润作为回报，而张霖也对查日乾创造利润的能力寄予厚望。两人在利润最大化的目标上取得了一致，因此当查日乾做出带卖私盐这样冒险的举动时，张霖并没有反对。

按理说，盐商既然通过垄断运销而独享盐利，就应该不遗余力维护运销秩序，而不是加入贩私的行列，使这个秩序遭到破坏。但事实是，在张霖和查日乾合作行盐的时代，盐利的很大一部分已经被形形色色的私盐贩卖者侵占。除了那些因为没有生计所以铤而走险武装走私的贫民，盐场的灶户、运盐的船户、回空的漕户、驻守的军人都是贩卖私盐的参与者，这些人已经把行盐秩序蛀蚀得千疮百孔。朝廷虽然制定了严格而具体的律例，设置了大量缉私卡巡，但巡官、巡役惯于玩忽职守，不是畏缩不前就是得钱故纵，地方官员则勾结私贩趁机分肥。甚至有的地方官在辖境内缉获私盐后便向盐商索要钱财，如果得到满足就惩处私盐贩，否则就对私盐放任自流，冲击引盐的销量[③]。在这种风气之下，盐商亦不想坚守底线。他们按引行盐本来就需要付出大笔的正杂课银，即使没有贩私者的扰乱，也远远无法满足他们对暴利的追求。于是，“商私”与“场私”“船私”“漕私”“军私”“枭私”并列，成为令朝廷头疼的几种私盐之一。

张霖和查日乾贩私的方式是以官引夹带私盐，这是商私最常用的一种方式。按照规定，盐商到盐场买盐，需要按照盐引、支单标明的包数与斤重

---

① 康熙三十五年，查日乾母亲刘氏七十岁寿辰留下了一本祝寿诗册，其中的作者包括吴暻、姜宸英、朱书、陈元龙、吴雯等人。见《刘太君七十寿诗》，《宛平查氏支谱》卷八。

② 见第三章。

③ 康熙三十七年长芦巡盐御史张泰交《禁灶私牌》《申律文牌》《拿窝犯牌》，《受祜堂集》卷四《视鹾》；康熙三十九年长芦巡盐御史刘灏《禁官吏需索咨》，《新修长芦盐法志》卷十五《艺文》，第 1364 页。

将盐捆筑成包，但有心贩私者，则会暗中增加盐包的数量或斤重，多余出来的盐便成为不必纳课的私盐，被夹带到引地销售，赚取厚利。这种舞弊行为从明代就已经被许多盐商采用，清代更是屡禁不绝，最肆无忌惮的盐商夹带斤数常常超额数倍[①]，因此实际卖盐的数额远远大于其所持有的引额。张霖和查日乾可以说是商私中的“佼佼者”，其“以一万官引带卖私盐，约行十万引之盐”，夹带的私盐竟达引额的九倍。张霖以查日乾作为代理在京城开设名为“常禄馆”的盐店售卖私盐，每年为他们带来十至二十万两的暴利[②]。

贩私的过程是逐利与寻租的结合，那些称掣、查验引盐的官吏本来很容易发现盐商私自夹带的盐斤，但他们更容易屈服于盐商的贿赂或威势，然后假装什么都没有发生。张霖与查日乾的私盐依附于查日乾的一万引京引，这些京引都要在通州张湾驿落厂接受查验，但“通州虽有挂号之例，然伊等声势广大，恃有官引为名，遂无有敢稽察之者”。他们贩私所倚仗的声势来自张霖，查日乾则以京引总催的身份出面操作，以至于给人留下了“内外各处串通”的印象[③]。他们贩私行为一直持续到康熙四十四年，总共得利一百六十余万两[④]。

---

① 汪砢玉《古今鹾略》卷六《利弊》：明嘉靖年间，商人“筑盐一包或倍数五百斤者有之，或过倍而至于六七百斤者有之。”见《北京图书馆古籍珍本丛刊》（58），书目文献出版社1998，第122页上；《清盐法志》卷一三三《两淮三十四 · 征榷门 · 商课》：道光年间，两淮正引三百六十四斤，现在各场捆盐，多者几至加倍。

② 《王鸿绪密奏小折八》，上海书店出版社编：《清代档案史料选编》第1册，上海书店出版社，2010，第716页；步军统领托和齐《奏请令盐商张琳修石路折》，《康熙朝满文朱批奏折全译》，第1640页。

③ 《王鸿绪密奏小折八》。

④ 雍正十三年十二月十二日《长芦巡盐御史三保为查明盐商张霖应追侵贪利息数目请旨宽免事奏折》，《清代长芦盐务档案史料选编》，第26页。

## 五、政治牺牲品

当查日乾在长芦盐商和各种衙门间呼风唤雨的时候，张霖则远离京津，辗转于中国西北和南方的官场。张霖作为官员还是有才干的，除了佛伦曾经向康熙帝褒扬的那些政绩，他在其他职位上也不辱使命。在安徽按察使任上，他平反了许多冤狱，以十分恰当的方式平息了一场由裁军引发的哗变。康熙三十五年，张霖倡议并捐资设立泊湖口营汛，解决了困扰当地已久的水路安全问题，并通过制度设计杜绝了汛兵勒索过往船只的可能，因而被百姓广为称颂。在福建布政使任上，他裁汰了钱粮解送过程中的许多陋规耗羡。身为富商，他绝对不会有贪腐的事情发生，实际上他反而把可观的私人财富补贴在赈济灾民、抚恤贫民这样的公务上①。

在最初的十几年里，张霖的仕途像他的盐业生意一样顺风顺水。然而事情在康熙三十八年开始发生变化。这年八月，正在担任福建布政使的张霖因此前在安徽按察使任上时“失察属吏”而被解任②。康熙三十九年三月，正在等待补官的张霖又收到一个坏消息。当年他在陕西任驿传道时，几个当地的知府、知县曾侵扣朝廷赈济给农民用于购买籽粒的银两。这件事此时才被揭发出来，舞弊的官员被处以极刑，张霖也被牵连其中，被判“补官时降一级、罚俸一年”。与张霖一起受到牵连的还有已经升任内阁大学士的佛伦，审案大臣们建议给他的惩罚是降四级调用。对于位极人臣的佛伦来说，这个惩罚本来可以忽略不计，但康熙帝“宽容”地免除了他的

① 以上见《河北临榆县志》卷十九《事实编 · 乡型》；朱书《泊湖口新设营汛记》，见朱书《朱书集》，黄山书社，1994 年，第 134 页。

② 见《天津县新志》卷二十一《人物一》，《天津通志 · 旧志点校卷》中，第 755 页。

降级处分后，让他以原官致仕，他的政治生命竟然就此戛然而止[①]。

七月，张霖被任命为云南布政使[②]，看起来他的仕途并没有受到什么影响。到了十二月，工科给事中慕琛忽然参劾张霖"出身盐商，官方有玷，舆论不孚"。这三条罪名并没有什么实质性的内容，然而康熙帝将慕琛的参劾交给吏部讨论后，吏部很快便给出了将张霖革职的建议，康熙帝立刻批准了这个建议[③]，张霖的仕宦生涯顷刻之间便告终结。尽管参劾官员是给事中职权范围之内的事，但慕琛的参劾及其结果还是让人疑虑丛生：慕琛忽然向张霖发难的动机是什么？为什么吏部的官员们没有为张霖做任何辩解，而康熙帝也毫不犹豫地罢免了一个卓有政绩且并无明显过失的地方官员？张霖的革职和佛伦的致仕有什么关系？

事实上，慕琛并没有他所表现出来的那样大公无私，他只是在奏响多年前一场政治风暴的余音。康熙二十六年，慕琛的父亲慕天颜任漕运总督，当时河道总督靳辅负责治理下河的工程，与朝廷派去督理工程的侍郎孙在丰意见相左。康熙帝又派时任户部尚书的佛伦与慕天颜一同前去勘察调解，结果佛伦袒护靳辅，慕天颜则旗帜鲜明地站在孙在丰一边。这种争执看起来是水利技术之争，实际上却散发着党争的味道：佛伦与靳辅同是明珠党羽，孙在丰、慕天颜则是姻亲。孙在丰采用的是前任安徽按察使、时任直隶巡抚于成龙的方案，而于成龙与慕天颜关系密切。当孙、慕在下河与靳辅、佛伦争斗时，于成龙也在朝堂上与明珠党唇枪舌剑。双方纠集人力，互相参劾，最终孙在丰、佛伦被降级留任，靳辅、慕天颜被革职。次年，慕天颜又被人揭发曾勒令漕船退回，以阻挠靳辅治河，因此被判杖一百、徒三年，但从宽免罪回家养老，于康熙三十五年去世。

---

① 此即"陕西散给籽粒银两案"，参见《圣祖仁皇帝实录》卷一百九十八，《清实录》第六册，第9—10页。

② 《圣祖仁皇帝实录》卷二百，《清实录》第六册，第37页下至第38页上。

③ 《圣祖仁皇帝实录》卷二百零二，《清实录》第六册，第63页。

这场争斗的背后还有更复杂的政治因素。于成龙的治河方案实际遵循的是康熙帝亲自提出的疏浚思路,明珠则极力支持靳辅反对于成龙。明珠的强势引起了康熙帝的不快,长久以来感受到的明珠专权此时似乎变得格外分明。此时郭琇不失时机地出现了,郭琇时任江南道御史,他虽然是下河案的局外人,却站在了于成龙与慕天颜一边,于康熙二十七年正月上《特参河臣疏》,参劾靳辅治河无功,阻挠下河开浚。这道奏疏深得康熙帝之心,这并不只是因为河工问题,更在于郭琇敢于向明珠党发难。康熙帝认为郭琇是值得信任的,于是在接见他时暗示他对靳辅背后的掌权廷臣采取行动①。郭琇领会了康熙帝的用意,二月初六日上《特纠大臣疏》,列举明珠及其党羽余国柱、佛伦等罪状八条。康熙帝据此将明珠逐出了权力中枢,佛伦的尚书职位也被剥夺。值得注意的是,就在郭琇参劾明珠前后,张霖也辞去了北京职位回天津闲居了。可以说,下河案是明珠下台的导火索,参与其中的两派两败俱伤,因此结下仇恨:对于佛伦来说,慕天颜、郭琇等人是明珠失势的罪魁祸首,郭琇尤其让他恨之入骨;对于慕天颜来说,明珠、靳辅、佛伦等人毁灭了他的政治生命,他的仇恨必然会传承给自己的儿子慕琛②。

康熙帝将明珠逐出权力中枢就已经达到了目的,他并不想对明珠集团的成员甚至明珠本人施以过多惩罚,明珠及其子孙仍长期身居高位,而佛伦很快又被任命为内务府总管。康熙帝希望这场政治风波到此为止,然而

① 康熙二十七年正月二十三日,康熙帝问郭琇:“廷臣中有掣肘河务者,尔于本内曾言及否?”郭琇曰:“无之。”见《康熙起居注》第4册,第13页。

② 关于下河案及郭琇参劾明珠的情况,参见马子木编:《清代大学士传稿(1636-1795)》山东教育出版社,2013,第151页《明珠传》、第185页《佛伦传》;赵尔巽等撰:《清史稿》,吉林人民出版社,1995,第7884页《列传第五六·明珠(附余国柱、佛伦)》、第7957页《列传第六五·慕天颜》;王思治、李鸿彬主编,清史编委会编:《清代人物传稿(上编)》第8卷,中华书局1995,第300页《慕天颜传》;邹范平:《康雍乾盛世中的君臣关系》,陕西人民出版社,2014,第76—77页;晏路:《郭琇弹劾靳辅案中案》,《满族研究》2001年第4期。

当事双方却并不这么想。康熙二十九年，已经出任山东巡抚的佛伦上疏，说郭琇的父亲郭尔标因参与造反而被正法，郭琇私自篡改父名，滥请封典，应当将郭琇本人及其祖父、生父、嗣祖、嗣父所得封诰全部追夺[①]。康熙帝虽然按照部议批准了佛伦的参奏，但此事令他十分反感。在给佛伦的一份奏折朱批里，康熙帝批评佛伦在没有请示的情况下就擅自参奏郭琇，有公报私仇之嫌，并警告他以后行事应注意分寸[②]。对于郭琇，康熙帝只是令他休致，而没有加以其他惩罚。佛伦虽然报复成功，却也为他失去圣心眷顾埋下了伏笔。

康熙三十八年三月，郭琇因迎驾南巡的康熙帝而重获起用，被任命为湖广总督。康熙三十九年正月，当郭琇得到单独觐见康熙帝的机会时，便立刻上疏诉冤，说明郭尔标另有其人而并非其父，佛伦当时乃是有意构陷。康熙帝为此质问佛伦，佛伦在事实面前也只得承认。这种赤裸裸的污蔑十分下作，且是在为康熙帝亲自惩治的明珠党复仇。康熙帝不想再容忍佛伦，于是在三月趁陕西散给籽粒银两案的时机，将佛伦体面地免职了。第二年，佛伦便在郁闷中死去。对于他的死，康熙帝“未留下一字评价，也未赐葬、谥号”[③]。

就在佛伦死前不久的康熙三十九年十二月，慕琛上疏参劾张霖。慕琛选择此时上疏，很可能是看准了佛伦势力式微的时机，与郭琇站在一起报

---

① 《圣祖仁皇帝实录》卷一百四十八，《清实录》第五册，第 638 页下至 639 页上。

② 《康熙朝满文朱批奏折全译》，第 17 页，山东巡抚佛伦《奏请停本年秋审事宜折》，康熙帝朱批：“若参郭琇，应与朕商议而后参之。事虽公事，然原有参劾尔等之事，难免报仇之论。嗣后不可如此鲁莽。”

③ 佛伦失去康熙帝信任的原因，当然不止构陷郭琇这一件事。他惯于罗织罪名弹劾大臣，早就给康熙帝留下了“无信无耻”的印象。可参见《文渊阁大学士佛伦传》，薛瑞录：《清史文苑》，辽宁民族出版社，2013，第 298 页。

复佛伦乃至明珠[1]。康熙帝根据慕琛那三条莫须有的指控，没有做任何调查就将张霖革职，只不过是通过这件事表达态度：既然提拔张霖代表了他对佛伦的恩宠，那么黜退张霖自然也就说明这份恩宠已经不复存在。他希望通过这样的方式让郭琇和慕琛得到安慰，并警告那些仍想挟私报复的明珠党羽，好让双方的争斗早日平息。张霖在朝中的那些朋友深知这一点，因此没有人敢为他说话。不过康熙帝并未真正把张霖放在心上，他只是这场旷日持久的政治斗争的一个牺牲品而已，如果康熙帝此时深究他的不法行为，那么他真正的毁灭就不会迟至五年后才到来。

## 六、双重身份

对于张霖来说，突然被免去官职意味着他必须重新定位自己的身份。近二十年来，他放弃了作为盐商悠闲富足的生活，投身于繁杂的政务和人际关系，努力让人们将他视作官员而不是盐商。表面上，这并不是一个很难实现的愿望，至少张霖他和他周围的人在这一点上保有默契。他的朋友们在书信或者诗文中提到他时，都按照惯例称他官职的别名，从“水部”到“方伯”[2]的变化显示着他在官场的步步高升，即便在他被革职以后，“方

① 慕琛在疏参张霖的同时，还疏参了河道总督张鹏翮。张鹏翮上任不久，沿用的都是靳辅在任时的方略。慕琛的疏参并不专业，他所提到的几项弊政，都是自靳辅时期延续下来而因为各种原因尚未解决的，若贸然解决，则将给河政带来隐患。张鹏翮对慕琛的这个参奏感到莫名其妙，向康熙帝抱怨说“不知其何心也”，康熙帝却对慕天颜和靳辅等人的矛盾一清二楚，一眼便看出了慕琛此参的用意所在，这让他对慕琛产生了厌恶，觉得他“为人不端”，在次年九月确定吏科内升外转给事中名单时，便剥夺了他晋升的机会。（以上参见《圣祖仁皇帝实录》卷二百零二，《清实录》第六册，第 63—64 页；《康熙起居注》第 6 册，第 433 页）

② 如吴雯《赠张鲁庵水部招集一亩居即事》、梁份《送张方伯往山海关序》等。“水部”是工部主事的别称，“方伯”是布政使的别称。

伯”也仍然是他的身份标签。出仕的荣耀甚至被分享给了先辈，他的父亲、祖父、曾祖都在去世多年后被诰赠光禄大夫①，这些刻在碑铭上的头衔无时无刻不在提醒人们，张家已经跻身仕宦行列，不是浅薄庸俗的暴发户。

和许多通过科考入仕的读书人一样，张霖在被剥夺了官员身份后，并没有流露出沮丧，而是以洒脱的态度示人，迅速完成了由官员向隐逸文人的角色转变。事实上张霖对此早有准备，或者说他在自己的人生角色设定里一直为此留有位置，甚至他是有意如此，以避免受到党争牵连。早在康熙二十七年，当朝中针对明珠的斗争如火如荼的时候，他就以奉养老母为由辞职回天津闲居②。作为态度的宣示，他取“遂初”之意营建了遂闲堂别墅③，并请人为自己画了一幅小像。画中张霖袒胸露腹偃卧于一叶小舟之中，与松声水声相伴，一副放浪形骸的模样④。此后数年，张霖将时光抛掷在诗酒酬唱、修理雷氏古琴这样的风雅之事上⑤。但张霖并不是消弭了仕进之志，而只是蛰伏以待时机。康熙三十年冬，画家石涛路经天津时曾受

---

① 《抚宁史料集》下，第802—803页。

② 虎卧老人赠张霖的《遂闲堂十律诗》作于康熙戊辰，即康熙二十七年，可见张霖此年已经回天津。参见张金栋、高朝英：《虎卧老人行书〈遂闲堂十律诗〉考——兼谈畿辅先哲张霖、张霔》（上），《文物春秋》2008年第1期，第56—57页。

③ 张坦《履阁诗集》，清刻本。

④ 天津博物馆藏《张霖小照山水轴》，上有其友人“戊辰秋日”题诗。戊辰，为康熙二十七年。

⑤ 吴雯著，李雪梅等点校：《吴雯集》第1册，三晋出版社，2016，第247页。

到张霖的款待，于是作诗答赠，称赞张霖“心力能超群”，期待着他“明朝诏下君王宣”的喜讯②。这个预言很快应验，第二年张霖便外任于陕西，开启了他仕宦生涯的巅峰时期。宦游南北时的张霖身边从来没有缺少文人朋友，就连“清初三才子”之一的朱书这样有名的文人，也曾经追随他到安徽和福建担任幕僚③。天文历算学家梅文鼎也被张霖带到福建，替他搜集钞校八闽文献④。张霖的精神世界一直保留着与文人亲近的一面。

康熙三十八年被解任福建布政使后，张霖又一次进入闲居状态。第二年春天，张霖取唐代诗人李颀《东京寄万楚》诗中“了然潭上月，适我胸中机”两句意境，请画家禹之鼎为自己创作了另一幅山水小像。在这幅横轴长卷里，张霖一袭素衣，科头趺坐于山间清潭之畔，半空一轮明月映照着潭水，人、潭与月似乎在这清寂的氛围中融为一体⑤。此时他大概认为起复已经无望，所以再一次寄情山水，以画明志。七月被任命为云南布政使后，他将这幅画携至昆明。

佚名绘《张霖小照山水轴》

（原件藏于天津博物馆）①

① 图片来源：天津博物馆编《鹾之韵—长芦盐业与天津城市文化》，天津人民美术出版社，2016，第 24 页。

② 石涛《雪中赋赠张汝作先生》，见汪世清编著：《石涛诗录》，河北教育出版社，2005，第 21 页。

③ 蔡心寰《朱书年谱》，《朱书集》，第 534—538 页。

④ 卞僧慧：《梅文鼎与张霖》，《天津史志研究文集》，天津古籍出版社，2011，第 169 页。

⑤ 故宫博物院藏《禹之鼎张鲁翁像卷》，故宫博物院网站 https://www.dpm.org.cn/collection/paint/230850.html

在和朋友们"夜吟好在古滇池"时,他一次次将这幅画取出,让朋友们在上面题诗。有人对他如此在意这幅画不以为然,认为他一向受到朝廷重用,正是建功立业之时,林泉虽好,不能留恋。但是张霖却更认同好友查慎行的意见。这位科场蹭蹬、命运多舛的诗人将名字改为"慎行"以提醒自己谨慎言行。他所经历的磨难也影响了他对于世事的看法,他劝张霖保持"丈夫经纶自可弥宇宙,心空才大仍若一事无"①的观念,让心性包容空寂,对于那些具体官职、功业不必太在意,避免患得患失,在朝市中也保持隐逸山林的状态,张霖"颔斯语"②。其实张霖十分清楚纳捐所得的官职并不牢靠,朝廷将官职视为对纳捐者的恩惠,随时都有收回的可能③,更何况他随时都有可能受到所投靠的政治集团的影响。因此,在十二月被参劾革职后,张霖没有进行任何申辩,而是平静地接受了这个结果。

康熙四十年初夏,张霖已经回到天津。老友梁份从南方来访,张霖喜出望外,留他连住一百零六天。梁份是以文章和风骨名重当时的学者,当年张霖在陕西驿传道任上的时候,曾经出百金资助他完成了起草于十年前的著作④。秋天,诗人赵执信又来到天津,见到罢官家居的张霖,为他鸣不平道:"甘输才不世,岂谓谤同召。"康熙四十三年,赵执信再次来到天津,从春天一直住到了秋天,张霖花费银两供他生活、游玩乃至与歌妓交往⑤。此时张霖已经营建起了问津园、一亩园、篆水楼等园林,造就了"海内名流

---

① "心空"是佛教用语,意思是心性广大,包容万相,亦指本心澄澈空寂无相。宋释正觉《偈二百零五首其一》:"吾家日日选场开,及第心空有大才。莫把桂枝零碎折,为佗和月抱将来。"

② 故宫博物院藏《张鲁翁像》画上题诗。

③ 数年后李光地参劾张霖时,批评张霖"出身盐商,援例入仕,不思报效",这种批评便带着轻视纳捐的意味。见《清代长芦盐务档案史料选编》,第26页。

④ 汤中:《梁质人年谱》,《民国丛书》第4编(85)《历史地理类》,上海书店,1992,第7—8页。

⑤ 刘聿鑫:《赵执信和天津张霖、张坦父子》,朱万曙主编:《古籍研究》2008卷(下)安徽大学出版社,2009,第241—242页。

过津者无不假馆”[①]的人文胜地,那幅《张鲁翁像》也被展示给更多的朋友,到康熙四十四年,已有十九人在画上留下题诗。他们赞颂着张霖昔日做官时的功绩,更表达着对张霖寄情于山水的认同。他们以这种方式汇聚于卷轴的方寸之地,就像他们本人曾集会于张霖园林的亭台中一样。

对张霖来说,招纳宾客是他在罢官之后的另一项事业。他虽然作出了隐逸的姿态,但和真正的隐士有根本的不同:他并没有转向独善其身的内向自省,而是仍然保持着外向张扬;他所放弃的只是仕途的荣光,却仍在追求人生的显耀。在天津园林中,他创造着“三千珠履尽能文,坐上雄谈蔚似云”[②]的盛景,给人留下了“爱客肯辞千日酒,风流气压五侯门”[③]的印象。有一个事例被广为流传:吴雯曾经偶然向张霖提起,如果能在家乡的条山下构草堂十余间用于读书终老,则此生愿望足矣。张霖听后笑而不语,数年后吴雯返回家乡,发现房屋早已被按照他的愿望改建完成。张霖这种“崇尚风雅,而任侠豪奢”的做派,既是他的性格使然,亦是他的身份所决定的。不管他曾经做到了多高的官职、多么大张旗鼓地结交文人,他本质上还是一个盐商,他用财富叩开了仕途的大门,当他投身于明珠政治集团时,财富就是他的投名状,就连他做官时的一些政绩也离不开财富的支持。即便身处于官员行列,商人也始终是他摆脱不了的身份基因,因此慕琛在参劾他的时候,还是给他贴上了“出身盐商”的标签。作为商人,他继承了来自于市井的任侠传统,他的朋友们甚至将他比作战国门客三千的信陵君和西汉时解人困厄的游侠郭解[④]。

朋友们的类比虽然有夸张的成分,但张霖本来就不是柔弱的文人,单

---

① 《(乾隆)天津县志》卷七《附园亭》,《天津通志·旧志点校卷》中,第 77 页。

② 查礼:《秋日过张氏一亩园感旧》,梅成栋纂,卞僧慧、濮文起校点:《津门诗钞》上,天津古籍出版社 1993 年版第 142 页。

③ 石涛:《雪中赠张汝作先生》,《石涛诗录》,第 21 页。

④ 以上见杨钟羲撰集、刘承干参校《雪桥诗话余集》,北京古籍出版社,1992,第 106—107 页。

从外表来看，这位“额犀丰盈仪观伟”的“一代魁人”[①]就给人强势之感，他绝对不会真的安心于隐居一隅，将下半生消磨在诗酒游冶之中。实际上与文人朋友的交往只是他罢官后生活的一部分，他的本职仍是尽力扩大家族盐业生意，维持家族在京畿地区的势力。革职只是把他推出了政治斗争的漩涡，却并没有破坏掉他的人脉网络，而且他会利用他的财富巩固和扩大这个网络。佛伦虽然倒了，明府的势力仍在，且与张霖仍有利益纠葛：康熙四十二年，张霖把河南许州引地转让给了安氏[②]；康熙四十三年，张霖从内务府借出了七十万两帑银，很可能就得到了明府的帮助。他将这些帑银与其弟张起凤及查日乾、金大中分享作为行盐成本，此后其私盐及引盐的运销即以皇帑作为旗号，更加没有官员敢于稽查，以至于垄断了京畿盐业生意。其他盐商失去了市场，张霖的私盐则高价出售，京城兵民无不抱怨。张霖居家豪纵，声势煊赫，对子孙辈的管教也不严格。他的儿子曾因“伤害多命”而被革去举人，后来依靠父亲的钱财和人脉恢复了举人资格，成为候补中行评博，跃跃欲试地想要进入官场。虽然众论不服，但由于张霖平日重贿交结，竟无人敢提出异议[③]。

张霖的这些行为给他带来了极坏的名声。天津文人朱洁臣对于张霖以利益邀取名士之心的做法非常鄙视，对他的诗文更是不屑一观。当张霖想要交结朱洁臣时，被他愤怒地拒绝了[④]。张霖的坏名声不仅限于天津，他在天津和原籍抚宁一带之间频繁往来[⑤]，处理盐务与家族事宜，其间也有行为不检之处，以至于山海关以内直到天津一带军民对他颇多怨恨[⑥]。

---

① 《张鲁庵像》及钱名世题画诗。

② 康熙四十八年十二月十六日《直隶巡抚赵弘燮奏报质审安尚仁等暗分盐引案情形折》，《康熙朝汉文朱批奏折汇编》第2册，第716页。

③ 康熙四十四年《工部尚书王鸿绪奏陈九卿会议通仓亏空案并张霖案情形折》，《康熙朝汉文朱批奏折汇编》第1册，第306页。

④ 《志余随笔》卷三，《天津通志·旧志点校卷》下，第710页。

⑤ 梁份：《送张方伯往山海关序》。

⑥ 《王鸿绪密奏小折八》。

在张霖结交的官员们庇护下，民间的不满并不能对他造成任何损害，然而当这些不满上达圣听并引起关注时，事情就变得不一样了。

## 七、密折与参劾

康熙四十四年二月十日，康熙帝离开北京，开始了他的第五次南巡。十一日，御舟在王家庄停泊①。这个时候，康熙帝收到步军统领托合齐呈交的一件满文密折。此前康熙帝筹划修建广宁门外石路，托合齐在密折里建议让张霖出资承办。托合齐向康熙帝保证，张霖极为富有，即便让他出银二三十万两，他也不会因此而变得贫困。似乎是为了进一步论证让张霖出资的合理性，托合齐把这件密折的主要篇幅都用于报告关于张霖"富而不仁、凶暴贪利"的传闻：

> 窃天津大盐商张琳②，此人富而不仁，凶暴贪利。其所有立市之所，扰累欺压穷苦兵民，故人之怨骂张琳者甚多。伊因极荣，成为布政使后，蒙圣主洞鉴，罢张琳职，举国闻之者皆赞奇之。再，天下盐包过桥、过所时，皆核查称点斤数，放行时征税，唯独张琳之盐，准过所而不查，即于盐场查其大概数，以万引运出十万引盐而贸易。开设常禄馆于京城，不纳国税，携来私盐数百万包，高价出售，牟取暴利，京城兵民无不抱怨者。上则偷取每年应贡皇上之银十、二十万两入己，下则使众兵民哭泣。因钱财甚多，成为巨富，盐政、科道官员，户部皆知此弊，而各自足食，皆佯装不知，不说。张琳久在其场，白得多余盐利二十余万两。其行止颇属悖乱，系钻干之人。今又以门卫，到各处行走。所

① 《圣祖仁皇帝实录》卷二百一十九，《清实录》第六册，第211页上。

② 此处将张霖姓名音译为"张琳"。

谓借银七十万两养马者，并非张琳无银而取之，其意乃托此银遮蔽其一切劣迹，更易于强行抢占他人买卖。今若欲修广宁门外石路，则交张琳出力，无所不可，其家业不致凋敝。

康熙帝朱批：朕深知此人，向来名声不好。尔所奏之事，不可令他人写，此事著尔慎之。①

这件密折揭露了张霖的几种不法行为：第一，贩卖私盐，垄断京城食盐市场；第二，欺压穷苦，为富不仁；第三，贿赂官员，通同作弊；第四，以养马为名借银七十万两，以遮蔽其贩私劣迹。从康熙帝的朱批来看，他对张霖的坏名声早就有所耳闻，因此对托合齐的描述深信不疑。不过由于南巡刚刚开始，康熙帝决定将此事暂时搁置。他叮嘱托合齐严守秘密，因为朝中有得是张霖的耳目。托合齐的密折被用薄纸、封套、火漆层层封固，由专人在他和康熙帝之间传递。

康熙帝并没有打算放过张霖，闰四月末回宫后，他命令另一位心腹王鸿绪暗中探访关于张霖的更多消息。在明珠当权的时代，王鸿绪曾经是与明珠党对立的“南党”成员，但在明珠倒台后南党的内斗中，王鸿绪又被郭琇弹劾而罢官。康熙三十三年，王鸿绪被召回北京修书，很快被任命为工部尚书，充经筵讲官，受到康熙帝信任②。康熙帝也许认为王鸿绪能够立场持中，所以选择由他调查张霖。五月二十二日，王鸿绪的密折被送到了康熙帝手中。除了托合齐已经提到的那些不法行为，王鸿绪还查到了张霖纵子为非的事实，并且得知查日乾是张霖最主要的帮手，查日乾的底细也被调查得一清二楚。王鸿绪与托合齐两人的密折互相印证，让康熙帝决心

---

① 以上参见《康熙朝满文朱批奏折全译》，第1640页，《步军统领托和齐奏请令盐商张琳修石路折》。此件标注时间为“二月十一日”而无年份。但根据奏折中“为此，圣主抵达天津前预为奏闻”之语，结合《圣祖仁皇帝实录》所记康熙帝南巡行程，可断定为康熙四十四年。“托和齐”为“托合齐”之音译。

② 《清史稿·列传第五八·王鸿绪》，第78—98页。

对张霖采取行动。由于没有军民敢于出首控告,康熙帝便利用张霖革职官员的身份,下令直隶巡抚李光地具疏参劾[①]。

康熙帝之所以选择李光地,除了因为张霖在其治下,由他出面是职责所在外,还因为在当年的南北党之争中,李光地展示出一种超然的姿态。康熙帝相信他能够恰当地处理张霖与明珠集团的关系,保持客观公允。六月二日,正在巡幸塞外的康熙帝接到了李光地的参劾奏疏。奏疏所列张霖罪状第一款即"行京东私盐每年得利十万有余"[②],这也是康熙帝究办张霖的主要原因。正如托合齐密折中所说,张霖的贩私行为实际上是"偷取每年应贡皇上之银十、二十万两入己",使国库损失巨额的盐税收入。除此之外,李光地奏疏中所列张霖罪行还有纵子违法等,不出托合齐与王鸿绪密折所奏的范围(李光地的奏疏原文未见,此处系根据对张霖的判决所推测)。康熙帝随即下令李光地严审张霖。

在李光地审讯张霖的同时,托合齐与王鸿绪也在暗中继续搜集消息,并以密折呈报给康熙帝,所以康熙帝所掌握的情况也许比李光地还要多。李光地审讯了张霖的"管事人"李靖公,并从他口中证实了张霖贩卖私盐的罪行。但李光地不知道的是,李靖公本名为李秀,是一个早已被南书房和康熙帝耳闻的"光棍"。王鸿绪向康熙帝报告说,李秀是天津宝坻人,代张霖管理家族事宜,他和左翼步军统尉殷德布是儿女亲家,出入各衙门扯篷拉纤,请托行贿,弄法作奸,是名副其实的大光棍。而殷德布也是个为人不端、作事污秽不堪的人:"交结内外权要及匪类之人,又违禁在巡捕三营

① 李清植撰:《文贞公年谱》:"四十四年乙酉,公六十四岁。……五月,劾治张霖。霖以原布政使废居家,积资巨万,恃财为奸,交通东禁。公久闻其恶,但以情迹秘诡,机状深密,未能得其领要,以故未具弹章。至是,上知其挥霍盘结,稔恶不悛,念非刚正大臣不足明研其罪,乃命公劾治之。"见李光地:《榕村全书》第10册,福建人民出版社,2013,第72页。

② 康熙四十四年《工部尚书王鸿绪奏陈黄纯祐捐马案并张霖私盐事折》,《康熙朝汉文朱批奏折汇编》第1册,第291页。

兵丁及穷民处大放印子钱债,纵家人禅子行凶逼索,兵民甚为苦累,巡捕三营官内得其馈送者好颜相待,若无馈送者必寻事故毁骂凌辱,三营官亦多怀怨",连康熙帝都"早知此人名声不好"。张霖的那些"居家豪纵""令军民哭泣"的恶名声,也许正是来自李秀、殷德布的胡作非为。王鸿绪说他们"交结内外权要"并非虚言,就在王鸿绪用密折将二人的恶行报告给康熙帝后,密折的内容竟然被二人得知[①]。康熙帝还通过托合齐的密折了解到,在张霖被参劾后,查日乾立刻找翰林院编修、已经入值南书房的查昇替张霖请托说项,在得到查昇的应允后,还沾沾自喜地到处宣扬[②]。

一个值得注意事实是,不管张霖本人还是李秀、殷德布,康熙帝对他们的坏名声都早有耳闻,就连查昇,康熙帝也说"深知此人",只是因为他字写得好,所以才用他[③],但并没有对这些人采取任何行动。如果不是查出了张霖贩卖私盐使国家损失巨额税收,康熙帝恐怕也不会抽出时间去理会"居家豪纵""为人不端""弄法作奸""请托行贿"这样的事,毕竟在当时这已经成为普遍风气。康熙帝的这种宽容态度,在决定张霖等人的刑罚时表现得更为明显:

> 十月癸卯。刑部等衙门议复,吏部尚书管理直隶巡抚事李光地疏参革职原任云南布政使张霖假称奉旨,贩卖私盐,得银一百六十一万七千八百两有奇;又纵子张埙、张坦骄淫不法,肆行无忌。应将张霖拟斩立决,家产入官;张埙、张坦杖责折赎。应如所请。得旨:张霖著改监候秋后处决,余依议。[④]

① 《王鸿绪密奏小折九、十》,《清代档案史料选编》第1册,第718、719页。

② 康熙四十四年七月初九日《步军统领托和齐奏报火漆可疑并翰林官行贿折》,《康熙朝满文朱批奏折全译》,第1646页。

③ 康熙四十四年七月初九日《步军统领托和齐奏报火漆可疑并翰林官行贿折》,《康熙朝满文朱批奏折全译》,第1646页。

④ 《圣祖仁皇帝实录》卷二百二十二,《清实录》第六册,第239页下。

李光地的审讯坐实了张霖的两项罪名，即贩卖私盐和纵子为非。由于张霖贩私数额巨大，刑部建议将张霖处以极刑，并且抄没全部家产。康熙帝免去了张霖的“斩立决”，而改判为斩监候。张霖的儿子张埙、张坦的杖责也可以用银子折赎。这个值得注意的改判代表了康熙帝或者朝廷对于作奸犯科的盐商的一种普遍态度：如果盐商能够设法弥补国家或者皇室的损失，那么他的罪责就可以得到减轻。朝廷的目的不在于惩罚盐商或者修补盐务体系的漏洞，而在于弥补经济损失，张霖被判决后发生的事情以及查日乾等人卷入此案的方式充分说明了这一点。

## 八、追比欠款

张霖应该是在康熙四十四年六月二日康熙帝下令李光地审讯他的时候就被拘禁起来了，同时被拘禁的还有他的两个儿子。对于张家来说，这是一个惊天动地的变故，并且没有转寰的余地。虽然查日乾为张霖积极奔走请托且自信满满，但他并不知道这是康熙帝亲自发起的案件，他所有的努力注定无济于事。康熙帝通过密折牢牢掌握着案件的进展，就算是张霖平日结交的那些权要也无法对案件的审办产生影响。十月，张案子定谳以后，查日乾和金大中也很快被关押了起来，与张霖一样“论死”①。

虽然“论死”，好在不是“斩立决”，而是要等到第二年秋后，由皇帝定夺是不是摘下他们的项上人头。这种囚禁其实有押作人质借以追比欠款的用意，判决中的死刑是否会被执行，要取决于欠款缴纳的程度。朝廷将贩卖私盐的罪名全部算在了张霖的头上，判决他上缴历年贩私所获赃银一百六十余万两，除此之外还要归还借帑后分得的四十余万两帑银。如果张

① 查日乾：《刘太君补庆集后志》，《宛平查氏支谱》卷七。

霖想要活命，需要缴纳的总额高达二百零二万余两[1]。查日乾、金大中在康熙四十三年各分取帑银十二万两，除已归还的外，再加上利银及喂马银、节省银等，各欠十万八千六百余两[2]。

康熙帝将追比欠款的任务交给了长芦巡盐御史迈色。这项任务艰巨而急迫，迈色需要将张霖和查日乾、金大中的家产一一清查，其中包括引岸、滩坨、盐店、盐包、地亩、房产、债权乃至器皿、衣服、首饰等，然后将这些资产变价归公，以抵补欠款。迈色的清查工作进展得并不顺利，康熙四十五年四月，他向康熙帝报告说，张霖引窝距离天津遥远，而家产数目又极繁多，难以在限定的时间内变价完结。康熙帝对迈色的动作迟缓十分不满，严厉地训斥他说，如果再迟延不完，就将他革职拿问。到了六月，迈色清查出张霖家产共值银八十三万余两，与张家应交的欠款相差甚远，而查日乾、金大中的产业尚未清查。康熙帝对迈色失去了耐心，下令直隶巡抚赵弘燮前往天津主持财产清查[3]。

赵弘燮到了天津以后，很快便向康熙帝上报了迈色清查不力的具体情况，迈色随后被革职，直隶布政使鄂岱、前任巡盐御史常绶和天津知县黄志元也出于同样的原因而被赵宏燮查办[4]。十月份，康熙帝下令张霖和查日乾、金大中暂停秋决，然后又一次强调了惩治张霖的原则。他告诉大臣们，张霖欠款甚多，如果一年内能够还清则犹有可原，否则就依律正法[5]。赵弘燮深知康熙帝最在意的是什么。他对张霖等人家产的清查一直持续到年底，他一次次提审张霖，经过盘根究底，将张霖未报的十余万两资产也挤

---

① 雍正十三年十二月十二日《长芦巡盐御史三保为查明盐商张霖应追侵贪利息数目请旨宽免事奏折》，《清代长芦盐务档案史料选编》，第26页。

② 《赵弘燮奏报张霖盐案折一》，《清代档案史料选编》第1册，第762页。

③ 参见《康熙起居注》第7册，第209、231、288页；《清代长芦盐务档案史料选编》，第26页。

④ 《康熙起居注》第7册，第254、288页；《赵弘燮奏报张霖盐案折二》，《清代档案史料选编》第1册，第763页。

⑤ 《康熙起居注》第7册，第274页。

了出来。赵弘燮又对此前迈色查出的八十三万两资产进行了复核,纠正了亏短、浮多、虚开的错误,最终查清张霖的所有家产共值银九十九万四千九百余两,全部变价充公抵补帑银和赃银,张霖仍需缴纳一百零三万余两。虽然朝廷可能给张家留下了少量引地以使其有能力缴还欠款①,但只是杯水车薪。对于张霖和他的家人来说,这笔欠款是一座永远也挖不完的大山,张霖注定再无出头之日。

与张霖相比,查日乾、金大中活下来的机会要大得多。在以家产抵补欠款之后,他们所欠款项都只剩数万两②。康熙帝对他们是宽容的,有一事例可以证明:二人所分取的帑银还款期限为八年,定罪之时八年期限未到,康熙帝格外开恩,只对他们定罪之前的欠款追缴本、利及节省银,而对他们定罪之后应还欠款只追缴本银,不追利银与节省银。康熙帝声称这样做只是"据理断之而已",但对于查、金二人来说,的的确确是不小的恩惠。在刑部的表述中,查日乾等只是"蠹商虐民、认纳帑银未经缴完"的"不良匪类",张霖才是"擅贩私盐盐商"③。康熙帝认为既然朝廷的盐税损失已经由张霖承担,也就没有必要对其余的人过于严苛。查日乾的引地并没有被全部充公,他在四年后还清欠款出狱,并很快成为继张霖而起的另一位天津大盐商。

关于张霖在狱中的情形,并没有太多的史料涉及,可以确定的是他被拘禁在天津而不是北京或保定④。他出狱的唯一指望就是家人能够还清欠款,但他深知这会有多难,所以也就不会抱有太大希望。《志余随笔》记载:"龙东溟有《狱中看鲁庵》诗,在康熙四十五年;查汉客有《张方伯狱中

---

① 根据雍正年间编纂的《新修长芦盐法志》卷七《商政 · 商纲册》,第 635、636 页。郑维屏、常天卓仍存于京引各商名册中,说明张霖事发后,部分京引引额被保留下来。

② 《赵弘燮奏报张霖盐案折二》,《清代档案史料选编》第 1 册,第 763 页。

③ 《康熙起居注》第 7 册,第 272、289 页。

④ 《赵弘燮奏报张霖盐案折四》,《清代档案史料选编》第 1 册,第 765 页。

盆梅》诗,在四十八年。"[①]以此看来,张霖的朋友们有时候还会去狱中探望他,这也许会给他带来些许安慰,狱中生活虽然看不到希望却倒也平静。但这种平静在康熙四十八年春天被打破了。三月十日,有一个叫孟恒的盐商忽然向赵弘燮出首,揭发张霖家族曾经转让给安氏十二处引地。孟恒说,张霖在清查时并没有交代这些引地,是有意勾结安氏隐匿资产。赵弘燮深知安氏与明府的关系,康熙帝也并没有打算将明府牵连进张霖的案子,所以孟恒的指控最终并没有被承认[②]。但对张霖来说,时隔数年后重新被提审,对他的精神是一次不小的刺激。更大的刺激发生在康熙五十一年,查日乾和他的儿子因为科场舞弊而再次入狱,让曾经宽容相待的康熙帝十分恼火,并且迁怒于张霖。他愤恨地对大臣说:"张霖、查日昌等亦皆系大不端之人,秋审时断不可宥。即遇恩赦,亦不可宥。"[③]康熙帝的这番话传到张霖的耳朵里,破灭了他出狱的所有希望。康熙五十二年,张霖终于承受不住身体与精神的双重折磨,死在了狱中。[④]

张霖死后,欠款落在了他的儿子张坦名下;张坦死后,欠款又落在了他的儿子张琯名下。这笔欠款伴随了张家祖孙三代三十余年,直到雍正十三年,张家人已经是"身无立锥,形同乞丐,甚至男不能婚,女不能嫁,实系家产尽绝,无可著追",承追的官员一个个也受到参处。这年八月二十三日,雍正帝忽然驾崩,九月三日乾隆帝即位,当天下了一道恩诏,下令"各省侵贪挪移应追之项,家产尽绝力不能完者概予豁免"。[⑤] 长芦巡盐御史三保根据这道恩诏,为张家请旨宽免剩余的欠款,得到乾隆帝批准,张家才终于

① 《天津通志·旧志点校卷》中,第709页。

② 《赵弘燮奏报张霖盐案折三》,《清代档案史料选编》第1册,第764页。详见第四章。

③ 《康熙起居注》第7册,第483页。"查日昌"是查日乾引名。

④ 《清代长芦盐务档案史料选编》26页记载"张霖监毙",民国《天津县新志》卷二十一《人物》记张霖"五十二年卒",《天津通志·旧志点校卷》中,第755页。

⑤ 《清代长芦盐务档案史料选编》,第26页。

摆脱了这道沉重的枷锁。

## 九、结语

张霖入狱后，昔日繁华热闹的问津园等园林迅速破败下来。天津人经过这些园林时，看到的都是“砌边多少闲金翠，寂寞荒烟蔓草中”①的萧条景象。到了乾隆初年，问津园、一亩园已经难觅踪迹②。对于张霖的败落，

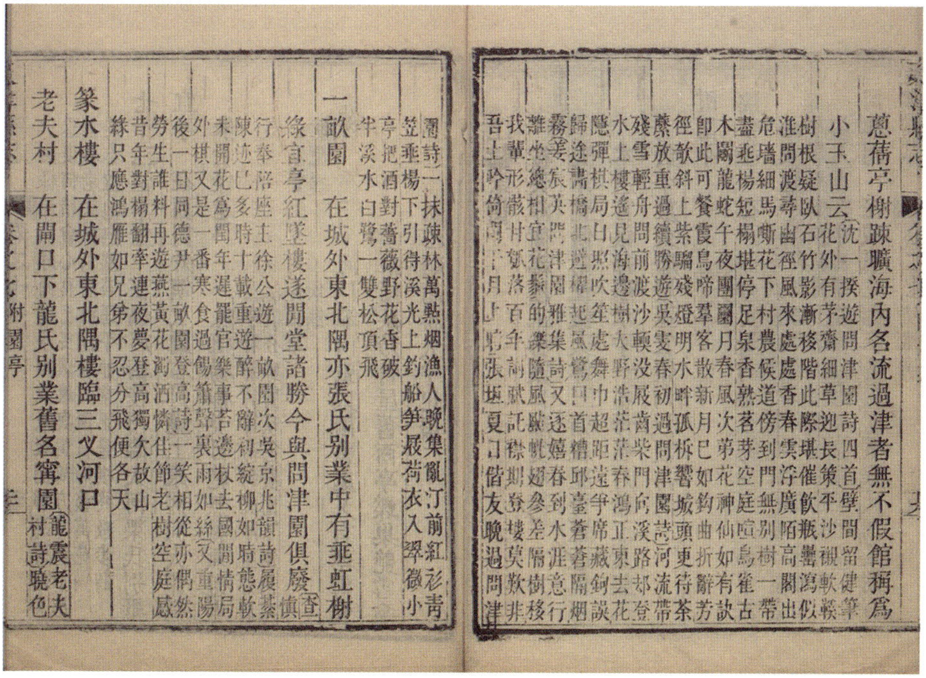
蒽蒨亭樹跡曠海內名流過津者無不假館稱爲小玉山云
沇一揆遊問津園詩四首
壁間留健筆花外有茅齋細草迎長策平沙襯軟毿
樹根疑臥石竹影漸移階此際堪催飲瓶罍瀉似
淮問渡壽幽徑風來處處香春實浮廣陌高閣出
危墻細馬嘶花下村農候道傍到門無別樹一帶
盡垂楊短榻堪停足泉香熟茗芽空庭喧鳥雀古
木闌龍蛇午夜團圞月春風次第花神仙如有訣
即此可餐霞鳥啼翠客散新月已如鈎曲折辭芳
徑欹斜上紫騮殘燈明水畔孤柝響城頭更待茶
蘩放重過續勝遊吳雯春初過問津園詩河流帶
殘雪輕舟問前渡沙輭沒屐齒柴門向溪路却登
水上樓遙見海邊樹大野浩茫茫春鴻正東去花
隱彈棋局日照吹笙處舞巾超距遠爭席藏鉤談
歸途畫橋北避樽起風驚四首糟邱臺蒼蒼隔烟
霧姜宸英問津園雅集詩又逐嬉春到水涯意行
雜坐總相宜花鬢的纍隨風驟帆翅參差隔樹移
我輩形骸甘放落百年詞賦託襟期登樓莫歎非
吾土吟倚何[illegible]月上時張埴夏日偕友晚過問津
園詩一抹疎林萬點烟漁人晚集亂汀前紅衫青
笠垂楊下引得溪光上釣船爭屐荷衣入翠微小
亭把酒對薔薇野花香破
半溪水白鷺一雙松頂飛
一畝園 在城外東北隅亦張氏別業中有垂虹榭
綠宜亭紅蕖樓遂閒堂諸勝今與問津園俱廢查慎
行奉陪座主徐公遊一畝園次吳京兆韻詩履綦
陳迹已多時十載重遊醉不辭初綻柳如晴態軟
未開花爲閏年遲罷官樂事吾邊杖去國閒情局
外棋又是一番寒食過觴簫聲一裏雨如絲又重陽
後一日同德尹一畝園登高詩一笑相從亦偶然
勞生誰料再遊燕黃花濁酒憐佳節老樹空庭感
昔年對榻翻牽連夜夢登高獨欠故山
緣只應鴻雁如兄弟不忍分飛便各天
篆水樓 在城外東北隅樓臨三叉河口
老夫村 在閘口下龍氏別業舊名寗園龍震老夫村詩曉色

乾隆《天津县志》对天津问津园和一亩园的记载

① 查礼：《秋日过张氏一亩园感旧》，梅成栋纂，卞僧慧、濮文起校点：《津门诗钞》上，天津古籍出版社，1993，第142页。

② 《（乾隆）天津县志》卷七《附园亭》：“一亩园……今与问津园俱废”，《天津通志·旧志点校》中，第77页。

他的文人朋友们心怀无奈的感伤。张霖入狱的当年秋天，身在南方的赵执信与友人聊起前一年在津门的往事，悲叹“人去朱门事事空，堂间蜡泪带尘红”①。那幅被张霖珍视的《张鲁翁像》仍在，康熙四十七年，陈奕禧在卷端写下了这幅画上的最后一首题诗，诗中写道：“潮回宛在伊人远，欲话离情已黯然。”虽然此时张霖仍在狱中，但诗中已经难掩斯人已去的伤感。

张霖死后，很快便消失在普通天津人的记忆中，不过他朋友们还没有忘记他曾经的慷慨。张霖的曾孙张映辰因为家贫无计，徒步南下桐城去求助于方苞。方苞为他写了一封荐信，上面特书八个大字：“方伯遂闲公之孙也。”张映辰持此信遍访吴楚张霖故旧，得到他们的共同资助，回津后理旧业、立宗祠、赡族党，重整家业。张霖的另一位曾孙映斗的儿子张虎拜于乾隆三十四年中进士，官至翰林院编修、河南学政、宗人府主事，张氏因此一度门祚复兴②，并且彻底摆脱了商人的身份，成为纯粹的文宦之家。

如果张霖泉下有知，这是否是他乐于看到的呢？或许他自己都没有确定的答案。他终其一生都在盐商和官员两种身份中挣扎，对两者他似乎都舍不得放弃，但又无法融洽地集于一身。这不仅是他一个人的命运，也是所有盐商早已被注定的命运。继之而起的天津大盐商们将会继续证明，在皇权的注视和专商引岸制的规约下，垄断利润和政治地位犹如鱼和熊掌那样不可兼得。

---

① 赵执信：《与王南村及陆生莱臣、安期话津门昨事感怀四首》，见《饴山堂诗文集》卷十，《四部备要》，第85册，中华书局影印版，1989年。

② 参见民国《天津县新志》卷二十一《人物（一）》，《天津通志·旧志点校卷》中，第755—756页。

# 第三章

# 后起之秀

张霖的"门下人"查日乾是张霖私盐案中唯一的幸存者。作为张霖的追随者,他的经营理念和处世方式与张霖一脉相承。他执着地认为经营盐业必须有政治权力和广泛的人脉保驾护航、作为盐商必须完成向读书仕宦的身份嬗变,为此他不惜在儿子的科考中舞弊,并付出极大的代价。但这并没有妨碍他成为继张霖之后天津又一位具有广泛影响力的大盐商。查日乾的影响力不止体现在盐务,还体现在社会事务乃至于官员的施政行为,但他在这些领域的过分强势引起了皇权的警惕。查日乾感受到了这种警惕,他刻意作出平和的姿态,得以在"封翁"的荣耀中安享晚年,但实际上并没有放弃对政治地位的追求。

## 一、查日乾的出身

查日乾,字天行、惕人,号慕园,隶籍于宛平。查日乾的先人本来居住在江西临川,明万历年间北迁至顺天宛平县[①]。宛平查氏在明末曾有过短

① 《宛平查氏支谱》卷一《世系》、卷三查日乾等《永忠府君王太君墓志》。

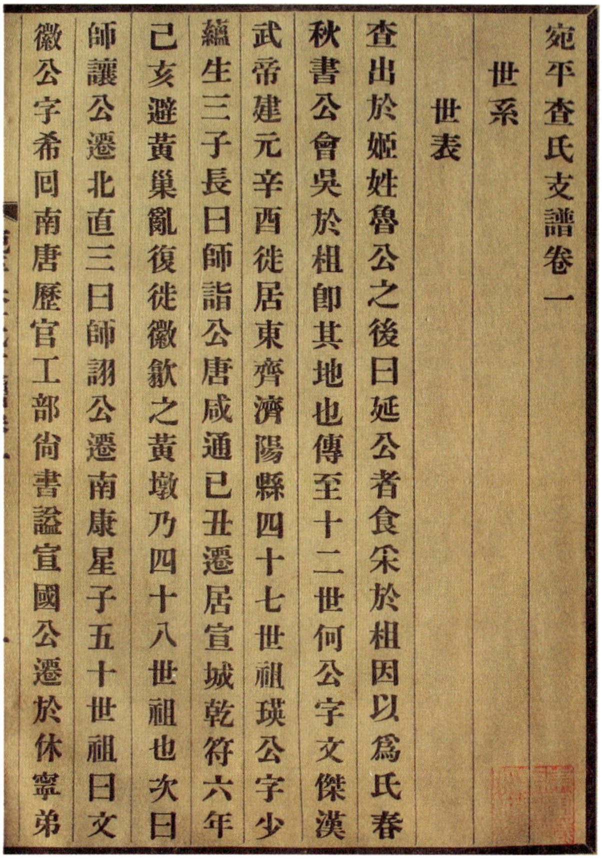
宛平查氏支譜卷一

世系

世表

查出於姬姓魯公之後曰延公者食采於柤因以爲氏春秋書公會吳於柤卽其地也傳至十二世何公字文傑漢武帝建元辛酉徙居東齊濟陽縣四十七世祖瑛公字少蘊生三子長曰師詣公唐咸通已丑遷居宣城乾符六年已亥避黃巢亂復徙徽歙之黃墩乃四十八世祖也次曰師讓公遷北直三曰師詡公遷南康星子五十世祖曰文徽公字希回南唐歷官工部尚書謚宣國公遷於休寧弟

《宛平查氏支谱·世系》

暂的辉煌。万历三十七年,查日乾的曾祖父查忠考中顺天乡试副榜,到了其祖父查国英的时候,已经是“家道素封,室宇壮丽,车马仆从之胜奕然可观”了。然而这种好局面没有维持太长的时间。崇祯十七年二月,李自成部攻陷北京城,查氏苦心经营的家业毁于一旦,包括查日乾祖母周太君在内的七名查氏女眷,在李自成的军队破门而入之前集体自缢身亡,写下了查氏家族史上最为惨烈的一笔。

查国英此时早已去世,查日乾的父亲查如鉴刚及弱冠之年,家国残毁,茕孑无倚,避难于京南的榆垡庄,昔日的饶裕荡然无存。就是在这种情况下,查如鉴仍然发愤读书。不过与一般读书人不同,他对于用来考取功名的八股文没有丝毫兴趣,而是醉心于实用之学:“发愤读经史,凡古今兴衰治乱之故靡不深究,旁及地利之形胜、守战之所宜、江河之所以底定,吏治之所以得失者,了若指掌。”[①]在那个时代,这样的知识储备虽然有用,却永远也给不了他高官

① 刘荫枢:《允哲府君方太君刘太君合传》,《宛平查氏支谱》卷二。

厚禄。成年之后，他只做过扬州江都县主簿、县丞，后来“署县篆”，也就是代理知县。虽然只是代理，却难得地为他提供了展示才能的舞台。刘荫枢撰写的《允哲府君方太君刘太君合传》中详细记载了他在钱粮、水利、刑名、捕盗、吏治等实务方面的才能。江都是政务繁剧的地方，因为其地“为南北要冲，公卿大夫往来者日相接踵，而邑中又多缙绅先生、富商大贾，风俗争尚奢靡，吏奸而民玩，最为难治”，而查如鉴竟能料理得井井有条，“缙绅先生、富商大贾咸为悦服，风俗渐还淳朴，吏民皆知谨厚，讼狱衰息，盗贼远引”。凭借这样的政绩，他下受百姓爱戴，上得官长肯定，“督抚藩臬皆知其廉明慈惠，咸谓剧邑得人，无忧矣”[①]。

查如鉴先后娶过两位夫人，第一位方夫人结婚一年就去世了，续娶的第二位刘夫人就是查日乾的母亲。刘夫人出身于“家世阀阅”之家，鼎革后家世衰落，但也可以称得上书香门第。早在待字闺中之时，她就是一位非常能干的女子：“勤女红，虽年幼能代母持家事，于内则诸礼无不娴熟，以淑女称。父母特爱之，尝曰：‘我女有此才德，若作男女，我刘氏何患不贵显！’”刘氏十八岁嫁到查家之时，查家已经历甲申之乱，家业残破，四壁萧然。刘氏跟随丈夫居住在京南榆垡庄的破屋之中，毫无怨言地过着清苦的生活，同时鼓励、陪伴丈夫发奋苦读。查如鉴出仕后，虽然在公务上颇有建树，但并不善于持家。幸好有刘氏“内政修举，慈仁勤敏”，经常劝丈夫注意生计上的积累，“无忘奕叶，为贻谋计”[②]。刘夫人最初只育有二女，劝查如鉴纳妾以承宗嗣，但查如鉴坚持不允。康熙六年，在查如鉴四十五岁时，四十一岁的刘夫人终于为他生了一个儿子，即查日乾。不幸的是，查日乾刚刚两周岁的时候，查如鉴即积劳成疾于扬州任上去世。他为官两袖清风，留下空空的宦囊，孤儿寡母只得依附于查日乾姐夫马汉璋过活，前后达十四年之久。

① 参见刘荫枢：《允哲府君方太君刘太君合传》，《宛平查氏支谱》卷二。

② 查日乾：《刘太君补庆集后志》，《宛平查氏支谱》卷七。

马汉璋自少孤贫，但为人处世老成持重。查如鉴在扬州任职时，将马汉璋收纳为幕僚，因为赏识他的人品、才干，对他极为倚重，并且将女儿许配给他。马汉璋感念查如鉴夫妇的知遇之恩，对前来投靠的母子二人极为照顾，但马氏族人“咸以太君母子为外姓，且处困厄，时任意炎凉”。虽然有马汉璋的回护，但寄人篱下之人免不了有此种遭遇，对此刘夫人并不计较，也从来不对人说起，只是“日以缝纫，夜以课读”，含辛茹苦抚养儿子。其惨苦情形，查日乾多年以后回忆起来仍不免唏嘘：“乌鸟秋风，子规夜月，母子相依为命，未尝不三更把泪，五夜伤心也。”①查日乾在这样的境遇中长大，“星霜冷暖，世故备尝”②。

## 二、引人注目的年轻人

康熙十八年除夕夜，马汉璋陈列出各种华丽服装任凭亲族选取，众人无不争相向前，独十二岁的查日乾端坐不为所动。此事令马汉璋对查日乾大为赞赏，评价他说：“座中唯君能振拔。”③数十年后，杭世骏将这件事记在查日乾的墓志铭中，以说明查日乾与生俱来的眼光与心胸。但在当时，这位寄人篱下的少年也许只是为了守护自己小小的自尊。不管怎样，至少说明了一点：少年时代的查日乾已经极有主见了。

查日乾没有机会亲身受教于父亲，只能从母亲和姐夫的口中听到关于父亲的种种讯息，但他遗传了父亲的实干基因。马汉璋给了他读书的机会，但他和父亲一样，并没有走上科举的道路。他不尚浮华与虚名，曾对人说：“学不为世用，纵文采彪炳，犹瑶楫之不可以川，玉弦之不可以矢也。”

---

① 《刘太君补庆集后志》。

② 《允哲府君方太君刘太君合传》。

③ 杭世骏：《慕园府君墓志》，《宛平查氏支谱》卷三。

后两句话出自《抱朴子》，意为琼制的船、瑶做的楫，不能用于水上航行；金制的弓和玉制的弦，也不能激发弓弦上的箭。在查日乾看来，读书所得到的学问，如果没有实用价值而空有文采，那么就像瑶楫玉弦那样中看不中用[①]。查日乾这样的秉性，似乎天生就适合做商人。

查日乾十四岁时，马汉璋为他在马氏族中选定了一门亲事。十七岁完婚后，马汉璋便鼓励他北上，去开创一番属于自己的事业："君才颇堪树立，恐依我终非久计，日复一日，无所见闻，不如奉亲北上，乘时利济，展其渟蕴。"[②]查日乾当然也是不甘心一辈子寄人篱下的，于是奉母北上，来到天津谋生，在天津关做了一名书办。

这个年轻人一在天津出现，就以其与众不同的气质引起了不少人的关注，"英英秀植，气宇迈众，出语有章，津人见而奇之"[③]。所谓"出语有章"，具体来说就是："虽少年，然其意气有慷慨丈夫之概，淹贯朱子纲目，于古今存亡得失之故历历如数家珍，必中款要。"[④]这是他喜好读史的结果，也是他豪爽性格的展现。他纵横谈论，评今论古，虽然有时不免给人夸夸其谈的印象[⑤]，但作为一个二十出头的年轻人，他的这种过分强烈的表现欲，大概也还在人们接受的范围之内。更何况，查日乾并非只会说空话的无能之辈，而是实实在在能够替人排忧解难："凡豪商大族，遇厄难之事咸就谋焉。翁挺然排难解纷，事寝无德色。"[⑥]

可是一个来自外地的年轻人，自己还在"皇皇然奔走衣食"[⑦]，又是怎样做到为人排忧解难的？有一事例可以解答这个疑惑。《慕园府君墓志》

---

① 《慕园府君墓志》。
② 查日乾：《祭汉璋马公文》，《宛平查氏支谱》卷四。
③ 陶良玉：《慕园府君六十寿序》，《宛平查氏支谱》卷五。
④ 《允哲府君方太君刘太君合传》。
⑤ 马汉璋曾经评价他"喜善夸大"，见《祭汉璋马公文》。
⑥ 《慕园府君六十寿序》。
⑦ 查日乾：《重筑于斯堂记》，《宛平查氏支谱》卷六。

记载,当时顺天府尹刘元慧、仓场总督洪尼喀都是查日乾先人的生死故交,查日乾曾凭此关系为一受陷害之人化解冤屈。由此推测,也许他有包揽词讼之类的行为。不过与那些唯利是图的“讼棍”不同,查日乾做这些事并不是为了眼前的利益。受他帮助的人曾答谢他三千两银子,被他拒绝了,他说:“吾固贫,岂肯为京兆鬻狱哉?”若干年以后,学者杭世骏受查日乾诸子之托为查日乾撰写墓志铭,这件事成为其浓墨书写的一笔。

按照古人的惯例,墓志铭的职责似乎就在于将传主的所有大小闪光点晕染连缀,构成其一生光彩动人的底色,查日乾的墓志铭即是如此。而实际上,人性之复杂并非某种单一底色可以承托。谢绝了三千两答谢银子的查日乾所声称的“君子固穷”是古人未得志时的老生常谈,但有时候“固穷”只是因为时机尚未成熟而已。对查日乾来说,放弃这些蝇头小利,换来的却是人们对他德行和能力的褒扬,这种声名迅速在天津士绅、富商中间传播开来,达到“诸君子咸敬礼之,争欲罗致幕下”的程度。但查日乾并不甘心为他人作嫁衣。他说:“吾学书不成,退而学剑,亦思纵横驰骋,一发胸中之奇,奈何郁郁居此,迁延岁月也耶?”[①]他就像潜伏在林中的鹰鸷,时刻在寻找最合适的机会,以求一击命中。

## 三、成功的商人

康熙三十一年至三十二年,查日乾终于迎来了人生最重要的一次转机:“时有以计然术来商可否,天行目其为气谊中人也,即许与同事。”[②]这位“气谊中人”即是张霖。所谓“计然术”,也就是经商,具体来说就是做盐

① 《允哲府君方太君刘太君合传》。
② 《允哲府君方太君刘太君合传》。

业生意。张霖看中了查日乾的能力，将之纳入门下[①]，资助他本银经营京引一万引[②]。查日乾的盐务生意起点之高，普通盐商难以望其项背。他为自己的盐业生意取名号为"查日昌"，他的时运从此也的确日见昌隆。背靠着张霖这棵大树，查日乾从一无所有到飞黄腾达，只用了短短数年的时间。

康熙三十五年，查日乾的族侄查祥自海宁北上参加科举考试，在北京与查日乾结识，那宾客盈门、挥金如土的场面让他深受震撼，四十多年后回忆起来仍然历历在目："叔时方三旬，声誉满当路。堂前广乐陈，门外高轩驻。一言奉指挥，万镒等涕唾。气盛纳百流，似海群川赴。"[③]这首诗透露出查日乾当时的身份地位，并非一般盐商那么简单，而是手中握有某种权力，可以指挥商人资金的流向，并且和当权者关系极为密切。据此推测，刚到而立之年的查日乾此时应该已经是京盐公局的总催了。

京盐公局于康熙二十二年在北京设立，又名"长芦京馆""长芦馆""长芦盐馆"[④]，与天津的芦纲公所性质相同，只不过这个机构专门管理京引，其设立的初衷是维护引盐售卖的公平秩序。十数万京引拥挤在京城及其周边的方寸之地，难免互相争竞，并由此产生弊端："供盐之商既多，人心

---

① 查日乾投在张霖户下的时间，史料中并没有明确记载，但可大致推断为康熙三十一年至康熙三十二年，其依据为吴暻《刘太君七十寿诗》中的两句："两周麟趾声名远，三载桐枝头角新。"（《宛平查氏支谱》卷八）。"两周麟趾"代指两岁失去父亲、由母亲含辛茹苦抚养成人的查日乾，"三载桐枝"是将查日乾比作只选择梧桐树栖息的凤凰，有"良禽择木而栖"的意思，"桐枝"自然是指张霖，"头角新"是指查日乾靠业盐改头换面，家道振兴。由此可知，在刘太君七十岁的康熙三十五年，查日乾跟随张霖已经三年左右。另外，张霖在康熙三十一年十月被任命为陕西驿传道，有可能是在赴任前将查日乾收入门下的。

② 参见第二章。

③ 查祥：《岁丙子与慕园叔相见京师时叔年三十余年二十去今四十三年矣光阴弹指聚散靡散常抚今追昔成六十韵叙一本之谊兼志交与始末呈上左右并示诸弟俾继世缠绵永以为好云》，《宛平查氏支谱》卷八。

④ 《新修长芦盐法志》卷七《商政 · 循单环照》，第 595—598 页。关于京盐公局，亦可参考《中国盐政沿革史 · 长芦》，第 34 页。

参差，相为凌竞。强者工于并兼，弱者困于壅遏，利争于下，而课亏于上”①，京盐公局的设立，就是为了消除这种倚强凌弱的现象。其所采用的方法，是将每位盐商的引额分为十股，然后按照配运的次序一股一股轮转发卖，名为“轮勾”②。为此需要“举才力强毅公明服众者一人，以主其事”③，这个人就是总催。总催手中的权力很大，可以决定盐商发卖的次序，同时又是沟通盐商和官府的媒介，因此能够广泛结交朝廷官员。如果按照“才力强毅公明服众”的标准，查日乾应该是一个十分合适的人选，更何况他背后还有张霖的强力支持。也正是因为担任了京盐公局的总催，查日乾才得以“数年之间，居积致富。结驷连骑，交与诸侯，策名天官”④。

就在查祥见识到查日乾排场的同一年，查日乾为母亲刘氏办了一场热热闹闹的七十岁寿辰。这次寿辰留下了一本祝寿诗册，其中的作者包括吴伟业之子、曾奉诏入畅春园作画的吴暻，与朱彝尊、严绳孙并称“江南三布衣”的姜宸英，与戴名世、方苞并称“清初三才子”的朱书，海宁榜眼、日后的“陈阁老”陈元龙，与傅山并称“北傅南吴”的吴雯等人⑤。这几位文人虽然此时并未身居高位，但他们都在朝野享有极高的声望，与清廷高层的关系极为密切。与这些人的交往，必定能够为查日乾建立起更为宽广和高层次的人脉。查日乾能够如此之快地结交到这些名士并不奇怪，因为他们早就是张霖的座上客，张霖把查日乾引荐给他们再正常不过了。

此时的查日乾颇感顺风顺水，用他后来回忆时的话说，“荷天地祖宗之灵，天时人事万谋而合”。他觉得自己“颇有余力鸠工筑室”，到了该为自己和家人修建家园的时候了。这个决定，应该很大一部分出于表达孝心的需要。目睹寡母的含辛茹苦，查日乾早在发迹之前就暗下决心，一定要

① 严曾榘：《关庙碑记》，《新修长芦盐法志》卷十五《艺文》，第1331页。
② 《新修长芦盐法志》卷七《商政·循单环照》，第595页。
③ 严曾榘：《关庙碑记》，《新修长芦盐法志》卷十五《艺文》，第1331页。
④ 《允哲府君方太君刘太君合传》。
⑤ 《刘太君七十寿诗》，《宛平查氏支谱》卷八。

挣到能让母亲安养天年的“一亩之宫、百亩之田”，因此对于家宅的修筑极为看重，“自土木以及粉绘，俱亲监其事，既备美观，又极完固”[①]。查日乾对自己亲自监修的这座宅院十分满意，有把握子孙数代之内都可以不用修葺了。他为这座宅院取名“于斯堂”，这个名字来自《礼记·檀弓下》：“晋献文子成室。晋大夫发焉。张老曰：‘美哉轮焉，美哉奂焉。歌于斯，哭于斯，聚国族于斯’。”[②]看来已经做好准备，也要“歌于斯，哭于斯，聚国族于斯”，在天津养成一个大家族。

到康熙四十四年，三十八岁的查日乾所积累的产业包括“引窝、盐包、滩坨以及房屋”等，价值在十万两以上[③]，查日乾从一个一文不名的穷小子变成了富翁。作为一个成功人士，查日乾有能力恣意挥洒他的性情。杭世骏这样描述他的神采：“日乾长身鹤立，音旨洪朗。”[④]颀长的身材衬托着他不俗的丰姿，洪亮的嗓音揭示了他爽朗的性格。他的朋友陈宏谋评价他：为人看重义气情谊，既贤达又豪爽，文人士大夫们都乐意与他交往。金大中概括查日乾的经历与交游时，说他“崛起蓬荜，驰誉公卿。燕赵感慨悲歌之士，吴越骚坛文匠之宗，咸愿与之游，以为光宠。”[⑤]燕赵壮士，吴越文宗，都成为他的座上客，足可见其交游之广泛。杭世骏的描述与之相似：“揽环赠佩之好几遍天下，而生死不相负。”[⑥]所谓“生死不相负”，有具体事例为证。山阴王揆、长洲谈汝龙、会稽陶良玉都是查日乾的朋友，先后不幸客死京师，查日乾不但出资将他们入殓，而且用輀车千里迢迢将棺木运回原籍归葬。太原郭氏是一位富豪，死前向查日乾托孤，将巨万家财都交给

① 参见查日乾《重筑于斯堂记》。

② 《十三经注疏》，中华书局，1980，第 1315 页。查日乾说“于斯堂”这个名字是“取张老之祝也”，此张老非张霖，而是礼记中的晋国大夫张老。

③ 康熙四十五年七月三十日《直隶巡抚赵宏燮奏报严查查日昌金大中产业情形折》，《康熙朝汉文朱批奏折汇编》第 1 册，第 399 页。

④ 《慕园府君墓志》。

⑤ 金大中：《刘太君八十寿序》，《宛平查氏支谱》卷五。

⑥ 《慕园府君墓志》。

他照料，查日乾不负重托，帮他处理好了家庭矛盾，并扶助其幼子长大成人①。

亲友笔下的查日乾明亮、豁达，而历史档案中的查日乾则灰色、坚硬、锋利。在业盐的过程中，张霖的势力成为查日乾的坚强后盾，使刚入行的他就能领借十二万两的内务府帑银，并且“霸占长芦盐馆之利”。很明显，他利用总催的身份给自己和张霖牟取了不少利益。他是张霖带卖私盐的主要操作者，在这个过程中，他品性中的另一面被激发出来，并以一种不怎么光彩的形象进入官方的视野：“京师皆称其为查天行而不知其名。臣从未认识，但耳闻其为人奸猾，内外各处串通，京东商人皆怨之”②。为人奸猾，串通内外，引得怨声载道，完全推翻了经营盐业之前的查日乾留给世人的印象。这种评价，透露出他在生意场上敢于翻云覆雨的胆量和手腕。

两者看似矛盾，实则可以统一在查日乾复杂的性格框架之内。他的朋友陈仪曾对他的性格做过非常客观的评价：“慕园迈往之气，强毅之力，百折而不挠，终当有以成其志。故……慕园则可以驭大众，履至难，利害逼而色不变，困辱加而神不慑，尤为难耳。”在与人的交往方面，“慕园胸存鉴别而外勤抚纳，虽下己十百者皆有以慰其意而得其隐，故人人为之力用。然或以诈力相陵轹，必折其角距而后已”③。总起来看，查日乾是一个果敢、强势、实用至上的人，在生意场中为达目的可以不择手段，甚至对人施以诈骗欺压，另一方面却注重收揽人才，对于友人间的情义责任也从不惮于一肩担当。这种性格让他做事极有效率，但有时不免失之于峻急乃至于偏激。查日乾的母亲刘氏最了解儿子的性格，在一次查日乾以家法处罚仆从之后，训斥他道：“汝奈何恃气质之偏以资其暴戾之性哉！不自检束，亡无

① 《慕园府君墓志》。关于此事，陈元龙的《慕园府君七十寿序》也有所提及。见《宛平查氏支谱》卷五。

② 《王鸿绪密奏小折八》。

③ 陈仪：《慕园府君七十寿序》，《宛平查氏支谱》卷五。

日矣!”[1]所谓“气质之偏”,是宋明理学对于人性格缺陷的委婉表述,用在这里自然是传记作者刘荫枢而非刘氏本人的口吻,但并不妨碍我们领会刘氏的本意:查日乾这种偏激以至于暴戾的性情如果不加以约束,早晚必将招致灾祸。这一点不幸被刘氏言中,查日乾因急功近利而采取了许多冒险投机的行为,使他在十数年之内遭遇了两次牢狱之灾。

## 四、涉入张霖案

康熙四十四年五月,树大招风的张霖被直隶巡抚李光地参革,十月,张霖因贩卖私盐等数条罪名被抄没家产,锒铛入狱。查日乾作为张霖的帮手,自然也逃脱不过制裁。不过朝廷最终将贩卖私盐的罪名全部落在了张霖的头上,并为此给张家开出了二百余万两的巨额罚单。对于查日乾,查办此案的新任直隶巡抚赵弘燮只是追究他拖欠帑银的责任。查日乾在张霖的担保下领借的内帑十二万两,还有十万五千余两未还;再加上“喂马”“节省”等项欠款,查日乾总共该欠朝廷十万八千余两。

赵弘燮以查日乾的房屋等家产变价追缴了四万二千余两欠款,那座倾注着查日乾心血的于斯堂也在其中。赵弘燮令天津盐运使继续向查家追缴剩余的欠款[2],查日乾本人则被从天津押解至保定,“系狱论死”[3]。另一位天津盐商金大中也被牵连进张霖案内,他是查日乾的至交和儿女亲家。他的情况与查日乾相似,甚至借帑和欠款的数量都是一样的,两人同时入狱,被囚禁在同一间牢房中。康熙四十五年秋天勾决死刑犯的时候,康熙

① 《允哲府君方太君刘太君合传》。

② 《直隶巡抚赵弘燮奏报严查查日昌金大中产业情形折》。

③ 《允哲府君方太君刘太君合传》记载:“康熙四十四年,天行因帑案波及就系,自津逮保。”《刘太君补庆集后志》:“以借帑一案系狱论死。”

帝将查日乾、金大中与张霖三人放在了同一张缓刑名单中:“张霖、查日昌、金大中今年暂停决。张霖所欠至钱粮甚多,限一年追完。果能全完,则犹有可原;如不能完,则正法。”[①]查日乾的罪名比张霖轻得多,而且查家偿还十二万两的欠款并不费力,出狱之日并不遥远。

尽管如此,身处缧绁的滋味并非常人可以忍受。查日乾后来回忆:他与金大中两人“累然窟室,盛夏严冬,凄风苦雨,两形相吊,百感伤情”,情形十分凄惨。再加上每年一次的秋决都像是过一次鬼门关,生死全在皇帝的一念之间,内心的煎熬可想而知。康熙四十八年夏天,金大中在忧惧中死去[②],张霖则在康熙五十二年死于狱中,其家族在巨额罚款的压力下倾家荡产,形同乞丐。也许是得益于多年打拼所造就的坚忍意志,查日乾并没有像金大中和张霖那样被打垮,而是健康地等到了康熙四十八年冬天出狱之日,成为张霖案中的唯一一个幸存者[③]。

查日乾的出狱,首先要归功于一个人,那就是他的那位年少守寡、独立支撑门庭多年的母亲刘氏。她得到金大中死于狱中的消息后,担心儿子也打熬不过,情急之下,做出了十分惊人的举动:“不料驭东(金大中字)竟以忧卒,我母闻之,益廑隐忧,用是驰驱塞北,呼吁圣天,不惮一,再而三,触暑雨,冒祁寒,惊砂扑面,冷气侵肌,盖我母备尝之矣”[④]。这就是查日乾后来经常提到的“三叩九重”。按照《允哲府君方太君刘太君合传》的记载,康熙四十八年夏天,刘氏冒着酷暑、历经艰险来到热河,她的计划是想要见到在那里避暑的康熙帝,并直接向皇帝求情。经过三次尝试,她终于在钓鱼沟这个地方等到了康熙帝的驾临,并幸运地得蒙召见。

《允哲府君方太君刘太君合传》简略地记载了这次召见的情形:“太君

① 《康熙起居注》第3册,第2036页。

② 《刘太君补庆集后志》。

③ 对查日乾出狱时间比较精确的记载,是查日乾在《刘太君补庆集后志》的自述:“己丑冬,母子重逢。”己丑,为康熙四十八年。

④ 《刘太君补庆集后志》。

口奏乞赐矜全，孤子留养。圣主悯然曰：'母老矣，且归，尔子不得死也。'少顷，宫眷车至，见太君诘其由，太君具以实告。具嘘唏嗟叹，劝慰良厚。"到了九月秋决的时候，康熙帝特地下旨："查日乾追银已完，念其母年老，侍养无人，从宽免罪。"查日乾方幸免于难。刘氏是如何以平民身份得近天颜的，我们已不得而知，或许是得到了查日乾的官员朋友的传报引见。可以想象，面对这位八十三岁老人的泣血陈情，"以孝治天下"的康熙帝无法不被打动。刘氏为了救儿子，抓住康熙帝北上避暑的时机，果断采取了这种风险极大却效率极高的方式，可见这位老太太的胆识魄力。如果说查日乾的性格中有果敢的一面，那么这一面当继承自她的母亲。对查日乾来说，刚刚拥有了能报答母亲的能力，他就遭到了牢狱之灾，让母亲在早该颐养天年的年岁为自己担惊受怕，连八十岁大寿都不能为她操办，还累她冒风霜拦圣驾，查日乾的愧疚可想而知。在《刘太君补庆集后志》中说："我母之生我、成我、更生我，又倍极艰苦。"所谓"更生我"，即指此事。

当然，查日乾能够全身而退，单靠母亲舍身相救是不够的，起决定作用的，是查家陆续偿还了大部分的欠款。康熙四十五年七月，查家以家产一次性缴纳了四万二千余两欠款，剩余的分年补缴①，其来源当是查家经营盐业的利润。在雍正四年编撰完毕的《新修长芦盐法志》中，查日乾以"查日昌"之名位列"京引各商"名册②，据此可以推断，赵弘燮并没有没收查日乾所经营的一万道京引，这是为了让查家有能力偿还剩余的欠款。朝廷乐于让盐商破财消灾，这可以说是清朝的一个惯例，天津的其他盐商如王惠民、安岐等都曾受此待遇。查日乾后来这样描述涉入张霖案给他带来的损失："平昔之经营尽入于官，身几不保。"③这其实是值得庆幸的事，否则他可能也免不了瘐毙的下场。

① 康熙四十五年七月三十日《直隶巡抚赵宏燮奏报严查查日昌金大中产业情形折》，《康熙朝汉文朱批奏折汇编》第1册，第399—400页。

② 《新修长芦盐法志》卷七《商政・商纲册・京引各商》，第635页。

③ 《重筑于斯堂记》。

康熙四十八年冬至，一位法名“明志”的僧人云游至故地天津，挂锡于津门城东。此时门外雪积甚深，忽然有推门而入者，明志熟视之，来者乃故人查日乾。明志对于查日乾所经历的一切都有所耳闻，此时久别重逢，不觉欢然而复恻然。查日乾告诉他，自己已经将字由“天行”改为“惕人”，以表示“感君亲之恩而得生全”[①]。劫后余生的查日乾似有悔意，开始收敛性情安心做生意。依靠手中尚存的引地，查日乾很快就重回天津富裕盐商的行列，用他自己的话说：“收拾余烬，少整规模，幸而彼苍默祐，尚能复十之二三。”这个说法恐怕偏于保守，实际上查家元气未伤，因为仅仅不到一年之后的康熙四十九年九月，查日乾就为八十四岁的母亲补办了一场热热闹闹的八十寿辰庆典，张霖的儿子张坦也参与其中[②]。到康熙五十一年，即便在康熙帝的眼中，查日乾也已经是“家产殷实之人”[③]了。表面上看，查日乾吸取了入狱的教训，如果他真的心存自省，这自省也只维持了短短两年的时间，然后他就因为一件更加胆大妄为的事情再次成为阶下囚。

## 五、终天之恨

康熙五十年，查日乾的长子查为仁即将参加顺天府乡试。查为仁出生于康熙三十三年，从他后来的文学成就来看，他不是庸碌无能之辈，而且在他出生的时候，查日乾已经开始经营盐业，所以他的成长环境、教育环境也不会太差。查日乾对自己这位长子寄予厚望，早早为他聘定了金大中的女

① 释明志：《雪中喜晤惕人并序》，《宛平查氏支谱》卷八。此诗写于“已丑亚岁下浣七日”，即康熙四十八年冬至日。

② 《宛平查氏支谱》卷八《刘太君补庆八十寿诗》。

③ 康熙五十一年四月初六日《直隶巡抚赵弘燮奏请批示查拿查为仁父子事折》，《康熙朝汉文朱批奏折汇编》第4册，第89页。

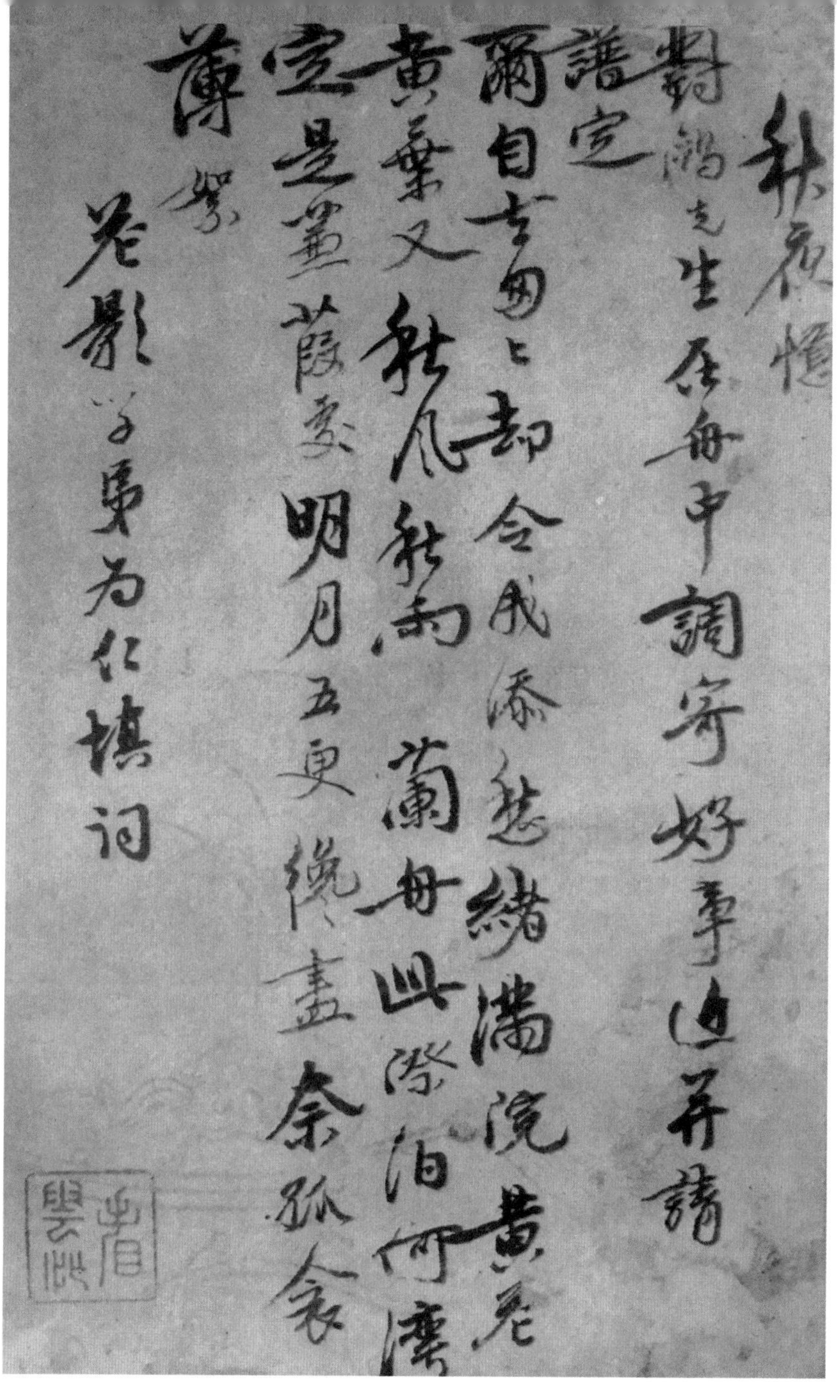

查为仁手书词作(原件摄影底版藏于天津博物馆)①



① 图片来源:政协天津市红桥区委员会、天津博物馆编:《水西余韵》,天津古籍出版社,2008,第 45 页。

儿金至元为妻。康熙四十九年,十七岁的查为仁成为县学生员,取得了参加乡试的资格。第二年辛卯科顺天乡试一开,查日乾就迫不及待地让他报名应考。虽然以查为仁的才学,中举并非难事,但查日乾还是为他找了一个枪手。

查日乾急于让儿子取得功名,也许与其家族的文教传统、回归"体制内"的身份焦虑,甚至与海宁同族间的对比都有关系,但从根本上来说,这一举动应该还是出自于盐商对官位权力的那种本能的需求和渴望,这一点与张霖并无二致。张霖对查日乾来说是一个极有示范作用的榜样,当日他之所以能在京津地区呼风唤雨,贩卖私盐十余年而平安无事,正是因为他本人深深涉入官场,做到了比较高的位置,并且凭借这一身份,构建了一个上至权相明珠、下至众多著名文人的人脉网络。虽然张霖最终一败涂地,但在富有冒险精神的查日乾看来,与权势所能带来的利益相比,这种概率较低的风险是他完全可以接受的机会成本。说不定他心里早就把张霖的倒台,归因于后台不够强硬。

查为仁通过正常的途径并非不能获得官位,但那也许要经过一个相当曲折漫长的过程,这是查日乾峻急的性格所不能忍受的,随着张霖的倒台,他更急切地需要一个承担起张霖角色的人物。另一方面,他强势、自信而又善于投机和冒险的性格,使他笃信钱财的力量,并不认为找枪手代笔是一件多么大不了的事。更何况在那个时代,这种事也的确并不鲜见,直到雍正年间也是如此:"各省监生每于考职之时,或惮于跋涉,或不谙文理,常托在京之亲戚朋友代为应考,而本人安坐原籍,滥窃职衔。此等陋习,相沿已久。"①就在查日乾替查为仁谋划舞弊的同时,步军统领托合齐的一个家人也为自己参加顺天府乡试的儿子请了"代笔"②,而远在千里之外的扬州盐商则是集体作案,让盐商子弟占据了当年江南乡试中榜名单的半壁江

① 《世宗宪皇帝实录》卷七十一,《清实录》第七册,第1071页上。

② 《圣祖仁皇帝实录》卷二百五十三,《清实录》第六册,第507页下。

山，造成了震惊朝野的康熙辛卯江南乡试科案。在这样的风气之下，查日乾几乎可以认为替儿子找代笔是理所当然的。

事情的实施并没有费太大的周折。查日乾家里有一个现成的代笔，那就是家庭塾师邵坡。邵坡可不是一般的塾师，他出身于浙江余姚邵氏，这个家族自明代开始就是江南望族，万历年间的名臣陈有年曾说过："尝谓海内人文之盛，莫胜于两浙。两浙人文之盛，莫胜于余姚。姚多著姓，而邵氏称最。"[①]有清一朝邵氏家族共出进士二十六人，举人七十九人。邵坡本人也算是邵氏家族的一个优秀代表，他自小聪慧过人，潜心钻研宋明理学，曾受到桐城派领袖方苞的赏识。康熙四十一年邵坡中举后，便在查家做塾师等待会试，查为仁也许自小就是他的学生[②]。这样一个有深厚理学功底又经历过科场实战的人写的文章，自然比查为仁的手笔更为可靠。以邵坡的出身，之所以答应去做这个代笔，恐怕不是为了区区银两，而是出自他和查氏父子之间的情分。

邵坡的年岁与查为仁不符，不能亲自进场替考，只能在场外做完文章后传递进去，查日乾找到了一位名叫龚大业的书办承担这个任务。书办或称"书吏"，是明清时期官场上一个特殊的存在，名义上他们只负责文书档案，是没有品级、没有编制的临时工，但他们可以凭借着对文书档案的掌控参与到一些事务中，并借此营私舞弊，以灰色收入弥补微薄的薪俸。查日乾曾经做过天津关书办，对于这类伎俩想必是轻车熟路。一切准备就绪，康熙五十年八月初九，查为仁带着查日乾重重的期待，走进位于北京崇文门内的礼部贡院。查日乾设法弄出了考试题目（帮查日乾弄到题目的也许就是龚大业，也许另有其人。由于顺天乡试在北京举行，官场人际复杂，考官的情况及试题极易泄露），邵坡在场外做好了文章，由龚大业带进考

① 陈有年：《余姚邵氏簪缨题名录记》，转引自孙欣：《清代余姚邵氏家族》，浙江大学出版社，2012，第188页。

② 光绪《余姚县志》卷二十三《列传十五·邵坡》，邵友濂、孙德祖等纂：《余姚县志》，台湾成文出版社有限公司，1983，第663页。

场，交到了查为仁手中。一个月后发榜，查为仁高中第一名解元。

中举虽然不是科举生涯的最高峰，却是一个极为重要的节点，可以让查为仁由平民一步跨入官绅的行列，意味着他本人和查氏家族身份地位的彻底改变。更何况查为仁还带着乡魁的光环，这光环足以照亮他的锦绣前程。照理说，这张桂榜应该让查家感到欢欣鼓舞，但查家的真实感受是心惊胆战，因为榜上“查为仁”三个字的后面，赫然写着籍贯“大兴”。查为仁的籍贯是宛平，报名册上就是这么写的，但邵坡在代写文章时却错填了大兴，而查为仁竟然未加订正。

查日乾和查为仁知道，这个错误很快就会被发现，因为放榜当日考官须将试卷送交礼部磨勘，也就是重新核对试卷各项信息。其实他们还有机会挽救，按规定他们在发榜后十日之内可以到顺天府声明籍贯。但或许是害怕由籍贯勾连出作弊的实情，他们没有去顺天府。负责磨勘的官员发现了查为仁籍贯的问题后，等待了十天。九月二十日，直隶巡抚赵弘燮将情况上报给了康熙帝：“臣今科典试时，取中顺天生员查为仁为第一名举人。今据顺天府府尹屠沂、内场监试阿尔赛等来文，以本生卷面大兴与册内开宛平不符。榜发十日，本生尚未赴顺天府声明籍贯。有无情弊，难以悬定。据实题明，乞敕部查究实情。”康熙帝立即下旨：“该部严察议奏。”[1]

查氏父子是何时逃走的不得而知，也许在赵弘燮上奏折之前就得到了风声，也许在发榜之后立刻就潜逃避祸，反正当天津盐运使马世勇和天津道刘棨带人来到查家时，查氏父子早已不知去向。这样一来他们舞弊的嫌疑就更大了，这让康熙帝大为恼火。顺天府乡试一向是舞弊案的重灾区，自从顺治二年开科以来，已经发生了顺治十四年丁酉科、康熙三十八年己卯科、康熙四十四年乙酉科三次乡试弊案。这次弊案距离上次仅过去了六年，中间仅相隔一科，而舞弊的又偏偏是刚刚取中的第一名，这不啻于对朝廷法度的愚弄。对查日乾，康熙帝当然并不陌生，就在一年多之前，他亲自

① 《圣祖仁皇帝实录》卷二百四十七，《清实录》第六册，第451—452页。

下令把查日乾释放出狱，满心希望这个盐商能够有所收敛、知恩图报，结果查日乾却是这样报答他的皇恩的。盛怒之下，康熙帝下了死命令："查为仁父子有家产殷实之人，若挨户稽查，无不就获之理。"[①]家产殷实也并不意味着不会逃跑，查氏父子早就在千里之外了，就是把天津城翻个底朝天也是枉然。

直到康熙五十一年四月，天津道刘棨终于从查家的一个家人于有那里找到了突破口。于有供称南岸同知杜于藩是查日乾的至亲，杜于藩又供出了查日乾另一位更亲的至亲黄村同知马兆辰，并且说查日乾父子早已和马兆辰的弟弟马十三一起南下绍兴府[②]。马兆辰是查日乾的外甥，也就是马汉璋的儿子，马十三则很有可能是后来为查日乾写过祝寿诗的马兆化。得到杜于藩口供后，为了避免打草惊蛇，赵弘燮向康熙帝建议，先不要追究马兆辰的"徇溺私亲、不预先举首"之罪，而是将缉拿查氏父子的责任着落在马兆辰的头上，让他戴罪立功[③]。马兆辰无可推脱，查氏父子自然也就无路可逃了。事实正如杜于藩所说，他们在马十三的陪同下逃到了马氏的家乡山阴，后来又藏身于杭州的西溪。数月风平浪静之后，他们原本以为可以侥幸躲过一劫。当捉拿他们的官兵来到西溪的时候，查为仁正在沉迷于这里的"竹翠幕山，繁花袭涧"，甚至起了在此处读书终老的念头[④]。

随着查日乾父子的落网，此次科场弊案的真相也就大白于天下，对于枪手邵坡和其他涉案人员的缉拿也立即开始。但此时邵坡已经不在北京

---

① 康熙五十一年四月初六日《直隶巡抚赵弘燮奏请批示查拿查为仁父子事折》，《康熙朝汉文朱批奏折汇编》第 4 册，第 89 页。

② 康熙五十一年四月初六日《直隶巡抚赵弘燮奏请批示查拿查为仁父子事折》，《康熙朝汉文朱批奏折汇编》第 4 册，第 90 页。

③ 康熙五十七年八月初五日赵弘燮《奏报查拿逃犯白世荣事宜折》中附称，查拿查氏父子得到查日昌外甥协助："臣查五十一年为科场作弊一事，奉旨严拿查日昌父子，因南路捕盗同知马兆辰系查日昌外甥，着落兆辰协拿，随经弋获。"见《康熙朝汉文朱批奏折汇编》第 8 册，第 278 页。

④ 叶修成：《紫芥掇实：水西庄查氏家族文化研究》，天津古籍出版社，2017，第 77 页。

了，他在三月份举行的壬辰科会试名落孙山，后离京去山西游历，“遍游雁门、云中，吊古战场，望平沙千里”，在古迹与自然风光中悠游岁月（至于为何查氏父子已经畏罪南逃而邵坡却仍然留在京城参加会试，只能推测，要么邵坡不知道查氏父子已经南逃，要么邵坡认为只要查氏父子没有被捕，他就是安全的）。邵坡的兄长邵向荣则高中进士，此时也在京城。听到消息后，邵向荣为了避免公人到余姚家中拿人而惊扰老母，便不顾身边人的劝阻，主动去官府代替邵坡坐牢。直到邵坡闻讯从山西赶回自首，邵向荣才获释出狱①。

康熙五十二年二月二十五日，康熙帝批准了刑部等衙门对查为仁舞弊案的判决：“顺天乡试中式第一名查为仁之父查日昌（档案中常以查日乾的引名“查日昌”称呼之），倩人为伊子代笔、贿买书办、传递文章。事发后，又脱逃被获，应斩监候。查为仁中式情弊，虽由伊父主使，而通同作弊，又相随脱逃，希图漏网；其书役龚大业收受贿赂、传递文章；俱应绞监候。代查为仁作文之举人邵坡，应革去举人，杖徒。失察之监察御史常泰、李弘文，应罚俸一年。”②查日乾再次锒铛入狱，定罪和上次一模一样，还搭上了自己的儿子。邵坡在会试名落孙山后又失去了举人的资格，而且挨了一顿棍棒，可谓得不偿失。

查日乾这次被定罪斩监候，比上次更为凶险，因为康熙帝的目的不再是收回朝廷的经济损失，而是对敢于破坏抡材大典的胆大妄为之徒给以惩戒。火上浇油的是，在辛卯科顺天乡试舞弊的不止查为仁父子，前文提到的托合齐家人周三、周启父子，在被首告后竟然想要杀人灭口，于是这父子二人被处斩。在这样的情势下，查家必定不惜代价去营救查日乾父子。他们如何在京城内外相识的官员中疏通关节，即便没有历史材料的佐证，也大致可以推测，无非就是银子铺就的人脉大道，只是令人意想不到的是，这

① 《清代余姚邵氏家族》，第39—43页。

② 《圣祖仁皇帝实录》卷二百五十三，《清实录》第六册，第507页。

条大道竟然一直铺到了皇帝那里。高凌雯《志余随笔》引刑部档案记载:“查日昌妻马氏,情愿捐银二万两为夫赎罪。”[①]查日乾和查为仁就这样逃过了一次次的秋审,直到康熙五十七年秋和乾隆五十九年春先后获释[②]。此时的查日乾已经年过五旬。

第二次入狱对查日乾的影响是巨大的。查日乾的母亲刘氏此时已经八十七岁,这位老人已经承受不起儿孙同时入狱的打击。康熙五十二年五月十一日,就在查日乾、查为仁的判决公布不到三个月后,刘氏溘然病逝[③],直到临死前还耿耿于查日乾的鲁莽,以至于难以瞑目。她对守在病榻前的查日乾次子查为义说:“汝父偏于气质,俾一见而诫谕之,庶可瞑目!”[④]这句遗言,给查日乾带来了后半生难以消弭的悔恨乃至于负罪感。后来他自责道:“所为痛定思痛者,先慈卒于癸巳之夏,亲见子若孙之入于狱而不及见其出,虽在九原,岂能瞑目?所以终天之恨,风木之悲,无时已也。”[⑤]实际上,两次入狱带给查日乾的“终天之恨”还不止于此。

康熙五十七年秋查日乾出狱后,就立刻着手重修族谱,希望能“以再造之身,稍补先人未尽之事”,稍微弥补一下自己的罪过。在序文里他提及两次牢狱之灾对他的影响:

以借帑一案维系保狱,若非先慈三叩九重,得蒙圣恩宽释,则安望有再生之日?归及一载,更陷法网,淹留北寺,复有七年。何幸重沐圣恩,得以复见天日,屈指前后,十有四载。今忽忽已届五十有二矣!须

① 《天津通志·旧志点校卷》下,第712页。

② 查为仁:《致高云老人书》,《蔗塘未定稿·花影庵杂记》,《清代诗文集汇编》第273册,第437页。按查日乾的《重筑于斯堂记》说“至己亥秋及庚子春俱得邀恩释放”,康熙己亥为康熙五十八年,此处或为误记,或是查日乾康熙五十七年先行取保出狱,康熙五十八年才得正式赦免。

③ 《宛平查氏支谱》卷一。

④ 查日乾:《刘太君遗照志》,《宛平查氏支谱》卷七。

⑤ 《重筑于斯堂记》。

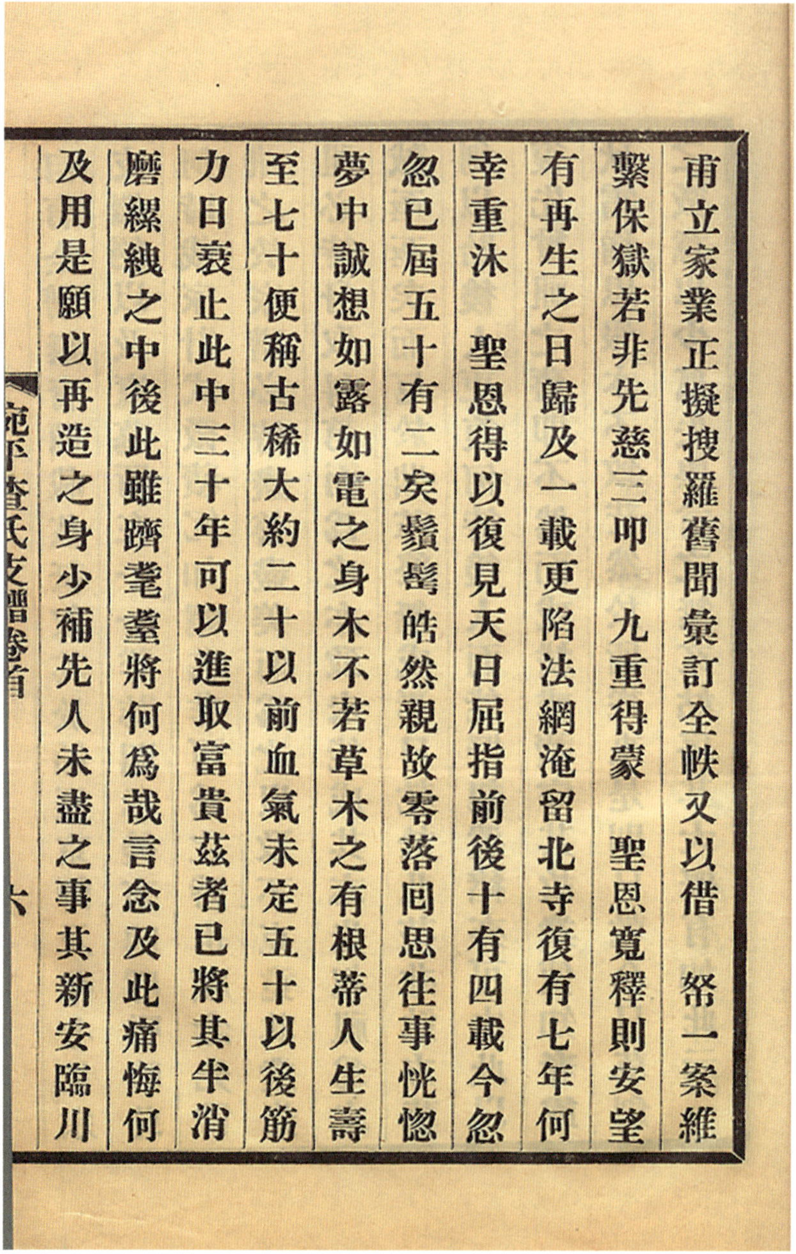

甫立家業正擬搜羅舊聞彙訂全帙又以借 帑一案維
繫保獄若非先慈三叩 九重得蒙 聖恩寬釋則安望
有再生之日歸及一載更陷法網淹留北寺復有七年何
幸重沐 聖恩得以復見天日屈指前後十有四載今忽
忽已屆五十有二矣鬢髯皓然親故零落回思往事恍惚
夢中誠想如露如電之身木不若草木之有根蒂人生壽
至七十便稱古稀大約二十以前血氣未定五十以後筋
力日衰止此中三十年可以進取富貴茲者已將其半消
磨縲絏之中後此雖躋耄耋將何爲哉言念及此痛悔何
及用是願以再造之身少補先人未盡之事其新安臨川

宛平查氏支譜卷首　六

查日乾《宛平查氏支谱原序》

鬓皓然，亲故零落，回思往事，恍惚梦中。诚想如露如电之身木，不若草木之有根蒂。人生寿至七十，便称古稀。大约二十以前，血气未定，五十以后，筋力日衰，止此中三十年，可以进取富贵。兹者已将其半消磨缧绁之中，后此虽跻耄耋，将何为哉！言念及此，痛悔何及。[①]

这篇写于康熙五十七年冬至前三日的序文，透露出查日乾心态发生的变化。以前他的字典里似乎没有“后悔”两个字，有的只是不择手段的前进。两次入狱让他浪费了十数年的宝贵光阴，而且是人生中最为壮盛的年华。对于他这样一个有极强事业心的人来说，这是一个不可饶恕的错误，更何况还有老母临终的遗憾时刻在刺痛着他的内心。这样的心情，恐怕也只有“痛悔”才可以描述了。不过好在他还有时间，第二次入狱也没有对查家的盐务事业造成太大损伤。康熙六十年，查日乾已经有能力重建于斯堂[②]，紧接着就开始建设那座闻名大江南北的私家园林水西庄了。查日乾的精彩人生还远远没有结束。

## 六、人生的顶峰

直到雍正朝的最初几年，查日乾的经营范围仍只包括京引，而且在京引盐商中实力也并不靠前。在雍正年间纂修的《新修长芦盐法志》“商纲册”中，查日乾以“查日昌”的引名位列京引各商名单的第六位[③]，而在雍正四年的一份《长芦办课商人优劣单》中，“查日昌”仅位列次等，超过查氏位列“殷实良商”名单的，有以“王克大”作为引名的王廷扬及以“金义”作为

① 查日乾：《宛平查氏支谱序》，《宛平查氏支谱》卷首。

② 《重筑于斯堂记》。

③ 《新修长芦盐法志》卷七《商政 · 商纲册 · 京引各商》。

引名的安岐等十一名[①]。但是查日乾并没有止步于此。雍正八年，他抓住朝廷开放山东票盐的机会，另立引名“查茂德”参与其中[②]，经营范围至少包括沾化、阳信两地[③]。票盐让查日乾的实力得到了明显的提升。雍正十年，查日乾与其他长芦盐商共同捐银十万两，用于西北军需。在长芦巡盐御史鄂礼向雍正帝转达的盐商呈文里，查日乾以“查日昌”的引名位列盐商名单的第三位，仅次于皇商王惠民和以“金义”为引名的安氏[④]。乾隆元年，查茂德从其他盐商手中接办了卢龙、抚宁、昌黎三县引岸，将经营范围

① 此单见《雍正朝汉文朱批奏折汇编》第32册，第736页，无时间。但此单为长芦盐运使陈时夏所呈，陈担任运使的时间是雍正四年。

② 乾隆二十七年闰五月十七日《长芦盐政金辉奏报查明查善长贻误盐课将昌延引地交查为义接办事》中明确记载，查日乾之孙查善长、查善和拥有沧州、南皮等七州县及曲周县引地。见中国第一历史档案馆档案宫中全宗，档案号：04—01—35—0460—050。而同年九月二十三日《直隶总督方观承奏报审明萧振杰诬控津商查懋运卖私盐事》则载明，沧州、南皮等七州县及曲周县引地的拥有者引名为“查茂德”。见中国第一历史档案馆档案军机处全宗，档案号：03—0615—056。这两份档案互证，可确认“查茂德”为宛平查氏的引名。

③ 票盐是明清两代在引盐之外的另一种行盐方式，由政府发给盐票，所有盐商只要纳税就可以领票支盐运销。莽鹄立《山东盐法志》卷之七《商政·票商名册》中有“查茂德”，并根据“行票盐地方”记载，查茂德有阳信县额票五千一百张、沾化县额票二千张。见学生书局1966年版《（雍正）山东盐法志》，第452、462、464页。按此版本《山东盐法志》题“雍正二年题请纂修，雍正十二年奉文补葺”，但《四库未收书辑刊》本《（雍正）山东盐法志》阳信县、沾化县的票商都不是查茂德，且商纲册内没有“查茂德”之名，或为补葺之前的最初版本，见北京出版社2000年版《四库未收书辑刊》一辑第二十四册。据此可推断查茂德开始经营山东票盐是在雍正二年至十二年。又，雍正八年之前，山东的票盐只能由本地人经营，雍正八年五月长芦盐政郑禅宝上《盐务事宜酌陈十款疏》，朝廷始允许由运司招募商人承办，不必限于本地人，查茂德当在此时开始经营山东票盐，见《（雍正）山东盐法志》，第876页。票盐最初不允许垄断和世袭，但自乾隆六年以后也“准照引地许其世守为业”，与引商无异了。见《（嘉庆）新修山东盐法志》卷九《转运上·充商》，清嘉庆刻本。

④ 雍正十年十一月初七日《长芦巡盐御史鄂礼为奏报禁捕天津盗窃及盐商捐银事折》，《朱批谕旨》第37册，第98页下。

扩展至长芦②。后来查茂德名下的引地又增加了曲周县以及告运南场盐的沧州、南皮、交河、东光、华城、盐山、庆云等七州县③，至此宛平查氏的经营范围已经覆盖了山东票盐及长芦京引、外引，拥有票地两处、引地十三处。

单就财力而言，查日乾在天津的盐商中并不是最强的，却是最为活跃的一

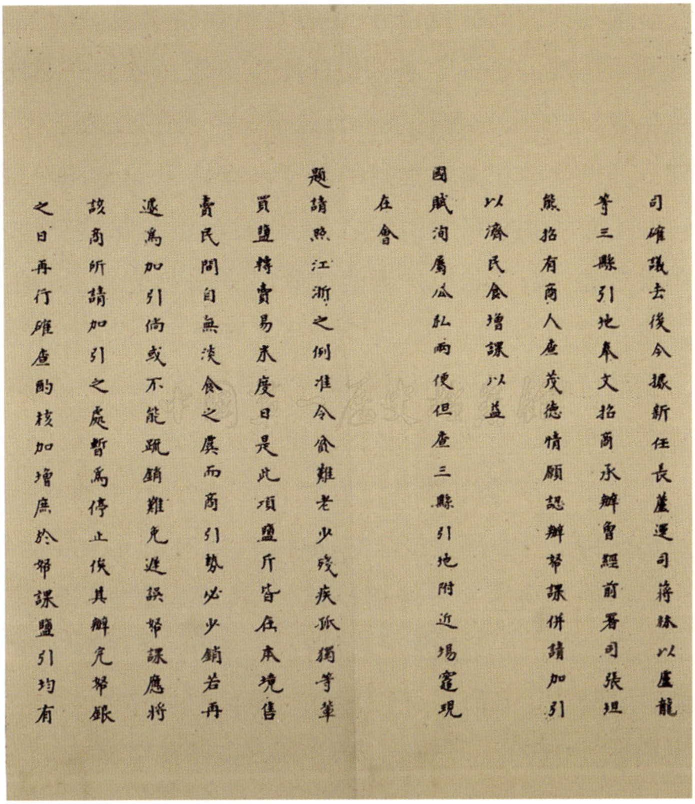

司確議去後今據新任長蘆運司蔣[illegible]以盧龍
等三縣引地奉文招商承辦曾經前署司張坦
熊招有商人查茂德情願認辦帑課併請加引
以濟民食增課以益
國賦洵屬公私兩便但查三縣引地附近場竈現
在會
題請照江浙之例准令貧難老少殘疾孤獨等輩
買鹽轉賣易米度日是此項鹽斤皆在本境售
賣民間自無淡食之虞而商引勢必少銷若再
遽為加引倘或不能踈銷難免逃誤帑課應將
該商所請加引之處暫為停止俟其辦完帑銀
之日再行確查酌核加增庶於帑課鹽引均有

**乾隆元年九月十八日《大学士管户部尚书事张廷玉题为遵议长芦盐政三保题请将认办卢龙等三县新商查茂德所请加引事宜暂为停止事》中对查茂德接办卢龙等三处引地的记载①**

**（档案由中国第一历史档案馆提供）**

---

① 图片来源：中国第一历史档案馆馆藏档案内阁全宗，档案号：02—01—04—12857—007。

② 乾隆元年九月十八日《大学士管户部尚书张廷玉为遵议长芦盐政三保题请将认办卢龙等三县新商查茂德所请加引事宜暂为停止事》，中国第一历史档案馆档案内阁全宗，档案号：02—01—04—12857—007。

③ 宛平查氏购入这些引地的时间不详，可能是查日乾购入的，也有可能是查为仁或者查善长、查善和兄弟购入的。见上引《长芦盐政金辉奏报查明查善长贻误盐课将昌延引地交查为义接办事》《直隶总督方观承奏报审明萧振杰诬控津商查懋运卖私盐事》。

位。他与天津的盐务官员、地方官员保持了良好的关系，并因此参与到盐务和天津地方事务中来。查日乾并不像一般盐商那样只是汲汲营谋于盐业生意，他的眼光和行事十分外向，善于结交，敢于任事，这让他早年在京津官商两界都积累了很高的名望。有意思的是，即便查日乾曾两次入狱，离开生意场和官场十数年之久，他的名望却并没有随之消退，反而有如日中天之势。曾任长芦盐运使的陈时夏回忆他雍正四年来到天津后看到的景象："津门为川陆交汇之区，冠盖相望，道经津门者，识与不识争欲一望慕园颜色而去。"[①]查日乾仿佛成了天津这个地方绕不过去的一个环节，就算对那些朝廷委派的官员们来说也是如此。

雍正元年，雍正帝决定整顿长芦盐务，任命理藩院侍郎莽鹄立出任长芦巡盐御史。莽鹄立虽然忠诚能干，但对于复杂的盐务事宜也不熟悉，这个时候他想到的人正是查日乾。《长芦盐法志》记载："雍正癸卯，盐使莽鹄立巡长芦，厘剔诸弊。熟天行名，召之，坐于堂而咨询焉。天行口陈指画，尽摅所见，凡匝月，厘然悉定，商民称便。"[②]这个记载与杭世骏所作的查日乾墓志铭中的记载颇为相似："长芦逋赋累万，艰于稽核。朝使来，熟君名，坐之堂上，诹询条目。君口陈手画，洞中窾会，匝月悉定。又以商力彫弛，陈议为善后计。使者用其言上请，利贻至今。"[③]按照这两个记载，莽鹄立因为早就听说过查日乾的大名，所以到了天津后立刻便把他召到巡盐御史署，向他咨询厘剔长芦盐务诸多弊端的方法。而查日乾也毫不谦虚，滔滔雄辩之外还加以肢体语言，将长芦盐务应兴应革事项说得清晰明了。莽鹄立采纳了他的建议，于是长芦盐务焕然一新。此时离查日乾出狱仅仅过去了两三年的时间，人们似乎都已经忘了他是一个曾经两次触犯王法的人。

---

① 陈时夏：《王太君六十寿序》，《宛平查氏支谱》卷五。

② 《长芦盐法志》卷十七《人物 · 友义》，第 336 页。

③ 《慕园府君墓志》。

无独有偶，雍正四年短暂任职长芦盐运使的陈时夏，也曾在盐务上依赖查日乾。他在为查日乾的侧室王氏撰写的《王太君六十寿序》中回忆说，早在康熙年间他在北京任职时，就从一位“太史”口中听到过查日乾的大名，心中十分仰慕。及至雍正四年来到天津担任长芦盐运使，查日乾因为公事来见，他便抓住机会“询以盐筴利弊及民瘼国计何者当兴，何者当革”，查日乾“口陈而手画之，若马伏波之论山川形势，聚米为之，纤细如睹也；若张茂先称说建章宫殿，千门万户历历可绘也”。于是他“急藉为左右手，凡事必咨之以行，而慕园亦未尝靳而不予告”[①]。那种侃侃而谈、“口陈而手画”的神态与动作，和《长芦盐法志》中的记载十分类似，也十分契合我们从查日乾亲友们对他性情的描绘中得到的印象。陈时夏于雍正四年六月任长芦盐运使，十月即升任江苏巡抚。在离开天津前，他向雍正帝呈上了一份改善长芦盐务的奏折，内列改善长芦盐务的条议五款，内容涉及清查穷商、改革京引、库银倾销、商灶纳课、领解部饷，雍正帝对奏折内容深为赞同，特地发给时任长芦巡盐御史的顾琮按条议执行[②]。短短四个月内能提出这么多有针对性的建议，其背后极有可能就有查日乾指点的功劳。

作为盐商能够如此得到盐务官员的信任，这是一件十分不同寻常的事情。从一般的眼光来看，盐商和盐官之间的关系存在着微妙的尴尬：两者需要有良好的配合才能办好盐务，但如果太过亲密，又难逃权钱交易之嫌。朝廷对于盐官和盐商们之间的交往有着严格的限制，一旦发现盐官收受盐商的馈赠，甚至只是与盐商来往频繁，就会加以惩罚或警告，所以盐官至少在表面上会与盐商保持距离。如果是读书人出身的官员，对于盐商更会有一种身份上的疏离甚至警惕。查日乾却难得地获得了众多科举出身的官员的青睐，这其中最重要的原因，是这些官员们在自己的职责定位与查日

---

① 《宛平查氏支谱》卷五。

② 雍正四年十一月十一日《巡视长芦等处盐课监察御史顾琮为仍循长芦旧例委员解部饷事奏折》，《清代长芦盐务档案史料选编》，第 23 页。

乾的实干能力之间找到了契合点。查日乾是官民公认的一个非常有能力的人,杭世骏在墓志铭中就称赞其“料事若神,应变不测”。查日乾从小留心实用之学,二十岁开始闯荡社会,又曾在天津关这样一个利益熙来攘往的地方待过,社会阅历极为丰富,这是他能“料事若神”的基础,而其性格中果决迅捷的一面,又让他有能力应变各种不测。所以他的朋友陈宏谋曾给他四个字的评价——“负经济才”①。在古代,“经济”一词有经世济民的含义,是诸葛亮一类人物才具有的优秀素质②。这个评价与数十年前他的父亲查如鉴留给世人的印象遥相呼应,并且让他能够被正统评价体系所接纳,查日乾对天津公共事务的参与由此扩展到了盐务之外。

陈宏谋于雍正三年至乾隆五年任天津道③,举凡水利、赈灾、捕蝗、修路、义学、慈善等事,都在他职责范围之内,这些与民生息息相关的事务,他都曾听取过查日乾的建议,而查日乾似乎也非常乐于表现自己在这些事务上的才能,每次与陈宏谋相见,“民生利病娓娓而谈,有饥溺由己之意”④。陈宏谋本人就是清朝有名的实干家,与查日乾惺惺相惜,这也许就是他能够赏识查日乾的原因。乾隆三年七月,陈宏谋重新振兴天津的慈善救济机构——育黎堂,查日乾与天津另一位大盐商牛氏“首倡乐助”⑤。其实对开设育黎堂这件善政,查日乾从一开始就是官方的密切合作者或者说主要协助者。雍正二年,雍正帝谕饬各地方官发动本地好善之人设立救济贫民、难民的慈善机构,天津道年裕率先捐俸,并向天津文武官员及盐商募捐银

---

① 陈宏谋:《查母王太恭人八十寿序》,《培远堂偶存稿·文稿卷三》,《清代诗文集汇编》第281册,第490页。

② (唐)杜甫的诗《上水遣怀》:“古来经济才,何事独罕有。”(宋)林逋《深居杂兴》诗序:“诸葛孔明、谢安石畜经济之才,虽结庐南阳,携妓东山,未尝不以平一宇内、跻致生民为意。”(元)郑光祖《伊尹耕莘》第二折:“此人察风云以辨天时,望气而观地理,有经济之才,安天下之手。”《明史·庞尚鹏传》:“尚鹏权既重,自负经济才,慷慨任事。”

③ 《(乾隆)天津县志》,《天津通志·旧志点校卷》中,第155页。

④ 《查母王太恭人八十寿序》。

⑤ 《查母王太恭人八十寿序》。

三千余两,成立了育黎堂。初建花费所余的二千一百多两银子,都被交给查日乾营运生息[①],以维持育黎堂的运转。

除了与官方的合作,查日乾还主动承揽起天津的一些社会事务,在赈灾方面表现得尤为突出。雍正三年,天津发生洪涝灾害,大水围城,城墙岌岌可危,老君堂、单街等处河堤有溃决的危险。查日乾向官方建议设立粥厂,赈济涌入城中的灾民,并首先捐出资金,全活无算。他又向莽鹄立条陈修筑堤坝之法,经莽鹄立请旨施行,查日乾亲自到修堤现场指挥监督,直到工程结束。雍正十二年,天津又遭遇水灾,查日乾再次捐出钱粮赈灾。直隶总督李卫将他的善举上奏给朝廷,于是"奉旨议叙"。[②]

相信查日乾是在真的把慈善当作一项事业来做,也真心想承担起一位地方士绅的社会责任。在表面上,他的这些举动也得到了官方的认可,但吊诡的是,由天津地方政府修撰的天津地方志书中,对查日乾的这些善行没有半个字的记载。以乾隆年间编撰的《天津府志》《天津县志》为例,两书的"人物志"中都集中收录了义行人物的小传,像拾百金而不昧的萧国泰、施粥于赵家场渡口的陈应夏、向穷苦人施舍钱财的武廷豫这样的人物都列名其中,以捐资数量与社会贡献论,查日乾远比他们更有资格。这一现象揭示出查日乾身份的尴尬:表面上的风光并不能消弭他作为四民之末的微贱,除了盐法志之外,没有哪个志书的编纂者愿意为一个纯粹的商人树碑立传。与之对比,另一位名叫侯天顺的盐商幸运地被盐法志和地方志双双收入,仅仅因为地方志的编纂者给他的身份定位是"家业农兼事商贾"[③],而实际上他做善事的钱都是经营盐业赚来的。地方志对查日乾的忽略并不只是盖棺论定,而是一以贯之的官方态度。实际上朝廷在与查日乾合作的同时,从来没有打消过对他的怀疑和警惕,查日乾走向巅峰的人

① 陈宏谋:《饬议育黎堂规条檄》,《培远堂偶存稿·文檄卷五》,《清代诗文集汇编》第280册,第122页。

② 《长芦盐法志》卷十七《人物·友义》,第337页;《慕园府君墓志》。

③ 《(乾隆)天津县志》,《天津通志·旧志点校卷》中,第189页。

生一直都是暗流涌动。

## 七、暗流涌动

在天津普通民众的眼中，查日乾是一位不折不扣的大人物。但在另一种并不能公开的语境中，他的形象却截然不同。比如在用承担着“密电码”功能的满文写成的秘密奏折里，无论是上奏折的大臣还是批阅奏折的皇帝，都毫不掩饰地表露了对查日乾所代表的盐商的不信任甚至反感。下面的这件奏折就十分典型：

> 为密闻事。奴才看得，札日昌、郭春二人奸宄，善败事，包揽诸事，欺骗前任官员。本月初八日在京城，主子刚降旨命往召布政使连肖先，次日此处札日昌即已获悉。此等人若永留天津，目今虽无妨，日后侵扰众人，钱粮亦受损。现今惟此等人自己侵渔银两，故暂不治罪，上紧追完钱粮。此间甚为秘密，如果露出一语，事即泄露，于钱粮亦无裨益。俟伊所吞钱粮偿还，再如何遣派此等人之处，伏乞主子裁断，即速降旨。
>
> 朱批：尔将此带来面奏。①

郭春即郭纯②，札日昌即查日昌，也就是查日乾，两人都是京引盐商。这件满文奏折时间为雍正元年八月十一日，没有署名。上奏者自称“奴才”，又管理着长芦盐务和盐商，应该是刚上任的长芦巡盐御史莽鹄立。

① 雍正元年八月十一日《（佚名）奏报处理劣员札日昌等事折》，中国第一历史档案馆编：《雍正朝满文朱批奏折全译》上册，第 279 页。

② 见《新修长芦盐法志》卷七《商政 · 商纲册》。

这件奏折透露出以下几个信息:第一,查日乾既有“包揽诸事”“侵渔银两”等行为,那么他此时仍然担任着京引总催;第二,查日乾仍然和以前一样在朝廷中拥有广泛的人脉,能够获知朝廷的许多机密;第三,莽鹄立并不像他所表现出来的那样信任查日乾,而是认为他对朝廷构成了威胁,不宜将其留在天津,但为了收回其侵渔的银两,暂时在表面上对他采取怀柔政策;第四,雍正帝对此颇为重视。

其实莽鹄立在来天津之前早就听闻郭、查的大名,这两人也早就已经进入了雍正帝的视野。五月八日,莽鹄立离京赴天津上任之前,雍正帝向他交代了两件重要的事:厘清盐商欠课、整治不法盐商,尤其是要秘密访查一批“恶棍”,其中就包括郭、查二人①。这御口亲呼的“恶棍”二字,标明了郭、查等人在雍正帝心目中的位置。

究竟是什么让雍正帝对查日乾这样的盐商心怀警惕呢?在思想层面上,雍正帝是“重农抑商”或“崇本抑末”的忠实拥护者②,这种思想决定了他对盐商怀有天然的不信任感。在操作层面上,雍正帝担心在朝廷和盐商之间横亘着一些其他势力,将会阻碍上下沟通,使朝廷的权威受挫。如果这些势力包揽盐务、破坏行盐秩序,则会给国家财税带来损失,甚至危及盐务体系的安全。雍正帝还担心盐商做大到难以控制。盐商与其他商人的不同之处在于,他们不必善于经营,只要有足够的财力并能够恰当地处理各种利益关系即可,而这其中关键的就是和官府、官员的关系。这种经营方式决定了他们必定会钻营交结,甚至拉拢官员成为权势集团,病商害民乃至扰乱政局。

莽鹄立的密折里特意提到查日乾消息灵通,这点尤其令雍正帝警惕。无独有偶,直隶总督李卫也遇到过这样一个盐商。雍正十年,雍正帝谕令

① 雍正元年七月初六《莽鹄立奏请处置商人冯奇诉讼案折》,《雍正朝满文朱批奏折全译》上册,第216页。

② 参见第一章。

李卫查办天津典史崔天机“不遵例丁忧、恋职科敛贪污”的罪行。李卫在调查后发现，崔天机的所谓罪行都是盐商冯相臣的诬告，并且雍正帝的谕旨刚到，冯相臣竟然已经知晓，还洋洋得意地对别人说：“崔典史事发了，过几日就有分晓。”李卫对这个盐商能够将谗言进到雍正帝那里，并且消息如此灵通感到担忧，在给雍正的奏折里说：“天津五方杂处之地，似此狂妄招摇，颇有关系。”雍正帝赞许李卫“此奏殊属可嘉”，并告诫李卫“冯相臣乃大不安分之人也，极应严行惩处”[①]。这类盐商的行为表明，当财富与权力结合在一起的时候，就会变成一股难以约束的力量。因此朝廷必须打压这些大盐商，让他们知道自己的位置应该在哪里。

雍正元年莽鹄立到天津后即对郭、查二人展开秘密调查，调查的结果是，二人“欺压众贫困商人，以事为辞，私自动用盐价银，于紧要处交结烦托，贿赂财物，并将大量剩余据为己有，致库内钱粮亏空不满。且又生计，使年年缓征钱粮，或合并征收等法。即使商人不欠钱粮，亦以亏欠追还。恃伊等淫威，诸事霸占而行。商人虽暗中怨恨，但询问之时却不敢干预伊等一言”[②]。概括来说，就是或以请托官吏为由向其他盐商勒索钱财，或向中小盐商出借高额贷款，或趁朝廷缓征、带征之机追缴盐商本不亏欠的盐课，收入私囊。

雍正帝很快就找到了查办这些“恶棍”的借口。七月初，一个名叫冯奇的革退盐商向刑部尚书阿尔松阿呈讼，状告盐商郭春、查日昌[③]“暗中克扣库银，克扣贫穷商人，却于收银簿子具奏之档内缮明无伪”，贪污的数额达九十余万两。阿尔松阿以“此系尔等地方之事”为由，将此案转给了长芦巡盐御史莽鹄立。莽鹄立上任伊始，改革盐务的任务繁重，不愿意此时

---

① 雍正十年十一月二十九日《直隶总督李卫据实复奏天津县典史崔天机丁忧科索盐商铺面事折》，《朱批谕旨》第 43 册，第 29—30 页。

② 雍正元年七月初六日《监察御史莽鹄立奏请处置商人冯奇诉讼案折》，《雍正朝满文朱批奏折全译》上册，第 216 页。

③ 原文中为“郭争”“翟日昌”，当为满文音译不同所致。

在盐商中引起波动，所以想要息事宁人。他在给雍正帝的奏折里说，如果郭、查等人承认，那就可以免于治罪，让他们把侵渔的银两如数赔偿就是了；如果他们死不承认，那么事态必然要扩大，要把这些分量很重的商人严拿刑讯，革去商人名分，查抄家产赔补，如此一来，恐怕“受理一次，嗣后则难息事”，引起连环效应，导致长芦盐区动荡。所以他提出了“将冯奇讼文暗中退回息事”的建议。雍正帝并没有听取莽鹄立的建议，而是派阿尔松阿、李延禧和莽鹄立一起审理此案。他在朱批里强调：“此案理应接呈子审明原委。惟秉公办理，不可稍存回护。”[①]刚刚出狱不到四年的查日乾又一次被卷入一桩钦案之中。

冯奇开列的被告多达十四人，除了宋师曾、郭纯、查日乾，那些有实力的京引盐商都被囊括其中，就连尚未涉足盐业的查为仁也在名单上。呈讼内历数了他们的罪状八条，概括来说是伙同盐运使宋师曾侵吞康熙五十四至五十七年京商卖盐价银，导致很多京商没有本金运盐而破产，他们又趁机吞并引地。雍正元年十月，阿尔松阿等将案件审明，结果让雍正帝有些失望。原来是冯奇因为被革退了盐商资格，心有不甘，趁雍正帝派莽鹄立整顿长芦盐务的时机，有意诬告，于是将被告人数和罪名写得极为惊人眼目。实际上除了宋师曾曾经向盐商多摊派过二万多两银子，郭纯、查日乾曾串通宋师曾以低价接领革退盐商的引地，其他罪状全都是子虚乌有，大部分被告也都是无辜的，甚至冯奇之所以把查为仁也写在被告名单上，仅仅是因为怕他在外面“使手脚”。这位颇有想象力的盐商最终因为诬告罪被判杖一百、流三千里，宋师曾被追赔多摊派的银两，郭、查二人则只需补足接领引地时少交的银两，其数目分别是一万两和五千三百两。[②]

查家这次的官司可以说是有惊无险，但又一次给查日乾敲响了警钟。

① 《监察御史莽鹄立奏请处置商人冯奇诉讼案折》。

② 雍正元年十月初十日《领侍卫内大臣阿尔松阿等奏报审理宋师曾盐价亏空案折》，《雍正朝满文朱批奏折全译》上册，第418—425页。此件奏折中“冯奇”译为“冯祺”。

在官方尤其是清廷最高层的眼中,他是一个虽然可以利用,但并不是那么受到信任和欢迎,甚至有些危险的人物。朝廷的这种猜忌,查日乾不可能毫无察觉,更何况两次牢狱之灾本就给他造成了杯弓蛇影的创伤。在朝廷冷厉的目光注视下,他必须表现得配合、恭顺,并以适当的方式来柔化自己的形象。这并不出自查日乾的本性,而是不得已而为之。他的朋友陈仪后来回忆说,此时的查日乾虽然受到大小官员的"宾礼",但他"退逊自韬晦,超然有远引之志",在积极配合官府出谋划策、捐助资金的同时,终于摆出了这样的姿态:"若无所事,方杖履逍遥,时诣园林,治花木与四方宾客饮酒为乐"[①]。除了作为士绅参与一些地方事务,其余时间便日日流连于水西庄中,赏花饮酒,含饴弄孙,悠然自乐。

## 八、人生圆满

表面上看起来,查日乾已经是"湖海寓公成大隐"[②]了,然而隐逸的姿态下仍掩藏着他对于家族政治地位的执着追求。在查为仁被科场案断送了前程之后,他将希望寄托在次子查为义和三子查礼身上,而他们也的确有值得父亲期待的禀赋。查为义天性不屑于明经章句而重实用之学,曾说"古名臣黄次公学律令为吏,朱仲卿用啬夫起家,岂谫谫明经甲科哉?河渠、食货、农政、军戎大政,下逮竹木、琐屑、区处,皆有方略可施行"[③],此番言论与其父祖一脉相承。雍正初年西北战事,正在太学读书的查为义作出了投笔从戎的决定,输粮塞上助饷王师,因此而得军功,雍正八年授安徽太平府通判,宛平查氏终于迈出了从盐商向仕宦转变的第一步。次年,查日

① 陈仪:《慕园府君七十寿序》。

② 陈元龙诗《天行久客天津年七十矣,新构一园曰水西园,辱招游赏,停舟竟日赋谢》,《宛平查氏支谱》卷八。

③ 陈宏谋:《集堂府君小传》,《宛平查氏支谱》卷二。

乾父以子荣,获封承德郎、江南太平府通判,从此被朋友们奉承为“封君”[1]。

查日乾当然不会满足于此。他对最小的儿子查礼寄予厚望,因为查礼“髫龄好学,魁宏宽通”,所展现出来的禀赋在查为义之上。雍正九年、十年左右,查日乾经常带着十五六岁的查礼去拜访老朋友陈元龙。此时的陈元龙身为文渊阁大学士、文华殿大学士兼礼部尚书,乃是“文章、政事炳如日月”的宰辅重臣,查日乾有意让查礼在他这里受到学问与政事的双重熏陶。陈元龙十分欣赏查礼,称赞他有“命世之才”[2],经常向父子二人讲述他一生为政的经验。查日乾向查礼赞叹道:“士君子出膺民社,政绩得彰彰如是,庶称不愧!”[3]由此可见查日乾希望查礼成为陈元龙这样的人物。查礼“既负人望,急思进取”[4],但及第的荣耀似乎注定与三兄弟无缘。雍正十年[5]、十三年[6],查礼两次乡试不中,便决然纳捐得户部主事职衔[7],叩开了仕途的大门。其实当时他年方弱冠,并非已经没有科举及第的机会。但当有亲友劝阻他纳捐时,他并不以为然:“有相如才犹不耻以赀为郎,丈夫欲有为于天下,入钱得官可耳!”[8]这番言论透露出他与父亲相类的峻急性格,以及那种来自商人、与普通士子迥异的实用主义价值观。

乾隆元年,查日乾已经是七十岁的老人了。家人为他举办了隆重的寿辰,新朋旧友纷纷为他写诗祝寿,陈元龙、陈仪、陈世倌都为他写了七十寿

---

① 《慕园府君墓志》。

② 吴廷华:《俭堂府君小传》,《宛平查氏支谱》卷二。

③ 《铜鼓书堂遗稿》卷二十九,《清代诗文集汇编》编纂委员会编:《清代诗文集汇编》第338册,上海古籍出版社,2010,第207页上。

④ 《俭堂府君小传》。

⑤ 《铜鼓书堂遗稿》卷三十一,第226页上。

⑥ 查礼:《棘闱中秋》《寄履方仲兄》,《铜鼓书堂遗稿》卷一,第8页。

⑦ 《俭堂府君小传》;查淳《铜鼓书堂遗稿后序》,《铜鼓书堂遗稿》,第233页下,查礼“再应乡试不第,乃援例以主事注选”。

⑧ 《俭堂府君小传》。

序。此时他的内心应该是欣慰的,因为查家已经和二十多年前他出狱时完全不同了。在长子查为仁的经营下,水西庄成为天津乃至整个北方文脉荟萃之所,次子查为义在通判任上干得风生水起,三子查礼已经得到户部主事职衔,等待实授官职①。陈元龙这样描述儿孙辈带给查日乾的荣耀和满足:

蒋缨、朱岷等《慕园先生携孙采菊图卷》中晚年查日乾的形象(原件摄影底版藏于天津博物馆)②

> 仲君江淮南北政声籍籍,口碑传播,晋秩非遥;叔子善读书,能文章,需次部曹,万里前程,未可量也;诸孙瑜环瑶珥,头角崭然,足慰含饴之乐。③

书香门第、仕宦之家已经取代了盐商身份,成为宛平查氏新的标签,这正是查日乾所追求的人生圆满。

乾隆三年九月的一天,正是菊花盛开的时节。七十多岁的查日乾带着三个孙子查善和、查善长、查淳来到水西庄屋南小筑,悠游嬉戏于菊花丛中。他托朋友将这一

① 关于查为仁和水西庄的文化脉络,以及查为义、查礼的仕宦经历,以往的研究者已经梳理得丰富且透彻,因此不是本书着重讨论的问题。可参考叶修成:《紫芥掇实:水西庄查氏家族文化研究》、刘尚恒:《天津查氏水西庄研究文录》等专著。

② 图片来源:《水西余韵》,第42页。

③ 陈元龙:《慕园府君七十寿序》。

幕画了下来，这便是流传后世的《慕园先生携孙采菊图卷》。画中的查日乾身着简朴的素色长袍，足登普通的黑帮白底尖头鞋，安适地倚坐在山石之上，雪白的胡须垂在胸前，眉眼低弯，淡然含笑，俨然一位与世无争的慈祥长者①。乾隆六年五月十二日，查日乾在天津病逝。在经历了数十年的起起落落之后，他用这幅画为自己的人生作了一个有温度的定格。

## 九、艰难的出仕

查礼的“需次部曹”，或许被查日乾看作家族荣耀和希望，但对于渴望建功立业的查礼来说，只要还没有铨选实授，“户部主事”就只是一个虚妄的画饼。就在纳捐的当年，他又接连参加了顺天府乡试、博学鸿词科考试②，但都名落孙山。他伤心地闭门不出，长兄查为仁贴心地以温言诗酒相抚慰③。在此后的十数年里，查礼寄情于诗文及书画创作，成为水西庄文人圈的一员主力④。除了偶尔在诗中抒发“与世空周旋，何若草头露”的时光虚度之恨，以及“未逢薛烛炽，常向延津沉”的怀才不遇之憾⑤，查礼很少再提及科场或政事，似乎已经听从了命运的安排。但事实是，不管是查礼还是他的两位兄长，都没有将父亲曾经的期许抛诸脑后，他们只是在隐

① 《慕园先生携孙采菊图卷》，参见《水西余韵》第 42 页。

② 《清史稿·列传一百十九·查礼传》：“乾隆元年，应博学鸿词科，报罢。入赀授户部主事。”误。实际上查礼应博学鸿词科在纳捐之后。陈元龙《慕园府君七十寿序》作于乾隆元年六月，此时查礼已经“需次部曹”了，而当年的博学鸿词科考试是在九月。另查礼《追和心谷伯兄赏菊诗原韵》中言“丙辰榜后竟日杜门”（《铜鼓书堂遗稿》卷一，第 11 页上），从诗意来看，应为重阳节前后所写，而博学鸿词科榜是冬十月才发的，所以此榜应为乡试桂榜，足证查礼在纳捐后，又参加了乾隆元年的顺天府乡试。

③ 查礼：《追和心谷伯兄赏菊诗原韵》，《铜鼓书堂遗稿》卷一，第 11 页上。

④ 参见：《紫芥掇实：水西庄查氏家族文化研究》第五章“水西庄及查氏家族文事活动编年”关于查礼文化活动的记载。

⑤ 乾隆庚申（五年）冬的诗《对酒》两首，《铜鼓书堂遗稿》卷四，第 31 页下。

忍地等待时机。

根据查礼的记述，乾隆七年秋兄弟三人就分家了[①]。由于史料阙如，这次分家的详情无从查考，但可以确定的是，分家之后兄弟三人的感情仍一如既往地笃厚。除了频繁的聚会与唱和[②]，更能说明他们手足情深的，是查为仁、查为义为查礼出仕作出的努力。查为义在乾隆六年奔父丧辞官回到天津，不出三年又遇嫡母马氏之丧，这让他深感子欲养而亲不待的痛苦。此时三兄弟的生母王氏也已经年老，查为仁春秋渐高且身体多病，于是查为义做出了自己留在家中侍养母亲，让三弟查礼出仕为官的决定，这也是三兄弟共同商议后做出的安排[③]。

乾隆九年，三十八名长芦盐商共同捐银十万两，用于赈济遭受水灾的天津、河间二府。在长芦巡盐御史伊拉齐列出的捐款名单里，查为仁排在王至德、金义、范宗文、和兴之后，位列第五[④]，这说明分家之后，宛平查氏的盐业生意还是由查为仁主导。与雍正十年查日乾的捐输不同，这次朝廷给予了芦商"议叙"的恩典，即根据捐银数量赐予相应的职衔，以表示对他们急公报效的认可。查为仁将查礼报入请邀议叙的名单，使他得到了"补官日加二级"的恩典[⑤]，这对于他日后的仕途是极有帮助的，而且未尝不是在提醒朝廷，是时候结束查礼漫长的候补期了。显然，查为仁有意在为三弟的仕途做铺垫。

---

① 查礼《亡妻李安人行略》记："壬戌秋，有书贾携故家书数十簏至，时新析箸，诸用拮据，无以应。"见《铜鼓书堂遗稿》卷三十一，第227页上。

② 这些聚会和唱和记录于他们的诗文集中，可参见：《紫芥掇实：水西庄查氏家族文化研究》之《水西庄及查氏家族文事活动编年》。

③ 《宛平查氏支谱》卷二《集堂府君小传》："（乾隆七年左右）时王太淑人年亦老，公念前既不克归事父，今伯兄莲坡赠公老且病，益不可兄弟二人俱辞母服官。乃议俭堂中丞出从仕，而自侍养于家，承膝下凡二十余年，遂不再出。"

④ 乾隆九年七月十二日《长芦盐政伊拉齐为商人王至德等捐银助赈请议叙事奏折》，《清代长芦盐务档案史料选编》，第50—51页。

⑤ 《长芦盐法志》卷五《盛典》，第82页。

乾隆十三年，三兄弟的等待终于有了回报。五月份，查礼被实授户部陕西司主事①。六月一日，当查礼和其他三名新晋部员一起参加乾清宫的例行引见时，乾隆帝给了他一个特殊待遇：记名。被记名意味着他将很快升迁，这让他兴奋不已，一口气写下了十六首诗记录乾清宫引见的殊荣，在诗中还特意写道“姓名蒙特记，草野感微躬（自注：是日部曹四人，礼特蒙记名）”②。此后他便移居北京，圆明园侍奏，太和殿早朝，出入于宫掖内外，盘桓于缙绅之间③。第二年正月，查礼被任命为广西庆远府理苗同知，官居正五品，正式开始了他的仕宦生涯。此后他在金川事务中被乾隆帝委以重任，凭借卓越的行政能力，逐步升迁至湖南巡抚，成为宛平查氏历史上官位最高的人。

佚名《查礼平金川图卷》中的查礼形象

（原件摄影底版藏于天津博物馆）④

查礼在纳捐得户部主事职衔十数年后才获得实授职位，这其实是一件令人费解的事。按照惯例，各部有职位缺出时，需由吏部推荐具备资质的候补人员，经皇帝批准后补缺授职。以查家在朝中的人脉，查礼本应很快就得到吏部的推荐。也许问题出在推荐之后，查礼盐商的身份和查日乾的种种“劣迹”，让朝廷高层甚至乾隆帝本人心存芥

① 查淳：《铜鼓书堂遗稿后序》，《铜鼓书堂遗稿》，第 233 页下。

② 查礼：《六月朔日乾清宫引见恭记十六韵》，纪年为乾隆戊辰，见《铜鼓书堂遗稿》卷八，第 56 页上。

③ 《铜鼓书堂遗稿》卷八，第 56—62 页，乾隆戊辰诗所记。

④ 图片来源：《鹾之韵—长芦盐业与天津城市文化》，第 57 页。

蒂。他们知道这个家族的能量，如果让查礼担任京官，哪怕是小小的六品主事，都有可能会与朝中权贵勾结在一起，就像当年的张霖和查日乾一样。然而到了乾隆十三年，查礼不仅突然得到了授职，还在既没有政绩又没有奏对的情况下就被记名升迁。朝廷态度的转变令外人迷惑，但对查家来说却并不是意外的惊喜，因为他们此前已经为乾隆帝作出了巨大的牺牲。

乾隆十二年六月一日，乾隆帝发布上谕宣布将于次年东巡泰山，回銮时将会经过天津[①]。天津盐商闻讯后，立即决定集资为乾隆帝修建行宫。一番查勘之后，盐商们认为以位置论，水西庄最为合适，这也就是查礼所说的“相度地势，惟水西庄宜”[②]。盐商们通过巡盐御史将计划上奏，得到了乾隆帝的批准，于是水西庄从乾隆十二年八月至次年二月大兴土木，被改建为行宫[③]。对于查家来说这是一次无上的荣耀，也是一次主动的割舍，因为改建后的水西庄已经变为皇家别院，不再属于查家所有，如果不是查氏主动献出水西庄，其他的盐商谁又会提出这样的建议呢？行宫建成后，水西庄至少有一大部分都已经成为禁地，查为仁不得不在近旁另建了“小水西庄”作为存身之所[④]，暂厝在水西庄附近的查礼亡妻灵柩，也被迁移到了别处安置[⑤]。

乾隆十三年三月，皇后富察氏在回銮途中忽然病逝，导致乾隆帝更改了行程，并没有入住水西庄行宫。但四月份，乾隆帝还是给耗费了财力的天津盐商加斤的恩赏[⑥]。查家作为水西庄的原主人作出了最大的牺牲，乾

---

① 《高宗纯皇帝实录》卷二百九十二，《清实录》第十二册，第822页。

② 查礼：《亡妻李安人迁厝小志》，《铜鼓书堂遗稿》卷三十一，第225页下。

③ 乾隆十二年十月初三日《巡视长芦盐政伊拉齐奏报芦商捐银修天津水西庄沿河古迹各项工程事》，中国第一历史档案馆档案宫中全宗，档案号：04—01—35—0620—027。

④ 严月瑶：《题小水西在图步大人原韵》，《水西余韵》，第185页，此处严月瑶将时间误记为乾隆辛未。

⑤ 查礼：《亡妻李安人迁厝小志》，《铜鼓书堂遗稿》卷三十一，第225页下。

⑥ 乾隆十三年四月十一日《署理长芦盐政丽柱为加给长芦盐斤谢恩事奏折》，《清代长芦盐务档案史料选编》，第56页。

隆帝不得不作出表示。一个月后查礼的授职与升迁,应该就是乾隆帝给查家的回报。这是一种互利互惠的合作,查家也因此更加热心于为乾隆帝效劳。当年十二月,长芦盐商共同向朝廷捐银二十万两用于金川军需,查为仁以"查茂德"的引名参与其中,捐银数额仅次于皇商王至德、范宗文[①]。

## 十、结语

查日乾和他的三个儿子走向仕途的过程可谓磕磕绊绊,这归根结底源自他们自身的矛盾。他们一方面强烈地想通过科举正途洗掉盐商的身份标签,另一方面又按捺不住以金钱、人脉操纵命运的冲动。其实这可以说是商人的一种"原始冲动",即便碰得头破血流,只要金钱和人脉还掌握在手中,他们就会不断尝试。他们面临的最大障碍,是来自政权阶层尤其是皇权的警惕。如果不是查家通过自我牺牲的方式与皇权达成了和解,查礼的出仕也许最终都是泡影。对于宛平查氏来说,这是一个深刻的教训:除非通过科举正途摆脱对金钱与盐商身份的依赖,否则要想迈开走向仕途的第一步,就绕不开皇权这一关。

乾隆十四年是宛平查氏由盛到衰的分水岭。这一年查为仁去世,查礼远赴广西任职,水西庄的很大一部分已经变成了深门闭锁的"天津行宫",而且在两年后被拆除了,所有的建筑物料都被运往北京万寿山[②]。水西庄失去了主盟风雅的人物,园林景致也不复往昔,人文荟萃的盛况烟消云散。与此同时查家完成了真正的分家析产。查为仁的儿子查善长、查善和继承

① 乾隆十三年十二月初七日《署理长芦盐政丽柱等为金川用兵芦商东商情愿捐银事奏折》,《清代长芦盐务档案史料选编》,第 57 页。

② 乾隆二十六年四月初十日《内务府大臣三和等奏为万寿山收过长芦盐政拆卸天津行宫木植除圆明园等处领用过余剩数目相符详查事折》,中国第一历史档案馆档案内务府全宗,档案号:05—0189—058。

了“查茂德”引名下的引地和部分京引，而后查善长出仕为官，查善和不善经营，盐业生意便每况愈下，不得不依靠海宁族亲查懋扶助才能勉强支撑[①]。查为义继承了一部分京引，他善于经营，且因营建介园和捐赠问津书院基址而载誉津门，但他在乾隆二十八年就去世了，此后数年内他的子孙便“家业中落”[②]，以至于将房屋一分为三，卖与三个买家。直到乾隆四十九年查为义长孙查彬考中进士，查为义一支才又振作起来，不过此时盐业生意恐怕已经无法恢复了。查礼从出仕后便辗转于南北各地，他的子孙也没有再经营盐业生意。乾隆三十一年，查礼回到天津卖屋[③]，此后便极少再回天津，直到乾隆四十七年病逝于北京。

从查善长、查善和开始，宛平查氏有了一个重要的转变：查氏子弟前仆后继地摘取了科举的果实，总共有三人中进士、九人中举[④]。查氏子弟想要出仕，再也不用经历先辈们遭遇的那些周折。到乾隆朝中期，除了查善和还在盐务的泥潭里苦苦挣扎，查日乾的子孙已经将读书入仕作为主业，查家由此才真正完成了从盐商向官宦之家的转变。可以说，是查家盐业生意的衰落成全了这种转变，当查氏子弟再也不能像查礼那样任性地以金钱铺就捷径时，他们就只能埋下头来钻研制艺。盐商身份与科举似乎“相生相克”，此前的张霖家族也是如此。从这个意义上说，查家盐业生意的衰落未尝不是一件好事。

---

① 关于查为仁去世后查氏盐业经营的情况，见第八章。

② 《宛平查氏支谱》卷五《项太孺人六十寿序》。项氏为查为义长子查溶妻。此序中说，项氏“适封翁介园先生十余载，值家业中落”，介园先生即查溶。也就是说，查为义这一支在查溶一辈就已经中落，时间大概在乾隆朝中期。因为查溶生于乾隆五年，其结婚当在乾隆二十年至乾隆二十五年。

③ 王权：《竹间楼》诗注，清刻本《沽上梅花诗社存稿》卷九，转引自刘尚恒：《水西庄兴废考》，刘尚恒著、张文琴整理：《天津查氏水西庄研究文录》，天津社会科学院出版社，2008，第16页。

④ 根据《紫芥掇实：水西庄查氏家族文化研究》，第28页统计。

# 第四章

# 权力的游戏

朝鲜安氏是与查日乾差不多同时崛起的天津盐商。这个家族身份特殊,乃是张霖所依靠的纳兰明珠家族的家仆,作为纳兰家族的代理人经营盐业。安氏的盐业经营带有浓厚的政治意味:依靠纳兰家族的政治地位,安氏在获得引地、规避风险等方面拥有特权,纳兰家族则以安氏获得的盐利为政治献金,借权势集团的力量稳固自己的政治地位。皇权对此并没有加以禁止,而是通过盐业生意对纳兰家族进行掌控。在纳兰家族卷入康熙朝末年皇子们争夺皇位的政治斗争后,这种掌控表现得更加明显。因此,无论从目的还是结果来看,安氏的盐业经营活动都和政治息息相关,本质上成为政治博弈的工具和手段,是一场权力的游戏,安氏家族成员的个人命运也随之载沉载浮。



## 一、明府代理人

纳兰明珠是满洲正黄旗人,其祖父的妹妹是皇太极的生母,明珠本人又迎娶了亲王阿济格之女,因此纳兰家族(以下称"明府")与皇室素有姻亲。明珠于康熙三年成为内务府大总管，由此飞黄腾达，康熙十六年左右即成为独揽朝纲的重臣。虽然在康熙二十七年失去康熙帝的信任，但仍居高位直到康熙四十七年去世。明珠的次子揆叙深得康熙帝赏识倚重，官至工部侍郎、都察院左都御史兼任翰林院掌院学士，且迎娶了顺治帝养女、与康熙帝情同手足的耿氏。康熙五十六年揆叙病逝，因为他身后无子，康熙帝特命他过继弟弟揆方的两个儿子为嗣子，改名为永福、永寿。康熙五十八年四月，康熙帝下旨以允禟第三女下嫁永福，永福封多罗额驸，擢头等侍卫。至此，明府的皇亲与权贵身份维持了数十年之久。

安氏原籍朝鲜，不知何时为何故进入中国并成为明府的家仆，其成员中最为重要的一位是安尚仁。尚不清楚他是明府第几代安氏奴仆，在明珠当权的时节，安尚仁总管明府内外事务，给人留下了倚势自重的印象，甚至有“势倾京师，内外官僚多事之”的风评[①]。从明珠到永福、永寿，明府对安氏的倚重始终不减，甚至上闻于康熙帝。康熙五十八年十一月，揆叙的遗孀耿氏病重，临终前在病榻上向康熙帝奏闻家务，其中提到了安氏不可替代的作用：“内有安尚仁，自臣妾公姑老仆，诸事能办，次子婚娶俱托伊经理也。”耿氏去世后，康熙帝特地下旨：“二子家务，俱着安尚仁料理”[②]。

安尚仁对明府的贡献当然不仅限于处理婚丧嫁娶，与明府的盐务事业相比，这些家庭琐务简直不值一提。清萧奭《永宪录》有一段重要的记载，可以证明安尚仁在盐务上的功绩：

> 安图之父安三，当明珠为相时甚用事，圣祖洞鉴。珠令潜处扬州，挟巨赀行江西吉安等四府三十万引盐。及珠病革，圣祖欲问，又以安

① 方苞：《记姜西溟遗言》，载钱仪吉《碑传集》卷 47，中华书局，1993，第 1312—1315 页。

② 王掞：《皇清诰封一品夫人揆文端公元配永母耿太夫人墓志铭》，皮福生：《吉林碑刻考录》，吉林文史出版社，2006，第 364 页。

三祈恩，故复还京师。……图之弟尌，隶允禟门下，仍居扬州行盐矣。”[①]

安三即安尚仁，他还有一个名字“安尚义”，安图是他的长子，安尌（又写作“安葑”）是他的次子[②]。扬州是当时全国第一大盐区——两淮盐区的中心，其行盐范围包括江苏、安徽、湖北、湖南及江西、河南的部分地区，引额一百七十万引上下[③]。由萧奭的记载可知，安氏所经营的引地至少包括四府，其中的江西吉安府康熙年间有引五万一千三百零二引[④]，只这一府的引额就已经远远超过其他大部分盐商了。如果按《永宪录》所记的三十万引作为总数算，安氏一家所经营的引额竟占据整个两淮盐区的百分之十七。

萧奭所谓“潜处扬州”，是指安氏隐瞒身份，以引名示人。尚不知安氏在扬州所用的引名是什么，但可以确定他们并没有像大部分盐商那样，给引名冠以自己的姓氏，证据是所有两淮盐法志书中从未出现以“安”字为首的引名。如康熙二十八年两淮商人的一件请求减轻盐商负担的呈文中，开列了作为淮商代表的数十位盐商引名，其中并没有以“安”字为首者。而以安氏的经营规模和地位，这样的联名呈文他们不可能缺席[⑤]。刻意隐瞒身份的效果是明显的：尽管安氏是扬州首屈一指的大盐商，并且很有可能担任纲总，扬州人却并不知道他们的底细，只是在坊间流传着一个颇具野史色彩的绰号“安二达子”。这个绰号和关于他豪奢生活的种种传闻被后世野史家采撷，并被错误地加在声望素著的安尚仁的第三子安岐身上。

① 萧奭：《永宪录》卷四，中华书局，1997，第260页。

② 关于安氏家族成员及其关系，可参见刘小萌：《旗籍朝鲜人安氏的家世与家事》，《清史研究》2013年第4期，第1—19页。

③ 《（康熙）两淮盐法志》卷七《额例》，第619页。

④ 《（康熙）两淮盐法志》卷七《额例》，第616页。

⑤ 《（康熙）两淮盐法志》卷十四《奏议五》，第1101页。

实际上,安尚仁在明珠罢相后即返回北京,将扬州的盐业生意交给他的第二子安岐打理,“安二达子”即是安岐[①]。

长芦是仅次于两淮的第二大盐区,且地处京畿,对明珠家族来说,如此近在咫尺的利益没有放过的道理。从康熙三十三年到康熙四十二年,明珠派安尚仁以“金义”“钱仁”的引名以及安尚仁的仆人何体仁的名义,从张霖手中获得了十二处河南引地[②]。这些引地让安氏家族在长芦的盐业经营规模一举超越其他盐商,而成为长芦盐商中的翘楚。随后安尚仁将长芦盐业生意交给第三子安岐经营。安氏家族通过经营盐业积累了巨额财富,但他们只是明府的代理人,对于盐业生意并无所有权,其生意的兴衰、引地的得失与明珠家族命运之间紧密关联。这种关联使安氏家族在扩大经营规模上获得了便利,而且曾经帮助其化解风险、躲过危机。

## 二、特权的力量

表面上,清廷是禁止权贵阶层介入盐业经营的,目的是防止他们与民争利,破坏行盐秩序甚至做大到难以控制。其明文禁令曰:“监临盐法官吏及内外权势之人诡立伪名,领引行盐,侵夺民利者,查参治罪,追缴引票,盐斤入官。”[③]这条禁令中的“诡立伪名”四字,正是权贵业盐所通用的手段。其方式包括:亲身或由亲属经营而以引名隐瞒身份,如雍正时年羹尧在管理河东盐务时“革退旧商,将伊子年富、年斌伪编商人富斌等名色,私占山西潞安、泽州等十七处盐窝,自出本银行盐”;委派仆从隐瞒身份出为盐商,自身退居幕后以极为隐蔽的方式提供支撑,如年羹尧曾“别令心腹

① 详见本章第六节。
② 详见第二章。
③ 《长芦盐法志》卷七《律令·律例·监临势要中盐》,第107页。

人等伪编商名，私占陕西咸宁等十八处盐窝，代己行盐”[①]；向盐商借出资本，收取利息，如康熙年间徐乾学“发本银十万两，交盐商项景元于扬州贸易，每月三分起利”[②]。明府对盐务的参与既深且广，既借给了张霖本银，又委派安氏经营盐业。所以，事实上清代权贵业盐从来不曾被真正禁止。当明府这样的权贵参与业盐时，特权现象几乎百分之百会发生，并且贯穿于整个行盐过程。从引地的获得到盐的运销、税费的缴纳，权贵会抓住一切机会为自己节约成本、增加利润。引地的分配权掌握在户部和内务府的手里，而盐运使、巡盐御史是联系朝廷与盐商的纽带，经管着从运销到税费缴纳、盐商诉讼的一切事宜。只要能够对这些部门的官员产生影响，那么享受特权就不是一件太难的事。

一个值得注意的事实是，明府在两淮盐区的吉安府引地和长芦盐区的陈州等六处引地所行引盐，都是正纲之外的“增行纲引”：吉安府引地本行销粤盐，康熙初年改行淮盐[③]；陈州及其所属的商水、项城、沈丘、西华四县并南阳府属舞阳县这六处引地原行淮盐，康熙二十六年改食芦盐[④]。这些新调整的引地是盐商扩大经营的好机会，但最终都落入明府手中。明府获得吉安引地的经营权是在明珠当权的时期，经过了内务府甚至是皇帝的认可，明珠的政治地位在其中必定起到了至关重要的作用。长芦盐区陈州六处引地则是张霖私下作为债务抵偿而转给明府的，代价是按每引四两作价一十六万九千零四十八两。按照正常的程序，经营权的转换必须经过官方的批准，且需要向朝廷缴纳窝价，张霖与明府之间的这种私相授受是绝对不被允许的，明府却风平浪静地经营了这些引地十余年。其实明府想要隐瞒事实并不容易，因为购运引盐的事宜必须经过盐务官员和内务府官员之

① 《世宗宪皇帝实录》卷三十六，《清实录》第七册，第 544 页下。

② 《东华录》卷十五康熙二十八年十月，第 245 页。

③ 《（康熙）两淮盐法志》卷十四《奏议五》，第 1093 页。

④ 陈州等六处引地的情况见第二章。

手,然而这些官员全都选择沉默。不能排除有人收受了明府的贿赂,但贿赂有时候并不是必需的,因为明府的权势已足以让官员们三缄其口,这在明府被张霖案牵连时表现得淋漓尽致。

康熙四十八年三月初,一位名叫孟恒的盐商出首检举安氏,称其与四年前因私卖余盐等不法行为获罪的张霖相勾结,隐匿本该罚没入官的引地资产。孟恒所指称的,正是安氏从张霖手中购入的十二处河南引地。如果罪名成立,这十二处引地都将被罚没归公。按照办案的程序,赵弘燮应该根据张霖的供词直接审讯安氏父子,但当他查明安尚仁、安岐的身份"均系原任内大臣明珠家人"之后,立刻将事情原委及提审安氏父子的打算上奏康熙帝,并在奏折里说了一段意味深长的话:"臣秉心报恩,止知有主,故不避嫌怨据实奏明。但臣孤介一身,凡事认真,更求皇上鉴臣愚忠"。所谓"止知有主,不避嫌怨"云云,表明赵弘燮深知明府的分量及其与皇室之间的复杂关系,想要提审安氏父子,必须经过皇帝的同意。康熙帝以一句"知道了"许可了赵弘燮的措置,但安尚仁、安岐父子还是一直拖延到十月份才到案受审。

审理的结果毫无悬念,安氏父子帮助张霖隐匿财产的罪名并不成立,理由是这十二处引地都是在张霖事发以前转到安氏名下的,并非为了隐匿资产。但明府与张霖私自转手陈州等六处引地的事实再也无法隐瞒下去了。赵弘燮在随后的奏折里小心翼翼地写道:

陈州等处当日原食淮盐,康熙二十六年间改归长芦,召商认引,原是官物,张霖如何每引作价算给明珠?安尚仁如何亦即收受?应向安尚仁名下追出引价银一十六万九千另四十八两入官充饷,以结此案。如根究到底,金义、钱仁原无其人,系安尚仁引名,安尚仁行盐是实。查旗人行盐,历来盐院、盐法道等官均有失察之咎,牵连人众。臣仰体皇上浩荡之仁,不敢冒昧具疏,谨具折奏请圣裁批示遵行。总之,臣受恩深重，凡事认真，不敢欺瞒，亦不敢草率。伏乞睿鉴。

康熙帝朱批：是。

明府和安氏的违法行为证据确凿，赵弘燮即便将引地罚没归公，在法理上也并不草率，但在政治上无疑确是草率之举。他为开脱安氏找到了很好的借口，其处罚措施也是明府和安氏完全可以承受的——十余年的行盐利润，早就已经超过了被罚交的十六万余两引价银。康熙帝朱批的"是"字想必饱含着满意。但第二年四月赵弘燮还是专门上了一道奏折乞求康熙帝的保护："臣将安尚仁名下引窝银一十六万九千零四十八两议追入官克饷，难免恨臣怨臣。思臣孤介一身，知臣之深唯有圣明。伏乞皇上恩赐作主。"①

赵弘燮并不是一个庸碌无为、懦弱怕事的官员，况且以直隶巡抚之尊，也并非真的惧怕一个大臣家奴的怨恨。他很清楚明府之所以能够长期经营盐业，必定经过了康熙帝的默许，如果根究到底，也许会给自身招致借端倾轧、扰及皇室的嫌疑，甚至让康熙帝本人感到难堪。所以虽然事实上安氏已经破坏了引地的招商秩序，导致其他有实力的盐商失去了公平竞争的机会，让朝廷无法判断盐商实力、评估经营风险，赵弘燮并没有给安氏以实质性的惩罚，并且一再以"愚忠""孤介"来表明自己纯正的忠心。

对明府和安氏的盐业生意来说，政治盾牌对风险的隔绝，显然比那些普通盐商通过贿赂得来的暂时性特权更加可靠。依靠特权的力量，安氏在大盐商云集的天津很快就开始占据一席之地，这个时间最晚不超过康熙三十七年。这一年，长芦巡盐御史张交泰用行政命令废除了天津盐关向盐商们额外收取的陋规浮费，不仅节省了盐商的成本，而且免去了盐商在盐关

① 以上参见康熙四十八年四月十九《直隶巡抚赵弘燮奏陈审理明珠家人安尚仁等隐匿盐引案折》、康熙四十八年十二月十六《直隶巡抚赵弘燮奏报质审安尚仁等暗分盐引案情形折》、康熙四十九年四月初四日《直隶巡抚赵弘燮奏报安尚仁等与张霖私分盐引案情形折》，《康熙朝汉文朱批奏折汇编》第2册，第427—429、714—717、818—820页。

前守候滞留之苦，大大提高了运盐的效率。这项措施深得人心，于是有一百零三名盐商联名向张交泰递交公呈，请将此事勒石，以垂永久。这些盐商的代表有六位：卫源、王瑞、杜日升、王泰来、金义、张行。金义排在晋商王泰来之后、以“张行”作为引名的张霖之前。此时安氏在所有长芦盐商中的实力排名，可以此名单作为参考[①]。到了雍正年间，安尚仁将长芦盐业生意交给安岐。经过数十年的经营，安氏在长芦盐商中的地位进一步提升。在雍正四年的《长芦办课商人优劣单》中，“金义”高居“殷实良商”的第二名，仅次于以“王克大”作为引名的山西晋城王氏[②]。

## 三、政治献金

安氏经营盐业利润的具体数额无从得知，但有一个间接数据可以作为推测的依据：雍正四年，安尚仁的长子安图被抄家，仅从他的宅院中挖出的窖银就多达二百余万两[③]。这当然只是安氏财产的一部分，而安氏的私有财产又只是占据其经营盐业生意所获得利润的一小部分，因为他们只是代主人明珠家族经营，并无所有权，所赚取的巨额利润大部分都归入明府的账房。这些利润一个最重要的用途就是作为政治献金。

献金是明府寻求政治靠山的重要方式，尤其是明珠失势后，明府更加迫切地希望能与当权者结成政治联盟。从康熙末年到雍正初年，明府曾通

---

① 张泰交：《受祜堂集》卷四。

② 此单见《雍正朝汉文朱批奏折汇编》第 32 册，第 736 页，无时间。但此单为长芦盐运使陈时夏所呈，陈担任运使的时间是雍正四年。其末注曰：“金义即安岐之引名”，可见此时安氏的长芦盐业生意已经由安岐主持了。

③ 雍正五年十月十四日《谕内阁九卿著严禁埋藏及殉葬金银》，《雍正朝汉文谕旨汇编》第 1 册，第 288 页。

过安图之手向权臣隆科多纳献白银三十余万两[①]。明府的主要献金对象是皇室，根据《永宪录》的记载，揆叙去世后其家人“以所有家财八百万献于宫府，令九贝子掌之。予安三银百万两资生，以赡养叙母妻”[②]。按照这个记载，明府的第三代将家资献给皇室以换取政治上的平安，这些资财由九贝子允禟[③]掌管。实际上明府对允禟的利益输送是十分直接的，二者之间的姻亲关系为这种输送提供了便利。

康熙五十八年四月，康熙帝下旨以九贝子允禟第三女下嫁永福，揆叙去世两年后与允禟成为亲家，永福封多罗额驸。此前两年，永寿已授佐领，是年又擢头等侍卫。掌管明珠家族的接力棒传到了第三代永福、永寿的身上。档案记载：“允禟叫永寿之妻拜干女儿，要了永寿银八万两银子。允禟从前家私不满二十万，自与明家结亲之后，现银约有四十余万两，田产、房屋、生意等项约还有三十余万两。”[④]永福是允禟的女婿，永寿的妻子又成了允禟的干女儿，可谓是亲上加亲，更加不分彼此。当然，真金白银比姻亲关系更有效用。根据《清实录》的记载，到康熙朝末年，明府对允禟的直接利益输送已经高达百万两以上[⑤]。

明府不仅将财产赠送给允禟，就连仆人也可以与之共享，所以《永宪录》中对安尌的身份有这样的描述：“图之弟尌，隶允禟门下”[⑥]。档案记

① 《永宪录》记载：“故罪臣揆叙家人安图夤缘隆科多，自康熙五十二年至雍正二年，计银三十余万两。”见《永宪录》，第259—260页。

② 《永宪录》，第260页。

③ 即胤禟，雍正时为避帝讳改名为“允禟”。本书为叙述方便，统一为“允禟”。下文“允禩”同。

④ 《刑部左侍郎黄炳、两江总督查弼纳进秦道然口供折》，《允禩允禟案》，故宫博物院编辑出版：《文献丛编第三辑》，1930，第27页。

⑤ 《世宗宪皇帝实录》卷四十，雍正四年正月丁酉：“允禟……得揆叙之银数百万两”，见《清实录》第七册，第587页下；卷四十五，雍正四年六月甲子：“伊（允禟）女聘与明珠之孙永福，索取赀财累百万金”，见《清实录》第七册，第674页下；卷四十六，雍正四年七月乙巳：“塞思黑当康熙六十年得揆叙家之银已百余万”，见《清实录》第七册，第695页下。

⑥ 《永宪录》卷四，第260页。

载，安尌曾经在扬州购买了十多个女子，送给允禟组成戏班。[①] 从这件事来看，安尌与允禟的关系确实非同一般。不过《永宪录》所谓安尌"隶于允禟门下"，倒也未必是完全脱离纳兰家而变成允禟的家仆，有可能只是为其效劳而已。实际上安氏家族为允禟效力的不止安尌，允禟曾经做过这样的事："允禟使太监何玉柱在天津、苏、扬等处货买良家子女，其不愿卖身者，何玉柱扮作新郎，假称安三之子，明媒娶来，暗入贝子之府。"[②]既然这些女子有的来自天津，有的来自苏、扬，那么何玉柱假扮的新郎，既可能是安岐，也有可能是安尌。其实永寿、永福与允禟的关系已经密切到此种程度，那么说安氏家族有一半算是允禟的家人也不为过。由于明府与允禟之间建立起这种非同一般的密切联系，在康熙朝后期围绕着夺嫡展开的政治斗争中，揆叙毫不犹豫地站在了允禟所在的"八爷党"一边，并因此成为雍正帝即位后清算"八爷党"的首选目标。

以上事实揭示了安氏对于明府的重要意义。表面上安氏只以经营盐业等生意，为纳兰家族开辟财源，实则深深渗透进纳兰家族，为稳立于瞬息百变的朝局而布下的政治经济格局中，甚至成为这一格局的主要支撑。这一格局有三个部分，总体来说是由安尚仁所开创，然后分别交给他的三个儿子安图、安尌、安岐接手经营：安尚仁的长子安图居于北京，与安尚仁一起帮助明珠料理家务、经营当铺等生意，并广泛结交达官贵人，尤其与隆科多关系密切；次子安尌居于两淮盐区的中心扬州，在业盐的同时维系着明珠家族与允禟的密切关系，并在景德镇烧造瓷器，供奉内廷以示好雍正；第三子安岐居长芦盐区的中心天津经营长芦盐业，与安尌共同帮助明珠家族在当时中国最富庶的两个盐区赚取盐利，再把盐利作为政治献金，为明珠

---

① 《刑部左侍郎黄炳、两江总督查弼纳进秦道然口供折》："何玉柱(允禟府中的管事太监)第二次到江南，带了十多个女子来，闻说是扬州安蓟即安二送允禟学戏的。"，见《允禩允禟案》，故宫博物院编辑出版：《文献丛编第三辑》，1930 年，第 30 页。

② 《邵元龙参奏允禟折》，《允禩允禟案》，《文献丛编第三辑》，第 35 页。

家族构筑起一道政治屏障。

但这道屏障并不牢靠,政治斗争的狂风骤雨随时都有可能将其摧毁,本来强有力的政治依靠变成危险的肇祸之源。这个时候,盐利的取舍便成为明府最后的缓冲空间。

## 四、取舍之间

安氏家族虽然财力称雄一方,但其包衣奴才的身份是改变不了的,不但其所经营的一切产业,连自身都是纳兰家族的私产。所以,对安氏家族来说,其盐业生意和家族的命运都非自己所能掌控。明府和允禟都身处政治漩涡的中心,安氏家族就像这漩涡中的一叶小舟,身不由己地随着主人的兴衰而沉浮。明府与允禟的联姻为安氏家族增加了一重政治保障,但同时也增加了一重政治风险。这种风险,在雍正帝即位后很快就显现出来了,安氏也因此经历了最为惊险的一段时期。

雍正二年十月二十八日,雍正帝下了一道措辞激烈的谕旨,对早已去世多年的揆叙、阿灵阿大加贬斥:“本朝大臣中,居心奸险、结党营私惟阿灵阿、揆叙二人为甚。”雍正帝甚至表示,自己与这两人有“不同戴天之恨”。雍正帝之所以如此痛恨揆叙,就是因为他比较深地介入了康熙朝的储位之争,并且支持的是雍正帝的对手——以允禩、允禟为首的“八爷党”。雍正帝认为,阿灵阿、揆叙作为允禩、允禟的党羽,在康熙帝废黜太子后到处释放流言蜚语,污蔑贬损废太子,并故意让人们以为是受自己的指使,败坏自己的名声,“无父无君,莫此为甚”。此时阿灵阿、揆叙都已谢世多年,雍正帝仍难以压抑胸中怒火,下旨将他们墓碑上的文字磨掉,“于阿灵阿碑上镌刻‘不臣不弟、暴悍贪庸阿灵阿之墓’,于揆叙碑上镌刻‘不忠不孝、柔奸阴险揆叙之墓’,以正其罪,昭示永久”。而他指定去执行这道谕旨的，正是"与阿灵阿、揆叙等结为一党，不肯改悔"的允禩①。

实际上，雍正帝翻出阿灵阿、揆叙的旧账，真正的目的并不在于打击明府，而对在于敲响清算"八爷党"的前奏，因此揆叙的家人暂时没有受到影响。揆叙之子永寿的仕途一直平顺，从雍正三年至雍正九年去世前，先后做过署理镶红旗都统、礼部右侍郎、兵部右侍郎、左侍郎、议政大臣兼署镶蓝旗汉军都统印务。但雍正帝对揆叙"挟其数百万家资"襄助"八爷党"是耿耿于怀的，而这些家资主要来源于安氏经营的盐业及当铺等其他生意。雍正帝对安氏家族并不陌生，这个家族对于明府的重要性自康熙朝就已经上达天听，而允禟与揆叙的关系又如此之密切，雍正帝有理由担心安氏家族继续充当自己政敌的钱袋子。

揆叙案后不久，雍正帝开始对安氏家族进行调查和试探。安尉在扬州除了经营盐业外，还从康熙五十九年起在景德镇烧造瓷器，所烧磁器都转送进京，供皇室使用。雍正三年三月，雍正帝给江西布政使常德寿面谕密旨，令其访查安氏在景德镇烧瓷有没有违法行为。调查的结果是，安尉的家人在景德镇"并无招摇生事、克扣灶户，亦无片纸到官，甚属安静"②。九月份，雍正帝又转去试探安岐的态度。适逢长芦巡盐御史莽鹄立上奏折建议重修被洪水冲破的天津城，并打算自筹资金，但雍正帝却批道："此事且缓。可问问安尚仁之子，他等可愿捐此力否。"③雍正帝的试探得到了安岐的积极回应。九月二十八日，莽鹄立报告安岐请求出资修城的奏折就送到了雍正帝面前。莽鹄立在奏折里转述了安岐的禀文："修筑城池乃邦家要务，上有益于国，下有益于民，岐父安尚仁闻此美举，踊跃鼓舞，喜不自

---

① 雍正二年十月二十八日《谕大学士九卿等阿灵阿揆叙二人结党营私并将马尔赤哈等治罪》，《雍正朝汉文谕旨汇编》第1册，第94—96页。

② 雍正三年四月初三日《江西布政使常德寿奏复安尚仁在景德镇烧瓷并无招摇折》，《雍正朝汉文朱批奏折汇编》第4册，第725页。

③ 雍正三年九月十二日，《长芦巡盐御史莽鹄立奏请留用捐银以资天津修城折》，《雍正朝汉文朱批奏折汇编》第6册，第156页

胜，情愿一力捐修。”[1]这个禀文当然是出自莽鹄立的授意，并经过明府同意。对明府和安氏父子来说，在这个节骨眼上能有一个报效朝廷的机会，未尝不是一件好事。此后安岐以一家之力承担起修城重任，直到雍正九年完工，前后耗资数十万两[2]。

安岐为修天津城墙耗费巨资，实际上消耗的是明府的财力。雍正六年，安岐捐修天津城墙出现了资金困难，他向长芦盐政郑禅宝禀称：“现有盐窝产业措变，勉力赞修，工程断不敢有误。”郑禅宝认为安岐的话并不可靠，因为“安尚仁、安岐系侍郎永寿家人，原在天津料理盐行生意，其盐窝产业是否自置，无凭查核”。他向雍正帝建议，应该将此事告诉永寿，让他转饬安尚仁、安岐及时支发城工所用银两。雍正帝是这样批的：“城工系安岐自愿捐修，谅必不致迟误，何必移咨与永寿转饬？令其徐徐办理可也。”[3]雍正帝心里很清楚，催促安岐也就相当于催促永寿。如果安岐真的曾变卖盐窝，那也必定是经过永寿同意的。

安岐承担修城工程，帮助自己以及父亲安尚仁、主人纳兰家族展示出与皇帝合作的政治姿态。但就在修城工程刚刚开始几个月后，雍正帝还是给了纳兰家族和安氏家族当头一棒。《永宪录》记载：

> （雍正四年正月）怡亲王允祥劾吏部尚书隆科多。饬由边外回京。九卿会提督阿奇图廷讯之。故罪臣揆叙家人安图夤缘隆科多，自康熙五十二年至雍正二年，计银三十余万两。又娶红带之女为妾，逼勒自缢。事觉拿交刑部，籍没其家。因逮隆科多家人牛伦等质审。[4]

① 雍正三年九月二十八日，《长芦巡盐御史莽鹄立奏请修整天津城垣折》，《雍正朝汉文朱批奏折汇编》第6册，第238页。

② 钱陈群《麓村五十寿序》，《香树斋文集》清刻本卷十三，第16页。

③ 雍正六年四月初二日，《长芦巡盐御史郑禅宝奏报长芦商人安岐捐修天津城垣情形折》，《雍正朝汉文朱批奏折汇编》第12册，第112—113页。

④ 《永宪录》卷四，第259—260页。

隆科多因助雍正帝登基有功而深受信赖，但很快就因位高权重而引起雍正帝的猜忌，雍正四年正月被以“贪婪犯法”的罪名革退吏部尚书之职，戴罪前往阿尔泰等料理边界事务。据上引《永宪录》文，安岐的长兄安图被卷入其中，是因为“夤缘隆科多”，而实际情况是隆科多“差家人王五、牛伦、陆续索取揆叙家人安图名下、骡马缎疋古玩等物并银十四万两”[①]。安图“揆叙家人”的身份，在雍正帝看来十分刺眼，不管他是被迫还是自愿为隆科多输送钱财，似乎都成为揆叙“挟其数百万家资”支持允禩的翻版。于是，隆科多的勒索变成了安图“夤缘隆科多”，再加上“娶红带之女为妾，逼勒自缢”这一条罪名，安图很快便被锁拿抄家，并在两年后伏诛。

雍正四年正月，几乎与查办隆科多案同时，雍正帝剥夺了允禩、允禟的宗室身份，开始对“八爷党”下手。几个月后，允禟、允禩先后死在囚禁之处，“八爷党”被彻底铲除。允禟的倒台，使得明府也受到了牵连。永寿本人的仕途虽然没有受太大的影响，但雍正帝给了他一个不大不小的惩罚。《清实录》记载：“两淮盐政准泰奏称，吉安一府引盐，原系侍郎永寿行盐地方，于雍正四年蒙特恩赏给怡贤亲王置办用度。”[②]可见雍正帝在惩治允禩、允禟的同时，剥夺了永寿的江西吉安府引岸。这可以看作一种惩罚的方式，但与授意安岐修城墙一样，更深层次的意义恐怕在于削弱潜在政治对手的经济实力，同时增加自己一方的经济实力。吉安府引岸额引五万一千五百零四引，在赏给怡亲王府后，每年每引缴纳窝利银一两，共五万一千余两银子，悉数解送怡亲王府[③]。但怡亲王允祥并没有把这些银子都揣进自己的腰包，在允祥去世后，雍正帝曾满怀深情地回忆道：“朕偶赐王之金银，多为购买进物之费。朕赏王永寿扬州盐窝一处，王即以每年所得之息

① 《世宗宪皇帝实录》卷四十，《清实录》第七册，第601页下。
② 《高宗纯皇帝实录》卷二百一十八，《清实录》第十一册，第807页上。
③ 《高宗纯皇帝实录》卷二百一十八，《清实录》第十一册，第807页上。

皆付商人精细者为制办之资，务期精好周备而后慊于怀。"[1]可见吉安引地的大部分利润，都被允祥用以支付雍正帝的供用了。

那么在吉安引岸易主后，安氏是不是从此就无权经营这些引岸了呢？实际上恰恰相反。《永宪录》所记载的"上登极，命岐回京，属照亲王府供采买，得无过"，其中之"亲王府"当为怡亲王府无疑。根据前引常德寿的奏折，雍正三年四月安岐仍在扬州行盐，他被召回京极有可能是在第二年吉安引岸拨归怡亲王府的时候。安岐回京后，吉安引岸由一个名叫安瑞成的人管理，直到雍正八年才转交到其他盐商手上。安瑞成仍然是扬州的"众商领袖"，而且正是"怡亲王门下行盐之人"[2]。这位安瑞成，应该是安岐的子侄辈。如此看来，安氏家族不但继续经营着吉安府引岸，而且因此顺理成章地成为怡亲王的家人。

安氏家族一旦归入怡亲王门下，便摇身一变成为雍正帝的嫡系，享受着皇权带来的政治保障。雍正六年底，江苏按察使董永艾向雍正帝报告，安瑞成想要逼奸仆妇，因其不从，就将她殴打致死，并且捏称她被丈夫长寿殴打自缢，然后带着家人张标将长寿也打死了。案发后，扬州府县只将张标治罪，却把安瑞成置之局外。董永艾在奏折里说，自己秉着"不徇情面、不畏豪强"的公心，一定要将安瑞成缉拿归案，彻底查办。案发后，安瑞成立刻跑到北京向怡亲王诉冤，说董永艾奏折里说的逼奸致死等事"皆属全无之事"，是董永艾"将伊家人勒取口供，毙于三木"。雍正帝据此判断，"观此则董永艾之有意锻炼可知矣"。十二月十三日，雍正帝下达了一道措辞严厉的谕旨，指斥董永艾索诈安瑞成，饬令刑部严审此案。结果安瑞成罪名不能成立，董永艾反而被刑部加以"索诈"之罪，竟被处斩[3]。

① 《世宗宪皇帝上谕八旗》，雍正八年六月十六日上谕，《钦定四库全书》史部六《诏令奏议类》，《影印文渊阁四库全书》，台湾商务印书馆，1986。

② 《世宗宪皇帝上谕内阁》卷七十二雍正六年十二月十三日上谕，《钦定四库全书》史部六《诏令奏议类》。

③ 《世宗宪皇帝上谕内阁》卷七十二，雍正七年五月十六日上谕。

此案的结局出人意料之外，却也在情理之中。对董永芠，雍正帝并不陌生："董永芠乃旗下微贱之人，原在允禵门下，从前每年送与允禵之物华丽丰厚，较贡献之仪更为繁费。"允禵，雍正帝的同母弟弟，在康熙朝的夺嫡之争中，却倒向允禩，成为"八爷党"的重要成员，雍正四年被雍正帝囚禁起来。董永芠作为允禵的旧人，本就犯雍正帝的忌讳，更何况他要查办的对象掌管着怡亲王甚至雍正帝本人的钱袋子。雍正帝认定董永芠是在说谎，甚至怀疑他故意将安瑞成案预先密奏，目的在于"试探意旨，若朕批令从严，则是朕枉法，以遂伊图利之心"。在上谕里，雍正帝极力否认怡亲王和自己对安瑞成的偏袒：

> 若以安瑞成为怡亲王门下行盐之人，怡亲王公忠体国，正直无私，安瑞成果系有罪，怡亲王岂肯姑容？以亲王门下如许人员，岂少一管办盐务者，而必于安瑞成是赖乎？若云朕意袒护安瑞成，则董永芠莅任江南之时，朕又何不谕令留心照看，岂待今日董永芠欲坐安瑞成之罪，朕始特降谕旨枉法以保全之耶？①

实际上在今日看来，这些辩解有些"此地无银三百两"。

两年后，安氏家族还是失去了吉安引地的经营权："雍正八年十二月奉旨：（吉安引岸）交与淮南黄光德办理，庚戌纲纳课为始。其时前商安瑞成尚存己酉等纲残盐一百六十五万包。"②吉安引岸被交给淮南商人黄光德办理，其缘由不得而知。从雍正八年安瑞成所办上一年的盐引还有一百六十余万包没有售出来看，是安氏家族的经营出了问题。但安氏家族在两淮经营的引岸不止吉安一府，《永宪录》中说安尚仁当初经营江西"四府三

---

① 《世宗宪皇帝上谕内阁》卷七十二，雍正六年十二月十三日上谕。

② 定祥等修纂《（光绪）吉安府志》卷十六《赋役志·盐政》，成文出版社，1975，第548页上。

十万引盐”，雍正帝关于安瑞成案的上谕里也说安瑞成为“众商领袖”，所以其名下必然还有其他的引岸，这些引岸包括哪些、安氏家族在扬州的盐业生意持续到什么时候，因史料缺乏，无从查考。

## 五、天津安岐

天津是长芦盐区的中心，安氏既然经营长芦盐业生意，就免不了与天津发生联系。《（乾隆）天津县志》记载，康熙五十年安尚仁曾经在天津城南门外设立粥厂，赈济无家可归的灾民，这项善举安氏家族一直坚持了十余年。[①] 不过安尚仁大部分时间还是留在北京帮助明珠处理家族事务，安氏家族与天津的联系主要体现在安岐身上。作为安尚仁最小的儿子，安岐似乎集中了安氏家族所有的钟灵毓秀。他天生痴迷于书画艺术，这甚至取代了他的盐商身份，成为他六十余年人生最主要的底色，也是联结他与天津这座城市的主要纽带。

安岐字仪周，号麓村、松泉老人。他出生于康熙二十四年[②]，正是明珠权势鼎盛的时期，也是安尚仁盐务事业的发轫期。此后不久，安尚仁将生意从南方的扬州扩展到北方的天津，在为明府提供财源的同时，自己也成为巨富豪商。安岐成长于优裕的环境之中，却并没有养成商人子弟常有的纨绔习气，按照他自己的回忆，他从少年时期即对声色之玩、琴弈之技都没有兴趣，而唯独嗜好古今书画名迹，终日把玩至废寝忘食的地步[③]。这种雅好赋予他超越年龄的特殊气质，例证就是康熙三十七年画家焦秉贞为他作的肖像。这一年安岐还是一个十四岁的少年，焦秉贞却将他画成了一个

① 《（乾隆）天津县志》中记为安尚义。见《天津通志·旧志点校卷》中，第 191 页。

② 参见刘尚恒：《二馀斋文集》，天津古籍出版社，2013，第 373 页；杨小京：《关于安岐的新材料》，《新美术》2015 年第 1 期。

③ 安岐：《〈墨缘汇观〉自序》，《墨缘汇观》，岭南美术出版社，1994，第 37 页。

王翚、焦秉贞《安麓村小像》(局部)(原件由[美]翁万戈家族收藏)①

① 图片来源:寇勤主编《莱溪守望:翁氏六世书画收藏珍品》,文物出版社,2022年,第215页。

蓄着少许髭须、仪态优容的成年男子，身旁还立着一个捧着古书及书画卷轴的小童。肖像完成后，画家王翚又为之补画山水林木[1]。焦秉贞是一位供奉内廷的著名画家，而王翚早已成为画坛耆宿，他们二人肯为安岐这位少年作画像，虽然必定有其家世背景的原因，但也应该是出于对安岐书画之癖的了解和肯定。安岐和王翚也由此结缘，成为忘年之交。

安岐于康熙四十四年左右来天津[2]。和辗转于京津两地的安尚仁不同，安岐是被明府及父亲派驻天津的盐业代理人，所以他一开始就有在天津落地生根的打算。康熙四十七年，安岐已经在天津建成自己的别业沽水草堂[3]，“中饶水竹台榭之胜，复构邃宇数盈，藏弆金石书画甚富”[4]，成为与张霖的问津园、查日乾的水西庄相颉颃的天津早期私家园林。但那个时候张霖、查日乾因私盐案入狱，问津园已然荒废，水西庄还没有兴建，天津早期的大盐商家族正处于低谷，安岐的到来恰好填补了天津财富与文化的空白。

对于明府和安氏来说，康熙朝后期是一个较为平顺的时期。天津的盐业生意蒸蒸日上，又有其家人何体仁襄助打理，给了安岐足够的时间和财力，将自己对书画的爱好发挥到极致。十数年内，安岐将明清收藏大家项元汴、梁清标、卞永誉、高士奇等人曾经收藏的精品尽入囊中，这其中包括黄公望《富春山居图》、王羲之《袁生帖》、苏轼二赋、韩干画马、米芾《潇湘图》、孙过庭《书谱》、陆机《平复帖》、展子虔《游春图》、范宽《雪景寒林图》等传世珍品。他自身的书画鉴赏功力也随之精进，所以他的朋友钱陈群称

① 刘尚恒：《二馀斋文集》，第 389—396 页。

② 钱陈群在《麓村五十寿序》说五十岁的安岐“居津水三十年”，也就是说他差不多从二十岁开始，就居住在天津了。安岐生于康熙二十四年，如果从年份上算，安岐是从康熙四十四年左右开始在天津居住的。

③ 刘尚恒：《二馀斋文集》，第 383—384 页。

④ 《（乾隆）天津县志・附园亭》，《天津通志・旧志点校卷》中，第 77 页。

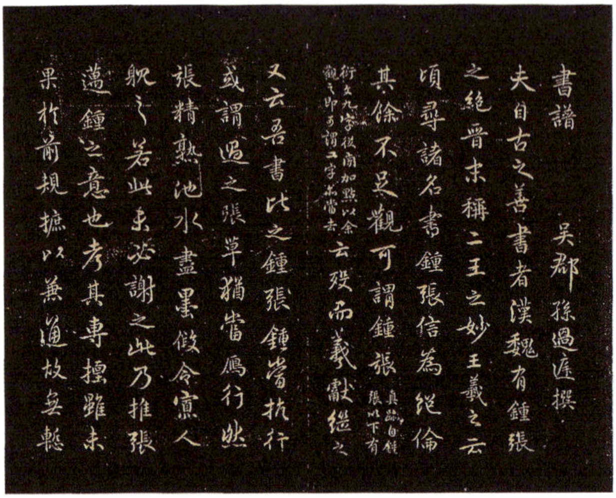


清拓安岐刻孙过庭《书谱》释文①

赞他“鉴赏古迹不爽毫发”，“颇为当代推重”②。关于这一点，他的其他朋友的记述也并无二致。如陈奕禧说他“学问淹通，深于精鉴”③，符曾说他“古玉彝鼎善鉴赏，剖晰微末分毫茫”④。康熙四十五年，刚到天津不久的安岐获得孙过庭《书谱》。鉴于这部书法界奉为圭臬的作品流传范围极窄，安岐决定将其勾勒刻印。康熙五十年，他特意将精于摹勒的吴中顾庭如父子“延至津门，五载始得告成”⑤。安岐刊刻《书谱》是对书法史的一大贡献，书法界人士知之更详，在此毋庸赘述。

安岐对于书画的爱好为他结交南北著名文人提供了方便，这些文人包括顾维岳、王翚、张照、钱陈群、陈奕禧、翁嵩年、符曾、龙震、查礼、缪曰藻、宋师曾、佟鋐等，他们的诗文中都留下了与安岐相交游的记载。安岐对文人的结交主动而积极，比如他与天津诗人龙震的交往即为一例。龙震比安

① 图片来源：《鹾之韵——长芦盐业与天津城市文化》，第45页。

② 钱陈群：《麓村五十寿序》

③ 陈奕禧：《〈书谱〉跋》，安岐刻本《孙过庭书谱》，北京出版社，影印版，1992，第129页。

④ 符曾：《春凫小稿》，乾隆刻本，甲子年诗，第三页，转引自《关于安岐的新材料》，第46页。

⑤ 安岐：《〈孙过庭书谱〉跋》，《孙过庭书谱》，第131—132页。

岐要大得多[1],他是一个特立独行的诗人,明明出身于盐商豪富之家,善于却不屑于生意,而只以诗酒消遣岁月,且又不喜与人交,只和张霖的堂弟张霔为挚友。这样一个豪脱闲放的人物,年轻的安岐也主动前去结交。康熙五十年,龙震作《感知己歌题于古香书屋》赠于安岐,夸他"吁嗟夫少年,当世觏真罕",因为他"无骄贫贱心,有识英雄眼"[2],此时安岐还是二十六岁的青年。康熙五十四年,钱陈群在落第后来到天津,安岐通过别人引荐来拜访他,求教作诗之法[3]。

在沽水草堂和后来的古香书屋,安岐为他的朋友们营造了理想的休闲环境,其中既有"前临沽水后柳塘"的自然风光,又有"插架子史一万卷"的博雅气息,任凭他们挥洒着狂放不羁的性情。在某一次诗会上,诗人符曾乘兴赋诗技压四座,得意地把笔掷到地上,吓得旁边的儿童慌忙躲藏。安岐并不责其失态,只是笑其酒后疏狂[4]。康熙朝后期的十数年里,安岐和他的朋友们饮酒、作诗、赏画、观剧、莳花登楼、乘舟出行、寻僧访道、"筹花斗酒兼卧月""爱寻山水耽闲房"[5],度过了一段岁华如流水般抛掷、时光如白驹般飞扬的日子。

朋友们对安岐这位风雅而慷慨的盐商都十分敬服,王翚对他尤为欣赏。康熙五十三年,安岐到南方游历,在吴门与王翚相会,两人在吴江舟上与顾维岳等人一起鉴赏了宋朝古画《僧巨然雪图》[6]。第二年安岐满三十岁,他的生日在重阳节后四日[7],但他的朋友们从春天就开始张罗了。广

---

① 《天津县新志》卷二十一《人物(一)·龙震》记载,龙震于康熙丙午参加乡试,即康熙二十九年,此时安岐年方四五岁。见《天津通志·旧志点校卷》中,第754—755页。

② 《玉红草堂诗文》卷十四,转引自杨小京《关于安岐的新材料》,第49页。

③ 钱陈群:《麓村五十寿序》。

④ 符曾:《祝古香六十寿》,转引自杨小京:《关于安岐的新材料》,第46页。

⑤ 同上。

⑥ 《墨缘汇观》第186页。目录中记此图为《释巨然雪图》。

⑦ 符曾为安岐祝贺四十五岁生日的《寿古香》诗,首句写明时间为"重九后四日"见符曾《春凫小稿》己酉年诗,转引自杨小京《关于安岐的新材料》,第44页。

徐洛、王翚、杨晋绘《麓村高逸图》①

① 图片来源：美国克利夫兰艺术博物馆藏。

陵涂洛、海虞杨晋和王翚一起为安岐绘制了第二幅肖像,即《麓村高逸图》。画中的安岐盘腿坐于毡毯之上,仪态安然自若,手执一卷书画,旁立一童一鹤,芭蕉、山石、流水、树木绕于周身[①]。到了九月,王翚又特地为他作《云山竞秀图》,在常熟老家遥祝安岐生辰,在题跋里将安岐放在了"主盟风雅"的地位上[②]。雍正二年,安岐满四十岁,年富力强,人生顺遂,意气风发。九月,他四十岁寿辰,朋友们纷纷写诗相贺,缪曰藻的祝寿诗描绘了安岐当时的状态和风采:

> 秋气澄鲜玉宇凉,客多珠履集华堂,紫萸吐秀悬囊灿,黄菊舒英绕径香。名画法书资博物,清歌妙舞侑飞觞。百年未半方强仕,坐对芳辰逸兴长[③]。

然而仅仅一个多月以后的十月二十八日,雍正帝以一道惩治阿灵阿、揆叙的谕旨,拉开了清算"八爷党"的序幕。安氏从此难有宁日,安岐的命运也急转直下。

从雍正三年到雍正九年,安岐在整整六年的时间里,将相当大的财力和精力放在了修天津城墙这件事上。其间诸务繁杂,安岐职在办课行盐,本来难以兼顾。雍正三年九月,长芦盐政莽鹄立曾经向雍正帝建议,让安尚仁到天津主持办理城工,却被雍正帝拒绝了[④]。安岐只得强打精神勉力兴办。

修城从一开始就不顺利,从雍正三年十月开工到第二年十二月,只有

① 此画藏于美国克利夫兰美术馆。参见刘尚恒:《二馀斋文集》,第 389—396 页。

② 王翚:《云山竞秀图》题跋:"麓村先生主盟风雅。"见俞丰译注:《王翚画论译注》,荣宝斋出版社 2012,第 137 页。

③ 缪曰藻:《楷书为麓村四十寿诗》,引自杨小京:《关于安岐的新材料》,第 45 页。

④ 雍正三年九月二十八日《长芦巡盐御史莽鹄立奏请修整天津城垣折》,《雍正朝汉文朱批奏折汇编》第 6 册,第 238 页。

北面修起城楼一座、城墙一百九十余丈，东、西、南面都还没动工。安岐给出的解释是，本年春季多雨，无法多建砖窑烧造城砖，再加上冬季寒冷冰冻不得不停工，因此进展缓慢[①]。安岐所面临的最大困难不是天气，而是其家族接二连三的厄运。从雍正四年安图事发，安氏家族被直接卷入政治斗争的漩涡。雍正六年安图伏诛，年老的安尚仁也在忧惧交加中离世[②]。而此时的安岐境况也不容乐观，由于安家拖欠太监李玉银两，他被羁押在北京质审，以至于天津城工所需砖灰物料都没有到位，延误了工程进度。长芦巡盐御史郑禅宝将这个情况报告给雍正帝，并建议对安岐严厉催促，雍正帝在朱批里说："安岐再不得迟误，催他备办可也"[③]。雍正帝以及各级官员的频繁催迫使安岐的压力倍于往常，所以在整个修城期间，他"凡陶冶工作必躬自督视，擘画尽善"，历经六寒暑而终于完工[④]。修城的这几年，安岐于困苦中辗转腾挪，奔波于天津、北京之间，不可谓不尽心尽力。因此，史家对安氏"急公好义"的评价，并不因其修城出于不得已而有丝毫减色。

安岐挺过了修城危机后，将天津的盐业生意继续经营下去。进入乾隆朝，安岐经营的引地数量至少仍有二十一处，引额达二十万四千三百三十一道[⑤]，占据整个长芦盐区引额的五分之一还多。乾隆九年，长芦盐商捐银助赈，"金义"仍然位列第二[⑥]。乾隆十年，朝廷对参与此次捐银的盐商

---

① 雍正四年十二月二十五日《长芦巡盐御史马礼善奏报查看天津城垣竣工情形折》，《雍正朝汉文朱批奏折汇编》第 8 册，第 741—744 页。

② 雍正六年九月初六日《署直隶天津总兵张三让奏报督催商人安岐等上紧修筑天津城垣折》："本年六月内……彼时安岐因伊父安尚义病故……"见《雍正朝汉文朱批奏折汇编》第 13 册，第 368 页。

③ 雍正六年十一月初十日《长芦巡盐御史郑禅宝奏请饬催商人安岐备办物料修理天津城垣折》，《雍正朝汉文朱批奏折汇编》第 13 册，第 894 页。

④ 钱陈群《麓村五十寿序》。

⑤ 此为乾隆十三年明府引地被收归内务府时的数字，见后文《"永庆号"的困境》章。

⑥ 乾隆九年七月十二日《长芦盐政伊拉齐为商人王至德等捐银助赈请议叙事奏折》，《清代长芦盐务档案史料选编》，第 50 页。

加以议叙，安岐以“金义”的名义与查为仁等一起被授予七品顶戴[①]。表面看起来，安岐仍然享有着财富与荣耀，但经过雍正朝的政治风雨洗礼之后，安岐的处事由挥洒豪放转为深沉内敛。他回忆起自己数十年来访求、鉴览书画的经历，感到“恍然一梦，不无怅然”，开始坐在书斋，将访求的经历与鉴赏书画的心得汇集成册。乾隆七年《墨缘汇观》（又名《墨缘汇观录》）书成，此时安岐已经是年近六旬的老人了。编撰这样一本记录他收藏、经眼与心得的书画鉴赏录，恐怕与刊刻《书谱》一样，是他一生最为看重的功业。随后安岐的身体便出现了问题，到乾隆九年已经是“久病杜门”[②]。这年秋天安岐六十寿辰时，符曾在祝寿诗里回忆了二十年前的沽水草堂，感慨此时已是“眼前人境纷沧桑”了[③]。

安岐去世的时间没有确切的记载，大致是在乾隆十、十一两年间，因为乾隆十一年冬天，安岐所珍藏的黄公望《富春山居图》、王羲之《袁生帖》等一批精品，已经被他的家人拿出售卖，并经傅恒之手进入内府，成为乾隆帝的藏品[④]。如果安岐在世，这种事情绝对不会发生。但是直到乾隆十三年，长芦引地一直都在安氏手里，安氏又怎么会中落至出售藏品的地步呢？而且所出售的都是精品，如果不是拮据到无资金可用，也不会有这样的举动。这种拮据，也许是因为安岐病中无法料理盐务导致经营出现问题，也许是和明府当时的主持者玉琳拖欠内务府帑银有关。不管出于什么样的原因，对于安岐来说都是悲剧：他尽力搜求、钟爱一生的法书名画，在他尸骨未寒的时候，就已经纷纭零散了。

乾隆十八年前后，查礼重游沽水草堂，见到这里已经是“虫吟乱石苍

① 《长芦盐法志》卷五《盛典》，第 83 页。

② 《墨缘汇观》，第 39 页。

③ 符曾：《祝古香六十寿》，转引自杨小京：《关于安岐的新材料》，第 46 页。

④ 《石渠宝笈》载：“丙寅冬，安氏家中落，将出所藏古人旧迹求售于人。”《石渠宝笈》卷四十二，《钦定四库全书》子部二十三《艺术类》。

烟合，鼠攊枯藤暮雨收”的破败景象了[①]，心中不胜唏嘘。查礼可以称得上是安岐的忘年交。他出生于康熙五十五年，比安岐小二十一岁。当安岐从雍正朝的政治风雨中抽身出来时，查礼刚好成年，宛平查氏水西庄在他的父兄经营下正处于鼎盛时期。他经常去安岐的古香书屋拜访，在满墙满架的“商周秦汉青丝宝器、唐宋元明名家之翰墨”中流连忘返，并且与安岐“讨论甚洽”。安岐极爱查礼所画梅花，一日将一枚小玉印送给查礼，印上镌有“梅屋”二字，查礼爱不释手，从此即以“梅屋”为号，并画梅花答谢安岐[②]。

安岐与查礼的这一段交往，是安氏和宛平查氏两个天津大盐商家族交集的唯一记载，但由此也可以想见当时两个家族在盐务与文化上互通声气、互相爱重，堪称天津历史上的一段佳话。安岐离世三年左右，查礼长兄查为仁也去世了，水西庄的繁华就此落幕。抚宁张氏、宛平查氏、朝鲜安氏这三个天津早期大盐商家族的黄金时代已经成为过去。

## 六、“安二达子”非安岐

安岐之名在其死后不久即淹没在历史长河中，这在很大程度上是因为他生前并不愿意向人透露自己的身份。对于安岐来说，盐业只是一个刻意被淡化了的背景，而曾经被动地陷入其中的那些政治漩涡，也不过是过眼云烟。即便是他耗费心血编撰的《墨缘汇观》，他也只在自序里留下了“松泉老人”这样一个晚年才使用的别号。《墨缘汇观》编成后一直都没有付

① 查礼：《过沽水草堂旧址诗》，杨小京：《关于安岐的新材料》，第 51 页。

② 查礼：《铜鼓书堂遗稿》卷三十《题画梅三十四则》序，《清代诗文集汇编》第 338 册，第 221 页。

梓，仅有抄本流传，直到光绪初年才被刊刻[①]。书中品鉴书画的精审引起了人们对作者的探索欲望，安岐的真实身份才逐渐浮出水面。在此之前，人们对安岐本人的印象是模糊的。乾隆五十五年罗聘对安岐的描述，就出现了很多错误，如认为安岐兄弟二人，安岐为长，在扬州办理盐务等[②]。可见即便知道安岐的盐商及明府家仆身份，由于对安氏家族成员及其之间关系的含混不清，也会发生张冠李戴的错误，以至于人们在天津安岐之外，又塑造出了一个绰号为“安二达子”的扬州安岐。

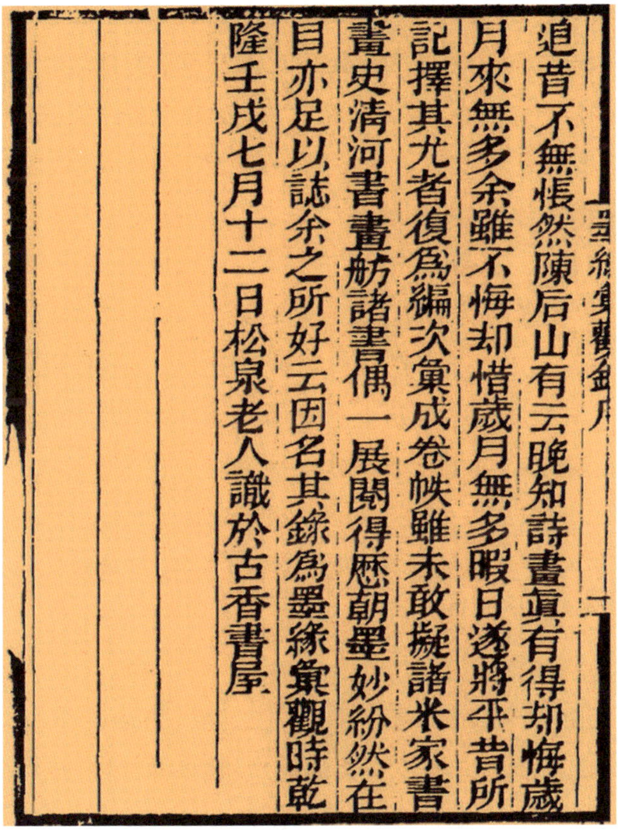
墨緣彙觀錄

追昔不無悵然陳后山有云晚知詩畫眞有得却悔歲月來無多余雖不悔却惜歲月無多暇日遂將平昔所記擇其尤者復爲編次彙成卷帙雖未敢擬諸米家書畫史淸河書畫舫諸書偶一展閱得歷朝墨妙紛然在目亦足以誌余之所好云因名其錄爲墨緣彙觀時乾隆壬戌七月十二日松泉老人識於古香書屋

安岐《墨缘汇观》自序[③]

清末人刘声木《苌楚斋随笔》引道光年间周凯《内自讼斋文钞》所记：安岐从高丽“从贡使入都”后，得到了明珠家的窖金，以此作为本钱“往天津、淮南业盐”，并且说他“在扬州置巨宅，豪奢不可言”。“事阅百余年，扬州人尚知有‘安二达子’者”[④]。这是扬州坊

① 《墨缘汇观》，第 323 页。

② 柳得恭：《滦阳录》卷二《罗两峰》，辽海书社排印本，1934，第 10 页。

③ 图片来源：伍崇曜辑，谭莹编校：《粤雅堂丛书》三编第二十八集，《墨缘汇观录》。

④ 刘声木：《苌楚斋随笔》卷八，中华书局，1998，第 172 页。

间传说中安岐的大致轮廓。集中记载安岐在扬州事迹的是李斗写于乾隆二十九年至乾隆六十年的《扬州画舫录》，其中涉及安岐的记载有六处，乃安岐在扬州的各种豪奢之举。比如：

> 汪肤敏字公硕，号春泉，江都人。书法欧、褚，性廉介。安麓村延之不就，就之弗见。使人要于路，掖之入，见则命书戏目数出。公硕为其所迫，书而进之。命掖入密室中，良久，数仆延至一堂，麓村迓于阶下，曰："先生古君子，前特相戏耳。"乃款留堂上，水陆竞献，笙歌错陈。所奏戏文，即为所书戏目也。尽欢而罢，归为麓村母书寿序一通。时程字实夫号秋槎，汪柯字可舟，书法与公硕齐名，皆居扬州。
>
> 初，扬州盐务，竞尚奢丽，一婚嫁丧葬，堂室饮食，衣服舆马，动辄费数十万。……其先，以安麓村为最盛，其后起之家，更有足异者。
>
> 米景泉住河东岸，于天宁门街开糕铺，工诗，好笼养。是时，盐务商总以安绿村为最，一日过其铺，闻笼中八哥曰："安公买我！"绿村喜，重值购之。盖止教此一语，亦善于取利矣。①

由此而衍生出更多关于安岐奢侈的故事，比如袁枚《子不语》卷六《张赵斗富》：

> 盐商安麓村请赵饮酒，十里之外彩灯如云。至其家，东厢西舍，珍奇古玩，罗列无算。赵顾之如无有也。直至酒酣席撤，入燕室小坐，美女二人捧双锦盒呈上，号"小顽意"。赵启之，则关东活貂鼠二尾，跃然而出，拱手向赵。赵始哑然一笑，曰："今日费你心了。"②

---

① 李斗：《扬州画舫录》卷二、卷六、卷九，中华书局，1960，第51—52、149—150、214页。

② 袁枚《子不语》，上海古籍出版社，1986，第769页。

后来的《清稗类钞》等书中记载的安岐与之相类。影响及于今日，人们谈起扬州安岐，也总是把他和盐商豪奢联系起来[①]。

这个错误的产生，源于人们把在扬州业盐的安氏子弟误会为安岐，并且得出安岐在天津、扬州两地来往业盐的错误结论。实际上"安二达子"乃是安尌，除了前引《永宪录》记载安尌业盐于扬州可以作为证据外，关于安尌送允禟女子一事的档案是更有力的证明："何玉柱（允禟府中的管事太监）第二次到江南，带了十多个女子来，闻说是扬州安尌即安二送允禟学戏的。"[②]这份档案确凿无疑地证明，安尌就是安二，也就是人们口中的"安二达子"。实际上安岐的朋友们的确经常用排行来称呼安岐，只不过所用的是满含敬仰的"麓村三兄"或"麓村三长兄"[③]。

《苌楚斋随笔》《扬州画舫录》等书中虽然把很多事都记在了安岐身上，但嫁接拼凑的痕迹非常明显。比如《扬州画舫录》卷一记安岐刻《书谱》："鹾商安氏，业盐扬州，刻孙过庭《书谱》数石，今陷康山草堂壁上。"[④]实际上《书谱》刻于天津。又如卷十记安岐资助朱彝尊："朱彝尊，字锡鬯，号竹垞，浙江秀水人。举博学鸿词，授检讨。归过扬州，安麓村赠以万金。"[⑤]朱彝尊举博学鸿词科、授检讨是康熙十八年的事，此时安岐尚未出生。此后除了康熙二十年任江南乡试主考之外，朱彝尊一直在北京为官，直到康熙三十一年罢官南归[⑥]，而此时安岐也只有七八岁，"赠以万金"的说法根本站不住脚。再比如上文引袁枚《子不语》所记安麓村与河道总督

① 比如韦明铧：《安岐与扬州——记录中韩交往史上的一位扬州盐商》，《扬州大学学报（人文社会科学版）》2002 年第 4 期。

② 《刑部左侍郎黄炳、两江总督查弼纳进秦道然口供折》，《允禩允禟案》，故宫博物院编辑出版：《文献丛编》第三辑，1930，第 30 页。

③ 《麓村高逸图》缪曰芑、宋师曾、钱陈群、宋定业等人的题诗。

④ 《扬州画舫录》，第 11 页。

⑤ 《扬州画舫录》，第 242 页。

⑥ 参见张宗友：《朱彝尊年谱》卷四，凤凰出版社，2014，第 237—388 页。

赵世显斗富之事。赵世显任河道总督是在康熙四十八年至康熙六十年①，这期间安岐一直在天津业盐，如何与驻地位于江苏清江浦的河道总督斗富呢？

《扬州画舫录》和《子不语》成书于乾隆二十九年至乾隆六十年，距离安岐生活的时代尚近，就已经出现了这样的错误。此后的笔记作者不加以辨别而轻易采信，以讹传讹，有时更是谬以千里。比如清末徐珂《清稗类钞·鉴赏类·安麓村》记载：

> 乾隆时，鹾贾安麓村重刻孙过庭《书谱》数石，以袁子才主持风雅，馈二千金求袁题跋。袁仅书"乾隆五十七年某月某日，随园袁某印可。时年七十有七"二十二字归之，安已喜出望外矣②。

这段记载不仅搞错了安岐刻印《书谱》的年代，还把安岐的寿命凭空延长了四五十年。实际上，在乾隆十四年袁枚辞官归隐于随园，开始他的"职业文人"生涯之前，安岐就已经去世了，此时的袁枚刚过而立之年，若论在文人圈里的名气，恐怕尚与安岐相差甚远，安岐即便活着，也不会拿着两千金向袁枚求字，还为得到袁枚敷衍了事的二十二个字而"喜出望外"。

史料笔记中扬州安岐形象的"错位"，很大程度上是由于安氏对自己身份的刻意隐晦。无论是其主人、友人还是其家族自身，对其真实身份都讳莫如深，导致人们对于其家族成员关系搞不清楚，将安尚、安岐两人混淆。这其中典型的是凌廷堪《校礼堂文集》中的一段记载：

> 康熙丙寅，查初白在京师，馆于明相国珠之自怡园，揆恺功总宪兄

---

① 高延第、吴昆田纂：《（光绪）淮安府志》，《中国地方志集成·江苏府县志54》，江苏古籍出版社，1991，第172页。

② 徐珂：《清稗类钞》第九册，中华书局，1986，第4301页。

弟皆从之读书。时安麓村岐在馆中执洒扫之役。后十年丁亥，圣祖南巡阅河，初白方以编修请假在籍，偕其弟查浦侍讲恭迎銮辂。后同舟返浙，道经扬州，而安岐已为相国鬻盐于两淮，势甚喧赫。闻初白来，谒见于舟中，执礼甚恭。初白不命之坐，但云："汝小心贸易，勿为尔主生事。"安唯唯而退。查浦潜遣人持刺往拜，于是安馈初白赆仪三百金，而查浦则倍之。老辈风采，犹可想见。①

凌廷堪生于乾隆二十年，是清代乾嘉时期著名经学家、史学家和文学家。他是《扬州画舫录》作者李斗的友人，但是在《与阮伯元阁学论画舫录书》这篇文章里还是批评《扬州画舫录》在史实上的不严谨之处："其中有科分误者，爵里误者，年月误者，甚至有以地名误为表字者，重校之举所不待言。"②然而他自己也把安尌和安岐混淆了。康熙丙寅也就是康熙二十五年，此时安岐还是一两岁的婴儿，在查慎行馆中"执洒扫之役"的，当是安岐的兄辈。他由于曾为查慎行执役的缘故，与之结下了半师半主的情分，所以康熙丁亥也就是康熙四十六年再次见到查慎行的时候，仍然甚为恭敬。此时他既然"鬻盐于两淮，势甚喧赫"，那么只有可能是安尌。以凌廷堪这样长于考据、崇尚严谨的学者，尚且会将安尌错以为安岐，更遑论其他作者了。

安尌会被错认为安岐，还有一个重要的原因就是安岐的名气远远大于安尌。对于安尌，扬州人只知其为"安二"而不知其名，李斗们从坊间街谈巷议中采择素材的时候，也只知道主人公是安氏家族的成员而已。然而另一方面，在李斗们身处的文人圈里，安岐是极具影响力的。另外，年轻时安岐本人的为人处世方式也让他容易成为稗官野史描摹的对象，那些一掷千

① 《与阮伯元阁学论画舫录书》，凌廷堪：《校礼堂文集》卷二十三，中华书局，1998，第 210 页。

② 《与阮伯元阁学论画舫录书》，《校礼堂文集》，第 206—207 页。

金罗致彦杰的豪举,和《扬州画舫录》中记载的“强邀汪肤敏写字”,“助朱彝尊万金”等事异曲同工。这样的主人公是李斗们心向往之并且津津乐道的。在这样的心态下,再凭着他们对安岐家事的粗浅了解,将安岐与扬州“安二达子”的豪奢生活联系在一起,甚至将一些与安氏家族无关的传闻都加在安岐的身上,也是非常自然的事情。

## 七、戛然而止

乾隆十三年,长芦盐商再次捐助金川战事,在《长芦盐法志》详细列出的议叙名单中,已经没有金义、钱仁或者安氏的名字了①。此次捐助饷银议叙的盐商有一百五十余位之多,如果当时的安氏仍然在正常经营盐业,不可能不参与其中。事实上正是在这一年,安氏家族的长芦盐业生意宣告终结。这并不令人意外,长芦盐区数百名盐商实力的消长、权威的轮转从未停止,安氏家族与天津的其他大盐商一样,不可能永远占据着长芦纲商的头等交椅。只不过安氏长芦盐业生意终结于其主人纳兰家族之手,并不是因为其自身出现了问题。

乾隆十三年,主持纳兰家族的是永寿的孙子玉琳(也写作“玉麟”)。根据《钦定八旗通志》记载:“第三参领第七佐领系第六佐领内余丁,明珠管理佐领时分编一佐领,以其长子兴德(即性德)管理。兴德故,以其弟左都御史揆叙管理。揆叙故,以其子兵部侍郎永寿管理。永寿故,以其子宁秀管理。宁秀故,以其兄之子玉琳管理。玉琳故,以其子成安管理。”②据

① 《长芦盐法志》卷五《盛典》,第83页。

② 《钦定八旗通志》卷四《旗分志三·正黄旗第三参领第七佐领》,《钦定四库全书》史部《政书类》。

此知玉琳是永寿之孙[①]，在宁秀去世后不仅主持家族的事务，而且承袭了自明珠时就开始的佐领之职，在内务府的管辖之下办理旗务。就是这个不起眼的职位，让他输掉了已经式微的纳兰家族复兴的最后希望。

为了办理正红旗、镶白旗、镶红旗汉军旗的旗务，玉琳向内务府领借了七万五千两“滋生银两”[②]。进入乾隆朝后，朝廷开始逐步收撤滋生银两，要求领借者归还内务府的本银，玉琳却拿不出银子来。于是乾隆十三年，内务府将玉琳在长芦的二十一州县引地悉数没收。这些引地的价值远远高于玉琳所借的滋生银两[③]。

为了经营这些引地，内务府成立了“永庆号”盐局，先是派内务府商人王瑶、安时遇负责营运，后于乾隆十五年开始，仿照吉安引地的做法，招商轮流营运。从此这二十一处引地以“永庆号”引地的名目被长芦盐商轮流

---

① 根据《叶赫纳兰氏八旗族谱》记载，玉琳乃宁秀之子，且宁秀居长，有一弟弟延宁。见薛柏成：《叶赫那拉氏家族史研究》，吉林文史出版社，2005，第 303 页。二者虽然记载有歧，但玉琳是永寿的孙子是没有问题的。自明珠之后，纳兰家族的男人都活不久长。明珠长子性德三十一岁去世，次子揆叙生于康熙十三年，卒于康熙五十六年，享年四十三岁；揆叙的弟弟，也就是永寿的生父揆方生于康熙十九年，卒于康熙四十七年，享年仅二十八岁。永寿生于康熙四十一年，卒于雍正九年，享年仅三十岁。雍正九年永寿去世之时，其子宁秀尚幼，还没有结婚，但此年永寿已经三十岁（以上根据《叶赫纳拉氏家族史研究》第174—195 页性德等人墓志铭），宁秀很有可能已经十几岁，数年后就可结婚生子。即便如此算来，乾隆十三年的玉琳最多也不过是十几岁的少年。但在当时，玉琳还是有可能在其他人的辅佐下主持纳兰家族的事务。

② 中国第一历史档案馆编辑的《乾隆年间内务府官当史料选》中收录乾隆十五年四月十二日《允禄等为三陵等处发过滋生银两并交利银数目事奏折》，其中所附的清单显示：“办理正红旗、镶白旗、镶红旗汉军旗分滋生银两，佐领玉麟领过本银七万五千两。”见《历史档案》1985 年第 20 期，第 26 页。关于“滋生银两”，详见第五章。

③ 乾隆十四年十月十五日《署理长芦盐政丽柱奏折为王瑶承办“永庆号”盐店上年解交息银数目事奏折》：“案查乾隆十三年十一月内，准内务府广储司咨文，内开玉麟抵补官帑之‘永庆号’盐店实在成本银八十一万九千六百七十二两，应遵原奏，令王瑶等承办，每年以一分起息，应交库平库色息银九万一千八十二两零著交盐政征收交纳内库。”《清代长芦盐务档案史料选编》，第 58 页

办理[①]。纳兰家族继雍正四年失去两淮的吉安府引地之后,在长芦盐区的盐业终于也折戟沉沙。如果此时安岐还活着,这对他来说无异于失业,因为"永庆号"所包括的二十一处引地都是由他以"金义"的引名经营的。直到乾隆三十八年,承办"永庆号"引地的盐商王起凤在报效金川军费的时候,所用的名目仍然是"公办金义等引"[②]。只不过时过境迁,此时恐怕天津人都很难立刻由"金义"想到安氏或者安岐了。

安岐一支的盐业生意虽然结束了,但在怡亲王府庇佑下的安尚一支在天津的盐业生意仍在继续。乾隆五年,有两伙人先后从安图早已罚没入官的宅邸中偷刨出窖银十余万两,这其中就包括安尚的家人何智杰的家仆陈顺。事发后陈顺的供词中有这样的话:"从前我原是安凤(即安尚)家人何智杰的家人,我主何智杰替他主安凤在天津办理盐商事务。"[③]由此可见,安尚的盐业生意似乎从扬州转移到了天津。乾隆十三年内务府成立"永庆号"盐局后,委派经营"永庆号"引地的两位盐商中,有一位名为"安时遇"。乾隆二十七年五月十九日长芦盐政金辉的一份奏折里还提到,长芦盐商李茂林"本名安聪,现在怡亲王府当差"[④]。这些信息也隐约透露出怡亲王府支持下的另一个安氏长芦盐商家族,安时遇、安聪,都极有可能是安尚的后人。

---

① 详见第七章。

② 《长芦盐法志》卷五《盛典》,第85页。

③ 吕小鲜选编:《乾隆初陈顺等合伙偷刨安图入官房院内窖银案史料》,《历史档案》1992年第2期。

④ 乾隆二十七年五月十九日《长芦盐政金辉为敕发商人筹办昌平延庆运务以整引地事奏折》,《清代长芦盐务档案史料选编》,第83页。

## 八、结语

明府通过安氏经营盐业的特权色彩及涉入政治之深，可以作为权贵经营盐业的一个绝好例证。清代权贵阶层有着参与盐务的强烈愿望和便利条件。虽然直接与盐务发生关系的是盐官，但身在官僚体制内的盐官，却牵连着上至皇室、下至权贵乃至普通官僚，这些人都可以很方便地通过盐官与盐务发生直接或间接的联系，在盐利的盛宴中分一杯羹，那些身居高位的权贵们更是没有理由不跃跃欲试。明府通过安氏经营长芦盐业即是出于这样的动机。像明府这样的权贵业盐所涉及的问题，在一般官员经商所带来的腐败、垄断等经济问题之外，又深深地与政治相牵连。禁令的挤压和皇权的绥靖使权贵业盐成为清代政治经济领域的灰色地带，有时可以作为皇权和大臣之间关系的缓冲带，有时则成为皇权控制大臣的筹码。

抚宁张氏、宛平查氏、朝鲜安氏是清代前期天津的三大盐商家族，这三个家族都鼎盛于康熙、雍正时期，其突出的特点就是深入参与政治，与政权阶层关系密切。他们或是通过纳捐等形式进入仕途，或是本来就附属于权贵阶层，而这三个家族在政治上又互相联结，属于同一个利益集团。三大家族与政治的密切关系对于他们的盐业经营活动产生了显著的影响。概括来说，政治地位为他们带来了引地获取上的特权、运销活动中的方便，甚至为他们的违法行为保驾护航，从而使他们获得了巨额的利润。他们先后衰落于康熙朝后期到乾隆朝初期，此时整个长芦盐区正处于恢复之后的上升期，他们的衰落并不是由于经济方面的原因，而是政治因素发生作用的结果。不管是张霖、查日乾还是安氏的盐业生意，都是以明府的政治势力为依靠。当明府的政治地位不再稳固的时候，政治就成为困扰他们盐务事业的魔咒。

三大家族深度参与政治的动因有两个向度:抚宁张氏和宛平查氏代表的是财富到权力的向度,安氏(明府)代表的是权力到财富的向度。三大家族在政治、经济上的联盟,从本质上来说是权贵阶层对盐利的追求和盐商阶层对政治权力的渴望互相交汇并达成了默契。其结果就是,本来应该是经济行为的盐业经营被涂抹上了浓厚的政治色彩,而政治行为中也处处贯彻着经济利益的考量。对于明府这样的权贵,当朝廷需要对其拉拢绥靖的时候,经营盐业的规模及手段都会得到一定程度的默许;当朝廷需要对其加以警告或打击的时候,盐业生意又会成为牵制的筹码。当然这一切的前提是其在政治上有足够的分量,当其政治地位与盐业经营的规模不再匹配,或者不再有能力经营大规模盐业生意的时候,朝廷便会断然剥夺其经营权。对于盐商,朝廷虽然允许他们参与政治,但始终怀有警惕,甚至会出于政治上的考虑对盐商进行打压。三大家族的兴衰史清晰地表明,在清代经营能力和经济环境远远不是决定盐业生意好坏的最重要因素,因为在政治的权衡下,行盐秩序并不是非维护不可的东西。

与之后的天津盐商大家族比较,清初天津盐商三大家族在身份上还是比较独立的,在经济、政治上的追求都具有相当的主动性。进入乾隆朝之后,这种独立性和主动性在天津大盐商身上越来越少见,甚至皇商家族和"永庆号"盐商家族已经部分或完全依附于权贵阶层尤其是皇室而存在了。

# 下篇

# 第五章

# 转折时代

雍正帝留给乾隆帝的是一个经过整饬后走上正轨的国家，包括盐业在内的社会经济继续着上行的趋势。但是当历史的车轮驶进乾隆朝后，清代盐务的走向开始偏离原有的轨道。乾隆帝坐享雍正帝整顿盐务的成果，其对盐务的管理在原有的模式之外衍生出新的内容：一是大幅度扩展了皇室分沾盐利的范围并提高了数额，二是重置了皇帝与盐商的相处模式，使二者之间形成一种类似于主仆的畸形关系。这两个改变使盐利的分配问题复杂化，直接影响到乾隆帝盐务政策的制定和实施。乾隆朝中期以后，当物价、银钱比价等市场要素的变化波及盐业时，乾隆帝并没有恰当地应对。他不加节制地采取借帑、缓带征等优恤盐商的措施，使盐务体系遭到无法挽回的破坏，这成为乾隆朝中后期盐业和盐商衰落的直接原因。

## 一、藏富于民

在乾隆朝的前二十多年，包括长芦盐区在内的清代盐业产销达到鼎盛，这首先得益于人口的增长。根据《清实录》的记载，全国人口在乾隆六年已经达到一亿四千万人[①],到乾隆朝末年则已经超过三亿人,六十年间增加了一倍还多[②]。引盐是"计口食盐,按盐定引"[③]的商品,人口的增长必然带来盐业经营规模的扩大。乾隆朝长芦盐区的额引(正引)仍延续雍正朝的九十六万余道,同时雍正十年开始的五万道余引成为惯例。但是这仍不够,从乾隆十六年开始,芦商每年还需要额外请领余引三万至十万、二十万道不等[④],也就是说在乾隆朝大部分年份里,长芦盐区每年实际运销的引额已经超过一百一十万道。

正常情况下,运销额的增加必然带来盐利的增加。仅以盐课而论,乾隆朝芦商每年缴纳的课银普遍在四十万至六十万两[⑤],相比顺治年间的十九万余两已经增加数倍,而全国的盐税年收入到乾隆十八年已经超过七百万两,是顺治年间的三倍,比雍正朝增加了二百万两以上。盐业只是经济状况的一个缩影,到乾隆朝中期,清廷的财政年收入已达四千八百余万两,比雍正朝增加了一千余万两,与顺治朝相比则已经翻了一倍[⑥]。这也就是乾隆帝经常矜夸"国家全盛,府库充实"[⑦]的底气。

在这个背景下,乾隆帝高高举起了"藏富于民"的大旗。在记载乾隆帝谕旨言论的《高宗纯皇帝实录》中,"藏富于民"被他提起近二十次之多,直到乾隆六十年十月归政于嘉庆帝前夕,他仍以"朕自临御以来,勤求民

---

① 乾隆元年至五年数据缺失。

② 关于清代人口增长的具体数据,研究者在统计方法和结果上多有分歧,但乾隆朝是清代人口大发展时期是毋庸置疑的。

③ 乾隆九年十一月二十七日《长芦盐政伊拉齐为盐务变通事奏折》,《清代长芦盐务档案史料选编》,第 51 页。

④ 乾隆五十二年四月二十二日《为查明长芦山东行销额引余引事奏折》,《清代长芦盐务档案史料选编》,第 164 页。

⑤ 比如乾隆二十一年长芦盐课为五十一万五千余两,乾隆三十五年引课为五十六万余两,乾隆四十三年引课为四十万两,乾隆五十三年为五十三万两。参见《清代长芦盐务档案史料选编》,第 70、126、139、173 页。

⑥ 申学锋:《清代财政收入规模与结构变化述论》,《北京社会科学》2002 年第 1 期。

⑦ 《长芦盐法志》卷二《谕旨二》,第 15 页。

隐,日有孜孜,惟期藏富于民,家给人足”[①]作为自己长达六十年帝王生涯的总结。乾隆帝的这种财货思想,一是由于他临御盛世的政治自信和好大喜功的个人性格,自认为“国家当全盛之时”[②],国用充足,是以在财税上不苛求于民;二是基于皇权时代统治者一向标榜的民本思想:“盖民为邦本,庶富相因,但令小民于正供之外留一分赢余,即多一分蓄积,所谓‘藏富于民,百姓足,君孰与不足’者,此也”[③];三是出于他对货币流通媒介作用的认识,“朕思泉货本流通之物,与其聚财于上,毋宁藏富于民”[④]。

因此,他从不吝于在言论和行动上亲近盐商。雍正十三年十月,刚刚即位两个月的乾隆帝得知湖北受灾导致两淮盐引壅滞,立刻下旨将当年两淮部分盐课分年带征。在宣布这项宽免政策前,他向总理事务王大臣等人说“商众即吾民也,朕心岂有歧视”[⑤],这奠定了他对盐商态度的基调。乾隆二年,他在“率土商民均吾赤子,朕加恩惠养,务令力量宽余”[⑥]的宗旨下,宣布将长芦盐商在雍正年间没有交完的十六万两积欠盐课分十二年带征,皇商王氏所欠内务府帑银分十三年带征;同年十月,长芦盐商因雨水过多而遭受损失,乾隆帝又将当年的引课缓至次年起分作二年带征,同时将宛平查氏和另一位盐商的应交帑银宽限一年完缴[⑦]。这同一年内的两次缓征带征,拉开了他在长芦盐区频繁“优恤商民”的序幕。

根据不完全的统计,从乾隆二年到乾隆六十年,长芦盐商享受到的缓征带征至少有二十四次,平均每两到三年就有一次[⑧]。缓征带征对盐商的好处是显而易见的,因为每年春秋两关运盐,他们都需要支出一笔可观的

---

① 《高宗纯皇帝实录》卷一千四百八十八,《清实录》第二十七册,第 909 页下。
② 乾隆十四年二月十三日上谕,见《长芦盐法志》卷二《谕旨二》,第 14 页。
③ 《高宗纯皇帝实录》卷九百四十八,《清实录》第二十册,第 843 页上。
④ 《高宗纯皇帝实录》卷一千二百六十一,《清实录》第二十四册,第 964 页上。
⑤ 《高宗纯皇帝实录》卷五,《清实录》第九册,第 253 页。
⑥ 《高宗纯皇帝实录》卷三十七,《清实录》第九册,第 671 页下。
⑦ 《长芦盐法志》卷六《优恤 · 恤商》,第 94 页。
⑧ 见本书附表四《乾隆朝长芦课帑缓带征表》。

扬州卢氏盐商古宅(徐顺荣提供

成本,同时他们还要应付每年十月份奏销的盐课(乾隆三十二年改为十一月底奏销)。如果再加上帑利或捐输报效,那么盐商极有可能面临资金的压力;如果再遇到水旱灾害造成的引盐浸没或者运销壅滞,甚至还有可能出现亏损。课帑缓带征可以将需要上缴的银两化整为零,为盐商减轻资金的压力。在乾隆朝前期,课帑的缓征带征基本上都施行于水旱灾害发生的年份,有效解决了盐商的燃眉之急。由于经济环境稳定,运销的引盐都能正常获利,盐商也都在朝廷规定的期限内完交了缓征的课帑,朝廷的优恤措施与盐商的运销行为之间呈现出良性的互动。在这样的宽松政策下,盐商自然可以得到可观的盐利,那些大盐商家族得以有余利扩大生产规模。乾隆三十年之前,朝鲜安氏、皇商王氏、皇商范氏所经营的引地都已经达到二十处以上,而后来鄞县王氏经营的引地更是达到三十八处之多,已经远远越过了可以避免垄断的界限。

进入乾隆朝后,在巨额财富的支撑下,天津盐商宛平查氏、朝鲜安氏的文化活动都处于繁荣时期。扬州盐商的财富之巨、日用之奢靡,更是达到了令人咋舌的程度[①]。乾隆帝对此并不介意,甚至纵容盐商的奢靡之风。乾隆三十三年,当两淮盐政尤拔世奏称要“谆谕商人,教以节俭,冀挽浇风,以示简朴”的时候,乾隆帝直斥他“所见甚属鄙迂”,因为“此等殷商坐拥厚赀,即费用略多,亦复何碍”。在他的眼中,盐商的散漫花费是发挥钱

① 可参见徐顺荣:《明清扬州盐官与扬州盐商》,广陵书社,2015;王瑜,朱正海主编:《盐商与扬州》,江苏古籍出版社,2001。

财的流通作用，乃是“酌盈剂虚之道”，尤拔世加以限制乃是“不晓事体”，因此传旨申饬[①]。乾隆帝类似的言论还有许多。比如乾隆五十一年，当御史曹锡宝参奏“和珅家人全儿车服房舍过于奢侈”时，乾隆帝就以天津盐商安岐为例为其辩解说：“即承安家之管家安岐，亦未闻康熙年间，有以家赀富厚参劾者”；又举扬州盐商及山西富商之例：“且如扬州盐商皆系平民，因拥有厚赀，其居室园囿无不华丽崇焕，即安澜园、寄畅园等处，虽云为朕巡幸而设，岂非伊等之产而何？而山西富户，百十万家赀者，不一而足，亦岂得概以华侈富厚而罪之乎？”[②]

看来乾隆帝是真心想“藏富于民”，然而所谓“百姓足，君孰与不足”，只是他的自我标榜。在盛世繁华的表象造成的居功自矜心态的催动下，乾隆帝确立了这样一个逻辑：既然盐商已经积存了巨额的财富，而自己又是这些财富的赐予者，所以享受些盐利的分红也并不为过。他对于盐商捐输报效的看法“商人等资藉官盐，营运滋息，获利甚厚，如果情殷报效，备物输忱，亦属分所应有”[③]即印证了这个逻辑。于是乾隆帝和盐商之间的关系开始发生变化。

## 二、盐商的“皇室家奴化”

乾隆帝即位后，很快就增加了内务府分沾盐利的份额，以应付皇室日益增多的用度。长芦运库每年解交内务府的款项，除了自雍正朝就已经开



① 《高宗纯皇帝实录》卷八百零七，《清实录》第十八册，第901页。

② 《高宗纯皇帝实录》卷一千二百五十七，《清实录》第二十四册，第889页。

③ 《高宗纯皇帝实录》卷一千一百九十七，《清实录》第二十四册，第17页上。

始的笔帖式银和护军校银八千余两[①]、各衙门养廉银共近二万两[②]，又增加了"额外盈余银"，也就是运库公务用项之外盈余的款项。比如乾隆二十年、二十一年，长芦盐政普福分别向内务府解送额外盈余银一万七千七两五钱零、一万七千一百三十七两四钱三分零，都被乾隆帝拨交万寿山工程处使用[③]。乾隆十年左右，乾隆帝开始有计划地向盐商出借内库帑银并收取利息。盐商借帑曾经引起康熙帝的警惕，雍正帝对此更加小心翼翼，只将少量帑银借给了以内务府盐商为主的少数大盐商。乾隆帝借出的帑银则面向内务府盐商以外的更多盐商，而且很大程度上以持续收取利息为目的，这使得皇帝与盐商的关系发生了重大变化。

乾隆帝向盐商发放有利帑银，始于他对内务府生息银两的改革。生息银两又被称为"滋生银两"，即皇帝从内库中拨出、交给某些人员营运生息的款项。生息银两从康熙朝就已经开始，曾经在铜务、铸币等国家大政中发挥过重要作用，到了雍正朝则成为皇帝救济抚恤旗人的手段[④]。进入乾隆朝后，国库日渐充裕，足以资助八旗兵丁，再加上生息银制度本身出现许多沉疴痼疾，造成大量难以收拾的烂账。乾隆八年四月二十二日，乾隆帝下旨说："各省滋生银两，原以惠济兵丁，所获之息，以备赏赉之需，官无所利。其从前所领本银，自应陆续归款。"[⑤]开始决定逐步收撤生息银两，改

---

① 乾隆十三年十二月初五日《署理长芦盐政丽柱为长芦运库起解银两数目事奏折》，《清代长芦盐务档案史料选编》，第 57 页。

② 乾隆十六年十一月二十六日《海望为将长芦盐政高恒解到银两交造办处及沧州事奏折》，《清代长芦盐务档案史料选编》，第 63 页。

③ 乾隆二十年四月二十七日《三和为将长芦盐政普福解到额外盈余银两交万寿山查收》、乾隆二十一年四月二十六日《阿里衮为将长芦盐政官著解到额外盈余银两交万寿山查收事奏折》，《清代长芦盐务档案史料选编》，第 69—70 页。

④ 比如雍正七年三月，雍正帝考虑到在京八旗兵丁"其家若有吉凶之事，需用之费无所取办，一时拮据"，下旨"特给内库银两，令王大臣等营运生息，以备兵丁一时之用"。见《世宗宪皇帝实录》卷七十九，《清实录》第八册，第 38 页下。

⑤ 福建省少数民族古籍丛书编委会编：《福建省少数民族古籍丛书 · 满族卷》，民族出版社，2004，第 124 页。

为发交商人生息，盐商自然成为主要的对象[①]。乾隆十年七月，内务府借给天津盐商王镗帑银五万两，按一分五厘起息，每月交利银七百五十两，以备支放随围大臣、侍卫、章京等帮银之用[②]，这是长芦盐商领借的第一笔内务府生息银。由此可以看出，乾隆帝从决定改"生息银两"为"发商生息"起，就带着挽回内务府经济损失、补充内务府用项的目的，这个目的在此后的借帑中表现得更加明显。比如乾隆三十年，内务府因丰和、万成等五当铺不能一分行息，于是尽行收回交长芦盐政，令其选择谙习营运的商人借领生息[③]；乾隆三十三年，内务府将京城的恒足等当铺生息银全部收回，这些生息银所支撑的"侍卫随围帮贴、住班盘费"就没有了着落，于是乾隆帝下令从两淮、长芦所交的息银中支给[④]。

另一方面，这些生息银也的确是盐商所需要的，因为每年的行盐都要投入大量的资金，借贷是经常发生的事。而内务府生息银的月息大体在一分上下，相比民间借贷要低得多[⑤]。乾隆三十四年，当乾隆帝决定正式裁

---

① 关于乾隆帝收撤生息银之前清代生息银两的沿革，可参见韦庆远的系列论文：《康熙时期对"生息银两"制度的初创和运用——对清代"生息银两"制度兴衰过程研究之一》，《中国社会经济史研究》1986 年第 3 期；《雍正时期对"生息银两"制度的整顿——清代"生息银两"制度兴衰研究之二》，《中国社会经济史研究》1987 年第 3 期；《乾隆时期"生息银两"制度的衰败和"收撤"——清代"生息银两"制度兴衰研究之三》，《中国社会经济史研究》1988 年第 3 期。

② 见台湾"中研院近史所"藏内务府奏销档案全文《王镗借内帑》，见台湾"中研院"数据库网站。

③ 《总管内务府现行条例(广储司)》，转引自赖惠敏《乾隆皇帝的荷包》，中华书局，2016，第 158—159 页。

④ 乾隆三十三年七月二十三日《为定限收回恒足当等生息银事奏折》，《清代长芦盐务档案史料选编》，第 115 页。

⑤ 清廷规定民间借贷"月息不得超过三分"，但实际上这个上限很少被遵守。清前中期民间借贷的月息大体都在三分上下，而内务府借给盐商的帑银，月息基本上都在一分上下。如乾隆朝芦商借帑的利息，月息最高的为一分五厘，最低者仅有五厘。参见李克毅：《清代盐商与帑银》，《中国社会经济研究》1989 年第 2 期；晁中辰：《清代有"康乾盛世"，为何没有近代工业——以清前期高利贷为研究中心》，《社会科学辑刊》2010 年第 4 期。

撤收缴内务府发放的所有生息银两时，长芦盐商立刻通过盐政高诚恳请保留长芦生息银两，两淮、山东盐商也表示“情愿照旧，不愿撤回”。当然，乾隆帝本来就没有打算将盐商借领的息银收回，于是也就顺水推舟，以盐商“商力本属单薄，而官项起息又轻，伊等可以藉此转运”[1]为由，下令将这些息银改为“赏借”名目继续保留。

除了生息银，乾隆帝还借给盐商另一种有利帑银，即直接从内库中拨借帑银作为运盐成本，并收取与生息银相当的利息，名为“运本银”或“接济商本银”。这类帑银一般都是盐商遭遇资金困难时主动请求的，因此更能体现乾隆帝对盐商的经济扶助。乾隆二十九年，乾隆帝一次性借给芦商运本银二十万两，使盐商们在资本充足的情况下纷纷告运，当年秋天又请领了额外余引十万道[2]。此后皇帝借给的运本银成为盐商请领余引的莫大动力。比如乾隆四十年，由于运销畅旺，长芦盐商在领运完额定的正引、余引后，又请领了额外余引十万道。但是运盐资本不继，于是通过长芦盐政西宁向乾隆帝请求，“仰恳皇上天恩，赏借帑银二十万两”[3]，并且承诺按月一分起息，遇闰加增，有一商亏缺则众商认赔，以确保内务府本利不受损失。盐商们对借领帑银始终保持着热情，每当遭遇资金困难的时候就会通过巡盐御史热切地向皇帝请求借帑，并承诺以利息相回报。与康熙帝的谨慎态度不同，乾隆帝极少驳回这样的请求。

无论是生息银还是运本银，乾隆帝都不着急收回本金，而更倾向于让盐商长期缴纳利息，其中一部分甚至被列入杂课之内。有利帑银使得长芦

---

① 乾隆三十四年正月二十五日《奉旨著将长芦“生息”银两改称为“赏借”款项事》、乾隆三十四年四月初四日《大学士伊继善等奏为将“生息”名目改称为“赏借”事奏折》，《清代长芦盐务档案史料选编》，第116、117页。

② 乾隆二十九年九月十一日《长芦盐政高诚为长芦商人请领二十九年余引事奏折》，《清代长芦盐务档案史料选编》，第105页。

③ 乾隆四十年八月《长芦盐政西宁为赏借帑银为买余盐以裨商灶事奏折》，《清代长芦盐务档案史料选编》，第137页。

盐商交到内务府的款项大幅度增加，比如乾隆三十七年，芦商缴纳的各种帑利、息银达到二十三万五千余两[①]，再加上例行的其他款项，芦商一年内向内务府输送的盐利接近三十万两，这其中还不包括那些大盐商家族单独领借大额帑银的利息[②]。通过这些有利帑银，借帑行为从皇帝对盐商的单向救助变成了两者间的双向利益互动：当盐商正常获利时，内务府也可以享受利息；盐商一旦面临亏损，内务府也要承担利息甚至本银的损失。皇室利益和盐商利益以这种形式被捆绑在一起，甚至变成了一种利益共同体。而那些动辄借帑数万两以至数十万两的大盐商，与皇室之间的经济关系更是"剪不断，理还乱"了。

盐商们懂得如何增加这种关系的热度，因为他们知道，除了笔帖式银、养廉银、有利帑银等这些额有定例的方式，乾隆帝还热衷于以更隐蔽也更有人情味的方式分沾盐利。他向长芦盐政索取的进贡，在次数、数量、种类上都达到清朝之最。表面上，长芦盐政办贡的资金都来源于养廉银，但养廉银的来源却是盐商缴纳的盐利，更何况长芦盐政还会将办贡的责任转嫁给盐商。比如乾隆三十六年，长芦盐政西宁向乾隆帝承认，长芦每年只有端午、年节、皇上万寿、皇太后万寿四贡是由盐政自办的，其余古玩、雀鸟、花卉及供应热河的果品、食物等每年七八次不等，实际上都由盐商办理[③]。天津是乾隆皇帝南巡、东巡的必经之地，他还经常到天津巡视河工、武备，天津盐商抓住机会，给这位喜欢热闹、排场的皇帝准备了丰厚的报效。比如乾隆十三年、乾隆三十年，天津盐商曾经前后为乾隆帝修建了两座行宫，

① 乾隆三十七年七月三日《长芦盐政西宁为长芦各商应交利银数目事奏折》，《清代长芦盐务档案史料选编》，第132页。

② 见本书附表二《清前中期天津大盐商家族借领帑银表》。

③ 乾隆三十六年二月十七日《户部尚书于敏中等为革长芦盐政修署公银解内务府事奏折》，《清代长芦盐务档案史料选编》，第130—131页。并可参见吉朋辉：《乾隆朝长芦盐政的进贡秘事》，《中国档案报》2016年6月27日。

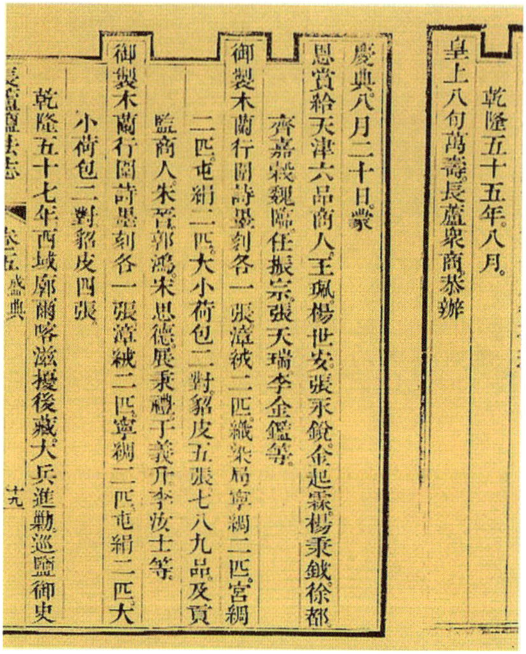
乾隆五十五年八月
皇上八旬萬壽長蘆衆商恭辦
慶典八月二十日蒙
恩賞給天津六品商人王珮楊世安張秉銳金起霖楊秉鉞徐都
齊嘉裁魏際任振宗張天瑞李金鑑等
御製木蘭行圍詩墨刻各一張漳絨二匹織染局寧綢二匹宮綢
二匹屯絹二匹大小荷包二對貂皮五張七八九品及貢
監商人朱晉郭鴻朱恩德展秉禮于義升李汝士等
御製木蘭行圍詩墨刻各一張漳絨二匹寧綢二匹屯絹二匹大
小荷包二對貂皮四張
乾隆五十七年西域廓爾喀滋擾後藏大兵進勦巡鹽御史
長蘆鹽法志 卷五 盛典 十九

《长芦盐法志》记乾隆五十五年乾隆帝八旬万寿，长芦众商恭办庆典，蒙恩赏赐①

即水西庄行宫和柳墅行宫。行宫和存贮御舟的皇船坞的日常管理、维护经费都来自运库，盐商还常常是维修工程的实施者。

遇到皇帝、太后生辰，盐商更是通过参与庆典备工或直接捐输银两，表达自己“瞻云就日”的热忱。比如乾隆二十六年皇太后七旬万寿，两淮、长芦盐商曾分别捐银二十五万两、十万两②。尽管乾隆帝有时候会以体恤盐商的名义拒收捐输，但是他从不否认这些捐输的合理性和必要性。事实上，他非常“体谅”盐商的感激之情，有时还会主动给他们提供机会，让他们“共抒忱悃，上祝鸿厘”③。比如乾隆三十四年底，他认为天津盐商为他次年的六十岁万寿庆典所作准备“未免粗率不能合款”，因此“建议”两淮盐商江广达等十数人赶赴天津，“酌量携带杂技、排当之类临时呈献，以洽慈欢，尤见伊等感恩自效之义”④。

---

① 图片来源：《续修四库全书》，第 840 册，第 97—98 页。

② 乾隆三十五年十月二十九日《寄谕浙江巡抚熊学鹏等为恭祝圣母八旬万寿酌量交银事》，《清代长芦盐务档案史料选编》，第 127 页。

③ 同上。

④ 乾隆三十四年十二月十二日《两淮盐政尤拔世为遵旨会同长芦盐商赶办万寿庆典不致迟误事奏折》，《清代长芦盐务档案史料选编》，第 119 页。

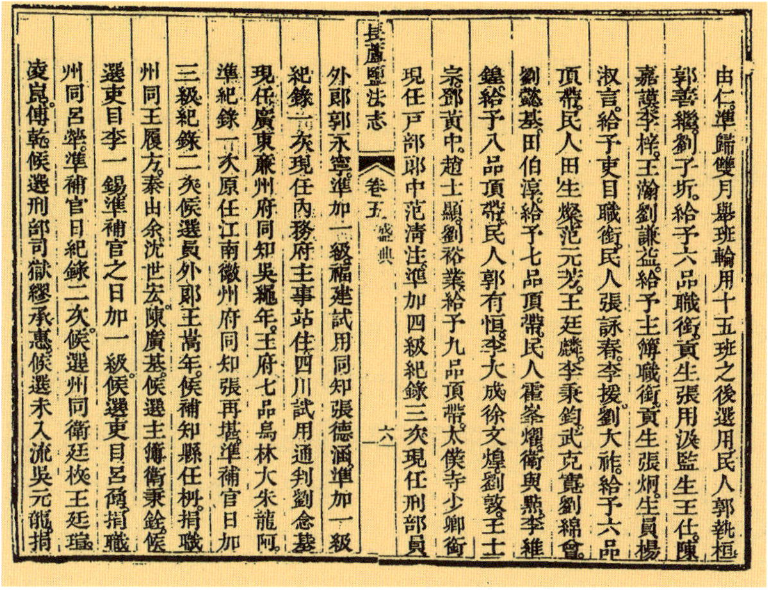
由仁準歸雙月舉班輪用十五班之後選用民人郭執桓
郭善繼劉子圻給予六品職銜貢生張用汲監生王任陳
嘉謨李梓王瀚劉謙益給予主簿職銜貢生張炯生員楊
淑言給予吏目職銜民人張詠春李援劉大祚給予六品
頂帶民人田生燦范元芝王廷麟李秉鈞武克寬劉綿會
劉懿基田伯淳給予七品頂帶民人霍綮燿衛輿鼎李維
鑾給予八品頂帶民人郭有恒李大成徐文熑劉敦王士
宗鄧貢中趙士顯劉裕業給予九品頂帶太僕寺少卿銜
現任戶部郎中范清洼準加四級紀錄三次現任刑部員
長蘆鹽法志 卷五 盛典 六
外郎郭永寧準加一級福建試用同知張德涵準加一級
紀錄一次現任內務府主事站住四川試用通判劉念基
現任廣東廉州府同知吳繩年王府七品烏林大朱龍阿
準紀錄一次原任江南徽州府同知張再堪準補官日加
三級紀錄二次候選員外郎王嵩年候補知縣任枘捐職
州同王履方秦由余沈世宏陳廣基候選主簿銜秉銓候
選吏目李一錫準補官之日加一級候選吏目呂爾捐職
州同呂肇準補官日紀錄二次候選州同衛廷棪王廷瑞
凌崑傅乾候選刑部司獄繆承惠候選未入流吳元龍捐

《长芦盐法志》对乾隆帝赐予盐商职衔的记载①

为了回应盐商的热情,乾隆帝慷慨地给与予他们一定的政治地位,这主要表现于盐商每次捐输报效之后的议叙。乾隆朝长芦盐商较大规模的捐输报效凡七次②,几乎每一次的参与者都获得了议叙,同时乾隆帝也允许盐商通过纳捐的方式步入仕途,比如宛平查氏的查礼、凤台王氏的王镗,都做到了不算低的官职。这样一来,很大一部分盐商都拥有了职衔,脱离了白丁身份,获得了与皇帝本人发生直接联系的资格。几乎每次巡幸天津,乾隆帝都会召见盐商,给予各种赏赐③。乾隆帝还有意识地培养自己的"亲信盐商",就拿天津盐商来说,在清初三大盐商家族没落后兴起的大盐商家族,几乎都与皇室甚至皇帝本人关系密切:皇商王氏、范氏自不必

① 图片来源:《续修四库全书》第840页,第91页。

② 见本书附表三《清前中期天津大盐商家族捐输报效表》。

③ 比如乾隆乾隆三十五年、三十六年连续两次巡幸天津,都赏给众商朝珠、貂皮、匹缎、荷包等物。见《长芦盐法志》卷五《盛典》,第85页。

说，“永庆号”盐商中的凤台王氏、鄞县王氏也都早早与皇室建立起联系，并通过承办“永庆号”引地加强了这种联系[1]。这些盐商“特邀圣主之知，或召对，或赐宴，赏赉优厚，拟于大僚。盖盐商际遇之隆，至此而极矣；盐商奢侈之弊，亦至此而深矣”[2]。

乾隆帝与盐商之间在经济政治上的暧昧互动，似乎表明盐商已经摆脱了“四民之末”的微贱地位，然而这只是一种假象。乾隆帝看似开明的态度，只是因为他从民本思想及货币流通的角度，将盐商趋利性与自己谋求政权繁荣稳固的目的统一起来，盐商仍只不过是实现“利出一孔”的工具。藏富于民并不等于放弃重农抑商或崇本抑末。在乾隆帝的观念中，盐商“承领帑项，营运交课，不过微末之人”[3]，他对于盐商的宽仁，只不过是崇本抑末中的格外施恩，一如他下面这段言论所体现的：“崇本抑末，乃古帝王治天下之常经。商贾贪利病民，亦国法之所当惩者，但朕念众商乃无知愚人，当先加以化导，冀其醒悟，不忍于未经晓谕之先降旨，遽循旧例”[4]。即便对进入官僚体系的盐商，乾隆帝也并没有一视同仁，甚至要求其他官员与之保持距离。比如乾隆六年，文华殿大学士兼礼部尚书赵国麟因与盐商刘藩长结为姻亲而被乾隆帝申饬：“刘藩长乃市井庸人，赵国麟身为大学士，既缔姻亲，又曾在朕前奏荐，甚属不合。”[5]然而刘藩长并非所谓“市井庸人”，他出身于山西洪洞盐商世家刘氏，与张霖一样纳捐入仕、一样做过福建布政使[6]，也一样没有逃过“出身盐商，官方有玷”的屈辱。

---

① 见第六、七章。

② 王守基：《长芦盐法议略》，《清朝续文献通考·征榷考九》卷三十七第一册，商务印书馆，1936年。

③ 《高宗纯皇帝实录》卷一千二百，《清实录》第二十四册，第42页。

④ 《高宗纯皇帝实录》卷二百六十九，《清实录》第十二册，第503页上。

⑤ 《高宗纯皇帝实录》卷一百四十五，《清实录》第十册，第1080页。

⑥ 常建华：《捐纳、乡贤与宗族的兴起及建设——以清代山西洪洞苏堡刘氏为例》，《安徽史学》2017年第2期；《雍正朝汉文朱批奏折汇编》第23册，第407页（有刘藩长任福建布政使时的奏折一份）。

总之，乾隆帝与盐商之间的关系溢出了盐务体系的正常轨道，变成一种类似于主仆的畸形关系：第一，盐商对皇帝有人身依附性。在身份定位上，皇帝一方面通过恩赐职衔的方式拉近盐商与自己的距离，通过召见、赏赐制造出一种亲近暧昧的关系氛围，另一方面又视盐商为微末之人、无知愚人，在政治上加以歧视贬低；盐商则视皇帝为恩主，视自己的一切都是皇帝“豢养生成”[①]，抓住一切机会向皇帝表达忠心，以至于“急公勇往之诚难于阻遏”[②]。在身份转换上，皇帝通过纲法掌控着盐商的选任与黜退，盐商若没有经过皇帝的允许，甚至在濒临破产的困境中都无法抽身退出[③]。当盐商试图进入官宦阶层时，一般不是通过科举，而是以议叙、纳捐的方式，通过获得皇帝的恩典来实现。第二，盐商对皇帝有经济依赖性。皇帝掌控着对盐商资产的最高予夺权，这不仅表现在引地的划拨须由皇帝批准，更表现在盐商受到惩罚时，皇帝可以决定罚银数量，甚至剥夺盐商的引地，并有权将罚银或被罚没的引地直接收归内务府。盐商的经营在很大程度上依赖于皇帝发放的帑银和缓带征等优恤政策，当他们遭遇经营困难时，首先想到的解决之道就是向皇帝请求“恩赏”和“优恤”，并且必须以帑利、捐输报效的方式回报皇帝，乾隆朝中后期尤其如此。第三，乾隆帝与盐商的互动超出了公务的范畴，大多涉及皇家私务。盐商承担了大量本应由皇室家奴承担的义务，比如筹备万寿庆典，贡献钱财物品以充实皇帝的私人生活等，皇帝常常因皇室私事对盐商加以驱使、需索。如果将以上三点与内务府盐商和皇室的关系相对照[④]，会发现两者十分相似，原本相对独立的盐商也已经普遍“家奴化”了，这在那些大盐商家族身上体现得尤为明显。

“家奴化”的不止是盐商，还有巡盐御史。乾隆帝完全继承了祖父和

① 《长芦盐法志》卷五《盛典》，第 87 页。

② 乾隆三十四年十二月初六日《寄谕著长芦盐政李质颖天津行宫只须略事扫除不必更加增葺事》，《清代长芦盐务档案史料选编》，第 119 页。

③ 见第六、七章。

④ 见第六章。

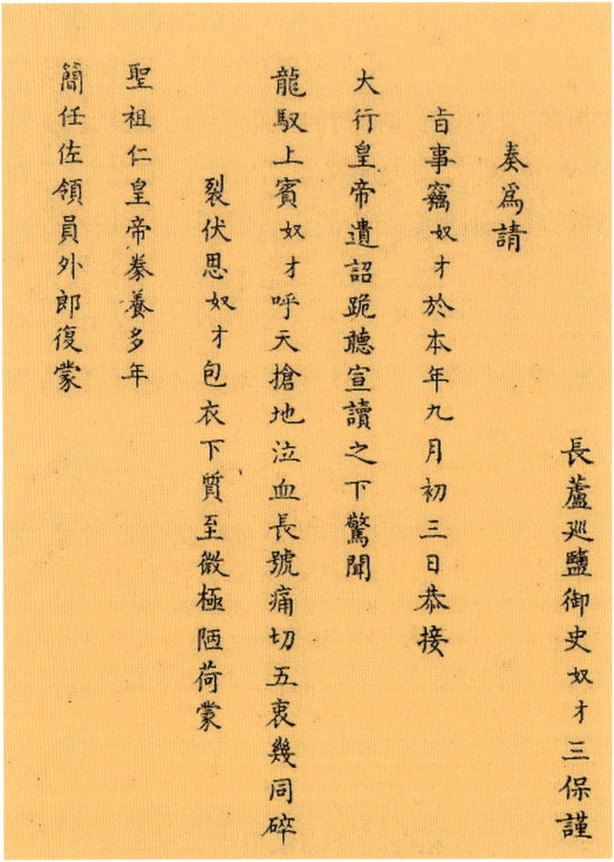
長蘆巡鹽御史奴才三保謹
奏爲請
旨事竊奴才於本年九月初三日恭接
大行皇帝遺詔跪聽宣讀之下驚聞
龍馭上賓奴才呼天搶地泣血長號痛切五衷幾同碎
裂伏思奴才包衣下賤至微極陋荷蒙
聖祖仁皇帝豢養多年
簡任佐領員外郎復蒙

**雍正十三年九月初四《长芦盐政三保为进京哭叩梓宫事奏折》(部分)①**
**(原件保存在中国第一历史档案馆)**

父亲以满人担任巡盐御史的做法,并且将他们的身份来源限定于“内府世仆”②,有些人甚至与皇帝本人有特殊的关系,比如乾隆三十五年任长芦盐政的西宁出身于满族显贵高佳氏,是慧贤皇贵妃的堂兄弟。巡盐御史们在所有题奏中自称的“奴才”和无时无刻不在流露的犬马恋主之心,让人感觉盐务已经成为皇家私事。他们既是皇室家奴,又是长芦盐区的最高长官;既无条件服从皇帝的指令、维护内务府的经济利益,又积极地为盐商代言,将盐商的诉求上达于皇帝。他们的任期一般都在两年以上,最长的西宁任职达十年之久。

延长的任期使他们更容易与盐商建立起亲密的关系。乾隆朝初年,天

① 图片来源:《雍正朝汉文朱批奏折汇编》第29册,第120页。
② 乾隆帝说:“各省盐政、织造、关差皆系内府世仆”,见《高宗纯皇帝实录》第一千一百八十九卷,《清实录》第二十三册,第904页上。

津盐商就已经养成了“居奇炫耀钻刺营求，视盐政为一家眷属”[①]的习气，这种习气一直延续下来。比如乾隆二十七年至二十八年任长芦盐政的达色，在短短两年内就已经和鄞县王氏建立起密切的关系，他父亲的生辰时，王起凤父子携礼前往祝贺[②]。达色在上任后曾经摆出清正廉明的姿态，揭露了前任盐政金辉与盐商之间的秘密交易——在接待乾隆帝第三次南巡时，盐政金辉将本来应该由他用养廉银置办的路贡转派给盐商，然后以此为名借给盐商三万七千余两库银。乾隆帝并没有给金辉任何惩罚，因为毕竟盐商借领的库银最终变成了贡品[③]。以上的事实表明，皇帝、巡盐御史与盐商之间存在着一条隐秘的“统一战线”，乾隆朝中期以后，这条统一战线扩展至皇帝对盐商的优恤措施，甚至连户部都被排除在外[④]。皇帝与盐商之间的“准主仆”关系在巡盐御史的连接下，也就变得更加稳固了。

由此，皇帝与盐商之间在管理者与被管理者、国家政权与纳税人身份下的公务关系之外，又增加了一层类似于主仆的私人关系，这种双重关系使得盐利的分配问题复杂化了。具体来说，就是造成了一公一私两个链条并存的利益输送模式：第一个利益输送链条（下图左栏）两端分别是盐商的法定责任和国家财税，输送的盐利包括盐课和捐输报效中用于国家公务的部分，以及巡盐御史为代表的各级官员得到的养廉等合法收入；第二个利益输送链条（下图右栏），两端分别是盐商之私和皇家之私，输送的盐利包括运库解往内务府的部分、捐输报效中用于皇室的部分、帑利以及巡盐御史为代表的各级官员从盐商那里得到的灰色、非法收入。

① 乾隆二年闰九月二十八日《巡视长芦等处盐政准泰为天津私盐盛行商多抱怨纯属流言事奏折》，《清代长芦盐务档案史料选编》，第35页。

② 乾隆二十八年九月十五日《谕内阁著将达色解任高诚巡视长芦盐政事》，《清代长芦盐务档案史料选编》，第91页。

③ 乾隆二十七年七月二十日《前任长芦盐政金辉奏明长芦盐课银两情形事奏折》，《清代长芦盐务档案史料选编》，第85—86页。

④ 详见本章《失控的恩惠》内容。

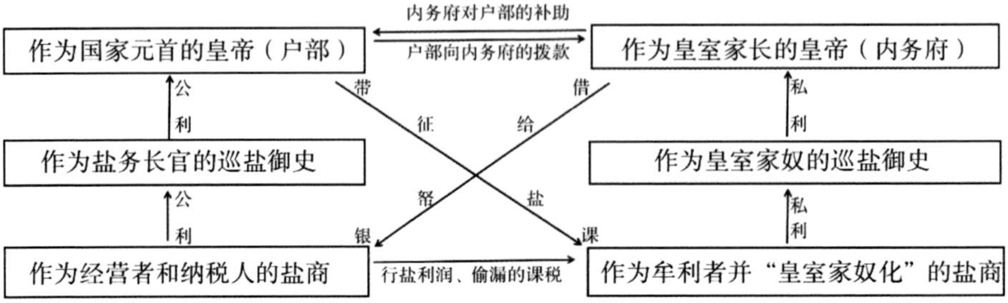


在这种利益输送模式中，皇帝与盐商都同时扮演着公与私两种角色，取舍着公与私两种利益，当他们在这两种角色、两种利益之间摇摆时，公与私的界限便不那么分明了。因此两个链条很难彼此独立，而是以多种方式互相牵涉。比如帑银本来是内务府私财，在借给盐商作为运本后，便成为公务资金，但是帑利仍然由盐商交入内务府皇家私库；盐课本来是公用款项，但当缓带征发生时，实际却留在了盐商的私囊之中。

乾隆帝必须恰当地在两个角色间转换，合理地协调两个链条之间的关系，照顾各方利益，然而这并不是件容易的事。现实状况千变万化，公与私的界限又是那么模糊，所以乾隆帝对盐利的分配时常陷入顾此失彼的非正常状态，以至于对盐务秩序造成破坏。在乾隆朝前期，由于社会经济整体向好，破坏的效应被表面的繁荣掩盖住了。但是在中期以后社会经济的各种问题逐渐显露的背景下，这些做法最终将包括长芦在内的全国盐务都拖入了危险的境地。

## 三、成本增加与银贵钱贱

乾隆二十六年夏秋之交，直隶、河南两省遭遇了多年未见的连绵雨水，存放在天津盐坨及直隶、河南各厂店的盐总共被淹没四十余万包，这还不算那些因运途遥远、积水阻道而未统计到的引盐。在如此惨重的损失之下，盐商当年的盐课自然也就无从筹措。乾隆帝下旨将芦商未交的盐课四十二万两缓至次年开始分五年带征，芦商这才勉强应付了当年的盐课奏销。然而，这才只是一个开始，乾隆二十七年雨水又比往年偏多，滩盐产量大幅度下降，同时由于上年的水灾，盐穰价昂，运脚费重，盐商成本增加而盐价未增，于是对领引行盐畏缩不前，以新的盐利弥补上年损失的希望落空了。乾隆二十八年，直豫两省麻苇歉收，席绳成本大涨，车船脚价也成倍增加，盐商成本亏折，普遍竭蹶。九月二十四日，刚上任的盐政高诚发现芦商应缴的引课等银六十八万余两，实际仅完缴了不足三分之一。在他的严厉催缴之下，到十月底仍有二十多名盐商的课银没有完缴。此时高诚对盐商仍怀有一丝恶意的揣测，认为他们也许是有意拖欠引课，并不是真的消乏到这种程度。但是盐商接下来的表现很快就让他着实吃了一惊。

乾隆二十九年二月，已届春关运盐之时，但芦商赴场买盐者寥寥无几，经过高诚屡次严催，偶尔有赴场的盐商，买盐数量也微乎其微。高诚这才意识到，长芦盐商真的已经发生了严重的普遍亏损，因为买盐运销是盈利的事情，盐商如果不是资金匮乏，必定会积极进行。他又联想到其他的两件事：一是不久前皇商王至德因为所承办的滦州等三处引地连年赔累，情愿舍弃窝价银九万余两，连同代办的卢龙等四处引地一并请退；二是上一年被参革的盐商退出的引地，至今无人愿意接办。其实还有一些情况他并未提及：凤台王氏受朱立基挪用“永庆号”成本银案的牵连，正在破产的边缘挣扎；皇商范氏已经陷入欠课、欠帑的债务泥潭无法自拔[①]；宛平查氏早已分家析产，查善和甚至沦落到当衣服过年的地步[②]。总之长芦盐商“拮据情形，随处呈露，委属竭蹶”[③]，竟然已成整体疲敝之势。高诚在查访之后，向乾隆帝道出了长芦盐商表面繁荣之下掩盖的真相：

---

① 见第七章。

② 见第八章。

③ 乾隆二十九年二月十一日《长芦盐政高诚为商力消乏奏请盐斤加价事奏折》，《清代长芦盐务档案史料选编》，第96页。

查长芦商人殷实者少，历年以来，仰赖皇仁培养矜恤，得以勉励支持。前于乾隆二十二年及二十六年直豫二省厂店盐包两次被水淹没，商人成本亏耗。又运盐必需之绳斤、席片及车船脚费均各逐岁加增，而所卖盐价却有一定，竟致不敷运本，是以日累日深，渐有消乏之势。[①]

原来由于频繁的自然灾害及成本的增加，长芦盐商的消乏早就已经是普遍现象，仰赖着乾隆帝的优恤扶助勉强支撑，乾隆二十六年的水灾只是将真相暴露在外而已。高诚提出的解决办法是将盐价增加一文，得到乾隆帝的允准，长芦盐商暂时度过了一个难关[②]。

加价虽然是正确的应对之道，却仅能救一时之急，未能遏制住长芦盐商由盛到衰的转折。因为此时盐商成本的增加，并非自然灾害所导致的偶然现象，而是乾隆朝社会经济发展的必然结果。正如高诚所说："百物价值，随时涨落，俱有自然之势。"大学士傅恒等人也承认，近年各项物价都有增长，但是盐价不能随百物而增长，盐商焉能不亏赔[③]。与此同时，盐商们还要面对一个更棘手的问题——银贵钱贱。从乾隆三十年左右开始，铜

① 乾隆二十九年二月十一日《长芦盐政高诚为商力消乏奏请盐斤加价事奏折》，《清代长芦盐务档案史料选编》，第 96 页。

② 乾隆二十六年九月十一日《长芦盐政金辉为长芦坨滩以及直豫二省厂店盐包被水等情形事奏折》，乾隆二十六年十月初一日《寄谕著长芦本年未完盐课缓分五年带征事》；乾隆二十七年十二月初二日《长芦盐政达色为查办山东省盐务并芦东盐价事奏折》；乾隆二十八年十月三十日《长芦盐政高诚奏明长芦未完引课银两数目事奏折》；乾隆二十九年二月十一日《长芦盐政高诚为商力消乏奏请盐斤加价事奏折》，《清代长芦盐务档案史料选编》，第 80、87—88、91—92、96 页。

③ 乾隆二十九年二月十三日《大学士傅恒等为将直豫二省盐价每斤增制钱一文事奏折》，《清代长芦盐务档案史料选编》，第 97 页。

钱对银的比价长期呈下跌趋势①。由于盐商售盐时收取铜钱,缴纳各种税费则要用银,因此银贵钱贱对他们影响极大,甚至抵消了加价带来的红利。比如乾隆三十一年,皇商王至德向内务府抱怨说:"自二十九年以至于今,钱文陡贱,日甚一日。从前未增盐价之先,每盐一包可进银三两一钱;今加入所增盐价,每盐一包只能进银二两八九钱不等。此不但至德一家如此,即通纲亦皆如是。"②。

此后,成本的增加与银贵钱贱开始成为盐商挥之不去的魔咒:乾隆四十七年,长芦盐政征瑞向乾隆帝报告盐商成本的猛增:"缘盛世繁昌,百物昂贵,商人行销需费其盐穰每包向止二三钱者,今则给银四五钱,船车脚价每包向止四五钱者,今则需费八九钱,以及绳斤、席片、捆载人工无不较前加倍。计自三十五年定价以后,迄今十有余年,每引计多耗银七八钱"③;乾隆五十三年,长芦盐政穆腾额的报告强调了银贵钱贱和物价上涨对盐商的双重打击:"从前每银一两,止需制钱八九百文,迨乾隆五十一年间,约需制钱一千文,商众已苦赔折。至上年奏销时,各处钱价每易银一两,竟需制钱一千一百余文不等。……近因百物昂贵,成本业已倍增,更兼钱价日贱,较之五十一年每引亏折银五六钱。统计长芦正引余引共一百余万道,

---

① 其原因比较复杂,与铜铅等原材料的开采制售、铜钱铸造、朝廷的金融政策、白银外流等都有一定关系,有研究者认为根本的原因在于"商品经济的发展,社会财富的增长,在货币流通领域里,比较贵重的金属银排挤不大贵重的金属铜,要求独自担负货币的职能。"(王宏斌:《乾嘉时期银贵钱贱问题探源》,《中国社会经济史研究》1987 年第 2 期,第 91 页。关于清代银钱比价的变动情况及其原因,可参见王宏斌:《清代价值尺度:货币比价研究》,生活·读书·新知三联书店,2015;杨端六编著:《清代货币金融史稿》,武汉大学出版社,2007;陈锋:《清代财政政策与货币政策研究》,武汉大学出版社,2013。

② 乾隆朝《内务府奏销档》,第 294 册,乾隆三十四年七月初七一日,转引自《乾隆皇帝的荷包》,第 160 页。

③ 乾隆四十七年八月《长芦盐政征瑞为商运成本日重酌加盐价事奏折》,《清代长芦盐务档案史料选编》,第 148 页。

每年约亏折银五六十万两”[①]。从上引例证中可以看出,乾隆三十年之后,由于成本增加和银贵钱贱,长芦盐商行盐的利润空间已经被大幅度压缩,甚至有的年份会出现严重的亏损。

盐商的运销行为虽然本质上是国家专卖的一个环节,却也具备市场行为的特征。盐商也追求利润的最大化,并且他们的利润也是成本、价格、运销量、银钱比价等要素综合作用的结果。但与一般市场行为不同的是,这些要素的决定权都掌握在朝廷手中。因此,面对成本增加、银贵钱贱这样的问题,盐商只能寄希望于朝廷的帮助。乾隆帝君臣确实没有坐视不管,但他们能做的也是极为有限的。在决定长芦盐商利润的要素中,成本是社会经济发展的必然结果,运销量(引额)由人口数量决定,两者都无法轻易改变,只有盐价、银钱比价等方面还有调整的空间。但由于诸多因素的掣肘,这些调整根本无法达到应有的效果。

第一,盐斤加价杯水车薪。由于顾虑“盐价过贵,必至病民”[②],清廷制定和实施盐斤加价政策向来是小心翼翼的。长芦盐区自康熙二十七年定价,直到雍正十年才加价每斤一文。乾隆朝加价凡五次:乾隆二十九年增一文,三十五年增二文,三十六年暂增一文,四十七年增二文,五十三年增二文,共增九文[③]。除了乾隆三十六年的加价仅限于当年所以忽略不计外,其他各次加价相隔六年至十二年不等,每次加价不过每斤一、二文。这样的加价频率和幅度根本跟不上物价上涨的速度。比如乾隆四十七年,盐

① 乾隆五十三年八月《长芦盐政穆腾额为增加盐价事奏折》,《清代长芦盐务档案史料选编》,第172页。

② 乾隆二十九年二月十一日《长芦盐政高诚为商力消乏奏请盐斤加价事奏折》,《清代长芦盐务档案史料选编》,第96页。

③ 嘉庆十四年四月二十一日《大学士管理户部事务禄康等为遵旨详议芦盐加价事奏折》,《清代长芦盐务档案史料选编》,第244页。

商运盐所用材料及人工、运费比上次加价的乾隆三十五年增加了几乎一倍[①],而当年的加价却只有二文,加价幅度只有百分之十点五至百分之二十五[②]。更糟糕的是,加价产生的红利很快就被银贵钱贱抵消了。比如乾隆三十六年,乾隆帝巡幸天津时发现钱价较从前更为平减,虽然上年增加了盐价,但商力仍觉拮据[③];乾隆五十三年之所以加价,主要是因为银贵钱贱导致乾隆四十七年所增的盐价"抵补易银之亏折尚属不敷"[④]。

加价带给盐商的不止多收的铜钱,还有增加的费用。每次加价之后,私盐贩都会蠢蠢欲动,而由于各地方缉私机构日久废弛,盐商不得不自己添设巡役,付出更多的缉私费用,而且加价后由于收钱增多,以钱易银后的平色("平色"即银两成色不足时,补足差额所用的银两)、解送盐价银时的运费都会随着盐商收入的增加而增加。正如嘉庆年间的长芦盐政额勒布所总结的:"访问历次加价均系归商,商人获利既厚,其一切辛工、伙足、巡役、车船等费以及地棍人等无不因此藉口加增分润,是其每次加价,浮费几去其半,所加之价,商人并不能全得,刁恶积习相沿已久。"[⑤]总之,加价政

① 乾隆四十七年七月二十五日《为查明长芦盐商引运不敷成本事奏折》:"长芦盐价自乾隆三十五年奉旨每斤加价二文之后,迄今又十有余年,虽煮晒一切仍复照前,而所用柴薪及绳麻、席片、捆载人工并船车脚价件件比前几添至一倍,该商人等不能于定价之外私自增添,是以商力日见疲乏",《清代长芦盐务档案史料选编》,第147页。

② 乾隆四十七年加价后,"直隶各州县每斤制钱自十文至十八文不等,河南各州县自十五文至二十一文不等",见乾隆五十三年八月《长芦盐政穆腾额为增加盐价事奏折》,《清代长芦盐务档案史料选编》,第172页。据此,加价之前长芦盐价应为直隶各州县每斤制钱八至十六文,河南各州县制钱十三至十九文。

③ 乾隆三十六年二月初八日《谕内阁著因长芦盐坨被淹每斤盐价暂加二文事》,《清代长芦盐务档案史料选编》,第130页。

④ 乾隆五十三年八月《长芦盐政穆腾额为增加盐价事奏折》,《清代长芦盐务档案史料选编》,第172页。

⑤ 嘉庆十四年二月二十六日《直隶总督温承惠等为遵旨议增长芦盐价以备河工经费事折奏》;嘉庆十四年六月初一日《长芦盐政额勒布为确查盐斤成本及近年销数事奏片》;嘉庆十四年六月十九日《长芦盐政额勒布奏为遵旨筹议酌加盐价事奏折》。《清代长芦盐务档案史料选编》,第241、246页。

策并没有给盐商有效的帮助。

第二,改为卖银终成泡影。在银贵钱贱的背景下,帮助盐商最有效的方式,就是将盐斤零售时卖钱改为卖银,这并非没有先例,两广、云南、湖广、江西等省都是以银卖盐。由于长芦、山东盐区一开始就是以钱卖盐,若改为卖银必将导致盐价的大幅度上涨,百姓负担急剧加重,甚至引发社会动荡。因此,康雍乾三朝君臣对此一直讳莫如深。直到乾隆五十九年,银贵钱贱给芦商的压力已经到了无法忍受的地步。此时非但银价高昂,且卖盐之州县银铺故意将银囤积居奇,趁机盘剥盐商①。在盐商的恳求下,长芦盐政征瑞终于小心翼翼地提出了将芦东盐价改为卖银的建议,却还是遭到乾隆帝的断然拒绝。乾隆帝认为改为卖银将使盐商的利润倍增,而他是断不肯"因恤商因而令商受利,而民反受困"②的。随后大学士阿桂等人也遵循这个思路驳斥征瑞说,皇上"岂肯因数十商人偶尔力有疲乏,听其将盐价倍增,致令五省之民坐受食贵之累"③。

乾隆帝君臣的做法,看起来是以行政命令阻断了盐务体系的自我调整,违背了经济规律。但是,盐的国家专卖本来就不单纯是经济政策。管仲所谓的"百倍归于上,人无以避此者",一半强调增加朝廷财税,一半强调保持民心安定,兼具经济上的筹划与政治上的考量。他所提议的"官山海",可以让齐国一举两得地达到财税富足与政治稳定,这也是历朝实行盐的国家专卖的出发点。乾隆帝也不例外,只不过他自信国用充足,财税方面的风险较小,因此在进行盐务方面的决策时,心中的天平自然更倾向于政治一端。盐商再富有也是少数,且又是四民之末,根本无法与农民占

---

① 乾隆五十九年十一月初七日《长芦盐政征瑞为酌筹调剂芦东鹾务请更定行销章程事奏折》,《清代长芦盐务档案史料选编》,第191页。

② 乾隆五十九年十一月十七日《谕内阁著秉公核议芦东盐价改为卖银使商民两便事》,《清代长芦盐务档案史料选编》,第192页。

③ 乾隆五十九年十二月二十日《阿[桂]等为核查芦东各商帑利事奏折》,《清代长芦盐务档案史料选编》,第194页。

绝大多数的食盐百姓相比。乾隆帝和他的大臣们都不可能为了盐商,甘冒让百姓普遍含怨乃至激起民变的风险。

当然,乾隆帝还是要设法将盐商从眼下的危机中解救出来,他的办法就是牺牲一部分皇家私利。他下令将芦东盐商历年所借帑银中的一部分停止交利,三年后开始将本银分十年偿还,其他的应交帑银本利也展限至三年后开始带交[①],以此来减轻盐商的资金压力。这种解决方式看起来是非正常的——本来应该在盐务体系框架内认真讨论的改为卖银问题,却以减损皇家私利的方式不了了之,盐利的分配出现了公私牵混的现象。但是皇家私利本来就是盐利分配链条的一个环节,应交到内务府的帑利留在了盐商手中,未尝不可以被视为资金在专商引岸制体系内部的循环流动,符合“天子之私”的属性。因此在乾隆帝看来,皇家让利于盐商,并不是什么石破天惊的非常之举,而是非常自然而合理的。但是这样做终究没有从根本上解决问题,盐商虽然勉强度过了危机,但处境并没有发生任何实质性的改变。

实际上乾隆朝中期以后,在盐利输送方面给予盐商宽缓恩惠已经成为乾隆帝首选和主要的盐务调控手段,而且宽惠的范围并不局限于内务府的皇家私利,还扩大到户部的盐课及运库的存银。只不过,这种宽惠超过了合理的限度,以至于给盐务体系造成了无法挽回的破坏。

## 四、失控的恩惠

加价和改为卖银的失败证明,专商引岸制体系受到皇权统治整体架构的规约,遵循经济规律进行自我调整的空间是极为有限的,但是皇权对这个体系的干预权是无限的。于是盐商只剩下了一根救命稻草,那就是向皇

① 《长芦盐法志》卷六《优恤 · 恤商》,第 95 页。

帝乞求宽恩优恤。对于乾隆帝来说,优恤盐商可能会暂时减损内务府和国库的收益,却比牵涉面极广的盐务调整改革来得保险易行,又能使盐务体系勉强运转下去。他和盐商之间建立起的“准主仆”关系为优恤政策打开了方便之门,使这些政策从发生自然灾害或物价变动时缓解盐商资金压力的临时性、偶发性措施,逐渐演变成乾隆帝向盐商显示恩惠的持续性、惯常性措施。

第一,帑银借贷毫无节制。在正常情况下,借贷行为以债权人和债务人双赢为目标,乾隆朝盐商的帑银借贷也是如此。从乾隆帝的角度来说,帑银借贷的短期目标是使内务府资金得到增殖,以维持皇家庞大的日用消费,长远目标则是维持引盐的运销,以确保民心安定、财税足额,实现政权稳定。我们无法绝对地说内务府借给盐商帑银单纯是为了给皇室赚取利息,因为皇帝和国家本来就难分彼此。正如皇帝时常将内库帑银挹注于户部,内务府对盐商的资金支持,也未尝不可视为皇帝以私财维系国家财政的安全,毕竟盐课在国家税收中占有很大的比重。如果进行细致和长时段内的考察,会发现皇帝和内务府对帑银本利其实并不追求回收的时效性,他们更关注的是延续性,即盐商借由帑银能够维持较长时间的经营,持续不断地向国家贡献盐课,并向内务府贡献帑利。

从盐商的角度来说,鉴于帑利要低于民间借贷的利息,当他们缺乏资金的时候,内务府帑银确实是实实在在的帮助。只要内务府不穷追帑本,数百万两的帑银就会一直压在他们手中,虽然需要付出利息,但帑银领到手即是既得利益,因为这些帑银省去了他们的运本投入,让引盐运销得以运转生利,否则他们也许连一次运销都无法完成。盐商主动借领帑银的更深层原因在乾隆五十九年由乾隆帝亲自揭示了出来:

> 此项帑银原系该商等自行恳请借给者,并非官派,其借出于商人勉强也。且帑利只系一分起息,为数甚轻,若商人等于民间自行借赁,

焉得如此轻息？是商人已受其利矣。况从前借给时本系银两，并非钱文，此时何得以易银耗折牵合藉口？现在钱价虽贱，然从前商人领帑之时，据称纹银一两可易钱八九百文，以此核算，则该商等彼时自得利已多。且官借帑项为日已久，节经加恩带缓，即就帑利言之，其所称每年交纳数目亦不应至如许之多。[①]

概言之，帑银利息要远低于民间借贷，再考虑银钱比价因素，盐商在领借内务府帑银的那一刻就已经得到了诸多实惠。更何况帑银还有一项民间借贷所不具备的好处：可以请求缓带征，且乾隆帝对此往往比较宽容。比如乾隆五十年，长芦盐政征瑞为芦商请求将本年盐课五十五万两分为五年带征，同时请求本年应交帑利银二十余万两分作三年带征。对于前者，乾隆帝思虑再三，又交户部议驳，最终将带征年限减为三年；对后者，则表示“此等应交内务府利银非正课可比，尚属可行”[②]，按照征瑞的请求加以批准。有了以上这些好处，自然如乾隆帝所说，盐商借领帑银原系自愿而并非朝廷强制。

因此，即便在乾隆朝中期以后长芦盐商利润减少、交纳帑利十分吃力的情况下，帑银借贷的规模仍不断扩大。到乾隆三十四年，长芦盐商领借的内务府有利帑银包括“赏赉等银”“备雇民车银”“八旗赏银”“接济商本银”四类，本银的总额达八十七万八千两[③]。此后芦商借领帑银一直保持了高频率、大额度，仅档案中已见的就有：乾隆四十年芦商请求赏借二十万

---

① 乾隆五十九年十二月初一日《寄谕著直隶总督等传征瑞亲自来京核办芦东盐价改为卖银事》，《清代长芦盐务档案史料选编》，第 193 页。

② 乾隆五十年六月二十二日《寄谕著长芦盐政征瑞本年长芦引课分三年带完事》，《清代长芦盐务档案史料选编》，第 153 页。

③ 乾隆三十四年正月二十五日《奉旨著长芦“生息”银两改称为“赏借”款项事》，乾隆三十四年四月初四日《大学士伊继善等为将“生息”名目改称“赏借”事奏折》，《清代长芦盐务档案史料选编》，第 116、117 页。

两以收买余盐[①]；乾隆四十四年乾隆帝再赏借银十万两[②]；乾隆四十九年芦商以"秋冬趱运之时，需本尤多，往往称贷于人，未免民间息重"为由，请求在圆明园银库内拨借银二十万两[③]；乾隆五十二年芦商因资本不足，奏借运本六十万两，乾隆五十八年又以同样的理由奏借八十万两[④]。以上所列为长芦通纲共同领借的帑项，总额达二百七十七万余两。那些与皇帝关系密切的大盐商家族所借帑银大部分都不在此列，因为他们通常都是单独向皇帝请求借帑，其数额远非普通盐商可比。比如皇商范氏在乾隆二十年、二十七年、二十九年三次借领帑银共八十万两[⑤]，而鄞县王氏的借帑额度，到乾隆五十八年已经达到了一百零八万余两[⑥]。乾隆朝中后期，由于盐商借领的本银数额巨大，即便在利润缩水乃至亏损的情况下，每年缴纳给内务府的利息仍远远高于前期，甚至比同一时期的两淮盐商还要多[⑦]。

乾隆帝和内务府并不满足于生息银和运本银带来的有限利息。为了拓展利息的来源，他们还向盐商发放无本的借贷。比如乾隆十三年长芦、山东盐商捐银三十万两用于金川军需，乾隆帝将这些捐银发放给盐商，到乾隆二十年共滋生出本利银四十八万余两。乾隆二十一年，乾隆帝下令将

---

① 乾隆四十年八月《长芦盐政西宁为赏借帑银为买余盐以裨商灶事奏折》，《清代长芦盐务档案史料选编》，第 137 页。

② 乾隆四十四年五月初十日《奉旨著借芦商银十万两》，《清代长芦盐务档案史料选编》，第 140 页。

③ 乾隆四十九年九月二日《征瑞为拨借圆明园银库银两给长芦商众生息事奏折》，《清代长芦盐务档案史料选编》，第 152 页。

④ 嘉庆十六年正月初八日《长芦盐政嵩年为请借库款以裕运本事奏折》，《清代长芦盐务档案史料选编》，第 263 页。

⑤ 见本书附表二《清前中期天津大盐商家族借领帑银表》。

⑥ 乾隆五十八年十二月二十六日《总管内务府（本堂）为王佩等衔领过各项帑本共银数目事呈文》："王起凤、王世荣、王珮借领过各项帑本共银一百八万五千二十六两四钱三分二厘"，中国第一历史档案馆档案内务府全宗，档案号：05—0450—067。

⑦ 可参见赖惠敏：《清乾隆朝的盐商与皇室财政》，中国第一历史档案馆编：《明清档案与历史研究论文集》下，新华出版社，2008，第 930 页。

其中尚未解交内务府的四十一万余两“存留长芦、山东永远作本，按一分起息，交商营运，每年应得利银五万四十两，按年解交内务府，以备公用”[①]；乾隆三十六年，内务府将皇商范氏办铜所借内帑的利息交给芦商营运生息[②]；乾隆五十二年，在盐政穆腾额的建议下，乾隆帝同意在三年内，每年从芦商应交的三十四万余两帑利银中提出二十万两借给芦商，而盐商们则表示情愿在缴还六十万两本银外，再缴纳利银六十万两[③]。另外盐商承办“永庆号”引地，在乾隆帝和内务府的眼中也是借领了相当于这些引地窝价的八十余万两帑银，因此每年所交款项也被称为“利银”，这可以说是内务府发放给长芦盐商数额最大的单笔帑银之一。总之，乾隆帝和盐商出于各自的考虑，都长久地保持着帑银借贷的热情而毫无节制。

第二，盐课的缓征带征失去原则。乾隆朝中后期，乾隆帝延续了前期在盐课缓征带征这一优恤政策上对芦商的慷慨，并且将优恤的力度大幅度提升了。

首先，缓带征的频率明显提高。从乾隆元年到乾隆三十年，长芦盐区缓带征的次数为九次，平均每三年多一次；从乾隆三十一年到乾隆六十年，长芦盐区缓带征的次数为十五次，平均每两年一次。而且是越到后期频率越高，甚至经常连续数年带征。由于带征的年限一般都在三年以上，就不可避免地产生了新旧带征的牵混重叠[④]。比如乾隆三十六年，乾隆帝允许将本年盐课分作三年带征；乾隆三十八年，考虑到当年盐课与带征两项同时并纳，盐商负担较重，所以恩准将当年的盐课分六年带征[⑤]。乾隆四十

① 乾隆二十一年十二月初三日《长芦盐政官著为长芦山东商捐解送内务府事奏折》，《清代长芦盐务档案史料选编》，第71页。

② 《内务府来文》，转引自吴奇衍：《清前期长芦官盐商的管理制度和破产原因》，第405页。

③ 《内务府奏底》，乾隆五十五年至五十九年，转引自吴奇衍：《清前期长芦官盐商的管理制度和破产原因》，第405页。

④ 见本书附表四《乾隆朝长芦课帑缓带征表》。

⑤ 《长芦盐法志》卷二《谕旨二》，第17页。

九年乾隆帝准许当年引课四十九万余两分作八年带征[①]，乾隆五十年又准许当年引课分作三年带征，乾隆五十一年原分作三年带征的引课又加恩分作六年带征[②]，也就是说乾隆四十九、五十、五十一连续三年都施行了缓带征政策。

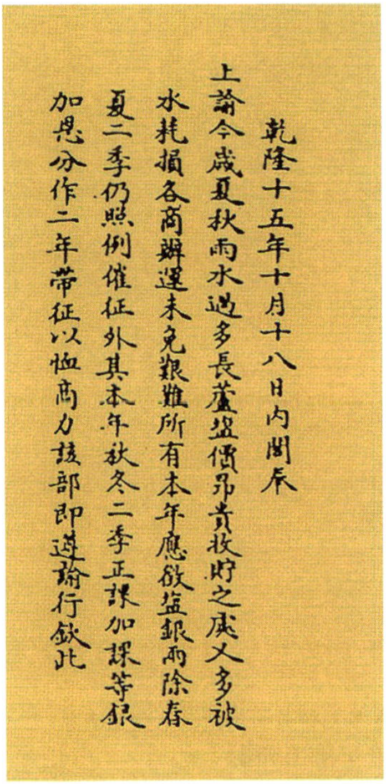
乾隆十五年十月十八日内閣奉
上諭今歲夏秋雨水過多長蘆塩價昂貴收貯之處又多被
水耗損各商辦運未免艱難所有本年應徵塩銀兩除春
夏二季仍照例催征外其本年秋冬二季正課加課等銀
加恩分作二年帶征以恤商力該部即遵諭行欽此

乾隆十五年十月十八日《谕本年长芦秋冬正课加课等银分作二年带征》[③]
（原件保存在中国第一历史档案馆）

其次，经常发生展限的情况。由于商力疲乏，盐商经常不能依照年限交完带征盐课，乾隆帝不得不在届限的年份再次允许展限，甚至在尚未届限时就将原定的年限延长。比如乾隆三十六年确定的三年带征，到乾隆三十九年仍没有完成，乾隆帝又允许将这些欠课分十年带征[④]。这种情况在乾隆五十年以后发生得十分频繁。比如乾隆五十年，乾隆帝允许将本年应交的盐课及内务府利银分三年带征，但第二年就延长为六年，到了乾隆五十七年，乾隆帝又以“应交缓带银两较多，若令按限照数完纳，商力究未免拮据”[⑤]为由，将包括这笔缓征课银在内的“乾隆四十八至五十四等年缓征引课未完银一百五十三万六千余两”再次分七年带征[⑥]。

① 乾隆四十九年闰三月初四日《谕内阁长芦山东引课分八年带征事》，《清代长芦盐务档案史料选编》，第151页。

② 《长芦盐法志》卷二《谕旨二》，第18—19页。

③ 图片来源：中国第一历史档案馆，天津市塘沽区人民政府编：《清宫塘沽秘档图典（长芦盐务卷）》，中国档案出版社，2009，第206页。

④ 乾隆三十九年三月二十二日《奉旨著芦商乾隆三十六七两限银两于本年奏销后分十年带征事》，《清代长芦盐务档案史料选编》，第136页。

⑤ 《清代长芦盐务档案史料选编·附录二》，第589页。

⑥ 《长芦盐法志》卷二《谕旨二》，第20页。

乾隆帝允许展限的理由恰恰说明,缓带征频率的提高及展现的频繁施行,使盐商拖欠盐课几乎成为一种惯例,而缓带征盐课也逐渐因重重积压,成为一笔繁杂混乱的账目。

再次,盐课的缓带征经常与帑银本利的缓带征相混杂。比如乾隆四十一年,乾隆帝允许芦商将本年应交引课四十九万余两和"未完前年借项银四十三万二钱两"一起分八年带交[①];乾隆五十年,芦商的五十五万余两盐课也被允许和应交帑利二十余万两一起分三年带交[②];乾隆五十七年,乾隆帝准许的缓带征总额达一百五十三万余两,其中包括了"各项帑息、杂款及节年缓征之项"[③]。户部与内务府的账目搅在一起,奏销、征解、核算互相牵涉,逐渐变得混乱、庞杂、不可清厘。

缓带征力度的提升,与乾隆帝在这一政策上刻意加强的专断权有直接关系。按照正常的程序,对盐课的缓带征应由巡盐御史根据盐商的请求报告给皇帝,皇帝下发给户部讨论,户部拿出决议后,皇帝再斟酌可否下发给巡盐御史。从程序上看,户部起到了决定性的作用,但是在实际的操作中,皇帝往往与巡盐御史、盐商站在一起反对户部的意见。几乎每次户部议驳巡盐御史的缓带征请求,乾隆帝都会先赞同户部"所驳甚是",然后又以体恤商艰为名批准缓带征。比如乾隆四十三年八月,巡盐御史西宁奏请将本年应完引课四十万两分五年完交,户部认为当年引盐已经运销完毕半年之久,盐商已经收取盐价银,不应再请求缓征盐课,并且进一步指出:"况该处现有带征节年旧欠,若复议停缓,将来新旧并纳,必更形竭蹶。"户部已经考虑到带征导致积欠的风险,但乾隆帝最终仍然根据西宁所奏的"本年

① 《长芦盐法志》卷二《谕旨二》,第 17 页。

② 乾隆五十年六月二十二日《寄谕著长芦盐政征瑞本年长芦引课分三年带完事》,《清代长芦盐务档案史料选编》,第 153 页。

③ 《长芦盐法志》卷二《谕旨二》、卷六《优恤 · 恤商》,第 20、95 页。

春夏运河浅阻,又兼仪封一带被水,以致稍运迟滞"[①],批准了西宁的请求。乾隆五十年,由于河南雨水过多,麦收歉薄,盐引无法畅销,长芦盐政征瑞替盐商请求将本年盐课分五年带征,户部则认为受灾的只有河南,直隶各地雨旸应候,不应一体缓带征盐课。乾隆帝先是赞扬了一句"部驳甚是",但仍以河南麦收歉薄盐引不能畅销,"商力究未免拮据"为由,同意所有芦商本年盐课和应交帑利二十多万两一并分三年带征。乾隆帝的这个决定,连西宁和盐商都感到意外。在替盐商表达感激的奏折里,西宁检讨了自己"未经分别直豫,辄将长芦引课概行请缓办理,实属未协",盐商也称此次请求缓征是"妄吁非冀之恩",但竟然得到了乾隆帝"帑课并予缓征"的优恤,实在是"特沛隆恩""迥逾常格",令盐商们感到"衔结难名"了[②]。

户部提出的建议一般是根据盐务实际情况做出的相对合理的分析,乾隆帝对此心知肚明。以他的自信好辩,如果他真的认为户部的意见不妥,那么他必定会加以驳斥,而不是仅以商力拮据应加以体恤作为理由,简单否定户部的建议。他是真的认为盐商需要自己的体恤,这并不是单纯的同情,很大程度上是对他和盐商之间"准主仆"关系的回应,其中包含着对盐商缴纳帑利及捐输报效的回应。比如乾隆五十四年,由于芦商在盐课之外还有帑利等款项九十余万两需要缴纳,乾隆帝考虑盐商"一时并力完缴,未免拮据"[③],便加恩准许将当年应交的盐课五十三万余两,从次年起分三年带征。这种回应在一些因为盐商踊跃捐输而赐予的额外缓带征中表现得尤为明显。比如乾隆三十六年,乾隆帝因皇太后八旬万寿,长芦盐商效

① 乾隆四十三年八月二十一日《寄谕著西宁复奏芦商引课情形事》,《清代长芦盐务档案史料选编》,第139页。

② 《长芦盐法志》卷二《谕旨》、卷六《优恤·恤商》,第18、95页;乾隆五十年六月二十二日《寄谕著长芦盐政征瑞本年长芦引课分三年带完事》、乾隆五十年七月初三日《长芦盐政征瑞为缓征帑利引课代商叩谢天恩事奏折》,《清代长芦盐务档案史料选编》,第153、154页。

③ 乾隆五十四年八月三十日《奉旨著芦商五十三年正余引分三年带完事》,《清代长芦盐务档案史料选编》,第173页。

力,便给予盐课带征措施;乾隆三十八年,乾隆帝巡幸天津,再次带征盐课;乾隆四十一年,乾隆帝东巡回銮驻跸天津,因众商欢迎有功而给予带征[①];乾隆四十五年,由于乾隆帝南巡过程中"长芦商众踊跃抒忱",便加恩将本年应交的五十余万两盐课中的十分之一分五年带征[②];乾隆四十九年,因"朕銮辂时巡,普施庆惠,前长芦、山东商众踊跃抒忱"[③],便将本年芦商应交的课银四十九万余两分作八年带征。这类缓带征甚至都无须经过户部的讨论,就由乾隆帝乾纲独断,其对于盐商的好处在乾隆四十九年由乾隆帝亲自揭示了出来:"近如两淮、浙江、长芦商人,间有豫备行宫等事,亦因省方问俗,经过该处,叠沛恩施。该商等自抒忱悃,是以准其呈进豫备,仍优加恩赉,其获利均不啻数百倍蓰"[④]。缓带征等于优恤政策已经从国家调控盐务的杠杆变成皇帝显示恩惠的手段,从盐商和户部的公利损益变成盐商和皇帝的私利往还。

第三,捐输成为变相优恤。乾隆帝的宽容降低了借帑和缓带征的门槛,让盐商养成了对优恤政策的依赖心理,更助长了他们沾利于公帑的欲望。他们很快就不满足于从内务府借帑,而是盯上了天津城内的运库。乾隆朝中期,芦商借领库银已经演变成一种风气:"长芦运库凡有商人缺乏起解钱粮,即向运库暂为垫借,陆续完交的款,亦系相从陋习"[⑤]。乾隆二十七年,长芦盐政达色向乾隆帝提交的一份清单显示,盐商已经借过运库银十万余两,借款者中既有范宗文、常茂、王廷献、杨永裕这样的大盐商,也

① 《长芦盐法志》卷二《谕旨二》,第 17 页。

② 乾隆四十五年正月十六日《谕内阁著将芦商四十四年盐课十分之一作五年带征事》,《清代长芦盐务档案史料选编》,第 140 页。

③ 乾隆四十九年闰三月初四日《谕内阁著长芦山东引课分八年带征事》,《清代长芦盐务档案史料选编》,第 151 页。

④ 乾隆四十九年谕旨,昆冈等辑《钦定大清会典事例》卷四零一《风教》,《续修四库全书》编纂委员会编:《续修四库全书》第 804 册,上海古籍出版社,1996,第 376 页。

⑤ 乾隆二十七年七月初四日《长芦盐政达色为确查长芦运库钱银数目事奏折》,《清代长芦盐务档案史料选编》,第 85 页。

包括其他数十位中小盐商，借款用途五花八门，包括办理皇家庆典、南巡差务、贡品，垫付运本和捐输，甚至还包括垫付帑利及生息银[①]。垫付捐输是其中大宗，总共有六万四千余两，包括“借办庆典银一万四百二十七两八钱三厘，借办皇差银五万三千五百八十五两五钱”[②]，分别用于乾隆二十六年的第三次南巡和皇太后七旬万寿。可见即便是给皇室的报效，盐商也会尽可能避免自掏腰包。这是符合逻辑的：在乾隆帝将盐商捐输于国家公务的银两发放给盐商生息的时候，国家公帑与内务府私帑的界限已经被打破了，既然如此，那么盐商通过垫借，将运库的公帑用于皇室的私务又有什么不可以呢？

在面对用于公务的捐输时，盐商的腰包就捂得更紧了。乾隆朝芦商规模较大的集体捐输共有七次，除了乾隆九年捐银十万两拨济公用、乾隆十三年捐银二十万两用于金川军费外，其他五次捐输皆是从运库中借银垫交，然后再分年偿还[③]：乾隆二十四年，芦商共同捐银二十万两用于朝廷平定准噶尔后的屯田之费，暂支库款垫交，然后分两年随同正课照数还库[④]；乾隆三十八年，芦商共同捐银六十万两用于金川战事，除王起凤、范宗文、查奕茂、义和泰四家大盐商所捐十五万两外，其他盐商所捐四十五万两都是暂借库项，从乾隆三十九年开始分作五年随同正课完纳归款，而范氏所捐的五万两也是分限五年交完的[⑤]；乾隆五十年，芦商共同捐银三十万两用于备造剥船，经乾隆帝恩准从运库中动拨，而后各商按引均摊，分限十年

① 乾隆二十七年《长芦运库应存及垫借各项钱粮数目清折》，《清代长芦盐务档案史料选编》，第88—90页。

② 乾隆二十七年七月初四日《长芦盐政达色为芦商借用盐库银两办差事奏折》，《清代长芦盐务档案史料选编》，第84页。

③ 大盐商家族单独的捐输不算在内。比如乾隆十四年皇商范氏捐银二十万两用于金川军需、乾隆二十七年海宁查氏捐银四万两用于修缮天津城墙，都是一次性缴清。

④ 《长芦盐法志》卷五《盛典》，第84页。

⑤ 乾隆三十八年十月初二日《长芦盐政西宁为芦东商人愿捐输银两以资攻打金川事奏折》，《清代长芦盐务档案史料选编》，第135页；《长芦盐法志》卷五《盛典》，第85页。

归款[①]；乾隆五十三年，芦商共同捐银三十五万两，用于镇压台湾林爽文的军营赏赉，于运库暂借起解，分作五年随同正课交完归款[②]；乾隆五十七年，芦商共同捐银三十五万两，用于进剿廓尔喀军费，于本年征收的引课内借拨，起限五年完交归款[③]。至此，盐商的捐输实际上已经成为集借帑和缓带征为一体的变相优恤了。

尤其不可思议的是，盐商的捐输经常与盐课的缓带征同时存在，比如乾隆三十八年三月，乾隆帝因为芦商"不免稍形竭蹶"，就允许将当年的盐课分六年带征，然而仅仅六个月后，芦商就主动认交了一笔高达六十万两的捐输。当然，盐商此时仍然是"竭蹶"的，仍需要借用库银，然而就连运库的存银，也因为频繁的盐课缓征而不足捐输之数，不得不分两年垫付。这次捉襟见肘的捐输之所以能够发生，是因为皇帝与盐商之间进行了一次充满"温情"的相互酬答：乾隆帝允许缓带征是为了感谢盐商在他巡幸天津时"无不踊跃欢呼"的热情，而芦商捐输银是因为"屡蒙皇上天恩，缓征引课，停销解引，至周至渥"[④]。

## 五、履险蹈危

缓征带征和帑银借贷可以说是乾隆帝优恤措施的左右手，两者之间形成了配套互补：帑银扶助于盐商行盐初始端运本的进口，缓带征扶助于盐

① 《高宗纯皇帝实录》卷一千二百三十八，《清实录》第二十四册，第 647 页上；乾隆五十年八月二十八日《长芦盐政征瑞为备造北河剥船以期盐漕两益事奏折》，《清代长芦盐务档案史料选编》，第 154—155 页。

② 《长芦盐法志》卷五《盛典》，第 87 页。

③ 乾隆五十七年二月一日《长芦盐政穆腾额为芦商等愿捐银赏赉廓尔喀官兵事奏折》，《清代长芦盐务档案史料选编》，第 177 页。

④ 乾隆三十八年十月初二日《长芦盐政西宁为芦东商人愿捐输银两以资攻打金川事奏折》，《清代长芦盐务档案史料选编》，第 135 页。

商行盐末端盐课的出口，其目标都是为了解决盐商的资金问题，让引盐的运销持续运转。这个目标似乎达成了，即便是在乾隆朝中后期长芦盐商普遍利润缩水乃至亏损的情况下，长芦盐商的引地规模和引盐运销量也没有明显的缩减，盐商甚至有财力不时付出巨额的捐输报效。然而这只是表象，其背后的事实是，盐务体系遭到了无法挽回的破坏，由此进入真正的危险境地：

第一，造成大量"带病盐商"。专商引岸制体系本来设置了盐商优胜劣汰的更新机制，即对欠课盐商的题参、治罪、革退制度。盐务律令规定，"商人未完盐课，于奏销时题参"，如果题参后一个月内仍不能完交，则按欠数之多少分别处以惩处：欠课在一成至五成者，枷号一个月至三个月，并处以笞五十至杖一百的责罚，如果在枷号期间完交欠课，则释放免责；如果枷号期满仍未完交，"则革退商名，所欠以引窝变抵"。欠课在六成及以上者，杖责六十至一百，将盐商本人锁禁、家产严查，给予四个月至一年的还款期限，"限内全完，革退商名，免其杖徒，限外不完，该商发配，所欠以引窝家产变抵"①。这些规定不可谓不严厉，如果能够认真执行，则必定能及时有效地淘汰那些经营不善或资金状况不佳的盐商。但现实往往不如冰冷的律例来得痛快。乾隆二十九年芦商疲敝初显的时候，面对二十多名欠课盐商，长芦盐政高诚根本无法举起惩治的大棒，因为他顾虑将这些盐商统统革去，留下的引地招商需要时日，将会耽误民食。最终不得不为这些盐商向乾隆帝请求，将欠课宽限到次年三月交完②。

这只是一个开始，乾隆朝中后期盐商总是以缺乏运本为理由，向乾隆帝请求借帑和缓带征，乾隆帝明知盐商欠课，却仍然不得不批准他们的请求。作为管理者，乾隆帝明白革退盐商将严重影响引盐的运销，耽误"关

① 《长芦盐法志》卷七《律令·律例·商人欠课》，第110页。

② 乾隆二十八年十月三十日《长芦盐政高诚奏明长芦未完引课银两数目事奏折》，《清代长芦盐务档案史料选编》，第91—92页。

系紧要"的"地方民食"[1],进而耽误盐课征收,尤其是到了乾隆朝中后期,盐商们对接办破产参革盐商的引地不再那么积极,甚至经常发生引岸虚悬数年的情况。作为盐商的"恩主",乾隆帝更不能坐视盐商的请求而无动于衷,尤其是面对那些与他有很深利益纠葛的亲信盐商。比如乾隆二十二年,当王镗的盐业生意因洪灾而遭受损失,无力偿还原有的帑银时,乾隆帝本来可以将其产业查封变抵,但他选择再次借给王镗十万两内帑,并将新借款项和乾隆十年所借款项的利息都降为一分,甚至在这种情况下仍将"永庆号"交给王家经营;乾隆三十一年,皇商范氏积欠的帑项已经达一百二十余万两,内务府大臣因为这些帑银清还无期,便请求将其盐业家产查封变抵,连乾隆帝也认为其积欠帑项年久未还,自然应该清厘归款,但仍宽容地表示,范氏承充官商以来历有多年,没有什么大的过错,如果遽然将其家产抵还,"其情未免可悯"[2],不但保留了范氏的盐商资格,还在乾隆四十六年又一次借给范氏帑银三十万两[3]。可以看出,乾隆帝对亲信盐商的帑银扶助,在保障民食的责任之外又增加了一层恩惠施与的感情成分。

乾隆帝的宽容造就了大量"带病行盐"的盐商。他们每年在盐课之外还需要缴纳可观的帑利、带征的帑银及盐课,行盐的利润却保持着减损的趋势,只能在帑银和缓征的帮助下维持着亏损运营。按照乾隆五十九年长芦盐政征瑞的计算,"芦东每年交纳正杂银两、带征缓课以及帑本帑利等

① 乾隆二十九年二月十一日《长芦盐政高诚为商力消乏奏请盐斤加价事奏折》,《清代长芦盐务档案史料选编》,第96页。

② 台湾"中研院近史所"藏内务府奏销档案全文:乾隆三十一年六月六日《商人范清济借帑银清还无期,请将家产变抵》。

③ 乾隆四十八年二月《长芦盐政征瑞为遵旨并办铜盐事务事奏折》,《清代长芦盐务档案史料选编》,第151页。

项,需银数百万两”[①]而由于“商人应交正课外尚有杂课、余引帑利、运费等项”[②],因此每年的资金缺口达一百余万两。这样一来,大部分盐商的资金都日益消乏,只剩下一个靠皇帝优恤措施勉强支撑的空架子,却仍然长期占据着长芦引额,致使盐务体系之外的其他资本不得其门而入。没有新鲜血液的滋养,盐务体系只能通过拆东补西的方式实现资金流动,天长日久,必然僵化梗塞,无法正常运转。

第二,盐商整体陷入债务泥潭。既然盐商是“带病行盐”,那么病就总有爆发的时候。帑银和缓带征盐课的本质都是债务,而不是免费的恩惠。乾隆帝和内务府不会轻易放弃帑银利息,更不容许本银有一分一厘的损失;乾隆帝和户部也不会任由盐商永远拖欠缓带征的盐课,即便再三展限,也仍然白纸黑字记录在盐商名下。在行盐利润始终无法提高的情况下,盐商拖欠的帑银本利和盐课终将积累到他们和朝廷都无法承受的地步。到这个时候,他们仍免不了被参革的命运。曾经享受过乾隆帝宽容的皇商王氏、凤台王氏、皇商范氏、鄞县王氏都是如此结局,另一位大盐商牛绳祖也是因为积欠的帑银本利超出了其还款能力而主动请求退出盐商行列[③]。其他中小盐商中被债务压垮的也比比皆是。比如乾隆三十六年的一份档案记载,永恩培等六名长芦盐商因为拖欠盐课银、帑利银而被参革。很显然,盐课缓征和帑银扶助并没有使他们恢复元气,反而成为致命的负担。他们被查抄变抵的家产仅仅清偿了少部分欠款,剩余的欠款要在此后三到七年不等的时间里,每年以一定数额追缴[④]。假如他们在经营出现问题时

---

① 乾隆五十九年十一月初七日《长芦盐政征瑞为酌筹调剂芦东鹾务请更定行销章程事奏折》,《清代长芦盐务档案史料选编》,第 191 页。

② 乾隆五十九年十二月初一日《寄谕著直隶总督等传征瑞亲自来京核办芦东盐价改为卖银事》,《清代长芦盐务档案史料选编》,第 193 页。

③ 《内务府奏销档》,乾隆五十八年十二月六日,转引自吴奇衍《清前期长芦官盐商的管理制度和破产原因》,第 401 页。

④ 乾隆三十六年十二月二十六日户部咨内务府,转引自吴奇衍:《清前期长芦官盐商的管理制度和破产原因》,第 392—394 页。

就退出盐商行列，而不是依靠皇帝的优恤苟延残喘，就不至于发生如此严重的资不抵债，也就不必在退出盐商行列后仍陷入债务泥潭无法自拔。

当被参革盐商因破产而确实没有能力偿还欠款时，曾经压垮他们的债务就会被转嫁到其他盐商身上。首当其冲的是接办参商引地的盐商，一般来说，参商的债务都会由他们代为偿还。比如乾隆三十六年，皇商王氏被革退盐商资格，其各项欠款由接办盐商义和泰分三十年偿还。如果没有盐商肯接办参商引地，或者接办商也没有能力偿还参革盐商的欠项，朝廷仍有最后的办法，即将这些债务摊派给全体盐商共同承担。乾隆四十七年，朝廷将参革盐商遗留的帑银本利共七十九万余两分摊给全体纲商，由他们从次年开始每引摊交银二钱，分五年归款。再加上这五年内新的利息，长芦纲商总共需要替参商缴纳一百余万两[①]。原定五年还完即停止的二钱银两，由于不断有新的参革盐商，从盐商临时性的负担最终成为一种长期存在的附加税[②]。诚如道光年间盐务专家陶澍所总结的："带征、带补之纠缠，预纳、减纳之套搭，挪前移后，无非以己身之亏欠，嫁害于他人"[③]，以至于"今之纳息者，并非昔时领本之原商，尽为他人赔偿"[④]。负债之病像瘟疫一样在盐商中蔓延开来。

既然缓带征的盐课和帑银本利既不会被宽免，又无法及时清厘，那就只能逐年积压。正如曾仰丰先生所总结的："商交息银，谓之帑利，课项带征，款项愈繁，积欠愈多，各省盐务皆有不可收拾之势。"[⑤]。到乾隆五十九年，长芦、山东盐商历年所借、仍在生息的内务府帑本银总额达到七百七十

① 乾隆四十七年十二月《长芦盐政征瑞为清理参商悬帑事奏折》《长芦盐法志》卷十六《奏疏下》，第 322 页。

② 《长芦盐法志》卷十二《赋课下》，第 212—213 页。

③ ④ 《陶澍全集 · 奏疏 2》，岳麓书社，2010，第 271—272 页。

⑤ 曾仰丰：《中国盐政史》，商务印书馆，1984，第 25 页。

余万两[①],按照长芦、山东引额的比例[②],长芦盐商积欠的帑本当在五百万两以上;乾隆六十年,长芦、山东盐商积欠的盐课达到三百三十余万两[③],按照长芦、山东引额的比例,长芦盐商积欠的盐课当在二百万两以上。两项相加,芦商积欠的帑本和盐课总额达七百万两以上,这是嘉庆朝之后长芦盐区积欠危机的根源。

第三,借垫捐输侵蚀公帑。盐商借库银垫交捐输的隐患,很早就已经引起了有识之士的警惕。乾隆五年,协理江南道事河南道监察御史陈其凝曾经专门上奏折,针对当时两淮盐商请求的垫借带征捐输之事提出反对意见:

> 商人捐项重大,若一时按引派纳,诚恐力有未纾,请于戊午纲盐课内借支,分年带完,奉旨允行在案。商人愿捐输之心不惟急公,兼且利己,而借支带完,皇上又俯允其请,爱恤商力,非有利于财也。乃众商借此捐输之名,遂增添于成本之内,甚至明捐者一二而暗增者倍徙。名为效力于朝廷,实则取偿于百姓。臣闻各省盐价昂贵,恐有此弊,今见两淮盐臣三保折奏众商开呈成本价值,公然以捐赈助赈挑河捐项繁多为名,似不出臣愚所料之外。[④]

陈其凝揭示了盐商借库银垫交捐输"兼且利己"的真实用心,即以捐输为名暗中增加盐价,牟取暴利,"借急公之名输之于公,而倍加盐价取之于民,已无异取之于公而输之于公矣",使"商人蒙急公之赏,百姓受派累

① 《长芦盐法志》卷六《优恤·恤商》,第95页。

② 山东额引为五十万五百道,见《新修山东盐法志》卷九《转运上·引额》。

③ 《长芦盐法志》卷二《谕旨二》,第23页。

④ 乾隆五年六月初九日《协理江南道事河南道监察御史陈其凝奏请停止商捐以清盐务事》,中国第一历史档案馆档案宫中全宗,档案号:04—01—35—0445—008。

之苦”[①]。正如陈其凝所言,借库银垫交捐输乃是“取之于公而输之于公”,盐商实际上并没有真正付出财富,所以一旦垫款不能按限归还,受损失的只有运库的公帑。乾隆二十七年,长芦盐政达色在清查了盐商借领的库银后便意识到这一点,警告乾隆帝“若不整顿,渐成流抵之弊,至库项日益虚悬”[②]。所谓“流抵”,本意是允许将本年已交后又得到蠲免的钱粮充抵下年的赋税[③],但达色此处所指,当为盐商垫借之款不能按限归还时对库项的侵蚀,以及各种欠款叠加而导致的账目混乱问题。

不幸的是,由于乾隆帝对盐商借垫捐输的放纵,达色的担忧在乾隆朝中期以后变为现实。从乾隆二十四年到乾隆五十七年,芦商共从运库借垫捐输银一百六十五万两,成为盐商积欠的源头之一。盐商通过借垫捐输还可以实现一些更加隐秘的目的,除了陈其凝所揭示的暗中加价外,还有邀取皇帝的信任和亲近以方便请求更多的优恤宽缓。道光年间的天津道郑祖琛说:“今之运商名为报效,实则分年带销,从无年清年额,逋欠累累,不下千百万,有虚名而无实济。”[④]陶澍的论述也与此类似:“至于报效一款,原系因公抒诚,得沾议叙。自应各出己赀,乃亦先由运库垫解,分年带缴。积欠累累,是库存正款,徒为商人骗取议叙之用。而商捐之名,适足为消耗之目而已。”[⑤]他们所描述的虽然是道光年间的现象,但也是乾隆朝中后期盐商捐输报效的真实状况。总之,借库银垫付捐输使本已非常严重的盐商债务和盐务账目问题雪上加霜。

第四,权钱交易充当帮手。康熙、雍正朝曾经存在的一些问题,比如盐

① 乾隆五年六月初九日《协理江南道事河南道监察御史陈其凝奏请停止商捐以清盐务事》,中国第一历史档案馆档案宫中全宗,档案号:04—01—35—0445—008。

② 乾隆二十七年七月初四日《长芦盐政达色为确查长芦运库钱银数目事奏折》,《清代长芦盐务档案史料选编》,第 85 页。

③ 赵尔巽等撰:《清史稿》,第 2416 页《志第九六 · 食货二》。

④ 郑祖琛:《更盐法》,《皇朝经世文编》卷四十九《户政二十四 · 盐课上》。

⑤ 《陶澍全集 · 奏疏 2》,第 273 页。

商与官员之间的权钱交易,在乾隆朝依然十分普遍。乾隆帝并不像康熙帝那样明确地纵容官员,实际上档案中经常见到他惩治贪腐盐官的记载。但是他仍然无法杜绝盐务领域的权钱交易,因为这是专商引岸制体系与生俱来的弊端。雍正十年开始担任直隶总督的李卫曾经作过这样一番评论:"盐运使、运同乃专司盐法之员,其吏役人等原与各商最为亲密,以盐官而查盐商,易于通情朦混。即有秉正大员可以自信,亦不能终日长驻河干,此必至之情。"[①]"必至之情"的典型表现之一,就是经过雍正帝强力整顿的各种浮费陋规,到了乾隆朝死灰复燃以至于泛滥成灾。乾隆朝末期,两淮盐政每年从盐商那里索取的用度使费达四万三千两,比乾隆帝御膳房每年的用度还要多一万余两。乾隆帝对此也很无奈,只是下令将所有的日费供应取消,而对于他的这些心腹奴才,只是温柔地批评他们"骄奢过分,亦且折福,以致不能承受恩眷",然后以一句"此弊已久,今已不加追问"[②]了账。年深日久的弊端不止于此,官员们攫取盐利的方式也不局限于暧昧含糊的陋规浮费。他们并不惮于触碰贪腐的红线,而盐商在他们的纵容下,重复着前人曾经使用过的伎俩,比如压低收价剥削灶户,捆载夹带朦隐多斤,捏报淹销蒙混失船,借引行私越境侵销,窝囤盐斤私抬盐价[③]。这些权钱交易行为蛀蚀着专商引岸制体系的肌体,使得本已漏洞百出的盐务体系更加无法正常运转。

当然,官员与盐商之间的权钱交易并不是盐务窳败的根本原因。很多情况下,权钱交易只是充当了乾隆帝盐务政策的帮手。官员们会遵循着乾隆帝政策的方向,为盐商实现利益最大化创造条件,比如巡盐御史会积极为盐商转达借帑、缓带征及捐输的请求,盐运使则热衷于向盐商借出库银,

---

① 雍正十二年二月二十日《直隶总督李卫奏陈天津运盐船只应循复旧制由道厅挂号查验等情折》,《雍正朝汉文朱批奏折汇编》第30册,第734页。

② 《高宗纯皇帝实录》卷一千四百五十八,《清实录》第二十七册,第451页下。

③ 关于乾隆朝盐商与盐官的权钱交易,可参见孙明:《清朝前期盐政与盐商》,东北师范大学,博士学位论文,2012年,第123—144页。

并有意为之掩饰[①]。长芦盐运使锡拉布与盐商之间的合作更具代表性:他在盐商缴纳盐课入库时,以门印需费为由,每年收取一千三四百两的额外费用。作为回报,他有意延缓对帑利银的催征,使芦商在他不到五年的任期内就积欠了十万六千余两帑利银[②]。可以说,在乾隆帝的那些政策持续实施的过程中,各级官员以渔利为目标的刻意迎合起到了推波助澜的作用。

总之,乾隆帝盐务政策的过程和结果表明,他几乎“成功”地继承并扩大了康熙帝、雍正帝给盐务体系造成的所有漏洞,同时也“成功”地蹈履了他们曾经竭力避开的所有危险。

## 六、乾隆朝的余音

进入嘉庆朝后,盐商面临的的经济环境日益恶化。嘉庆六年长芦盐区又一次遭遇了严重的水灾,到嘉庆九年,盐穰、绳席等项成本费用较之前增加至一倍到一倍半不等,芦商当年赔折的成本达四十余万两[③],但盐商仍不得不保持与乾隆朝相当的引盐运销额。嘉庆帝君臣并没有针对这种状况进行有效的改革,甚至在引盐运销市场要素的调整方面,嘉庆帝比乾隆帝更加保守。

嘉庆五年,当长芦巡盐御史观豫为盐商恳请加价一文用于清偿积欠

① 乾隆二十七年七月初四日《长芦盐政达色为确查长芦运库钱银数目事奏折》,《清代长芦盐务档案史料选编》,第 85 页。

② 乾隆四十六年五月十七日《直隶总督袁守侗为遵旨会审锡拉布贪鄙不职按律定拟事奏折》,《清代长芦盐务档案史料选编》,第 143 页。

③ 嘉庆九年九月初八日《长芦盐政珠隆阿为详察商情分限缓征欠课等银两事奏折》,《清代长芦盐务档案史料选编》,第 214 页。

时,嘉庆帝强烈反对,甚至表示“朕宁可使帑项有稽,而断不肯朘民以益帑”①。嘉庆八年,直隶总督颜检、长芦巡盐御史赛尚阿为了筹办直隶河道堤工,建议将长芦盐价增加三文,一半用于堤工,一半归入盐款,嘉庆帝却认为,乾隆年间因钱价过贱而屡次增加盐价,并没有让盐务有丝毫起色,进而怀疑“赛尚阿轻听商人之言,从旁怂恿,而颜检即会同入告,殊属非是”②,传旨给予两人申饬。到这一年,芦商每年应交款项,包括本年盐课、帑利及带征各款在内,超过一百六十五万两③。直到嘉庆十四年,长芦盐区终于加价二文,然而此次加价是为了河工经费,盐商所得全数归公④,盐商不但没有得到实惠,反而加重了负担。

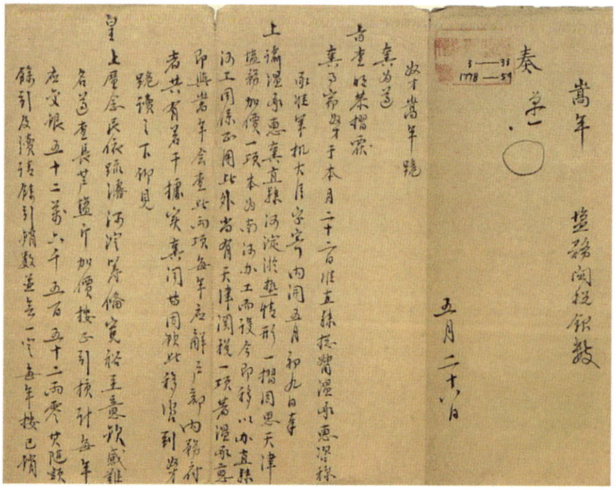

**嘉庆十五年五月二十六日长芦《长芦盐政嵩年奏报长芦盐引与天津关税课每年应征数目事折》,其中所记芦商每年应交的河工加价为五十二万余两)⑤**
**(原件保存在中国第一历史档案馆)**

---

① 《长芦盐法志》卷二《谕旨二》,第 26 页。

② 《清代长芦盐务档案史料选编》附录二《谕旨长编》,第 596—597 页。

③ 《长芦盐法志》卷六《优恤 · 恤商》,第 97 页。

④ 嘉庆十四年七月十九日《山东巡抚吉纶等为遵旨核议请照长芦加盐价二文事奏折》,《清代长芦盐务档案史料选编》,第 248 页。

⑤ 图片来源:《清宫塘沽秘档图典(长芦盐务卷)》,第 149 页。

为了维持引盐的运销，嘉庆帝也施行了一些扶助盐商的措施，仍不外乎缓带征与借帑。比如嘉庆二年，嘉庆帝决定将长芦、山东两个盐区此前积欠的盐课银五百三十一万余两分十二年带征，帑银本利一千一百五十七万余两中利过于本者停利归本，也限十二年完交，并且在嘉庆五年、六年、八年、十一年先后四次将这笔带征展限①。嘉庆朝盐商向皇帝借帑的频率相比乾隆朝大幅度降低，直到嘉庆十六年，芦商哀告说当年已经没有资金办理春运，才从嘉庆帝那里借到了第一笔帑银三十万两②。在嘉庆十七年芦盐砝码案发后，由于资本匮乏，长芦盐商于嘉庆十八、二十年连续两次借领帑银共九十万两③，但是此时再多的帑银也已经无力回天了。

从帑银借贷来看，嘉庆帝不太愿意与盐商发生过多的私利纠葛，他对盐商捐输的态度更说明了这一点。面对芦商一如既往高涨的捐输热情，嘉庆帝的做法与雍正帝类似：一方面，他对芦商的集体捐输反应冷淡，比如嘉庆四年，芦商请求共同捐银六十六万两用于剿除川楚教匪善后事宜，嘉庆帝只赏收了三十九万两④；嘉庆八年，芦商奏请捐银十万两赈灾，嘉庆帝以“芦东各商素形疲乏，仰赖恩泽以赡身家，岂能再有余力效悃”为由拒绝⑤；嘉庆十一年，长芦盐商又请求捐银二十六万两资助河工，嘉庆帝只赏收了六万两⑥。另一方面，他又从不拒绝大盐商家族的捐输，比如嘉庆十三年查有圻捐银十万两作为朝廷剿除海盗的费用，嘉庆十九年查世倓、查有圻分别捐银三万两用于赈济河南，嘉庆帝都照单全收。尤其值得注意的是，

---

① 《长芦盐法志》卷六《优恤 · 恤商》，第 96—97 页。

② 嘉庆十六年正月初八日《长芦盐政嵩年为请借库款接济芦商以裕运本事奏折》，《清代长芦盐务档案史料选编》，第 263 页。

③ 嘉庆二十年八月初八日《都察院左都御史庆溥为长芦参商李芳林控告纲总把持事奏折》，《清代长芦盐务档案史料选编》，第 316 页。

④ 《长芦盐法志》卷二《谕旨二》，第 25 页。

⑤ 《长芦盐法志》卷二《谕旨二》，第 30 页。

⑥ 嘉庆十一年九月初八日《谕内阁著免收芦商部分捐银》，《清代长芦盐务档案史料选编》，第 227 页。

嘉庆帝不再允许盐商借库银垫交捐输，所以嘉庆朝芦商的捐输都是一次缴清的。

总体上，嘉庆帝延续了乾隆朝的盐务政策，只是乾隆朝的余音而已。但与乾隆帝相比，嘉庆帝对盐商的态度少了些温情宽惠，多了些理性苛刻，这在嘉庆十四年的河工加价一事中体现得十分明显。直隶总督温承惠、长芦盐政伊昌阿在接到筹措河工经费的任务后，向嘉庆帝建议将长芦盐价每斤增加三文，加价所得一部分用于河工，一部分拨给盐商。这本来是一个一举两得的方法，却令嘉庆帝大为恼火，他认为温、伊二人的建议并非为河工着想，而是在间接为盐商牟利："该盐政于一切档案何以并未详查，率为此奏，或竟系受商人等怂恿，希图多得余利。"[1]最终伊昌阿被撤职交部议处，加价额定为每斤二文，所得一律归公[2]这次加价对盐商没有任何扶助作用，却增加了芦商和食盐百姓的负担。

到嘉庆十六年，在长芦巡盐御史嵩年的报告中，芦商已经疲乏到无力办运的地步：

> 只因近年盐穰、绳席、水旱脚价无不较前昂贵，且卖盐所进皆系钱文，而交课办运则需银两，迩来钱价过贱，各商以钱易银，暗中折耗甚多，因此商人资本日见消乏。加以上年交项比诸往年多至六十余万两，出入核计委属不敷相抵，此系实在情形。现今奏销已过，正当疏筹春运之际，而各商甫将上年正余引课并带征钱粮提交积欠以及加价、杂款、帑利、租息等项，统计完银二百一十六万余两，实已尽力完交，遂

① 嘉庆十四年四月二十一日《大学士管理户部事务禄康等为遵旨详议芦盐加价事奏折》《清代长芦盐务档案史料选编》，第244页。

② 嘉庆十四年六月十九日《长芦盐政额勒布为遵旨筹议酌加盐价事奏折》《清代长芦盐务档案史料选编》，第248页。

乏余资办运，若不及时量加调剂，设致春运迟滞，恐与国课民食有关。[①]

在这样的困境下，长芦盐砝码案的发生可以说是必然的。[②] 长芦盐砝码案导致了芦商积欠危机的爆发，这次危机使长芦盐商的衰败溃决成洪流，彻底改变了长芦盐业的走向。

## 七、结语

清代盐务由盛至衰的转折发生在乾隆朝，这是显而易见的历史现象，也是多数研究者的共识。在探讨这一现象的原因时，研究者一般会提炼出某些因素，比如成本增加与银贵钱贱、帑银本利给盐商造成的债务等，但极少会从综合、系统的视角，深入揭示这些因素之间的关联，因此并没有回答一些十分重要的问题，比如这些因素中哪些是因哪些是果？哪些是现象哪些是本质？更重要的问题是，盐商和皇权分别在其中扮演了什么样的角色？如果不能回答这些问题，就很容易得出片面的结论。比如谈到皇帝（皇权）对清代前中期盐务带来的影响时，有的研究者会强调皇帝和内务府通过收取帑利、接受捐输报效等方式对盐利的直接占有，并将这种占有描述为"攫取"，定性为"盘剥"，最后归结为一个单一的逻辑链条：皇帝掏空了盐商的口袋，盐商就只好走向破产。

在以上的逻辑里，皇帝和盐商分别扮演了加害者和被害者的角色。然而"利出一孔"并不是一个攫取财富的狭隘阴谋，而是一个以政权稳固为

① 嘉庆十六年正月初八日《长芦盐政嵩年为请借库款以裕运本事奏折》，《清代长芦盐务档案史料选编》，第263页。

② 见第八章。

目标的整体战略，即使这个政权是皇帝的"家天下"；相应的，皇权对盐利的控制，也就不能简单地被归结为是为了满足皇室家族或者皇帝个人的私欲，尽管在特定时期确实有这样的情况发生。或者换一种说法，只要不是昏庸贪婪到失去理智，皇帝的私欲就不会狭隘到仅限于内务府那一方微小的天地。因此，皇帝对于盐利的分配一定是综合考量各种因素的结果。另外，研究者往往会忽视的一点是，在皇帝和盐商的关系中，盐商并非完全处于被动的地位，他们在趋利本能的驱使下，会主动通过输送盐利与皇帝互动，塑造出对自身最为有利的关系模式，实现利益的最大化。

真正的问题在于，皇帝的决策并不总是那么英明，却永远可以左右一切；盐商并不都循规蹈矩，而是大部分唯利是图，一有机会便会抓住盐务体系的漏洞，钻营舞弊，牟取额外的利润。当皇帝的失度决策、盐商的贪利之心与不利于盐务的客观因素产生了共振，盐务体系才真正迎来了危险的时刻，这才是乾隆朝盐务衰落之谜的最终答案。以下对主要活跃于乾隆时期的大盐商家族的叙述，将会给这个答案更加具象的注解。

# 第六章

# 皇商家族

在清代前中期的天津盐商家族中，内务府盐商占有重要且独特的地位。他们隶籍于内务府，属内务府商人，也就是人们通常所说的“皇商”。他们在身份上附庸于皇室，并通过“领本”等方式与皇室建立起密切的经济关系。在参与盐业经营后，他们依恃着特殊的身份，得到巡盐御史等盐务官员乃至皇帝本人的庇护，在引地分配、帑银支持等方面享有得天独厚的优势，因此经营规模大于其他绝大多数盐商。甚至在做出违法行为后，他们仍能得到偏袒。但另一方面，皇商的身份也将他们牢牢地与皇室利益束缚在一起，即便经营状况不佳也无法自主地抽身而出。主要活跃于乾隆朝的王惠民家族和介休范氏家族就是天津盐商中皇商家族的典型代表。

## 一、内务府商人

内务府是清代专门负责皇室事务的机构，其成员全部来自内务府三旗。内务府三旗（简称“内三旗”）由镶黄、正黄、正白上三旗旗人的包衣编成（“包衣”是满文 booi niyalma 的音译，意为“家人奴仆”），由于上三旗直接隶属于皇室，内务府三旗实际上也就是皇室的奴仆。内务府创建于清入关前，在入关后随着皇权的加强而迅速发展为一个庞大的机构，其职责包括办理皇室的衣、食、住、行及内库收支等各种事务。为了给皇室开辟财源，内务府经营着诸多产业，包括皇庄、当铺，并允许内务府人员经营商品贸易，这些人员被称为“内务府商人”或“内务府买卖人”，在民间则被称为“皇商”。他们必须履行内务府交给的任务，为宫廷采买各类日常用品，或帮助宫廷将多余的物品变价出售，但同时他们又可以自主地开拓生意。与一般民商不同的是，他们的生意集中于需要由朝廷特许经营的独占性商品，如铜、铅、人参、盐等。内务府商人实力相差很大，小商人只能经营某一种商品的贸易，而那些大商人则能够同时经营好几种商品，并在铜、盐等垄断性强的行业中赚取暴利。

内务府商人的来源既包括内三旗的闲散人员，也包括在内务府有职衔的人员，这其中很大一部分属于内三旗包衣旗鼓佐领，也就是投充包衣旗籍的汉人。内务府人员可以自主向内务府呈请成为商人，如果皇帝或者内务府认为他们家境殷实并有经营能力，就有可能批准他们的申请。还有的内务府商人原为汉族民商，后被征召入籍于内务府。比如清朝初年，为了控制蒙汉民间的经贸活动，朝廷将明末以来占据张家口贸易的八家山西商人征召进京，给予礼遇，并将他们收入内务府三旗，于是他们由民商一跃成为皇商，号称“八大商人”①。内务府商人人数不定，在康熙年间一直保持在数百人的规模，雍正年间因被分给各王府而急剧缩减，到雍正十三年还剩下六十四人。乾隆帝即位后，将内务府商人中经营不善者全部革退，只

① 左承业纂修《(乾隆)万全县志》卷十《志余》(乾隆十年刻本)：“八家商人者，皆山右人。明末以贸易来张家口，曰王登库、靳良玉、范永斗、王大宇、梁嘉宾、田生兰、翟堂、黄云发。自本朝龙兴辽左，遣人来口市易，皆此八家主之。定鼎后，承诏入都，宴便殿，蒙赐上方服馔，自是每年办进皮张，交内务府广储司。”《(乾隆)宣化府志·杂志》卷四十一记载八大家承诏入都后籍隶内务府，每年交生息一百两，见上海书店出版社编：《中国地方志集成·河北府县志辑 11》，上海书店出版社，2006，第 770 页。

保留了九名[①]，其中就包括王惠民家族和介休范氏家族。

王氏和范氏都是汉人，却以不同的方式成为内务府商人。王家世代居于辽阳地方，在王惠民的祖父王永盛那一辈就已经投归正白旗包衣旗鼓佐领。和许多其他内务府人员一样，王家被允许涉足仕途。王惠民在内务府担任主事，而他的兄弟王济民出任过知州，他们的子孙辈也多有职衔[②]，但王家的重心在于经商。王惠民从康熙四十二年开始与另一位皇商李天馥等人合作制铜[③]，他的儿子七格和侄子王修德、王灿德从康熙五十一年开始合作制铜，并采买铅、银以供应宝泉局铸钱之用，同时他们都曾捐纳监生并担任官职[④]。康熙五十三年，朝廷在盛京地区招商承包人参的开采，王修德呈领了参票八千张，成为盛京参商中的佼佼者[⑤]，王惠民和七格也参与其中。到康熙朝后期，王家已经在铜铅、人参等商品的贸易中站稳了脚跟，并靠着皇商的身份结交了许多朝廷官员，与同是内务府出身的康熙帝亲信李煦关系密切[⑥]。

山西介休范氏家族是张家口"八大商人"之一，且是其中较受恩宠的

---

① 参见孙晓莹：《简论清代北京内三旗所属内务府商人》，《清华大学学报（哲学社会科学版）》2020 年第 1 期，第 81 页。

② 辽宁省图书馆古籍部整理：《八旗满洲氏族通谱》卷七五，辽沈书社，1989，第 817 页。

③ 即开采云南铜矿。康熙三十八年，清廷将原本官办的铜矿开采承包给内务府商人，到康熙五十四年又恢复官办，共持续十六年。参见王萌：《康熙朝后期的铜政改革与内务府官商》，《清史研究》2010 年第 1 期。

④ 康熙五十六年五月二十九日《内务府奏王刚明等铜商限期偿还亏欠银两折》，原件满文，人名被音译为李天福、七哥、王秀德、王参德，见《康熙朝满文朱批奏折全译》，第 1196、1197 页；康熙五十九年十一月二十八日《海章等为查议商人亏欠应交之铅、银的题本》，见辽宁社会科学院历史研究所等译编：《清代内阁大库散佚满文档案选编》，天津古籍出版社，1992，第 285-288 页。

⑤ 《黑图档》雍正八年档，转引自王佩环：《略谈清代东北采参制度的几个问题——兼与川久保教授商榷》，吉林省东北史研究会编印《东北史研究》第 1 辑，第 120 页。

⑥ 雍正元年正月初十日《署理内务府总管事务允禄等奏请拿获李煦之子并查清其家产折》，《雍正朝满文朱批奏折全译》上册，第 4 页。

一家。从明初开始，范家长期在北方边境经营对满蒙的贸易，到明末清初时已经成为张家口地区的大富商，并且与满族统治阶层建立起密切的联系。范家入籍内务府始于第七代范永斗，在成为皇商后，从内务府领取本银继续从事边疆贸易，每年向内务府交纳息银和皮张[①]。从康熙朝中期到雍正朝，范永斗的三个儿子范毓馪、范毓䭾、范毓（𩡝）先后三次以一家之力为西北前线输送军粮，功劳卓著，范毓馪被赐予太仆寺卿衔，用二品服；范毓䭾以武举被破例拔擢为正定总兵官、署广东提督，范毓（𩡝）赐职布政司参政[②]，他们的子侄中的许多人也都拥有职衔。范氏借着朝廷的恩宠，向特许独占性商品领域扩充生意。范毓馪从康熙四十年开始与人合作制铜运铅，直到康熙五十四年朝廷取消商人制铜。但范家并没有从此脱离铜业，而是在乾隆年间成为首屈一指的日本洋铜进口商[③]。当雍正年间人参采集制度陷入混乱后，朝廷将参务交给范毓馪、范清注父子包办，范家也由此成为乾隆十年人参开采改由官办之前最后的一家参商[④]。

内务府商人在身份上是从属于他们的主人皇室的，除非得到恩准抬籍，脱离内三旗而进入八旗，否则他们永远都只能是皇室的奴仆。按照八旗的传统，包衣有一定的经济自主权[⑤]，因此内务府商人可以拥有自己的财富，但必须以领本的方式与内务府建立起经济联系，即从内务府领取一定数目的本银，并按季缴纳数额固定的利息。本银的数额分三百两、二百两、一百两三等，商人也按照领银的数额分为三等，每季交利银分别为四十

---

① 见《（乾隆）万全县志》卷十《志余》，第10页。另康熙二年、三年、六年的几份档案记载了张家口商人送交抵充息银的皮张的情况，见《清代内阁大库散佚满文档案选编》，第281—284页。

② 王谋文纂修：《（乾隆）介休县志》卷九《人物》，台湾成文出版社，1976。

③ 韦庆远、吴奇衍：《清代著名皇商范氏的兴衰》，《历史研究》1981年第3期，第132页。

④ 王佩环：《略谈清代东北采参制度的几个问题——兼与川久保教授商榷》，第120页。

⑤ 祁美琴：《清代内务府》，中国人民大学出版社，1998，第42页。

五两、二十五两、七两五钱。本银是一次性的，利银却永远持续[①]。王惠民所领本银是一百两，所以他的家族是三等商人；范氏在顺治年间从内务府领取本银二百两，是二等商人。他们每年交给内务府的利银分别为三十两和一百两，可以货品实物的方式缴纳[②]。其实无论对于内务府还是对于王氏、范氏这样的大商人来说，这点本银和利息从数额上都可以忽略不计，其意义在于确定内务府和内务府商人之间的关系：内务府借给本银标志着对商人资格的认证，而领取了内务府本银的商人自然有义务将利润与内务府分享。

除了缴纳领本利银，内务府商人向内务府分享利润的主要方式是就节省银和帑利银。节省银的产生源于朝廷对内务府商人成本的大额垫借。以铜商为例，康熙三十九年，康熙帝将原本由崇文门、天津等八个税关承办的制铜事务交到了内务府商人张鼎臣等人手中，并允许他们从这八个税关借领成本银。税关在发放成本银的时候，是按照此前的铜价核算的，但是经过商人们的估算，相比税关原来的经营方式，他们每斤铜可以节省成本一分五厘，总共每年可节省银二万两。他们承诺将这些节省银交给内务府，以报答皇帝特许他们经营铜斤并垫借关税的恩惠[③]。节省银是内务府商人普遍的负担，因为他们总是需要皇帝给予资金支持，而皇帝也会根据

---

① 康熙三十八年正月二十三日《玛思喀等为奏闻收取三旗商人息银数目的题本》，《清代内阁大库散佚满文档案选编》，第284—285页。

② 乾隆朝《内务府奏销档》第281册，乾隆三十一年六月初六日；第285页，乾隆三十一年十一月十八日。转引自赖惠敏：《乾隆皇帝的荷包》，中华书局，2016，第156页。

③ 后来经过一年的经营，发现每斤铜可以节省银达三分九厘，于是主动向康熙帝呈报，增加节省银的数额。见故宫博物院明清档案部编：《关于江宁织造曹家档案史料》，中华书局，1975，第15、16页。根据《清朝文献通考》所记，铜商系从税关"领银采办"。按照商人自己的描述，在归还成本及缴纳节省银后，采办铜斤变成了没有利润的义务劳动，但实际上商人的利润不止他们呈报给皇帝的那么多，皇帝对此也心知肚明。见张廷玉等撰：《清朝文献通考》，浙江古籍出版社，2000，第4976页。亦可参考薛明《康熙朝中后期内务府商人赴日办铜的利润问题》中的分析，见《清史研究》2014年第2期。

他们承诺的节省银数量,考虑将特许经营权交到谁的手中。

在借给帑银方面,皇帝对内务府商人要比对其他商人慷慨得多。比如康熙五十六年,内务府商人王刚明等因办铜欠下户部款项,康熙帝令以内库银二百余万两代为垫交,此后再由王刚明等逐步偿还[①]。在内务府商人涉足盐业后,康熙帝也毫不吝啬地借给他们帑银作为运本(见下文)。在雍正朝,雍正帝向长芦盐商借出的唯一一笔帑银就借给了皇商王至德,其数额不少于十万两[②]。领取帑银的商人也需要缴纳节省银,这已经与成本无关,只是商人对皇帝开恩借给资本的报答。由于借帑的数额十分巨大,节省银和帑利银往往成为商人摆脱不掉的负担。王家和范家也不例外,比如到康熙五十六年,七格、王修德、王灿德已经因为经营制铜而欠下内务府九万七千余两节省银[③]。

节省银和帑利银体现了皇室和内务府商人之间在经济上的合作关系。但这一关系并不是对等的,皇室永远处于支配地位,商人的经营活动自始至终都在皇室的控制之下。皇室(具体来说就是皇帝)决定着谁可以成为商人,掌握着特许经营权的予夺和本银的垫借,并视商人的经营状况及各款项缴纳的情况对商人进行奖励或惩罚。比如康熙十八年张家口商人缴纳的皮货价值高于应缴的领本息银时,内务府奉旨奖励给他们毛皮衣物[④];雍正七年,范毓馪和王惠民的儿子王慎德因为办理事务尽心勤慎而

---

① 康熙五十六年五月二十九日《内务府奏王刚明等铜商限期偿还亏欠银两折》,《康熙朝满文朱批奏折全译》,第1196页。

② 参见本书附表二《清前中期天津大盐商家族借领帑银表》。

③ 康熙五十六年五月二十九日《内务府奏王刚明等铜商限期偿还亏欠银两折》,《康熙朝满文朱批奏折全译》,第1197页。节省银伴随皇家借款而生,并不一定限于内务府盐商。比如上文提到,查日乾等人在张霖案发后,被追缴的欠款中也包括节省银。

④ 康熙十八年十一月初七日《噶鲁等为商人多送息银应行赏赐的题本》,《清代内阁大库散佚满文档案选编》,第283—284页。

被“从优议叙”[1]。当然,皇帝对内务府商人惩罚起来也毫不手软。康熙五十九年,七格、王修德、王灿德还曾因未能在限期内交纳足够的铅银而受到降级、罚俸[2]。而如果商人欠缴的款项过多,皇帝认为其没有能力偿还,其所拥有的财富及商人资格都将被剥夺,这正是王氏和范氏家族的最终命运。

## 二、接办张霖引地

康熙四十五年张霖被查办,资产罚没归公,这对于他的家族来说是灾难,对其他盐商来说却是机会。朝廷将张霖的顺天府蓟州、遵化、宝坻、香河、平谷、丰润、三河、玉田八处引岸及禹州、临颍、新城、清源、静海、青县等处估价招商承办[3]。这些被打包转交的引岸可以迅速扩大盐商的经营规模,因此成为众多有实力的盐商争夺的对象。对于掌握着决定权的皇帝来说,最好的选择是将这些引地交给内务府商人,因为这样既易于掌控,又能给皇室带来可观的收入。康熙帝选择梁樟和王惠民接办了蓟州、遵化等处引地,李天馥接办了禹州、临颍等处引地,他们都是内务府商人,长芦盐商中从此增加了一个新的类型,即内务府盐商,也就是盐商中的皇商。他们此前并没有经营盐业的经验,但这并不重要,重要的是他们承诺以今后的盐利弥补张霖带给朝廷的损失,并向内务府交纳利银和节省银以报答皇帝的恩惠。

① 雍正七年十一月初三日《谕著将范毓馪王慎德议叙》,《雍正朝汉文谕旨汇编》第2册,第46页。

② 康熙五十九年十一月二十八日《海章等为查议商人亏欠应交之铅、银的题本》,《大连市图书馆藏清代内阁大库散佚满文档案选编》,第287页。

③ 《王鸿绪密奏小折十一》,《清代档案史料选编》第1册,第720页。

蓟州、遵化等引地归于梁樟名下，王惠民只是次要的合伙人[①]。为了得到这些引地，梁樟除了支付引地的估价三十余万两[②]，还必须代赔张霖欠下的盐价银四万八千余两。当然这么一大笔银子不需要完全由他自掏腰包，而仍由内务府垫借帑银，他只需要分年清还本利。但梁樟似乎并不是一个能干的商人，在经营了十六年后，他共欠内务府本利及节省银二十八万六千两，他承诺代赔的张霖盐价银也没有赔交。雍正元年，梁樟被革去了内务府商人的资格，掌管户部的怡亲王建议由王惠民取而代之[③]，条件是王惠民必须代赔梁樟欠下的所有款项，并且每年还要向内务府缴纳近五千两的节省银。王惠民对这些条件欣然接受，一次性付清了梁樟欠下的二十八万多两内务府本利及节省银。

王惠民看上去比梁樟更懂得盐业的价值。早在康熙五十七年，王惠民在与梁樟合伙经营了盐业十余年后，独自接办了另一位被参革盐商杨定南的引地三处，即滦州、迁安、乐亭。三处引地的窝价银达五万五千余两，而王惠民还需另外代杨定南缴纳三万七千余两的罚银。也就是说，王惠民为这三处引地总共付出了九万二千余两银子的代价[④]。在接办了梁樟的引地后，王惠民的引地数量达到十一处，共有引额二万八千三百二十一道[⑤]，王惠民和他的儿子王至德、王慎德遂将事业的重心从铜、参转移到了盐。

① 合伙的形式不详。雍正十年五月二十日《鄂礼奏请加引折》中记："臣查王惠民原同梁樟承办张霖名下蓟、遵等八州县引二万一千一百八十道"，见《雍正朝汉文朱批奏折》第22册，第316页。

② 《王鸿绪密奏小折十一》：蓟、遵八州县行盐地方估计值银三十余万，已奉旨交与买卖人梁樟交完。

③ 乾隆朝《内务府奏销档》第229册，乾隆十九年三月二十七日，转引自《乾隆皇帝的荷包》，第159页。

④ 乾隆二十九年七月初九日《长芦盐政高诚为调剂积弊之滦州迁安等引地事奏折》，《清代长芦盐务档案史料选编》，第104页。

⑤ 雍正十年五月二十日《长芦巡盐御史鄂礼奏报盐商王惠民请加引三万道等情折》，《雍正朝汉文朱批奏折汇编》第22册，第316页。

雍正十年,在长芦盐政鄂礼的帮助下,王惠民的引额增加到四万六千一百八十道。此后,王家的引地数量不断增加,到乾隆十七年共有引地二十二处,引额八万五千余道①。

张霖的禹州、临颍、新城、清源、静海、青县等处引地由内务府商人李天馥承办。李天馥经营铜业多年,王惠民还是他制铜的合作伙伴。他的经营并不成功,在接办张霖引地之前,他已经拖欠内务府节省银十一万余两。他希望行盐的利润能够帮助他摆脱困境,但和梁樟一样,他必须付出相当大的代价,包括引地的变抵价十六万五千余两及张霖拖欠的盐价银二万八千余两。引地的变抵价还是照例由内务府以帑银垫借,李天馥只需逐年交还本利。为了赢得皇帝和内务府的信任,他承诺在清偿帑银和铜斤节省银后,每年向内务府再交三千六百余两节省银。不幸的是盐利并没有像他期望的那样容易获得,到雍正九年,除了张霖盐价银及帑银本利仍没有还完,李天馥还拖欠盐课银三十一万余两,他所承诺的节省银自然也就成了空头支票。范毓馪抓住机会,向雍正帝呈请接办李天馥的引地,得到允准②,李天馥的盐商资格随即被革除。范家由此涉足盐业,立引名为"范宗文"。

范毓馪是范氏成为皇商后的第二代,他继父亲范永斗之后主持家族生意。③ 对他来说接办这些引地并非难事,他一次性缴纳了三十二万六千余两的顺价银,其中包括代李天馥赔补的盐课。李天馥欠下的帑银本利及张霖盐价银,也由范宗文分年代交,盐业成为范家在办铜之外的另一个主要业务。范毓馪经营有方,在此后的十余年里,范家在盐业方面没有拖欠任

① 这二十二处引地是蓟州、遵化、丰润、玉田、香河、三河、平谷、宝坻、武清、漷县、通州、宁河、大兴、宛平、采育营、长垣、阳武、房山、良乡、滦州、迁安、乐亭,见乾隆二十年四月初一日《长芦盐政普福为遵议盐商王志德未完帑项应限十五年完缴事奏折》,中国第一历史档案馆辑:《乾隆年间查办长芦盐商王至德父子亏欠帑银案》,《历史档案》2001 年第 2 期,第 49—50 页。

② 雍正九年《户科史书》,转引自《清代著名皇商范氏的兴衰》,第 135 页。

③ 乾隆四十八年二月《长芦盐政征瑞为遵旨并办铜盐事务奏折》:"长芦引地悉系范毓馪之产",见《清代长芦盐务档案史料选编》,第 151 页。

何款项[①],且引地增加到二十处,共有引额十万六千二百八十二道[②],成为与王惠民家族相颉颃的长芦大盐商。

王家从接办张霖引地后就从盛京迁到天津居住,范氏经营盐业也以天津为中心,乾隆二十九年,范毓馪的侄子范清济接手范家生意后,也迁移到天津居住[③],以盐和铜作为生意的重心。在乾隆朝的头二十年里,王氏和范氏崛起成为天津盐商中新的佼佼者,甚至很快就取代了清初天津三大盐商中的宛平查氏与朝鲜安氏。这种兴衰交替在盐商为朝廷捐资报效的时候体现得最为明显。乾隆九年,天津盐商三十八人共同捐银十万两帮助朝廷赈济京畿灾民,在长芦盐政伊拉齐上报的议叙名单中,排名前五位的是王至德、金义、范宗文、和兴、查为仁[④]。此时安氏尚以“金义”的引名排在范宗文之前。但到了乾隆十三年,长芦商人共同为金川用兵捐银二十万两,长芦盐政丽柱向乾隆帝汇报的名单中排在前五位的已经变成了王至德、范宗文、查茂德、刘复基、康傅孝[⑤],此时金义已经不见踪影,而宛平查氏以“查茂德”的引名排在了两家皇商之后。这种排名的依据是捐资数额的大小,其实也正是盐商实力的直观体现。

---

① 乾隆十一年十一月十一日《巡视长芦盐政伊拉齐为查办芦商范宗文请免二成节省银两事奏折》:“范宗文自承充芦商以来,十有余年,其年额课俱各全完,现无拖欠,即所认旧商李天馥引价铜斤等银,亦俱按限照数完交。”见《清代长芦盐务档案史料选编》,第55页。但此件档案中将范毓馪误记为范毓馥。

② 这二十处引地是大兴、宛平、清苑、新城、博野、蠡县、河间、景州、青县、静海、正定、藁城、邯郸、禹州、许州、临颍、武安、涉县、济源、修武。参见《长芦盐法志》卷十二《赋课下》,第215页。

③ 乾隆四十八年四月二十九日《山西巡抚农起奏报查明官商范清济赀产事》:“查得范清济、范李父子久居天津,并不在籍。”见台北故宫博物院图书文献处文献科编《宫中档乾隆朝奏折》第五十六辑,“台北故宫博物院”,1986,第6页。

④ 乾隆九年七月十二日《长芦盐政伊拉齐为商人王至德等捐银助赈请议叙事奏折》,《清代长芦盐务档案史料选编》,第50页。

⑤ 乾隆十三年十二月初七日《署理长芦盐政丽柱为金川用兵芦商东商情愿捐银事奏折》,《清代长芦盐务档案史料选编》,第57页。

乾隆二十年以后，王家和范家都深陷债务危机，不同的是王家的危机是由他们的违法行为造成的，而范家的危机和他们进口日本洋铜的生意有关。乾隆三十八年，王家被剥夺了盐商资格，十年后范家也走向没落。由于历史资料的翔实，这两个家族作为盐商从兴起到覆灭的整个过程都历历可考。王家虽然比不上范家横跨多个领域的经营规模，但作为盐商却更有代表性，而且在天津这座城市中留下的印记远比范家更为鲜明。所以下面的叙述将主要围绕王家展开[1]。

## 三、盐利的秘密

从内务府盐商接办张霖引地的过程来看，他们进入盐业需要付出巨大的代价，且会长期背负沉重的债务负担。既然如此，为什么他们对张霖的引地还是趋之若鹜？其实和经营铜业一样，表面看起来赚取的利润大量填进了内务府这个无底洞，但商人们自有办法谋取额外的利润。这些利润有的为皇帝和内务府所知，有的连他们也要隐瞒。王家从康熙五十四年开始和梁樟合伙经营长芦盐业，十数年后就已经有能力支付滦州、迁安、乐亭三处引地近十万两窝价银，可见其业盐利润之丰厚。那么这些盐利是怎么来的呢？

按照常理，在明确了引额的情况下，只要知道每引的斤重及每斤盐的售价，就可以计算出王家每年的毛收入，然后再减去每年运盐的成本及缴

① 关于范家的兴衰，国内外学者研究既广且深，可参见韦庆远、吴奇衍：《清代著名皇商范氏的兴衰》，《历史研究》1981 年第 3 期；王明星：《清代范氏皇商兴衰的经济学分析》，中国商业史学会明清商业史专业委员会编：《明清商业史研究》第一辑，中国财政经济出版社，1998；[日]松浦章：《《山西商人范清济资产状况》，见松浦章著、李小林译：《清代海外贸易史研究》上，天津人民出版社，2016；松浦章：《山西商人范毓馪家族的谱系和事迹》，中国谱谍学研究会编：《谱牒学研究》第二辑，文化艺术出版社，1991。

纳的正课、杂课，就可以计算出王家的利润。但实际上盐商利润的计算是个十分复杂的问题。第一，不同引地的盐价因与盐场的距离不相同而高低不等，而我们无法获知王家每个引地的引额，也就无法计算出每个引地的毛收入，当然也就计算不出王家毛收入的总额；第二，盐课分正课、杂课两种，名目繁多又在不断变化，很难获知精确的税率，因此也就很难准确算出王家缴纳盐课的总额；第三，无法获知王家行盐成本的具体数额。所以，根据盐价及税率、成本计算王家利润是不可能的。但有一个数据可以作为参考：档案中明确记载，乾隆二十年，王至德行盐的利润是每引六钱①，其前后数年内变动的幅度应该不大。按照这个数字计算，乾隆十七年王家引地最多的时候，每年的利润为五万三千八百八十七两。

这并不是王家最终的收入，他们需要拿出很大一部分利润交给内务府：一是接办张霖引地后代缴张霖所欠的盐价银四万多两，这笔款项到乾隆八年共缴纳了二万多两，合每年缴纳两千多两②；二是“梁樟私卖余盐银十二万一千八百二十八两”，从乾隆十六年开始还，直到乾隆二十年尚有九万多两没交，平均算起来每年缴纳七八千两③；三是帑银本利，王家在接办引地后照例从内务府领取了帑银，档案记载，乾隆二年王至德拖欠的帑银本利累积至十万两有零，乾隆帝准其分十三年交完，合每年交纳七千余两④；四是节省银，王家承诺给内务府的节省银是每年四千九百九十余两，

① 乾隆二十年四月初一日《长芦盐政普福为遵议盐商王志德未完帑项应限十五年完缴事奏折》中记载，王氏“认帑之蓟、遵等六州县引四万三千四百七十八道，又滦、迁、乐三州县引一万七千一百四十一道，京引四千九十四道，通共六万四千七百十三道，每引应统以六钱上下盈余计算，约得银三万八千余两。”见《乾隆年间查办长芦盐商王至德父子亏欠帑银案》，第50页。

② 乾隆八年二月十七日《长芦盐政三保为盐商王惠民未完盐价不应宽免事奏折》，《清代长芦盐务档案史料选编》，第47页。

③ 《乾隆年间查办长芦盐商王至德父子亏欠帑银案》。这项银子是乾隆十六年开始缴纳的，最早见于乾隆二十年的档案中，很有可能实际上是王家后来私卖余盐的罚银。

④ 乾隆二年二月十六日《谕内阁长芦旧欠额课自元年始分限三十年完交事》，《清代长芦盐务档案史料选编》，第33页。

不过由于王家需要缴纳的项目太多，这项银两是从乾隆十九年开始补交的，一开始定限三十一年，每年按原数补缴四千九百九十余两。从乾隆二十年开始，与剩余的“梁樟私卖余盐银”九万五千多两作为一笔，分十五年缴纳，每年缴纳的数额变为九千九百余两①。

为直观起见，将王家从雍正元年到乾隆朝中期每年缴纳到内务府的各种欠款列表如下：

**雍正元年至乾隆朝中期王家向内务府缴纳欠款细目表**

| 项目 | 总额（两） | 缴还年份 | 年缴额（两） | 备注 |
| --- | --- | --- | --- | --- |
| 张霖盐价银 | 48123.88 | 雍正元年至乾隆八年之后 | 2291.61 | 乾隆八年，此项尚有未完22828两，长芦盐政三保请旨督催 |
| 梁樟私卖余盐银 | 121828 | 乾隆十六年至乾隆十九年 | 6642.5 | 至乾隆十九年还完26570余两，从乾隆二十年开始，与补缴二成节省银作为一笔，分十五年缴完 |
| | | 乾隆二十年至乾隆三十四年 | 6350.53 | |
| 补缴康熙六十年至乾隆十六年二成节省银 | 154858.3 | 乾隆十九年 | 4990余 | 此项为每年缴纳固定额4990余两，从康熙六十年开始缴纳。但由于王家需缴纳的项目太多；故缓至乾隆十九年开始补缴。一开始议定每年按原数缴纳4990两，分31年缴完。从乾隆二十年开始，与梁樟私卖余盐银合并为一笔，分15年缴完 |
| | | 乾隆二十年至乾隆三十三年 | 9991.22 | |
| 当年二成节省 | | 乾隆十七年开始 | 4990余 | 在补缴康熙六十年至乾隆十六年二成节省的同时，仍需缴纳当年的二成节省银 |
| 帑利 | 100000余 | 乾隆二年至乾隆十四年 | 7692.3 | 自乾隆二年起分十三年还完 |

① 《乾隆年间查办长芦盐商王至德父子亏欠帑银案》。

从表中可以看到,为了使王家的负担保持在可以接受的范围内,内务府对其所应交的欠款做了时间上的规划,使其尽量分散开来。尽管如此,王家每年的缴还额仍然不是一个小数目。以乾隆二十年为例,王家需要缴纳的款项有“梁樟私卖余盐银”“康熙六十年至乾隆十六年二成节省银”“当年二成节省”银三项,总额达两万一千三百余两。王家的负担还不止这些,当朝廷需要捐输和报效的时候,王家必须表现得比其他盐商更加慷慨。乾隆九年与乾隆十三年长芦盐商两次捐银时,虽然王至德捐银的具体数字不详,但这两次他都是排在捐款清册及议叙名单的第一位。另外王家还承应内务府的其他支出,比如乾隆十八年,王至德曾出资为内务府办理木植[①]。再算上承办其他引地的窝价,王家经营盐业一年的收益并没有多少。

如果王家只是老老实实地按照合法途径行盐,虽然不至于亏损,但远远达不到王惠民对盐业所能带来的暴利的预期,所以他开始以非法的方式牟取毋须与朝廷共享的利润。蓟、遵等八州县引地食盐非常畅销,供应的缺口常常多达数万包,这为王惠民提供了机会。从康熙四十五年到雍正十年,王惠民每年在这八州县引地私自多卖盐四万余包,值银七八万两不等。二十多年内,王惠民已经非法获利百万两之巨[②],王惠民及其两个儿子王至德、王慎德都因此成为巨富,在京津等地购买了大量田产房屋[③]。但在这种舞弊行为被揭露后,王家不得不为此支付额外的账单,以至于其每年所要缴纳的银两,远不止上表中所列出的那些。

---

① 王士铭:《既是官员也是奴才:乾隆朝长芦盐政》,台湾“暨南国际大学”,2007 年,硕士论文,第 142 页

② 雍正十二年二月二十日《直隶总督李卫奏陈天津运盐船只应循复旧制由道厅挂号查验等情折》,《雍正朝汉文朱批奏折汇编》第 30 册,第 733 页。

③ 雍正十二年六月初十日《直隶总督李卫奏陈盐商王惠民行私侵课及贿嘱盐政代为隐瞒实情折》,《雍正朝汉文朱批奏折汇编》第 26 册,第 535 页。

## 四、王惠民私盐案

雍正十二年年初，因为被夺走引地而痛失厚利的梁樟终于等到了报复王惠民的机会。一个名叫张恺的人找到他，向他透露了王惠民带卖私盐的秘密。张恺其实是王惠民的商伙，所有私卖盐斤的事都是由他经手操办的。多年下来，张恺渐成尾大不掉之势，骄纵放恣，转而挟制王惠民，谋求好处。因为没能得到满足，于是张恺找到梁樟，将王惠民的秘密和盘托出。梁樟抓住了这样一个把柄，岂肯轻易放过，找了些人向王惠民吵闹斗殴，要挟其退还引地。事情虽然败露，但王惠民并不甘心打掉牙往肚子里咽。他告诉梁樟，自己愿意将八州县引地出让，暗中却另做打算。正月十六日，他将在北京的儿子王至德叫回天津商议，王至德随后找到长芦盐政鄂礼，请其向雍正代奏，托词王惠民年老不能管理，恳请将八个引地连同十余万两资本交出官办，这样便可以掩饰其二十余年私卖盐斤的事实，而且又能让梁樟得不到引地。鄂礼果然按王至德的要求向雍正帝上了一道奏折[①]。

这不是鄂礼第一次为王家出头。雍正十年，鄂礼曾替王惠民上奏折请求加引。所谓加引，就是增加每年的售盐配额，而所加的数额，正好与王惠民每年私自多卖的数额相等。鄂礼不但帮助他转达意愿，还在奏折里强调加引可以增税这一好处，正是他的这道奏折，使王惠民的私盐被“洗白”成了登记在册的引盐[②]。这一次，鄂礼又秘密地替王惠民上奏折，如果获准，梁樟夺取引地的打算就要落空了。梁樟也不是那么容易对付的，他不知道从什么途径知道了鄂礼密折的内容，于四月初二派他的儿子梁彭年到保定

① 雍正十二年六月初十日《直隶总督李卫奏陈盐商王惠民行私侵课及贿嘱盐政代为隐瞒实情折》，《雍正朝汉文朱批奏折汇编》第26册，第535—537页。

② 雍正十年五月二十日《长芦巡盐御史鄂礼奏报盐商王惠民请加引三万道等情折》，《雍正朝汉文朱批奏折汇编》第22册，第316页。

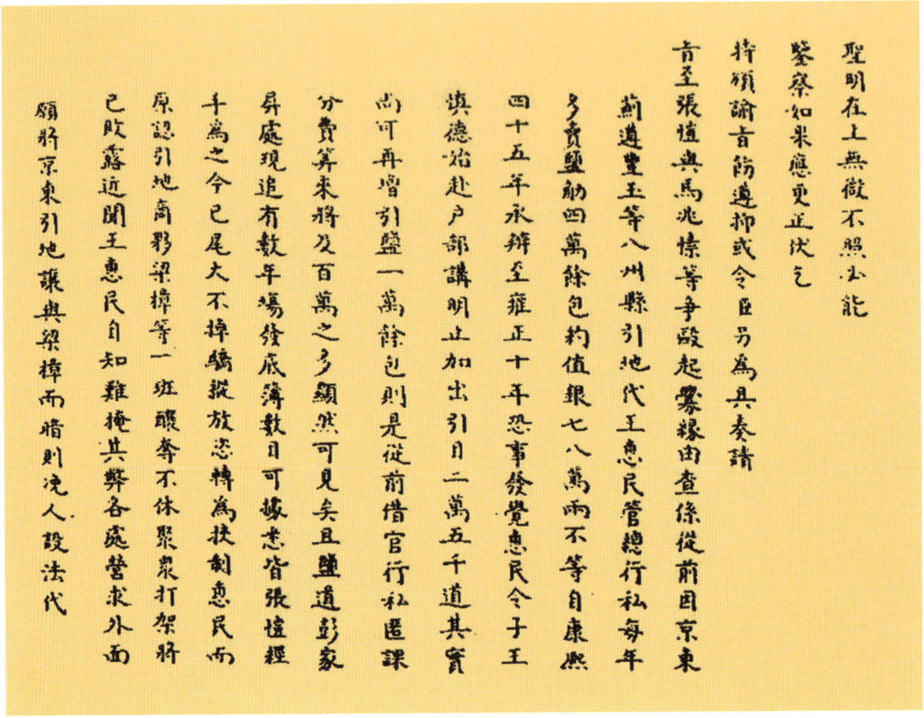
聖明在上無微不照必能
鑒察如果應更正伏乞
特頒諭旨防邊抑或令臣另爲具奏請
旨至張煊與馬兆愫等爭毆起釁緣由查係從前因京東
薊遵豐玉等八州縣引地代王惠民管總行私每年
多賣鹽觔四萬餘包約值銀七八萬兩不等自康熙
四十五年承辦至雍正十年恐事發覺惠民令子王
慎德始赴戶部講明止加出引目二萬五千道其實
尚可再增引鹽一萬餘包則是從前借官行私匿課
分費算來將及百萬之多顯然可見矣且鹽道彭家
屛處現追有數年場發底簿數目可據悉皆張煊經
手爲之今已尾大不掉驕縱放恣轉爲挾制惠民而
原認引地商彩梁樟等一班釀奪不休聚衆打架將
已敗露近聞王惠民自知難掩其弊各處營求外面
願將京東引地讓與梁樟而暗則佗人設法代

**雍正十二年二月二十日《直隶总督李卫奏陈天津运盐船只应循复旧制由道厅挂号查验等情折》中对王惠民贩私的记载①**

**(原件保存在中国第一历史档案馆)**

向直隶总督李卫告状，说王惠民“贿嘱盐政，竟蒙折奏”，官商勾结，隐瞒私卖盐斤的行为。其实李卫早在梁樟与王惠民争闹的时候已经关注此事，秘密查知了王惠民曾经贩私牟利，并且知道他正在谋求将引地入官。这些情况，李卫都上密折报告给了雍正帝，并且建议不要着急去处理，因为他想知道谁会替王惠民出这个头。梁彭年的告发，给了李卫一个明确的答案：与王惠民相勾结的，正是长芦盐政鄂礼。

但李卫的注意力立刻被吸引到另一件事上：鄂礼上奏用的是密折，其

① 图片来源：《雍正朝汉文朱批奏折汇编》第30册，第733页。

内容连李卫都无从知晓，梁樟是如何知道的呢？李卫觉得此事非同小可，如果连梁樟这“一介小人”都可以看到大臣的密折，那朝廷还有何秘密可言？他立刻将王惠民的三名商伙朱大雅等传到直隶总督衙门，想要问出鄂礼密折的来龙去脉。但老奸巨猾的朱大雅避重就轻，痛快地交代了鄂礼曾经向王惠民索贿五千两，对密折的事则推说不知情。李卫正要进一步审讯，却忽然接到雍正帝谕旨，让他停止审理此案，转交北京主管户部的果亲王主持审问。

李卫虽然极不情愿，但不得不将梁樟的原呈交给了户部派来的人。五月二十九日，户部又送来提审朱大雅等人的公文，但这个公文写得不明不白，只说要提审的人名，却不说因为何事，这并不符合办事程序。李卫于是咨请户部“将何等情节应质之处开示”，这次户部倒是说了事由，但将梁樟原呈中“贿嘱盐政，竟蒙折奏”等语删去；朱大雅在梁樟原呈中本来是鄂礼受贿的证人，在户部的咨文中却变成了“借名诓骗”的小人。很明显，户部这是有人在为鄂礼掩饰。李卫将朱大雅等三人交给户部的人带走后，觉得此事非报告给雍正不可，于是在六月初十上了一道奏折。他担心雍正觉得自己“与鄂礼有意寻衅”，因此奏折写得小心翼翼，在说明情况后表达了自己的公心：“今明知又有此奏，结怨更多，但实不忍听其朋比隐瞒，恣行于光天化日之下。”在奏折里他还告诉雍正帝，因为查到了各盐场历年发盐的底簿，王至德见不能全部抵赖，便告诉各处的伙计，只许承认雍正元年以后卖私盐的事，之前十六年的数十万两赃银都要栽在梁樟的头上。他提醒雍正帝说，梁樟是一个“疲乏棍徒”，将来即使把他逼死，他也还不上这么多银子。言外之意就是，一定不能轻易放过王惠民和鄂礼。

尽管李卫在奏折中小心翼翼，但还是让雍正帝大为光火。他反驳李卫道：“果亲王居心虚公，非汝辈大臣所能企及，审明自有定论。朕于一切事务从不以先入之言为准，若离是是非非之外别有是非，天下无此情理。岂汝辈凡夫俗子妄以人我心揣摩而窥见者！”这位性情外露的皇帝看起来是为李卫的指手画脚而恼怒。最终果亲王按照雍正帝的旨意，让王家缴纳一笔罚银了事。这笔罚银名为“余盐银”，顾名思义，也就是多卖的盐的价银，数额在三十万两左右，远远低于王家已经获得的额外利润①。这笔罚银也并不是一次交清，而是按照惯例分作多年逐次赔交。鄂礼于当年被撤掉长芦盐政的职务，但并没有关于他受到任何其他惩罚的记载②。

私卖余盐案对王家的影响是微乎其微的，依靠从前赚取的非法利润，王家有足够的能力偿还那三十多万两的罚银。此后王惠民便将盐务交给儿子王至德管理，自己回家养老去了，其私卖余盐的八处引地还牢牢地掌握在他们手中，而王家作为长芦盐区第一大盐商的地位也没有被动摇。

## 五、天津的显赫家族

长芦盐业的中心在天津，因此王家和天津发生了密切的联系，皇商的身份和巨额的财富为其在天津赢得了显赫的社会地位。在其家族的兴盛

① 这笔罚银数额不能确切查考。在王家此后常年缴纳的各种罚银中，“余盐银”一项始终存在。比如乾隆二十年长芦盐政普福的一份奏折中提到，王家有“本名下应追余盐银二十一万一千八七十九两”，业于乾隆十六年赔交完毕；另有“革商梁樟名下应追私卖余盐银十二万一千八百二十八两，因无可着追，王至德情愿任完”，到乾隆二十年已交万二万多两（见《乾隆年间查办长芦盐商王至德父子亏欠帑银案》）。梁樟名下的余盐银在前文中已经提到，从档案来看是王至德在接办张霖引地的时候情愿代梁樟完纳的。但在雍正年间关于王惠民私卖余盐的档案中，在介绍这些引地的时候，并没有提到王惠民的这项支出。极有可能是按照王至德的计划，将部分私卖余盐算到了梁樟的头上，但仍由王家负责赔交，这样算的目的，应该是为王家减轻罪责。这样算来，王家付出的罚银总共是三十三万余两。

② 王惠民私盐案的详情参见雍正十二年六月初十日《直隶总督李卫奏陈盐商王惠民行私侵课及贿嘱盐政代为隐瞒实情折》，《雍正朝汉文朱批奏折汇编》第 26 册，第 535 页；雍正十二年二月二十日《直隶总督李卫奏陈天津运盐船只应循复旧制由道厅挂号查验等情折》，《雍正朝汉文朱批奏折汇编》第 30 册，第 733 页。

阶段，每次长芦盐商向朝廷有所献纳，王家总是排在前列[①]，并因此获得了参与天津地方事务的权利。雍正三年盐政莽鹄立准备重修大沽口海神庙，王惠民即受委托先期前往查勘。在奏折里，莽鹄立向雍正帝称赞王惠民“老练好善，素知估计”[②]。王家与大部分长芦盐政都保持了良好的合作关系，与天津的其他大盐商如查氏、牛氏、范氏一同享受着盐政的特别优待，而盐政们对其他的盐商则严厉多而体恤少[③]。

当然这种合作并不能都晒在阳光下，莽鹄立的继任者鄂礼就曾收受王家的贿赂，为其带卖私盐的违法行为作掩护。像鄂礼这样的盐政，无疑可以视为王家的保护伞，使其可以无视地方官的权威，更无需遵守其他盐商长久以来约定俗成的各种规矩。乾隆二年就任长芦盐政的准泰，曾将王家作为“津商陋习”的典型代表：“津商陋习居奇炫耀钻刺营求，视盐政为一家眷属。即如商人王志德者，赋性骄奢，不守本分，因与侍卫安宁有亲，与前任盐政三保亦系亲谊，出入盐署，倚恃威福挟制众商，人人侧目。”[④]在天津一般民众以及其他盐商的眼中，王氏家族并不怎么受欢迎，以至于许多人与王至德不和睦[⑤]，这种紧张的关系有时候会给王家带来一些尴尬。

准泰属于少数不与王家合作的长芦盐政之一，因此给自己的仕途平添了一段波折。乾隆二年闰九月，准泰巡视山东盐务完毕，回津途中在沧州接到了乾隆帝发下来的一件奏折，奏折的内容让他又惊又怒。那位自称“奴才”的上奏者给准泰开列了三个罪名：第一，不设法查禁私盐，导致天

① 比如乾隆十三年资助金川饷银，见《清代长芦盐务档案史料选编》，第 57 页。

② 雍正三年八月二十二日《长芦巡盐御史莽鹄立奏复酌议重修大沽海庙事宜折》，《雍正朝汉文朱批奏折汇编》第 5 册，第 912 页。

③ 乾隆十五年八月初九日《直隶总督方观承奏报访查天津盐政丽柱等办理盐务情形折》，转引自《既是官员也是奴才：乾隆朝长芦盐政》，第 117 页。

④ 乾隆二年闰九月二十八日《巡视长芦等处盐政准泰为天津私盐盛行商多抱怨纯属流言事奏折》，《清代长芦盐务档案史料选编》，第 36 页。

⑤ 乾隆十八年六月《直隶总督方观承为长芦盐务实情事奏折》：“芦商多与王至德不睦”，《清代长芦盐务档案史料选编》，第 64 页。

津府一带私盐盛行，商利国课都蒙受损失；第二，每当盐商有所禀启，不但不代为料理，而且一概不见，以博廉洁之名；第三，偏信执事官史尚廉，纵容其在办理盐务时从中舞弊。这三条罪名如果成立，足以让准泰丢掉长芦盐政的职位。幸好乾隆帝还算是比较信任准泰，将这道奏折原封不动转给他看，给他辩解的机会。

虽然乾隆帝有意隐去了上奏人的名字，但准泰一眼就看出这是谁在兴风作浪。在他赴任长芦盐政之前，王至德的亲戚、侍卫安宁的父亲丰盛额曾经找到他，托其照看王至德，“给以脸面”。对王家而言，这是再平常不过的事情，也可以说是历任盐政上任时的惯例。但王家没想到的是，准泰并没有像其他的盐政那样容易合作。按照准泰自己的说法，王家曾想要染指某处利润丰厚的引地，准泰以“不准私谒”为由让其吃了闭门羹；准泰还出告示劝谕盐商“以戒浮华”，在崇尚浮华的王家看来其实就是针对自己。因此二事，王家怀恨在心，这道罗织罪名的奏折，应当就出自与王至德有亲谊的安宁或三保之手。准泰将奏折中所揭发的三件事解释清楚，并将王家在天津的嚣张跋扈及与自己结怨的过程一一奏明。乾隆帝只批了一句“知道了”，既没有调查准泰所奏是否实情，也没有追究王家诬告之罪①。

王家的身份使其在天津盐商中处于一种特殊的地位，其意见甚至可以左右长芦盐区的盐务政策。乾隆九年发生的裁撤牌盐一事，就是很好的证明。所谓“牌盐”，是清廷推出的一项抚恤平民的措施，即允许居住在盐场附近的六十岁以上、十五岁以下老少贫民，及少壮有残疾、妇女年老孤独无依者，在向官府注册得到特许腰牌后，以肩挑背负的方式贩卖食盐，借以维持生计。这项政策在全国各盐区都有施行，长芦盐区从乾隆元年开始由直隶总督李卫奏准实施，其范围包括出产食盐的十三个州县。天津城及王家引地滦县、迁安、乐亭都在此范围之内。

---

① 参见乾隆二年闰九月二十八日《巡视长芦等处盐政准泰为天津私盐盛行商多抱怨纯属流言事奏折》，《清代长芦盐务档案史料选编》，第35—36页。

乾隆八年,王至德突然向长芦盐政伊拉齐递交了一份呈文,要求将滦县、迁安、乐亭三处引地退给朝廷另招商办。按照王至德的说法,由于牌盐的存在,这三处引地已经让他"赔累难支",自己宁可将已经缴纳的九万二千余两窝价及代赔罚银情愿"分文不取",让它打了水漂,也不要再继续承办下去了。王至德以这种"任性"的方式,让伊拉齐注意到了牌盐给长芦盐商造成的困扰。这项惠民政策在施行不久后就失去了控制,一些不法之徒将老弱贫民贩来的牌盐收买下来,再囤积转卖,牟取暴利;还有一些人借老少名目重复混卖,或者串通灶户行私,数额盈千累万。一旦被拿获,又以老少牌盐为借口,百般抵赖。本来各处老少牌盐的合法销售额就已经超过官引的一半,再加上不法之徒借机销私,几年下来,"官引日见难消,私枭日甚一日",盐商们能赚到的利润自然也就越来越少了。

伊拉齐给乾隆帝上了一道长奏折,详细分析了牌盐对官引的冲击,并且按照王至德的建议,提出仿照福建的做法,给原贩牌盐的贫民按口每日发给大制钱二十四文,以救济金代替牌盐。当然这钱还是由盐商出的,先交存运库,每月初一发给贫民。在这道奏折里,伊拉齐还不忘替王至德说好话:"该商王至德父子世受国恩,认引行盐,尚属急公办课。"这么好的盐商宁愿放弃价值九万多两银子的产业,"实因难办起见",即便另招商人,也必定因牌盐的存在而退缩不前。其结果是,伊拉齐的建议被采纳,包括王至德的三处引地在内的五个州县的牌盐被撤销,王至德取得了胜利①。

乾隆十七年十一月,天津城也将裁撤老少牌盐,改行引盐。部文刚发出来,天津的士民就开始议论纷纷。原来由于天津城毗邻兴国、富国、丰财三个产量丰富的盐场,东门外又有盐坨,购盐十分方便,所以当时只有牌盐,不售引盐,盐价非常便宜。如果裁撤了牌盐,改行引盐,盐的价格必定会高出不少。天津的大街小巷很快出现了这样的传言:官府裁撤牌盐,是

---

① 参见乾隆九年十一月二十七日《长芦盐政伊拉齐为盐务变通事奏折》,《清代长芦盐务档案史料选编》,第51—52页;《长芦盐法志》卷七《律令·缉私》,第128—129页。

为了让王至德开设盐店，好垄断天津的盐业以牟取暴利。关于王至德与盐官之间亲密关系的传言也甚嚣尘上，有人说盐政吉庆和王至德同宗，有人说运使卢见曾与王至德亲厚。再加上王至德平日行为即不检点，有"积惯贩私之迹"，所以各类浮议层出不穷。这些传言还真不是捕风捉影。朝廷的计划，正是在裁撤牌盐后由王至德承办天津城引盐七百道。但王至德本人并不情愿，因为朝廷给他定的盐价太低。为了避免因盐价陡增而发生混乱，朝廷规定天津改行引盐后的盐价仍保持牌盐的价格，即每斤卖小制钱五文，以保证民间仍食贱盐。而当时直隶各州县的盐价，按离盐场距离的远近，从每斤大制钱五文至十三文不等[①]。五文小制钱的价格，比其他州县的最低价还要低。以这样的盐价，王至德做的是赔本买卖。朝廷向王至德承诺这只是试行阶段的权宜之计，王至德这才暂领了天津的七百道盐引。

牌盐改引盐后，天津私盐由此基本绝迹，老少贫民按照规定每月初一领取二十四文补贴，大家所吃的还是和以前一样的贱价盐。然而民众的担心并没有因此立刻消失，他们不相信王至德会一直维持这么低的盐价，这种担心最终导致了一出闹剧。乾隆十八年四月，有一个名叫金国英的武举人印制了一些传单在天津街市散发，声称要筹款将五文钱的盐价刻在碑上，作为盐商售盐的警示，并且不许查拿到天津来售卖的私盐。天津府知府熊伟祖将此事禀告给直隶总督方观承，认为他是在借机敛财，方观承饬令将金国英拿获监禁，斥革了举人的功名，照棍徒办理，天津市面这才安静下来。当然王至德是不甘心做赔本买卖的，他"屡次请呈，不愿行销"，最终朝廷作出了让步，将天津县作为公共口岸，选商轮流办理，递年更替。为了提高盐商的积极性，规定除额引七百道照例缴纳盐课外，天津城范围内

---

① 此盐价是雍正十年所定。参见《长芦盐法志》卷十《转运下·盐价》，第 167—168 页；乾隆二十九年二月十一日《长芦盐政高诚为商力消乏奏请盐斤加价事奏折》，《清代长芦盐务档案史料选编》，第 96 页。

所销售的余引免于缴课。乾隆三十七年，武清引地改为公共口岸，并于乾隆五十年与天津口岸归并为一商办理，是为“津武口岸”的由来[①]。

## 六、分家与翻倍的罚银

王惠民大约在乾隆初年去世[②]，乾隆十七年，在清偿完了所有认帑引地的帑课后，王惠民的两个儿子王慎德、王至德便着手分家。最终，长子王慎德分去了香河、三河、平谷、漷县、通州、长垣、采育营、阳武、房山、良乡十处引地及京引大兴、宛平的部分引额，以及一些当铺、银号、房屋，以“王庆余”作为引名自立门户，继续在天津业盐。次子王至德在父亲在世时就是家族的主要代表，他继承了王惠民的衣钵，也继承了王惠民的大部分债务和罚银。

对于一个家族来说，由盛转衰的标志性事件往往是分家，这个规律对王家也适用。在分家两年后，王家的命运忽然发生了转折。乾隆十九年，有一个名叫潘浚的人向朝廷揭发，说王惠民父子在缴纳私卖余盐案罚银的过程中作弊，将罚银和帑利银“一银两抵”，也就是用一份银子交两份差，按照户部后来解释的说法，是“误将余盐银扣抵帑银”，二十多年间隐瞒了数十万两。当时王惠民案的主办人是果亲王、庆复，这种“一银两抵”的把戏，如果没有他们的配合是不可能完成的，而他们如果不是收了王惠民可观的好处，也不会甘愿去冒这么大的风险。这位备受雍正帝信任的亲王，并不像皇上所赞誉的那样“居心虚公”，而是和王惠民站在了同一条船上。

---

① 参见乾隆十八年六月《直隶总督方观承为长芦盐务实情事奏折》，《清代长芦盐务档案史料选编》，第 64—65 页；《长芦盐法志》卷九《转运上 · 引地引额》，第 154 页。

② 王惠民去世的时间不详。在雍正十二年处理私卖余盐案的时候，他已经是“年老耳聋”了。参见雍正十二年六月初十日《直隶总督李卫奏陈盐商王惠民行私侵课及贿嘱盐政代为隐瞒实情折》，《雍正朝汉文朱批奏折汇编》第 26 册，第 535 页。

乾隆帝在得知真相后愤慨地说:"使果亲王、庆复等此时尚在,定当重治其罪。"尽管如此,乾隆帝最终仍然决定对王家网开一面。户部建议,按王家隐瞒银两的数额加罚三倍,乾隆帝却下旨道:"王惠民应赔之项,着加罚三倍为数过多,着从宽加罚一倍。"最终朝廷给王家开出的罚银总额是七十一万两。其中王慎德摊还十五万两,分十五年还清,每年交还一万两。其余的五十六万两,都由王至德赔交,再加上王惠民留下的"累年积欠节省及代认梁樟余盐"两项共二十五万余两,加起来有八十一万余两。虽然是分成若干年交还,但王至德每年要交出的数额还是高达五万九千余两。

其实盐商身上背负债务与罚银是很普遍的现象,只要行盐的利润足够缴纳这些欠款,盐商就仍然有利可图。那么此时王至德每年的进项是多少呢?分家之后,王至德手中的引地包括蓟、遵等六处认帑引地,有盐引四万三千四百四十八道;滦州、迁安、乐亭三处引地,盐引一万七千一百四十一道;京引大兴、宛平两处引地,盐引四千零九十四道。加起来共有盐引六万四千七百十三道,按照每引净利润六钱计算,王至德每年的利润为三万八千余两,远远不够缴纳欠款之数。

王至德很快就感觉到力不从心了。乾隆二十年三月,他向长芦盐政普福上呈文诉苦道,兄长王慎德分去了父亲留下的大量引地及其他产业,其价值"数倍于至德",却不愿意帮助自己偿还欠款。王至德认为,最起码兄长应该将五处与罚款有关的引地交给自己用于还款。但王至德的这一要求,被王慎德以"至德置立房地甚多,所有利息足敷完项,已经分定之产不应归公"为由断然拒绝。普福接到王至德的呈文后立刻决定插手此事,他担心"若不查明两造情形,各执一词,必致延帑误公"。普福命令长芦盐运使董承勋清查王家的资产,清查的结果是,王至德除引地之外的资产包括一百零二顷庄地、两座当铺,将这些资产的所有收益都投入进来,仍然不够偿还欠款。于是普福果断地对王慎德采取强制措施,令其将王至德所要求的五处引地交还，并承诺等各项欠款都还完之后，仍旧归其承办①。但这个判决并没有得到执行，因为这五处引地至少有四处一直都保留在王慎德的名下②。

王慎德死后，其盐业生意由其子王廷献继承。这位在锦衣玉食中成长起来的王家的第三代根本不懂得怎么经营盐业生意，到乾隆二十九年，他手中的引地只剩下通州、采育、三河、香河、平谷五处了，且背负着十一万九千余两帑银的债务。乾隆二十九年九月，内务府发下三十万两帑银借给长芦盐商，作为办运引盐的资本。王廷献早就没有了运本，所以他也很想再借一些帑银，却找不到人为他担保。当得到帑银的盐商们欢天喜地在长芦盐运使衙门办理借款手续的时候，王廷献徘徊于衙门之外不肯离去，似有滋事之意。主持发放帑银的长芦盐政高诚将王廷献叫过来询问，王廷献回答道："商胞叔王至德素并不关切，现住京城，不管廷献之事。而天津疏远之人更无出保者。"③王至德也许是还记恨当年兄长王慎德不帮自己偿还欠款，而王家及王廷献自己在天津的名声也让其他盐商避之唯恐不及，谁还会愿意主动为他担保呢。

高诚作为长芦盐政，却不能坐视一个盐商破产。他认为王廷献所承办

---

① 参见乾隆二十年四月初一日《长芦盐政普福为遵议盐商王志德未完帑项应限十五年完缴事奏折》，《乾隆年间查办长芦盐商王至德父子亏欠帑银案》，第50页；乾隆十九年六月初十日上谕，中国第一历史档案馆编：《乾隆朝上谕档》第2册，档案出版社，1991，第754页。

② 这五处引地是香河、三河、平谷、滦县、通州。乾隆三十年王慎德之子王廷献被参革时，其名下的引地为通州、采育、三河、香河、平谷，除采育外都在这五处引地之中。见《清代长芦盐务档案史料选编》，第107页。乾隆三十六年，同文被参革时朝廷统计其引地有九处，即蓟州、遵化、宝坻、玉田、丰润、大兴、宛平、武清、宁河，并不包括王慎德分去的香河等五处，参见《乾隆年间查办长芦盐商王至德父子亏欠帑银案》。

③ 乾隆二十九年九月十五日《高诚奏为接济将乏之商以普皇仁折》，《宫中档乾隆朝奏折》第二十二辑，第621页，转引自《既是官员也是奴才：乾隆朝长芦盐政》，第82页。

的五处引地,“虽腴瘠不等,而均匀合计,尚属有利之产”[①],“若筹计合宜,每年除完课交息之外尚有余利”[②],于是出面协调通纲商人公保,让王廷献借得了内帑银二万两。随后高诚向乾隆帝上奏折建议道,王至德“素善经营,谙练盐务”,对侄子的困窘却不管不顾,“殊非情理”,应该由皇上敕下内务府,饬令王至德回津“指示王廷献将引地妥协办理,以笃亲亲之谊”[③]如果王廷献再经营不善,那么王至德也难辞其咎。然而王至德并没有按照内务府的吩咐去做,因为此后王廷献的盐业生意仍然毫无起色。到了乾隆三十年,王廷献欠下的帑银和引课已经达十八万余两。高诚终于失去了耐心,他在六月十七日给乾隆帝的奏折中说,自己已经给了王廷献机会,无奈其“人甚庸暗,不能振作。纵再借给帑银,亦终属无益”。他建议将王廷献革去盐商资格,将其五处引地的窝价银全部抵偿欠款,引地交给其他殷实商人接办。乾隆帝朱批:“依议行。钦此。”[④]王慎德一支的盐业生意走到了尽头。

“一银两抵”案给王家带来了极为严重的后果,翻倍的罚银几乎都压在资产缩水了一半的王至德身上,让他不堪重负。偏偏此后天灾人祸又接踵而至,王至德陷入一场更大的危机之中。乾隆二十二年、二十六年,直隶、河南两次遭遇水灾,大量盐斤被淹没冲化,而运盐所用的绳子、草席以及车船脚费又逐年上涨,官定的盐价却不能够改动,以致长芦盐商纷纷亏损。到了乾隆二十八年九月底,新上任的长芦盐政高诚发现,本年长芦盐商应交的六十八万余两税费才完成了不到二十万两。高诚想方设法严厉

---

① 乾隆三十六年六月十七日《长芦盐政高诚为革退芦商王廷献引地另选商人承办事奏折》,《清代长芦盐务档案史料选编》,第 107 页。

② 乾隆二十九年九月十五日《高诚奏为接济将乏之商以普皇仁折》,《宫中档乾隆朝奏折》第二十二辑,第 621 页,转引自《既是官员也是奴才:乾隆朝长芦盐政》,第 82 页。

③ 乾隆二十九年九月十五日《高诚奏为接济将乏之商以普皇仁折》,《宫中档乾隆朝奏折》第二辑,第 621 页,转引自《即是官员也是奴才:乾隆朝长芦盐政》,第 84 页。

④ 乾隆三十六年六月十七日《长芦盐政高诚为革退芦商王廷献引地另选商人承办事奏折》,《清代长芦盐务档案史料选编》,第 107 页。

督催，到十月底仍然有近六万两收不上来，高诚不得不将期限推延至次年三月。乾隆二十九年二月，上年的盐课还没有收齐，眼前发生的事让高诚对本年的盐课也失去了信心："商人赴场买盐者甚属寥寥，屡行严催，间有赴场之商，买盐仍属无几。"由于赚不到利润，甚至还会因投入成本而导致亏损，盐商们已经不愿意再去盐场进货了。最终朝廷不得不采纳高诚的建议，准许长芦各引岸盐价增加一文。

这份恩惠对王至德来而言来得太晚了。三个月前的乾隆二十八年十一月，王至德已经向内务府上了一份呈文，再次要求将滦州、迁安、乐亭三处引地，连同其从乾隆十五年开始代办的四处引地一起交回官办，且同样声称宁愿不取窝价。这次他再也不是"任性"地以退引来要挟政府，因为他的经营确实陷入了困境。按照他自己的说法，已经是"连年赔累"[①]。内务府认为"今若再令承办，必致日累一日，转恐于官帑亦致亏伤"，在权衡利弊之后，同意了王至德的请求。随后这七处引地被交给长芦盐政高诚招商接办，但因为积弊年深，众商观望不前，于是改为公共口岸，因为都属永平府，故称"永七口岸"[②]。

王至德甩掉了七处亏损最严重的引地，经济状况并没有如预期那样好转。乾隆三十一年至三十五年，由于银贵钱贱，王家少进银十万余两。为了清偿欠款，王至德不得不将当铺、房地变卖银五万二千余两，还借了一万五六千两民间高利贷。王至德将所有的流动资金都拿去缴纳了罚款，为了

---

① 这七处引地赔累严重，除了水灾及成本上升的原因外，还有其原因：一是靠近边墙，口外大粒私盐越境充斥；二是曾于雍正十年、十二年两次加引共一万道，加引过多，导致行销壅滞；三是此处向来运销煎盐，比天津的晒盐场成本要高。其实雍正十年的加引，正是王惠民为掩饰私卖余盐而采取的障眼法，某种意义上说，王家这是在自食其果。见《清代长芦盐务档案史料选编》，第98、104页。

② 以上见乾隆二十八年十月三十日《长芦盐政高诚奏明长芦未完引课银两数目事奏折》、乾隆二十九年二月十一日《长芦盐政高诚为商力消乏请盐斤加价事奏折》、乾隆二十九年三月初八日《长芦盐政高诚为筹办商人王至德退出引窝及缉私融销事奏折》，《清代长芦盐务档案史料选编》，第91—92、96、98—99页。

让自己的盐业生意运转起来,他不得不硬着头皮一次次向内务府借帑银,到乾隆三十五年,已经累计借了十六万两,连本带利共应还二十九万二千八百四十两。对于“一银两抵”案的罚款,他当然也没能力按照每年五万九千余两的限额偿还,而是大幅度缩水了。到乾隆三十五年,虽然这笔罚银还剩下六十六万余两没有交(在乾隆三十四年之前,王至德每年需要缴纳的,除了罚银外还有二成节省银、梁樟私卖余盐银等项)。如果加上帑利银,王至德在苦心经营十五年之后,欠款反倒比最初的八十一万两多出了十五万两。对王家来说,盐业生意再也不是取之不竭的利薮,而变成了一个沉重的负担。

乾隆三十五年,王至德在苦苦支撑家族生意十多年后去世,留给儿子同文九处引地[①]和九十六万余两欠款。王至德虽然没有按限额偿还欠款,却做到了利用有限的资金周转腾挪,让家族生意持续下去,按照直隶总督周元理的评价,“尚能勉强支撑”。但生意交到同文手中后,这种勉强支撑的局面却维持不下去了。

同文是王至德的第三子,因为他的两个哥哥已经病故,所以由他接办盐务。同文年少不谙盐务,并没有父亲的经验和手腕,身边又没有得力的人扶持,在接手的当年就把武清引地“情愿不要窝价”交还归公。剩余的八处引地被他办得一塌糊涂,竟然连盐课都只交了一成,其他节省银、帑银、罚款更是无从谈起。和王慎德一样,王至德的盐业生意刚传到第三代手中,就要面对一败涂地的命运了[②]。

---

① 这九处引地为蓟州、遵化、丰润、玉田、宝坻、武清六处认帑引地,大兴、宛平两处京引引地,以及分家后置办的引地宁河。见《乾隆年间查办长芦盐商王至德父子亏欠帑银案》及嘉庆十年五月十九日《芦商王至德之子崇文为代奏情愿趱限代商完帑事呈文》,《清代长芦盐务档案史料选编》,第 217 页。

② 参见《乾隆年间查办长芦盐商王至德父子亏欠帑银案》。

## 七、失去引地

乾隆三十六年又是一个不景气的年份，这一年王家的盐少卖了二万四千多两银子，盐课、节省以及罚款全都没有了着落。同文再也支撑不下去了，终于在十二月向户部递交呈文，内称“本亏累重，一切应交官项办理维艰，呈请清查产业”。乾隆帝派直隶总督周元理、奉宸苑卿金简来到天津，会同长芦盐政西宁调查此案。调查的结果是，同文在短短一年的时间里把父亲留下的欠款又提高了好几万两[①]，总额已经达到了一百余万两。同文是无论如何也没有办法挖完这座大山了。

他们清查了同文报上来的家产，除了蓟州、遵化、宝坻、玉田、丰润、大兴、宛平、宁河八处引地外，尚有房屋七百三十三间、地九十七顷一亩六分，总价值两万余两，全部罚没充公，但这点产业只够欠款的一个零头。周元理等人估算，王家的八处引地每年的利润有三万八千多两，如果交给一个能干的盐商经营，维持每年三万多两的还款数额是不成问题的。天津盐商吴肇元（引名“义和泰”）被选中接办八处引地，同时认领了这一百多万两的欠款。

朝廷也许是顾念王家六十余年办理盐务的辛劳，决定对同文只革去盐商资格，而保留其兵部郎中的职衔。对王家来说这点恩惠是微不足道的，盐业才是他们安身立命的根本。现在王家已经失去了所有的引地，其余的财产也被朝廷罚没，而同文这位尚不谙世事的户主，有一大家子老幼妇孺需要养活，其中包括三个幼弟、两个幼妹，以及两位寡嫂和她们的孩子。朝

① 这些新的欠款包括乾隆三十五年正杂课及节省银三万一百七十七两，乾隆三十六年正杂课及河工等银二万五千六百余两，《乾隆年间查办长芦盐商王至德父子亏欠帑银案》。

廷没有责任为王家人今后的生计着想,同文却不能不考虑这个问题。也许是从父祖欺瞒朝廷的行为中得到了启发,他在向朝廷提交自己的家产清册的时候,瞒报了家族的部分资产,包括遵化等地的田产六十六顷八亩、瓦草房四百一十二间半,天津坨地七条、堆盐房基六间。不知道是不是王家的人脉发生了作用,这些资产当时竟然没有被查出。

同文本来可以凭借这些瞒报的资产养活一家人,甚至足够应付弟妹们的嫁娶花费,但老天似乎并不愿意再给王家机会。乾隆三十七年十月二十八日,一个名叫李致山的人来到天津的长芦盐运使衙门,出首揭发同文隐匿房地产业。这个人是同文武清盐店的管事,本来在北京开钱铺,和同文结识后,把自己钱铺本银尽数借给同文,到武清帮他经营盐店。结果盐店赔本,同文无力偿还其一千四百余两的本金和利息,李致山追偿无果,跑到同文账房里翻他账本,发现了同文隐匿资产的秘密。他以此要挟同文,同文勉强凑了一百多两银子还他。无奈之下,他向长芦盐运使出首。

同文见无法再隐瞒,便于十一月十二日来到内务府自首,声称李致山所揭发的隐匿地产中有五十九亩是家族祭田,其实他家的祭田只有四十多亩。这点伎俩自然瞒不过周元理等人,他们没有再留情面,不但将同文瞒报的所有房地查出,而且对王家进行了彻底的查抄。被查抄出的家产中有一批紫檀、花梨、铁梨、楠木家具,还有瓷器三千余件,从中可以窥见当初王家豪奢的生活之一斑。同时被抄出来的,还有近四百张当票,以及当来的三千六百八十八两银子。这些当票中,有二百多张已经成为绝当。清查王家资产的官员们得知,王至德死后仅仅一年多,同文已经将家里女人们的首饰以及王至德留下的衣服都当干净了,当来的二万多两银子都已经花光,连乾隆帝都忍不住训斥同文"情甚可恶"。最终同文不但被革去了职衔,而且被削去了旗籍,照隐匿一千两以上例,杖一百、流放三千里。同文的弟弟舒文领回了免于入官的四十多亩祭田和尚未绝当的一百二十九张当票。这些，就是曾经家财万贯的大盐商王家所剩余的全部财产[①]。

朝廷将王家最后的八州县引地交给吴肇元的时候，并没有把所有权明确下来。当时规定，吴肇元需要分三十年将王家欠下的款项还完，然后再由长芦盐政和内务府的人一起商量引地的归属问题。正像王惠民当初从梁樟手中接办张霖的引地时一样，吴肇元希望这八处引地给他带来的利润能够得到最大化，因此他在还款的期限上做起了文章。按照原来的规定，吴肇元从乾隆三十七年起，前八年偿还王至德欠下的帑利银，后二十二年偿还其他赔罚银，前后共三十年，平均每年要还三万八千两。在按这个数额还了两年后，吴肇元以“引地废弛，为通纲久累之区”为由，请求朝廷允许将剩余的帑利银分作十二年偿还，获得准许。到乾隆五十三年帑利银偿还完毕，吴肇元又以运盐成本增加为由，请求将赔罚等银的还款期限由二十二年延长至三十三年，竟然也得到允准。这样一来，在清偿王至德欠款的过程中，吴肇元每年少交了一万多两银子，这些银子，自然就落到了他自已的腰包里[②]。到嘉庆十年，吴肇元接办王至德引地已经三十三年，仅仅交完了欠款六十余万两，但同时各种挪借记欠又多了四十多万两，算下来仅仅替王家还完了二十多万两欠款而已，而吴家从中谋取的利润已经不知有多少了。

这一切，都被王家第三代中一个颇有识见的人看在眼里，他就是同文的弟弟崇文。嘉庆九年十月，崇文向长芦盐政珠隆阿递交呈文，此后又先后四次向长芦盐运使衙门具呈，揭露吴肇元延期牟利的把戏，并要求收回八处引地。为了表示其热情和决心，他承诺将按照原定的数额每年还款三万八千两，并且在所有欠款清偿干净后，仍然会向内务府“世世按年连节省报效银三万八千两，永远为例”。他在呈文中充满感情地说：“崇文父欠

① 参见《乾隆年间查办长芦盐商王至德父子亏欠帑银案》。

② 参见乾隆五十三年六月二十二日《内务府总管永瑢等为议奏长芦商人义和泰应完引地赔银事奏折》，《清代长芦盐务档案史料选编》，第169页。

未完,非特不能仰报国恩,亦何克继承先志?抚心自问,断不敢脩然脱身事外,不得不亟为筹画。”①崇文也许的确有能力让这八处引地再次为王家赚取利润,然而王家的时代已经过去了。在王至德去世三十多年后,朝廷早就忘记了王家曾经为户部和内务府的银库送来过多少银子。吴家虽然的确要了些伎俩,但谁又能保证崇文不会依样画葫芦?崇文的这份长达三千余言的呈文被递交到了嘉庆帝那里,嘉庆帝却连一个字都没有批,王家自此也就彻底消失在了历史之中。而吴家依然经营着那八处引地,不紧不慢地交还着王至德的那笔似乎永远也还不完的欠款,这笔欠款直到道光四年还剩下十二万七千余两②。

## 八、以盐养铜,以私济公

乾隆朝中期,皇商范氏差不多与王家同时掉入债务罾网,而且更加难以挣脱,因为范氏在经营长芦盐业的同时,还经营着洋铜产业。铜是铸造钱币的原材料,康熙年间,清政府先是开放云南的铜矿招商开采,但铜斤仍是供不应求,于是允许一些商人赴日本采购洋铜,范氏家族以皇商身份参与其中,供应着六省铜钱鼓铸所用铜斤,是经营规模最大的洋铜商之一。

作为皇商,范氏经营洋铜可以“先帑后铜”,也就是先从内务府借领帑银资本,再赴日本购运铜斤。帑银是一把双刃剑,它可以缓解范氏办铜的

① 嘉庆十年五月十九日《芦商王至德之子崇文为代奏情愿趱限代商完帑事呈文》,《清代长芦盐务档案史料选编》,第217—219页。

② 嘉庆十五年六月十三日《长芦运库实存及每年实征并例解户部内务府银数清单》中,开列“商人义和泰代参商王至德分限完交赔罚余盐银一万九千四百四十三两七钱五分”,也就是说此时义和泰每年仅还一万九千余两。见《清代长芦盐务档案史料选编》,第254页。道光四年正月二十二日《长芦盐政阿尔邦阿呈长芦积欠年分款目总数清单》中,有“商人义和泰代认王至德赔罚余盐银十二万七千六百二十五两八钱八分九厘”,《清代长芦盐务档案史料选编》,第342页。

成本压力，随之而来的却是对其经营活动的严格限制。范氏每年办铜五十余万斤，只能交由官方收买，价格限定在每百斤十三两五钱，与之相较，民商所贩之铜官方只收买十分之六，每百斤价格为十七两五钱，剩余的十分之四可以自行售卖，得价更高[①]。所以范氏办铜的盈利极为有限，况且远涉重洋，风险极高，一旦遇到船只倾覆等灾难，帑利便无法按期归还。朝廷应对的方式就是再借给范家新的帑银以帮助其渡过难关，于是旧欠未清新欠又叠加上来，范家的债务像滚雪球一样越来越大。

乾隆三十一年，在范清济的经营下，范家积欠的内帑达一百二十余万两，朝廷顾虑范家"旧欠悬宕，新项日增，年复一年，又将何所底止"[②]，越来越倾向于不再借给范家帑银，范家只好将盐利投入铜务中。这正是朝廷的打算，乾隆帝曾明确地说，"范清济承办长芦盐务并采办洋铜，原令其彼此通融，以盐务余息接济铜斤，互为调剂"[③]。这样一来，范家的盐业生意也受到了牵连。乾隆三十一年长芦盐政高恒在调查范清济盐业经营亏损的原因后，向乾隆帝奏报说："范清济平素行止尚知安分，居家度日未闻繁费花消，究其所以竭蹶之由，仍以所入之利不敷办铜之费。"[④]而乾隆四十七年征瑞的奏报中所说的更为明确和详细："(范清济)接办之初引地销盐获有余息，以行引之余息即为弥补采铜之费，近年百物昂贵，运本日增，行引不但无利，且时有亏短，每年尚需添凑运本，而铜费无出，又需另行全措，逐年挪东补西，遂至力不能支。"[⑤]此时的范氏家族早已落入以盐养铜、以私

① 台湾"中研院近史所"藏内务府奏销档案全文：乾隆三十一年六月六日《商人范清济借帑银清还无期，请将家产变抵》。

② 台湾"中研院近史所"藏内务府奏销档案全文：乾隆三十一年六月六日《商人范清济借帑银清还无期，请将家产变抵》。

③ 《高宗纯皇帝实录》卷一千一百七十二，《清实录》第二十三册，第702页下。

④ 台湾"中研院近史所"藏内务府奏销档案全文：乾隆三十一年六月六日《商人范清济借帑银清还无期，请将家产变抵》。

⑤ 乾隆四十七年十一月初六日征瑞《奏报长芦商人范清济接办引盐采购洋铜亏折公帑事折》，《宫中档乾隆朝奏折》第五十三辑，第684页。

济公的怪圈。

乾隆四十六年，范家运铜船只遭遇飓风而倾覆，海水涨潮冲没坨盐，厄运接连，损失惨重，以至于次年的引盐无法告运。朝廷又开恩借给了范家帑银三十万两，但其效果只是抱薪救火，“甫及年余，即至误运误课”。乾隆四十七年十一月，范清济通过长芦盐政征瑞向乾隆帝恳请用自己的引地、房屋、出洋船只等家产来抵补拖欠的帑银本利[①]。范家并不是第一次提出这样的要求。早在二十年前范清济的堂兄范清洪主持生意的时候，就曾经提出“弃产变价，告退招商”[②]。乾隆三十一年，范清济也曾呈请清厘家产，归还欠项[③]。范家一次次提出这些请求，又一次次被驳回，因为范家所办理的生意尤其是铜务，难以很快找到合适的商人去接办。

到乾隆四十七年底，范清济拖欠的官帑银仍然是一百二十余万两[④]，而这一年他在长芦的二十处引地十余万引盐的运销不足十分之一[⑤]，几乎没有什么进项。范清济“人已龙钟”，再也无力支撑下去，他的儿子范李则“全不知营运之道”，所以征瑞认为这些引地断不可再让范家经营下去了。十二月，征瑞拿出了解决方案：从长芦盐商中选出十人共同代办范家的二十处引地。征瑞估计，如果运本充裕，办理得宜，那么畅销的年份余利可达十二万余两。这些余利中的八万两要送到江苏，交给范清济的侄子范柴作为铜本，其余的用来偿还范清济其他的欠项，没有一文会落入十名代办盐商的私囊。按照征瑞的估算，范清济的一切官帑欠项将在十四年后交完，

① 乾隆四十八年二月《长芦盐政征瑞为遵旨并办铜盐事务事奏折》，《清代长芦盐务档案史料选编》，第 151 页。

② 韦庆远、吴奇衍：《清代著名皇商范氏的兴衰》，第 136 页。

③ 台湾“中研院近史所”藏内务府奏销档案全文：乾隆三十一年四月二十六日《范清济接解铜盐公务借还库银案》。

④ 乾隆四十八年二月《长芦盐政征瑞为遵旨并办铜盐事务事奏折》，《清代长芦盐务档案史料选编》，第 150 页。

⑤ 乾隆四十七年八月初八日长芦盐政征瑞《奏为商运成本日重酌量因时调剂折》，《宫中档乾隆朝奏折》第五十二辑，第 618 页。

而后仍然交还给范家经营[1]。

乾隆帝最开始并没有打算剥夺范氏的洋铜业务，因为长芦盐商中没有其他人熟悉铜务。但范清济父子已经没有心力再办理这项业务了。他们拥有引地的时候铜本尚且不能保障，现在引地在别人手中，更不能指望每年的八万两铜本能被按时从天津送到江苏。实际上，乾隆四十七年一开始范氏就对办铜消极对待，这年他们本来应该发出铜船七艘，但最终只发出了一艘，所以本年应解的六省铜斤已经贻误[2]。在引地被交给别的盐商代办后，范清济顺势便以缺乏成本为由推卸洋铜业务。乾隆帝见范家实在已经没有能力起死回生，便同意了范清济的请求，下令将他的铜务生意交给另一位天津盐商王世荣办理。

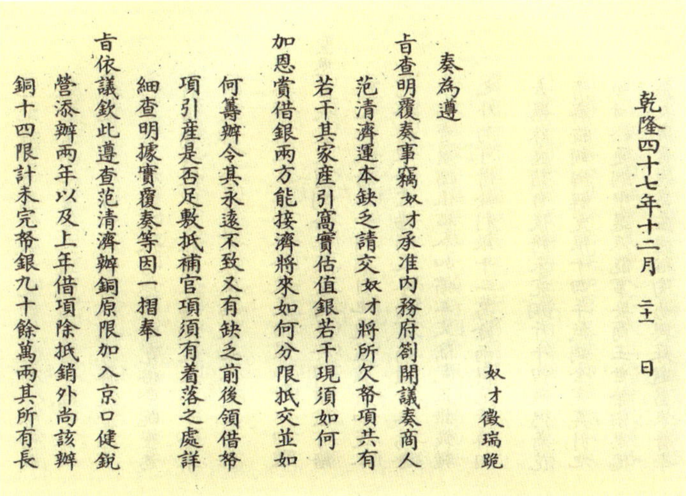
乾隆四十七年十二月二十一日
奴才徵瑞跪
奏為遵
旨查明覆奏事竊奴才承准內務府劄開議奏商人
范清濟運本缺乏請交奴才將所欠帑項共有
若干其家產引窩實估值銀若干現須如何
加恩賞借銀兩方能接濟將來如何分限抵交並如
何籌辦令其永遠不致又有缺乏前後領借帑
項引產是否足敷抵補官項須有着落之處詳
細查明據實覆奏等因一摺奉
旨依議欽此遵查范清濟辦銅原限加入京口健鋭
營添辦兩年以及上年借項除抵銷外尚該辦
銅十四限計未完帑銀九十餘萬兩其所有長

**乾隆四十七年十二月二十一日，征瑞《奏为遵旨查明商人范清济家产欠帑及办理清完情形折》（部分，原件保存在台北故宫博物院）**[3]

① 以上见乾隆四十七年十二月二十一日，征瑞《奏为遵旨查明商人范清济家产欠帑及办理清完情形折》，《宫中档乾隆朝奏折》第五十四辑，第 517—519 页。

② 乾隆四十八年五月十八日征瑞《奏报查追范清济产业并筹补亏缺铜斤事折》，《宫中档乾隆朝奏折》第五十六辑，第 187 页。

③ 图片来源：《宫中档乾隆朝奏折》第五十四辑，第 517 页。

范清济的推诿虽然让范家摆脱了铜务的困扰，却也成为肇祸之由。征瑞在奏折里向乾隆帝揭发说，范氏的引地本来是范毓馪的产业，因为其嫡派不善经营，才交给侄子范清济代办。但是范清济"私心乐于官项不清，辗转稽延，藉得可以长据其产。其子范李又直视为己产，一味营私"。此前因为他们是办铜熟手，所以奏请对他们开恩宽免，现在他们既然推卸了铜务，"岂可听营私误公之人反得坐拥厚资，脱然事外？"①乾隆帝立刻下旨让山西巡抚、长芦盐政、直隶总督、顺天府尹会同清查范清济父子在各地的产业，结果又查出范家还有隐匿未报的拖欠铜斤四十余万斤。这样一来，范清济多年来的困顿挣扎变成了有意为之的"营私误公"，这种"负恩昧良"的用心实在是"罪无可逭"②。最终范清济的员外郎职衔、范李的郎中职衔都被革去，其私产尽被充公抵帑。这个赫赫扬扬百余年的皇商家族终于走到了末路。

## 九、结语

从王氏家族与范氏家族的兴衰过程中，我们可以看到内务府盐商在报效皇室和充实私囊之间的挣扎，以及皇帝力图维持两者间平衡的努力。皇帝决定着谁可以成为盐商，掌握着引地的予夺和本银的垫借，并视内务府盐商的经营状况及各款项缴纳的情况对他们进行取舍；内务府盐商利用引地赚取着合法或不合法的利润，并通过盐课、捐输、报效、帑利、节省银等种种途径把利润源源不断地输送到国库和内务府。即便他们的违法行为被发现，只要能交得起罚银而不至于破产，便能牢牢地把那些上好的引地掌

① 乾隆四十八年二月《长芦盐政征瑞为遵旨并办铜盐事务事奏折》，《清代长芦盐务档案史料选编》，第 151 页。

② 乾隆四十八年五月十八日征瑞《奏报查追范清济产业并筹补亏缺铜斤事折》，《宫中档乾隆朝奏折》第五十六辑，第 187 页。

握在自己手中。

这样一来，在皇帝、内务府、内务府盐商和同样来自内务府的长芦盐政之间，形成了一个环环相扣的利益纽带，其他官员，就算是李卫这样备受宠信的封疆大吏，也很难插手。内务府盐商作为这个利益纽带中最为基本的一环，不管是皇帝还是内务府，都不希望其出现任何问题而导致利益纽带的断裂，因为培养一个新的商人并没有那么容易。当内务府盐商尚有能力向内务府交纳款项时，朝廷必定会想方设法确保其持续经营下去，除了一次次借给帑银，甚至对于他们的种种违法行为也持纵容态度。然而当内务府盐商欠缴的款项过多，皇帝认为其没有能力偿还，便会毫不犹豫地将其革除，把引地以及其他生意交给有能力起死回生的商人。

皇室和内务府盐商之间的合作关系并不是对等的，皇室永远处于支配的地位。从皇帝和内务府的立场来看，内务府盐商不应该对被剥夺生意乃至家产有任何的抱怨。身为内务府商人，他们的一切都是皇家给予的，因此他们的产业没有私产，他们的经营尽是公务。他们办理得宜是理所应当，经营不善就是渎职罪过。他们一方面作为富商享受着财富带来的荣耀，在天津这个地区享有一定的社会地位，另一方面作为皇室家奴在政治上、经济上都毫无自主性可言，本质上只是为皇权服务的工具而已。

# 第七章

# “永庆号”的困境

乾隆十三年，朝廷将玉琳名下的二十一处长芦引地罚没归官，纳兰家族失去了最后的产业，从此真正走向没落，安尚仁、安岐在天津城创造的辉煌很快成为过眼烟云。所谓“归官”，也就是收归内务府所有，成为皇室的产业。内务府在天津设立“永庆号”盐局，派人经营这二十一处引地，随后又将这些引地交给天津盐商代办。从乾隆十五年开始，“永庆号”引地在近十位最有实力的盐商手中轮转，最后由王起凤家族长期承办。通过承办“永庆号”或为承办商担保，那些本来与皇室关系并不密切的天津盐商，也被纳入内务府的利益捆绑名单，而捆绑他们的绳索就是“永庆号”成本利银、内务府帑利银及罚银。他们更容易享受内务府帑银的帮助，同时也更容易欠下帑利银，并时常为经营不利或参与担保而承担赔付的责任。因此“永庆号”引地既是便捷的财富之源，又是危险的债务陷阱。

## 一、承办“永庆号”

内务府拥有引地并不始于“永庆号”。雍正四年，同样属于纳兰家族的江西吉安府引地被内务府没收，随后被赏给怡亲王府。雍正八年，怡亲王府发现派去经营引地的人远不如民商善于营运，所以在雍正八年，经雍正帝批准将这些引地交给两淮盐商黄光德代为办理，他只需按照每引一两的利息，每年向怡亲王府缴纳五万余两窝利银，实际上就是成本利银。民商对于皇家引地的承办肇始于此。乾隆四年，内务府收回了吉安府引地的所有权，仍招募两淮盐商代为办理，并且形成三年一轮换的定例[①]，五万余两窝利银大部分收归内务府，仍有五分之二赏给怡亲王府。乾隆十四年，怡亲王府在窝利银尚未交到内务府之前，先行向盐商索要自己的那一部分，乾隆帝斥责这种做法“殊属不合”，索性连那五分之二的利银也收回了[②]。虽然乾隆帝找了一个看起来合适的借口，但仍掩饰不了他利用盐务尽可能为内务府增加财源的意图。

乾隆帝的这种意图，在处理玉琳欠帑案的时候表现得更加明显。乾隆十三年，纳兰家族的第五代玉琳因办理旗务欠下的内务府帑银无法归还[③]，乾隆帝立刻下旨将他在长芦的二十一处引地没收归官，而丝毫不提及这些引地的价值远远超过玉琳所欠下的帑项。这二十一处引地为直隶的大兴、宛平、容城、易州、涞水、献县、威县，河南的祥符、陈留、中牟、淮宁、西华、商水、项城、沈邱、郾城、荥阳、荥泽、河阴、汜水、舞阳，引额为二十万四千三百三十一道[④]。内务府在天津专门设立“永庆号”盐局经营这些引地，派出一个名叫九十七的郎中坐阵监管，而具体的盐务运销事宜，则交给内务府商人王瑶和安时遇代办。他们不必付出窝价银，每年除了和其他盐商一样向户部缴纳盐课，还需要向内务府缴纳一笔数额固定的利银。内务

① 《高宗纯皇帝实录》卷二百一十八，《清实录》第十一册，第 807 页。

② 《宫中朱批奏折·财政类·盐务》档案号：第 0452—050 号，乾隆十四年六月初八日。转引自《乾隆皇帝的荷包》，第 192 页。

③ 详见第四章。

④ 黄彭年总纂《（光绪）畿辅通志》（三），商务印书馆，1934 年影印光绪十年刊本，第 4074 页；《长芦盐法志》卷十《转运下》之《顺天直隶转运表》《河南转运表》。

府估算“永庆号”引地窝价银四十六万六百余两,存积盐包、房屋家伙等合银三十五万九千余两,合计成本共八十一万九千六百七十二两[①],即以此数为准,每年以一分起息,向王瑶等收取九万一千零八十二两四分一厘的利银[②],实际上相当于内务府向王瑶等人提供了与“永庆号”引地全部价值等额的帑本。

王瑶等人从乾隆十三年十一月开始接办,第二年十月将九万多两利银分毫不差地交到了内务府。尽管如此,内务府却不想再让他们继续办理下去了。乾隆十五年二月,内务府向乾隆帝建议参照吉安府引地的办法,招募民商经营“永庆号”引地,得到了乾隆帝的允准。在给长芦盐政丽柱的咨文里,内务府给出的招募民商的理由是“办理盐务原系贸易生理,与其派令官人经理,不如招募民商为便”[③],这是一个很含混的理由,但是丽柱心里十分清楚皇帝和内务府的真实考量。

乾隆十五年二月初七日,丽柱在良乡恭迎乾隆帝南巡圣驾后回到天津,立即催令长芦盐运使叶昱着手办理“永庆号”招商的事宜。丽柱和叶昱规定了参加招募的盐商必须具备的条件:第一,必须有足够的经济实力,家产总额与“永庆号”的成本总额能够相抵,将来万一办理不善,有拖欠利银及侵亏帑本等情况,即行参革治罪;第二,必须由数名盐商合作办理,以分散风险;第三,必须自行觅请数名殷实盐商具结公保,承担连带责任,“倘有亏缺,愿甘分赔”[④]。一般来说,提供保结的盐商与承办的盐商实力不相上下,并且需要官方的认证。这样的规定说明丽柱非常清楚“永庆

① 《长芦盐法志》卷十一《赋课上·商课》,第198页。

② 乾隆十四年十月十五日《署理长芦盐政丽柱等为王瑶承办盐店解交息银数目事奏折》,《清代长芦盐务档案史料选编》,第58页。

③ 乾隆十五年二月十五日《署理长芦盐政丽柱为天津永庆号盐局招募民商承办缘由事奏折》,《清代长芦盐务档案史料选编》,第61页。

④ 乾隆十五年二月十五日《署理长芦盐政丽柱为天津永庆号盐局招募民商承办缘由事奏折》,《清代长芦盐务档案史料选编》,第61页。

号”招募民商所应该达到的目的——确保“永庆号”引地经营的绝对安全，并且通过“永庆号”加强对长芦盐商的掌控。在多商共办和保结制度的保障下，就算部分甚至所有盐商经营出现问题，内务府的资产也不会受到损失。另一方面，通过分享“永庆号”引地的盐利，内务府将天津盐商中的佼佼者与皇室的利益捆绑在一起，并且通过多商共办的方式，让天津盐商对于皇恩“雨露均沾”，从而达到对更多天津盐商的笼络与安抚。

承办“永庆号”对盐商的好处是显而易见的。他们不必像自置引地时那样付出巨额的窝价银，就能获得大量引地的经营权。这种情况在代办其他盐商被罚没的引地时也会出现，但那时需要赔补前任盐商留下的积欠，比如义和泰对皇商王氏引地的接办即是如此。“永庆号”则豁免了安氏经营时的所有积欠，并且平时摊派在其他引地的杂项税费也都豁免了。比如乾隆十四年，天津盐商共同捐资修建行宫、资助川饷，承办“永庆号”的王瑶并未参与[①]。天津盐商经营“永庆号”，仍和王瑶一样只需缴纳盐课和九万一千零八十二两的成本利银，如果能够维持正常的经营，“永庆号”每年可以给盐商带来约两万两的额外利润[②]，这已经足以产生极大的吸引力。盐商们曾将承办“永庆号”的好处概括为“外得办公之名，内收利益之实”[③]，当初张霖和查日乾借领了内务府帑银尚且能打着皇帑的旗号“霸占诸人生意”，更别说通过承办皇家引地而获得直接为皇室效劳的机会了，

---

① 乾隆十七年十一月二十五日《长芦盐政天津总兵官吉庆奏为查明长芦各商加斤减半纳课并豁免倒追银事折》载：“沈朝安等接办‘永庆号’盐务，……通纲遇有杂项公务，从无摊派”；乾隆十七年十二月十八日《长芦盐政天津总兵吉庆奏复前奏盐商沈朝安等免追加斤课银折》载：“沈朝安等所办内务府引地……一切条费欠项均已开除，又不与众商一体摊派公务”，“乾隆十四年王瑶试办之时，……因天津建备行宫与川饷二案，未令王瑶随众公捐”，《宫中档乾隆朝奏折》第四辑，第415、617、618页。

② 乾隆二十九年三月二十二日《长芦盐政高诚为奏复朱立基亏欠永庆号帑课缘由事奏折》载：朱立基运营“永庆号”乾隆二十五年“收余利银二万两”，《清代长芦盐务档案史料选编》，第102页。

③ 乾隆十八年三月十八日《吉庆奏为据情代奏恭谢天恩事折》，《宫中档乾隆朝奏折》第四辑，第833页。

这对于盐商来说不仅是名声上的显耀，还有可能在领借帑银、引盐运销等其他方面带来便利。

招商进行得很顺利。二月十五日，丽柱便将沈朝安等五位承办盐商及四位保结盐商名单上报给了乾隆帝。一年后承办商人减少为两人，并且开始仿照吉安府引地的做法，三年一次招商轮换，直到乾隆二十八年王得宜承办后一家长期经营。从乾隆十五年到嘉庆二年，“永庆号”承办商及保结商列表于下①：

**乾隆十五年至嘉庆二年“永庆号”承办商及保结商表**

| 起止时间 | 承办商人（引名） | 保结商人（引名） |
| --- | --- | --- |
| 乾隆十五年初至乾隆十六年初 | 沈朝安、查奕茂、卢敏功、朱立基、魏汝植 | 刘公德、胡世亮、王克大、张锦 |
| 乾隆十六年初至乾隆十八年底 | 沈朝安、查奕茂 | 刘公德、晋钟禄 |
| 乾隆十九年初至乾隆二十一年底 | 王克大 | 不详 |
| 乾隆二十二年正月至乾隆二十四年十二月 | 范永源 | 不详 |
| 乾隆二十五年正月至乾隆二十七年底 | 王克大（朱立基代办，并私自与魏汝植、卫纯修、关卫盘、关卫周、王伟、王章、王得宜合伙） | 刘运宏、晋钟禄、杨永诚、张峻德、刘易宏、晋仁、和永裕、刘公德、郭源生、李永裕、王正 |
| 乾隆二十八年正月至嘉庆二年 | 王得宜 | 沈朝安、杨裕年、郭源生等 |

从表中可以看到，“永庆号”引地的承办商与保结商限于一个相对固定的盐商群体，并且身份有时会互换，他们代表了天津盐商中处于顶端的那个群体。在天津早期大盐商没落后，他们是天津盐商新的代表，他们的

① 此表据《清代长芦盐务档案史料选编》第58、61、62、71、76、87、200、316页编制。

兴盛与没落都与“永庆号”引地息息相关。

## 二、利益集团

乾隆十五年“永庆号”第一次招募民商，承办商人有五家，分别是沈朝安、查奕茂、卢敏功、朱立基、魏汝植，具结公保的商人是刘公德、胡世亮、王克大、张锦。按照丽柱的描述，他们都是“现在长芦办课熟悉盐务殷实民商”①。这是一张很有意思的名单，细加查究就会发现，这些盐商之间存在着或明或暗的利益关联。实际上这些盐商大体上可以分为至少两个利益集团，这表明皇帝和内务府在选择盐商的时候，谋求达到利益分配上的平衡。

在五家承办盐商中，沈朝安与刘公德一样经营大兴、宛平京引，同为“京盐公局”的成员，他们很容易建立起合作的关系。而另一位承办商查奕茂与保商刘公德之间的渊源，则远非“合作伙伴”所能概括。“刘公德”是宛平查氏第三代查善长、查善和的引名，而查奕茂本名查懋，出身于浙江海宁望族查氏，与宛平查氏本属同源，即所谓“南查”与“北查”。雍正朝初年，查懋开始在查日乾父子的帮助下经营盐业生意。在乾隆十四年查为仁去世后，查懋辗转于海丰和天津之间，帮助查善长兄弟处理盐务及家务②。

南北查因族谊而相契厚，而王克大和聚集在其身边的山西盐商则是以乡谊为基础组成的商帮。清代长芦盐区的中心虽然在天津，但长芦盐商来却来自全国各地，其中山西籍盐商数量最多，浙江、直隶籍次之。明清时期山西商人本来就是地域色彩极其浓厚的行帮集团，盐业管理中的纲法制又

① 乾隆十五年二月十五日《署理长芦盐政丽柱为天津永庆号盐局招募民商承办缘由事奏折》，《清代长芦盐务档案史料选编》，第61页。

② 详见第八章。

强化和细化了这种集团属性。从明代到清雍正年间长芦纲名来看，山西商人一直占据绝对优势①。"王克大"是泽州府（今晋城）凤台县籍盐商王镗家族的引名，乾隆十五年"永庆号"第一次招商，王克大所担保的朱立基、魏汝植也是凤台县籍，并且朱立基是王镗的外甥，他们应该都是"晋泽纲商"的成员。后来王克大成为"永庆号"的承办商，由朱立基代为经营，又将魏汝植及其他数名凤台籍盐商私自招来合伙。所以基本上，丽柱招募的五位盐商和他们的保结商至少分属两个利益集团②，一年后承办商人的变化更印证了这种利益格局的存在。

乾隆十六年闰五月，署理长芦盐政高恒向乾隆帝报告了民商沈朝安等经营"永庆号"的情况。他们虽然如数缴纳了盐课和成本利银，但合作过程中似乎出现了问题。沈朝安、查奕茂向高恒抱怨说，办理"永庆号"的人数过多，意见不一，诸事互相掣肘，而朱立基、魏汝植则以上年盐斤销售不足赔折利银为由，呈请告退。此前卢敏功去世，合作关系的破裂似乎与此有关，也许卢敏功正是五人中起平衡作用的角色，他的去世打破了这种平衡。朱立基、魏汝植的实力远远不如沈朝安、查奕茂，所以只能选择退出。承办"永庆号"的商人只剩下了沈朝安、查奕茂两家。他们向高恒建议，不必再另招新商，可仿照两淮吉安引窝的惯例三年一轮换。高恒对沈、查的意见照单全收，他向乾隆帝解释说，沈朝安、查奕茂都是熟练殷实的商人，他们提出的三年轮办的建议"亦属慎重帑课之意"，应该予以采纳。至于当下，如果再招募新商，恐怕会重蹈人数过多意见分歧的覆辙，所以还是让沈朝安、查奕茂两家合作办理为好。乾隆帝批准了高恒的计划，"永庆号"正式由沈朝安、查奕茂共同承办，保结商为刘公德、晋钟禄，三年后再招新

---

① 见绪论一章。

② 关于其他几位的资料很少，无法确定他们的地域归属。从已知的两个利益集团来看，基本上是晋商与浙商两个集团的平衡。

商[1]。这件事表明沈朝安和查奕茂及其保商刘公德、晋钟禄[2]的利益是高度一致的。

## 三、与内务府争利

当皇帝和内务府允许“永庆号”的承办商从五家变为两家，从两个以上的利益集团变为一个利益集团的时候，就意味着他们对最初的想法进行了调整。选择多商共办的初衷是让他们分担责任，并且最为广泛地笼络长芦盐商，但事实证明这样的安排不利于“永庆号”的经营，于是他们立刻舍弃了多商共办的原则，而选择由实力更强的利益集团单独承办，再通过三年轮办的方式达到普惠众商。事实上乾隆帝并不真的在乎能否皇恩普照，而更在乎承办商是否真的具备实力，他甚至向臣下承认，所谓三年轮办只是一个形式，“虽照两淮吉安之例三年一换，不过改易姓名，原系本人承办”[3]。如此看来沈朝安、查奕茂是承受了莫大的信任，但是所有人都没有想到，他们和内务府在利益分配上很快也产生了矛盾，以至于作为盐商和皇帝之间联络人的长芦盐政陷入了两难的境地。

矛盾的产生源于朝廷对长芦盐商的一项优恤政策。雍正元年，为了缓解连年灾害给芦商造成的困境，朝廷同意长芦盐区每引增加盐五十斤，变成三百斤为一包，并且增加的五十斤引盐暂时免于缴纳盐课。其实对于朝廷来说，加斤与加价、增引、融销、带征等一样都是调节盐务的杠杆，所以加斤的课税也具有较大的灵活度，可以随着盐商经营状况的变化而调整。乾

① 参见乾隆十六年闰五月初一日《署理长芦盐政高恒为办理永庆号引地缘由事奏折》，《清代长芦盐务档案史料选编》，第 62 页。

② 关于晋钟禄，并没有找到能说明其身份和经营状况的资料。

③ 乾隆十七年十二月初二日《长芦盐政天津总兵官吉庆奏为再次复奏商人沈朝安等豁免加斤事折》，《宫中档乾隆朝奏折》第四辑，第 466 页。

隆七年,朝廷认为长芦盐商境况转好,便开始对雍正元年的加斤征收盐课,并且倒追至乾隆二年,不过倒追的盐课可以从乾隆八年起分作十四年缴清。"永庆号"引地当时还是由安氏经营,与其他长芦盐商的引地一样开始缴纳当年及倒追的加斤课银。乾隆十三年王瑶承办"永庆号"引地后,同样也是如数将这些课银缴纳到户部[①]。乾隆十五、十六年,长芦盐区连续遭遇水灾,盐商又一次陷入困窘,乾隆十七年八月,乾隆帝下旨将加斤课银减半征收,永为定额,并且剩余未完的倒追银全部豁免[②]。对于承办"永庆号"引地的沈朝安、查奕茂来说,这的确是一个好消息,因为在水灾的影响下,他们办理"永庆号"其实是亏本的。然而当长芦盐政吉庆将"永庆号"引地纳入减免的名单后,却遭到了内务府的强烈反对。总管内务府大臣向乾隆帝申诉说,吉庆没有详查旧例,擅自为"永庆号"承办商呈请宽免加斤课银,应该严加申饬[③]。

内务府所说的"旧例",是指乾隆十四年长芦盐区临时加斤时王瑶的做法。这年长芦盐商被特许每引加盐三十斤,以一年为限,不必纳课。王瑶经营的"永庆号"引地也享受了加斤,但并没有享受盐课豁免,只不过五千四百余两的加斤课银并不像其他盐商一样交到户部,而是全部交到了内务府。这还不算完,内务府还想让王瑶把加斤的余利也交上来,直到长芦盐政丽柱查明,"永庆号"每引增加的三十斤盐在缴纳课银后已经没有余利,这才作罢[④]。现在内务府仍然持同样的态度。总管内务府大臣质问吉庆说,如果"永庆号"引地的加斤课银被减免,那么省下来的银子最终会落

① 《长芦盐法志》卷九《转运上·引地引额》、卷十一《赋课上·商课》,第150、197页;《宫中档乾隆朝奏折》第四辑,第415页。

② 乾隆十七年八月初三日《谕内阁著将芦商所加盐斤减半纳课永为定额事》,《清代长芦盐务档案史料汇编》,第63页。

③ 乾隆十七年十一月二十五日《长芦盐政天津总兵官吉庆奏为查明长芦各商加斤减半纳课并豁免倒追银事折》,《宫中档乾隆朝奏折》第四辑,第415页。

④ 乾隆十七年十二月十八日《长芦盐政天津总兵吉庆奏复前奏盐商沈朝安等免追加斤课银折》,《宫中档乾隆朝奏折》第四辑,第618页。

入谁的手中？内务府计算出这些银子有七千余两，强调从当年起，这些银两应该全部交到内库。乾隆帝在接到总管内务府大臣的申诉后，写下了一条令吉庆心惊的朱批：“此事有弊，著吉庆明白回奏。”[①]看起来是乾隆帝支持了内务府的主张，而实际上内务府从一开始所代表的就是乾隆帝的立场。

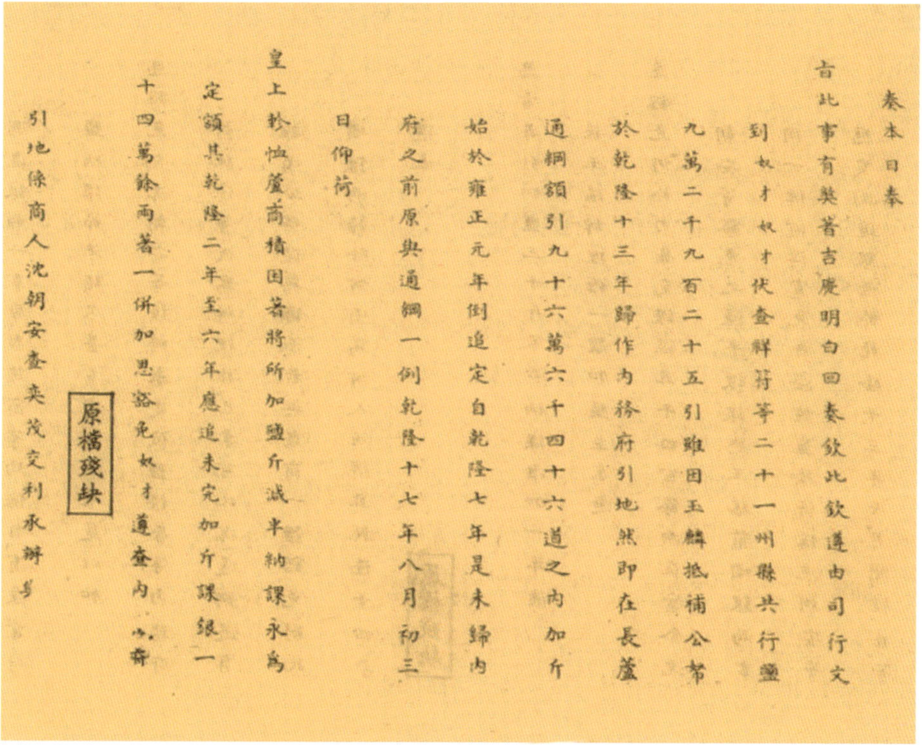

奏本日奉
旨此事有弊著吉慶明白回奏欽此欽遵由司行文
到奴才奴才伏查鮮芳等二十一州縣共行鹽
九萬二千九百二十五引雖因王麟抵補公帑
於乾隆十三年歸作內務府引地然即在長蘆
通綱額引九十六萬六千四十六道之內加斤
始於雍正元年倒追定自乾隆七年是未歸內
府之前原與通綱一例乾隆十七年八月初三
日仰荷
皇上軫恤蘆商積困著將所加鹽斤減半納課永為
定額其乾隆二年至六年應追未完加斤課銀一
十四萬餘兩著一併加恩豁免奴才遵查內小齋
原檔殘缺
引地係商人沈朝安查奕茂交利永辦号

**乾隆十七年十一月二十五日《长芦盐政天津总兵官吉庆奏为查明长芦各商加斤减半纳课并豁免倒追银事折》(部分，原件保存在台北故宫博物院)[②]**

---

① 乾隆十七年十一月二十五日《长芦盐政天津总兵官吉庆奏为查明长芦各商加斤减半纳课并豁免倒追银事折》，《宫中档乾隆朝奏折》第四辑，第 415—416 页。

② 图片来源：《宫中档乾隆朝奏折》第四辑，第 416 页。

乾隆十七年十一月,吉庆上奏折为自己的主张辩解,他的辩解代表了盐商的立场:第一,盐商承办"永庆号"与自置引地相比虽然省去了窝价银,但每年要多交九万多两的利息,所以应该与其他盐商视同一律,而不能在众商都享受了朝廷的优恤的时候"使承办内府引地商人独抱向隅";第二,减免的银两本来是交到户部的,而非交到内务府的利银,所以内务府并没有什么损失;第三,"永庆号"盐商每年无论亏赚,都必须向内务府缴纳利银,既然他们如此为皇室效力,那么皇上的恩惠似乎也不应绕过他们。总之,吉庆所考虑的是将来"永庆号"更换承办商时,盐商"不致视为畏途",以达到"匪特课源可保,民食无虞,而内府之成本利息亦必赖以永久"的目的。然而乾隆帝并没有被说服,而是下令"内务府大臣议奏",实际上就是要让内务府逐条反驳①。

十二月十六日,吉庆收到了总管内务府大臣的驳斥:第一,朝廷出台减免加课的政策,是念及长芦盐商"积欠疲乏",而沈朝安、查奕茂办理内务府引地"一切条费欠项均已开除,又不与众商一体摊派公务",既无积欠,又不疲乏,不应列入减免名单。第二,吉庆强调沈朝安等比其他盐商多交利银,是错误的。"永庆号"乃是内府引地,"若无交利一层,是以内府之官物成商人之私产矣,岂为情理之平"?也就是说,沈朝安等所交的利银是其承办内府引地必然要付出的代价,不应被视作额外的负担。第三,倒追银两分年带征,是"以引地之余利完引地之积欠",既然余利出自引地,那么因减免积欠而节省的余利自然就应该归引地所有者内务府,而不应该"无故饱商人之橐"。总之,内务府强调引地资本的增殖作用,而忽略盐商经营的盈利功能;追求"永庆号"为内务府创收的最大化,而将给盐商的让利最小化。在内务府的眼中,盐商也应该有这样的自觉,根本不应该产生与内务府争利的念头。他们甚至怀疑,沈朝安等人敢于提出这样的要求,

① 乾隆十七年十一月二十五日《长芦盐政天津总兵官吉庆奏为查明长芦各商加斤减半纳课并豁免倒追银事折》,《宫中档乾隆朝奏折》第四辑,第417页。

不排除有“明侵暗挪巧于射利致亏成本之处”,建议吉庆去调查他们的经营状况。乾隆帝对内务府的驳斥深以为然,下旨令吉庆“明白回奏”①。

至此吉庆已经完全明白了乾隆帝和内务府的意图,他向乾隆帝检讨说自己此前“言行过当”,但难得地仍然坚持自己的主张。他解释说,“永庆号”并不是总能使商人获利。第一期承办商沈朝安、魏汝植、查奕茂、卢敏功、朱立基,在乾隆十五年就因为因场盐、脚价等项无不昂贵而亏折一万余两,这也是导致朱立基、魏汝植退出的直接原因。乾隆十七年有恩旨减免课项,沈朝安、查奕茂才敢于再次接办。他强调逐利是商人的本质,“凡经营逐末者莫不冀觅蝇头,苟无余沥可沾,恐不尽心竭力”,为了鼓励盐商积极承办,适当的让利是必要的。他将自己的出发点归结到以利润鼓励盐商积极承办官引地,确保内务府的“永庆号”本银不至亏折,这个立场与皇帝和内务府是一致的。最后他提出建议:承办商按照内务府的要求向内库缴纳加斤课银和倒追银,但同时朝廷应该抚恤盐商,“于减免二项内量给些许余润,使其仍得并沐皇恩,又可藉以通融弥补”②。这个折中方案被乾隆帝采纳了。从乾隆十八年起,“永庆号”承办商每年将减半加斤课银及倒追银七千二百零八两交内务府,内务府每年从利银内赏给商人银三千两(实际上也就是盐商少交三千两的“永庆号”成本利银)。这样一来,承办商每年的负担减轻了三千两,但交到内务府的银两比原来多了四千二百零八两,变成九万五千二百九十两③。

吉庆与内务府之间的这次论辩,实际上是内务府所代表的皇帝和吉庆所代言的盐商之间关于承办内务府引地的一次博弈。通过这次论辩,皇帝

① 乾隆十七年十二月十八日《长芦盐政天津总兵吉庆奏复前奏盐商沈朝安等免追加斤课银折》,《宫中档乾隆朝奏折》第四辑,第616—618页。

② 乾隆十七年十二月十八日《长芦盐政天津总兵吉庆奏复前奏盐商沈朝安等免追加斤课银折》,《宫中档乾隆朝奏折》第四辑,第618—619页。

③ 乾隆三十四年六月二十六日《长芦盐政高诚奏报承办“永庆号”盐务商人王得宜交纳银折》,转引自《既是官员也是奴才:乾隆朝长芦盐政》,第66页注释。

和内务府明确了“永庆号”引地的性质，厘清了承办商的权利和义务、职责和利益之间的界限，为此后办理“永庆号”事宜定下了基调。内务府将引地交给盐商代办，到底是为了惠及盐商还是为了充实内库，已经很清楚了。皇帝和内务府对“永庆号”承办商的态度，与他们对内务府盐商的态度有类似之处。在他们看来，二者都是领取内务府的资本而获利，那么皇帝和内务府对这些利润就有权支配，所以盐商少交的那三千两利银本来是出自“永庆号”盐商的经营，最终却变成了皇帝的赏赐。盐商既然享受了皇室的恩惠，就应该无条件为内务府效力，所以乾隆帝明确告诉吉庆，在“永庆号”这件事上，不必取悦于盐商①。

吉庆真的是在取悦于盐商吗？其实并不排除这种可能。尽管朝廷禁止盐政和盐商私下往来，但两者间的权钱交易在所难免。吉庆本人在担任两淮盐政的时候，曾经为两淮盐商开“提引”之先例，并且纵容他们拖欠提引息银，而他也因此得到了不少好处，只不过此事要到乾隆三十三年才被揭露出来，成为震惊朝野的“两淮盐引案”。这一次吉庆为“永庆号”承办商呈请减免加斤课银，也不能排除是被盐商的馈送所激励。只不过吉庆一向以熟悉盐务深受乾隆帝信任，而且他成功地让乾隆帝相信其出发点都是为了维护皇家的利益，这也是他不遵旧例在前、反复辩驳在后而乾隆帝却并没有处分他的原因。

对于吉庆来说，能使皇室每年让利三千两，也算是给了天津盐商一个交代。乾隆十八年三月，吉庆将天津盐商召集在一起，向他们传达了乾隆帝赏银三千两的消息。他向乾隆帝描述说，盐商们听到这个消息后立刻“伏地欢呼”，除了感谢皇恩浩荡外，还异口同声地对以后的经营作出保证：

---

① 乾隆十七年十二月初二《长芦盐政天津总兵官吉庆奏为再次复奏商人沈朝安等豁免加斤事折》，《宫中档乾隆朝奏折》第四辑，第466页。

“永庆号”祥符等二十一州县盐务，佥商轮办，匪特分谊宜然，且止令一分缴息，苟逢岁稔时和，亦非难办，乃又蒙皇上以商人办理无误，于利息内每年赏给银三千两，是商等外得办公之名，内收利益之实，在年满将换之沈朝安、查奕茂固已先沐皇恩，而继后轮办之通纲商众无不同沾圣泽，天高地厚无以复加，顶踵捐糜亦难图报，惟有各勤本业，使民食足而课饷早完，庶几不负生成之帝德。[①]

不管吉庆所转述的这些话是真是假，至少在表面上，盐商和皇帝、内务府达成了一致，盐商们也表现出了承办“永庆号”的积极态度，“永庆号”可以顺利地招商轮办下去了。

## 四、山西盐商王克大

乾隆十七、十八两年，由于享受了内务府每年三千两的让利，又没有遇到大的灾害，沈朝安、查奕茂得以正常经营“永庆号”，利银如数交到了内务府，他们自己也应该赚取了可观的余利。乾隆十八年底沈、查承办到期，署理长芦盐政的倭赫进行了“永庆号”的新一轮招商。虽然乾隆帝宣称并不在乎承办商是否真的三年一轮换，作为执行者的长芦盐政却不得不考虑盐商们的感受，既然“永庆号”真的能够盈利，那些实力足够的盐商就一定会对“永庆号”趋之若鹜。倭赫选出的新商正是在第一期曾担任保结商的王克大[②]，利益的天平又倾向了山西盐商一边。

以“王克大”作为引名的山西凤台县王氏家族与皇商介休范氏一样，

① 乾隆十八年三月十八日《吉庆奏为据情代奏恭谢天恩事折》，《宫中档乾隆朝奏折》第四辑，第833页。

② 乾隆二十一年闰九月二十六日《长芦盐政官著为商人范永源承办永庆号引地事奏折》，《清代长芦盐务档案史料选编》，第71页。

是清代具有代表性的山西籍长芦盐商。明末清初，王氏家族事业的开创者王自振从山西来到直隶省的郧郡业盐。很快，他凭借自己的眼光和魄力，从朝廷手中取得了河南怀庆府的盐专卖权，奠定了王氏家族兴盛的基础。王自振的儿子王璇继承父业，“以盐筴经营，岁往来于燕赵间”[①]，将家族生意推向鼎盛。但生意似乎不是王家最看重的部分。自王璇这一辈开始，王氏家族子弟多读书并入仕为官。王璇捐过贡生，他的长子王廷抡做过户部员外郎、福建汀州府知府、山东盐法道，次子王廷扬也做过户部员外郎、郎中，后来升至太仆寺少卿、户部右侍郎、工部左侍郎。王廷抡的长子王钧做过浙江盐运司副使，后来升任光禄寺卿兼霸州水利营田副使，最后官至其叔父王廷扬担任过的工部左侍郎。王廷抡次子王镗从户部员外郎做起，后升任太仆寺少卿、刑部郎中，出任延绥道。通过纳捐或者捐资议叙而获得职衔是盐商的普遍做法，但大部分盐商只要一个虚衔而已，王氏家族却并非如此。他们所担任过的差不多都是实职，在任上显示出其家族所具有的勤慎干练的优良基因，全都颇有政绩，官声卓著，下受百姓拥戴，上得朝廷褒奖。

值得注意的是，尽管王家子弟受到良好的教育，但他们几乎都不是通过科举途径走上仕途的。王廷抡是以太学生的资格任青州通判开始仕途；王廷扬年轻时，学政使只因器重他的“学识品格”就委任他为户部四川司员外郎；王钧以秀才入选贡院，以父功授予知府；王镗则在其兄王钧病故后“奉旨入京奉对”，授户部浙江司员外郎。王氏家族的这种入仕方式，是清朝政府与盐商之间达成合作的典型例证：朝廷以政治地位来拉拢盐商，便于利用其巨额财富和在地方的巨大影响力，而盐商则借此使自己的家族在国家政治体系中获得与其财富相匹配的地位。作为对朝廷的回报，王氏家族除了忠于职守、勤慎办事之外，还会毫不吝啬地付出各种巨额捐输、

① 山西省政协《晋商史料全览》编辑委员会、晋城市政协《晋商史料全览 · 晋城卷》编辑委员会编：《晋商史料全览 · 晋城卷》，山西人民出版社，2006，第 14 页。

报效。

继王璇之后主持家族盐业的是王廷扬。据称王廷扬为人“端庄持重，不苟言笑”[1]，但在捐输方面他绝对是一个激进人士。康熙六十年，为了支持朝廷西北用兵，他以长芦盐商的身份一下子捐出了白银二十万两，第二年又追加八万两。与之相较，雍正十年长芦众商集资捐饷的数额只有十万两而已[2]。雍正帝对王廷扬印象颇佳，雍正元年赐其条幅“晨摇玉佩趋金殿，夕捧天书拜琐闱”[3]，后在给长芦盐政莽鹄立奏折的朱批里评价他说：“不但良商，此人大有意思的人。”[4]

雍正三年七月，雍正帝决定重修天津大沽口海神庙。当他考虑到资金问题时，“王廷扬”这个名字立刻就被联想起来，因为此时王廷扬正好有两万两银子掌握在雍正帝手里。这些银子，是王廷扬以前贿赂权臣隆科多的赃款，在雍正帝调查隆科多的时候浮出水面。雍正帝给长芦巡盐御史莽鹄立的朱批里，特意将这些银子表述为“王廷扬被隆科多诈去二万银两”，轻轻将王廷扬从隆科多案的政治纷扰中剥离出来，并且声称“今朕着他要回，将此项作修庙之用”[5]。本来这些银子可以抄没充公，拿来修庙自然没有任何问题。但雍正帝偏偏要卖个人情给王廷扬，由他领回再自己上交作为修庙费用。王廷扬对雍正帝的意图自然心领神会，很快通过莽鹄立向雍正帝表达了自己的感激之情：“窃扬一介庸愚，……皇上御极以来不弃菲材，父子叔侄皆蒙录用，宠眷恩荣有加无已。而扬更荷圣明渊鉴，畀任卿

① 《晋商史料全览·晋城卷》，第 16 页。

② 参见本书附表三《清前中期天津大盐商家族捐输报效表》。从表中可以看出，可以与王廷扬相媲美的，只有王惠民家族的王至德。

③ 《晋商史料全览·晋城卷》，第 16 页。

④ 《雍正朝汉文朱批奏折汇编》第 5 册，第 911 页。

⑤ 雍正三年七月初八《长芦巡盐御史莽鹄立奏天津宜修堤防以护城垣折》，《雍正朝汉文朱批奏折汇编》第 5 册，第 498 页。

员,天高地厚之恩,涓糜莫报。”[①]当然感激还要表现在行动上,王廷扬不但不领受那两万两银子,还另外捐银一万两用于修庙。按照惯例,盐商每有报效捐输,朝廷会赐给一些职衔作为回报,王廷扬又以谦卑的口吻声明,他虽向朝廷捐银,却“不敢仰邀议叙”[②]。其实他当时任太仆寺少卿,也用不着这些虚衔。最终那名义上属于他的两万两银子,被雍正帝交给莽鹄立用于天津修堤工程了。

雍正九年王廷扬去世后,王家的家族事务由他的侄子王镗主持。王镗将事业的重心也放在了仕途上,天津的盐业生意由他的外甥朱立基代为经管。从叔父王廷扬的经验里,王镗领会到与朝廷合作是维持家族兴旺的不二法门。乾隆十三年朝廷对大小金川用兵,时任刑部郎中的王镗不仅与皇商介休范氏一起协助朝廷运送军粮[③],还响应朝廷的派捐,承诺捐银十五万两作为军费[④]。然而王镗的承诺显然过于冲动,他并没有理性地考量自己的真实实力。直到乾隆二十年,第一次收复金川的战争已经结束数年,这笔军费仍有十二万两没能交足,王镗不得不向户部呈请以自己在河南的引地变抵。乾隆帝当然不会因为一项早已失去意义的捐款而让王镗破产,下旨将未完的捐款免除[⑤]。

实际上,王家一直都不像表面看起来那么财力雄厚,也许是因为太偏

① 参见雍正三年八月二十二日《长芦巡盐御史莽鹄立奏太仆寺少卿王廷扬情愿捐修海庙折》,《雍正朝汉文朱批奏折汇编》第5册,第911页。

② 参见雍正三年八月二十二日《长芦巡盐御史莽鹄立奏太仆寺少卿王廷扬情愿捐修海庙折》,《雍正朝汉文朱批奏折汇编》第5册,第911页。

③ 《高宗纯皇帝实录》卷三百三十一,乾隆十三年十二月丁酉:“现在中书范清注认运七万五千石,郎中王镗七万五千石,并前未运竣之米全数到营。”参见《清实录》第十三册,第509页下。

④ 戴逸、李文海主编《清通鉴》第8册,山西人民出版社,1999,第3573页。

⑤ 乾隆二十六年六月初六日《大学士傅恒等奏报王镗名下未完欠项折》,《乾隆朝上谕档》第3册,第661页。

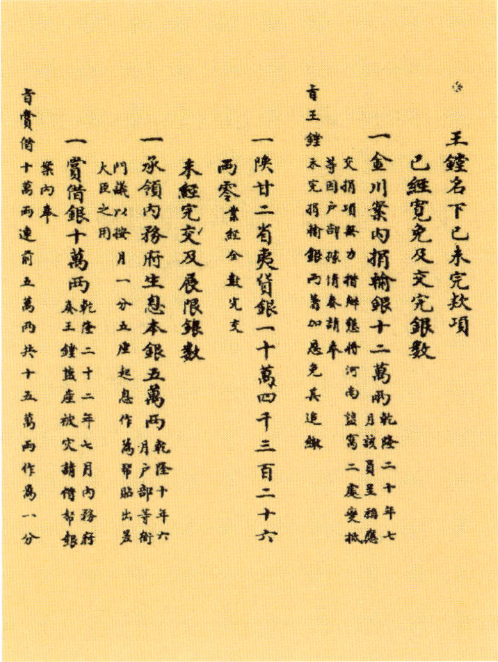

王鏜名下已未完款項
已經寬免及交完銀數
一金川案內捐輸銀十二萬兩乾隆二十年七月該員呈稱應交捐項無力措辦懇將河南鹽窩二處變抵等因戶部據情奏請奉
旨王鏜未完捐輸銀兩著加恩免其追繳
一陝甘二省夷貨銀一十萬四千三百二十六兩零業經全數完交
未經完交及展限銀數
一承領內務府生息本銀五萬兩乾隆十年六月戶部等衙門議以按月一分五厘起息作爲帑貼出呈大臣之用
一賞借銀十萬兩乾隆二十二年七月內務府奏王鏜鹽窩被究請借帑銀案內奉
旨賞借十萬兩連前五萬兩共十五萬兩作爲一分

乾隆二十六年六月初六日《大学士傅恒等奏报王镗名下未完欠项折》(部分)①
(原件保存在中国第一历史档案馆)

重于仕途,这个家族并不擅长做生意。王镗曾经营来自于准噶尔的“夷货”,这项生意需要由朝廷特许,从陕、甘二省领取官帑作为成本,在货物发卖以后偿还。王镗从乾隆初年就开始经营夷货,但并不成功,到乾隆九年累计已经拖欠陕甘库帑十万四千余两,因而被加倍罚补。乾隆十二年,王镗又一次领帑采购熬茶“夷货”,按照规定应在一年内交还帑本十四万六千余两。然而由于货物运到时已经过了发卖时期,成本未能收回,王镗不得不请求分三年缴还官帑。乾隆帝批准了王镗的请求,但是不准他再承办“夷货”②。

王家经营的长芦盐业规模也不算大,仅有河南的安阳、林县两处引地,名为“常茂号”,窝价合计约为三十万两③,畅销之年可销售引盐两万五六千道,利润在二万五六千两左右④,但是这些利润中很大一部分都要贡献给内务府。乾隆十年,王镗从内务府借到了生息银五万两,表面上看,这是

① 图片来源:乾隆二十六年六月初六日《大学士傅恒等奏报王镗名下未完欠项折》,《乾隆朝上谕档》第3册,第661页。

② 参见《高宗纯皇帝实录》)卷二百六十二,《清实录》第十二册,第402页下至403页上;卷三百三十八,《清实录》第十三册,第688页下至699页上。

③ 台湾“中研院近史所”藏内务府奏销档案全文:《王镗借内帑》。

④ 参见《清代长芦盐务档案史料选编》,第103页。

内务府对王镗的帮助，而实际上，毋宁说这是王镗向内务府输送利益的传送带。这些银两按每月一分五厘起息，每年产生的利银为九千两，且长期缴纳，到乾隆二十一年，王镗向内务府缴纳的利银已经达到十万六千余两，是本银的一倍有余[①]。

巨额的捐输和内务府生息银让王家与皇室、内务府建立起默契的合作关系。无论是雍正帝还是乾隆帝，都因为王家“效力年久”[②]而对其另眼相看。当乾隆十五年“永庆号”招商承办的时候，王家的代理人朱立基顺利成为第一批承办商之一，王家也以“王克大”的引名，作为保商参与进来。乾隆十九年，王克大第二次参与到“永庆号”的招商中来，这次不再是作为保商，而是成为唯一的承办商。看来朝廷对王克大的财力信心十足，相信这个家族不会让“永庆号”引地遭受损失。为王克大担保的盐商不详，但应该也就是与王家关系亲密的山西盐商。

从乾隆十九年到乾隆二十一年，王家平安无事地度过了三年的承办期，“所有应交前两依限完结，并无拖欠”[③]。乾隆二十一年闰九月，长芦盐政官著按照惯例进行新一轮的“永庆号”招商。这次参与竞争的是范宗文、张峻德、范永源、刘公德四商。按照官著的说法，这四商都是“殷实商人”，都有接办“永庆号”的资格。范宗文的实力以及和内务府的密切程度是其他四个盐商无法比拟的，但最终选出的承办商是范永源[④]。官著在奏折里说这个结果是“公同签掣”得出的，但并不能排除操作的可能。范宗文之所以没有入选，有可能是内务府和皇帝有意避免让皇商垄断过多的利

---

① 台湾“中研院近史所”藏内务府奏销档案全文：《王镗借内帑》。

② 乾隆二十九年七月初九日《长芦盐政高诚为筹办王镗常茂号盐业完帑事奏折》，《清代长芦盐务档案史料选编》，第103页。

③ 乾隆二十一年闰九月二十六日《长芦盐政官著为商人范永源承办永庆号引地事奏折》，《清代长芦盐务档案史料选编》，第71页。

④ 乾隆二十一年闰九月二十六日《长芦盐政官著为商人范永源承办永庆号引地事奏折》，《清代长芦盐务档案史料选编》，第70—71页。

益，而分利于民商。范永源及其保商的情况不详，但至少其经营“永庆号”还算正常，并没有出现大的纰漏，然而此时王家却出现了危机。

乾隆二十二年夏天，王家准备运往安阳、林县价值一万八千余两的引盐六千八百余包被洪水冲没，损失惨重，盐课及内务府息银无从筹措。王镗向内务府请求，或者将自己的产业变价抵偿内务府的本银及应交的课税，或者由内务府再借给银十五万两，二分起息，实际上就是以新债还旧债。内务府本来想采用第一种办法，这种办法最为简单，对于内务府来说风险也最小，但是乾隆帝并未同意，他宽仁地表示，如果将王镗的引地产业变价抵偿，则“伊之生计愈至拮据”，因此格外开恩，同意再借给王镗内府银十万两，一分行息，且将原来借的五万两生息银的利息也降为一分[①]。但是王镗仍然感觉力不从心，乾隆二十三年十一月又一次向内务府呈请，将每年应交的息银一万八千两延缓至乾隆二十七年再开始缴纳，内务府同意了王镗的请求。当然，乾隆二十三年到乾隆二十六年这四年的息银七万二千两并没有被免除，而是从乾隆二十七年起分作十年补交[②]。也就是说，从乾隆二十七年起，王家每年要向内务府缴纳两万五千二百两的息银，差不多与其在正常年景下年利润相持平。但是不管怎么说，“常茂号”的经营暂时可以重回正轨了。乾隆二十四年十月长芦盐政官著为“永庆号”遴选新商时，王克大又一次被选中了，而且是从多达十二名备选盐商中脱颖而出，其余的十一名盐商都成为王克大的保商[③]。这说明朝廷对于王克大的恩宠不减。

乾隆二十六年王镗病故，乾隆帝的恩宠又增一层。由于王镗的儿子王德浤年幼，所有盐务事宜仍由朱立基代为办理，此时王家欠内务府的款项包括缓交的息银七万二千两及本银十五万两，连本带利共二十二万二千

---

① 台湾“中研院近史所”藏内务府奏销档案全文：《王镗借内帑》。

② 《乾隆朝上谕档》第3册，第661页。

③ 乾隆二十四年十月十八日《长芦盐政官著为永庆号引地招商承办事奏折》，《清代长芦盐务档案史料选编》，第76页。

两,乾隆帝特地下谕旨说"王镗效力年久,并无过愆。若将欠项令伊子一时清还,将来或致难以资生,深为不忍",推翻了乾隆二十三年确定的还款方案,允许王德浤分期逐年偿还本金,这就意味着王家可以早一些摆脱利息的困扰。最终确定的偿还方案是,王家先于半年内交还二万两本金,剩余的十三万两本金,从乾隆二十七年开始至乾隆三十六年分十年还清;然后从乾隆三十七年起,再分十年还完原欠的七万二千两利息及乾隆二十七至三十六年产生的利息,这两项利息总额为十五万七千八百两,每年应还一万五千七百八十两。合计起来,乾隆二十六年,在交完了二万两本金后,王家因借领内务府生息银而负担的债务为二十八万七千八百两①。

与此同时,乾隆帝下令长芦盐政金辉调查王镗还有没有其他未清款项。金辉在调查后奏报说,王家还曾从天津长芦盐运使司的运库领借了"当本生息银"等七万七千八百七十三两二钱零作为运本,这些银子每年应交利息九千三百余两②,"俱系逐年清交,并无积欠"③。由于王镗一直在外为官,王家承办"永庆号"引地由朱立基代为营运,每年应交利银八万八

① 乾隆二十九年七月初九日《长芦盐政高诚为筹办王镗常茂号盐业完帑事奏折》,《清代长芦盐务档案史料选编》,第103页。

② 这些生息银名目为:当本生息银、赏赍生息银、内府帑利银、水师营生息银、莲池书院生息银,都是盐商所缴纳、本应解交内务府或用于各项公务的银两,却交给盐商营运生息。关于王家所借"赏当本银"的数额,乾隆三十年的档案中记载为七万七千七百四十二两,当是王家在乾隆二十六年后少量偿还了本银。参见《清代长芦盐务档案史料选编》,第108页;台湾"中研院近史所"藏内务府奏销档案全文:《延绥道王镗之子盐务废弛欠银册》。

③ 乾隆二十六年六月《长芦盐政金辉为王镗行运芦引并无未清之项事折》,《清代长芦盐务档案史料选编》,第78页。

千八十二两[1]。金辉声称，他和朱立基“逐一核对数目，俱属相符”[2]，看起来朱立基十分称职。然而在“永庆号”被交给新的承办商王得宜后，暴露出来的事实却让所有人都大吃一惊。

## 五、朱立基的罪过

乾隆二十七年十月，又到了更换“永庆号”承办商的时候，此时的长芦盐政是达色。他改变了以往先选多名商人然后签掣的做法，而直接由长芦盐运使陈树蓍选出一名商人王得宜承办，并确定保结商为沈朝安、杨裕年、郭源生等。这种不经签掣而直接由盐运使指定承办商的做法，并没有遭到其他盐商的反对，这足以说明以前的签掣只是走一个过场而已。

王得宜的本名是王起凤，与查奕茂一样是浙江籍商人。按照正常的程序，乾隆二十八年正月，王得宜就应该开始经营“永庆号”了，然而十月底，刚刚接替达色担任长芦盐政的高诚惊讶地发现，“永庆号”完成新一轮招商已经整整一年，新旧盐商竟然还没有完成交接手续，以至于盐课都无人缴纳。王起凤向高诚申辩说，朱立基还有二十五万余两银子没有交清，这其中包括盐课、帑利、带征等项，还有“永庆号”的成本六万余两。皇帝和内务府最担心的就是“永庆号”的成本亏折，高诚觉得此事非同小可，立刻对朱立基严加审问，这才发现这位代理人面对的是怎样一个左支右绌的局面。

---

① 此数是乾隆十八年确定的“永庆号”利银，不包括减半加斤课银及倒追银七千二百零八两。尽管倒追银应该在乾隆二十一年就已经缴清，但实际上一直没有取消。直到乾隆五十六年，“永庆号”每年的成本利银实缴额仍是九万五千二百九十两。参见台湾“中研院近史所”藏内务府奏销档案全文：《议奏永庆号解交成本利银 》。

② 见乾隆二十六年六月《长芦盐政金辉为王镗行运芦引并无未清之项事折》，《清代长芦盐务档案史料选编》，第 78 页。

朱立基本人并不是有实力的盐商，直到乾隆二十八年，他和魏汝植等三人一起经营原武、汲县引窝，四人的家产合计才不足二十万两。乾隆十五年朱立基能够跻身于第一期“永庆号”承办商之列，完全是由于其母舅王镗的支持。他在天津的主要工作，就是帮助王镗经营河南安阳、林县两处引地，然而这并不是件容易的事。在乾隆二十二年的危机发生后，王镗所能做的就是向皇帝和内务府请求借款，随之而来的是大幅度增加的利息。这些利息和“当本生息银”等其他欠项，以及运盐的成本、王家的日常开支以都要从“常茂号”的二万多两利润中取给，即便在正常的年景下，也极易入不敷出。到乾隆二十五年，“常茂号”的资本已经被用光了①。

正在此时，“永庆号”引地又被交到了朱立基的手中。这二十一处引地亟须运盐接济，还需要弥补前商范永源欠下的一万两盐价银。朱立基无银可用，便与王得宜及山西凤台县同乡魏汝植、卫纯修、关卫盘、关卫周、王暭、王暲私立合同，合伙营运“永庆号”。王得宜出运本三万两，朱立基在天津总办一切事务，魏汝植等六人分地经理，各司一事。“永庆号”暂时得以运转起来，但是“常茂号”的运本仍无着落。“常茂号”背负着二十多万两的内务府生息本利，绝对不容有误，无计可施之下，朱立基开始从“永庆号”挪用银两、盐包。朱立基本来的打算是待运盐得利后逐渐弥缝归还，但不幸的是此后又接连遭受打击。乾隆二十六年，朱立基存放在天津盐坨及河南厂店的盐被洪水冲没五万一千余包，合计亏折本银四万一千余两；水灾导致盐瓢、绳席、水脚等成本增昂，乾隆二十六、二十七两年又因此亏折银五万七千余两。为了维持“常茂号”的运转，朱立基不得不一次次从“永庆号”挪用资本，到乾隆二十七年共挪用九万一千余两。

惨淡的经营状况让“永庆号”和常茂号积累起新的欠项：到乾隆二十

① 根据朱立基的供述，乾隆二十五年“王镗早将常茂号成本用空”，王镗并不亲自经营盐业，如果这些成本是因经营盐业而用空的，那只能是朱立基的责任。参见乾隆二十八年十二月二十四日《长芦盐政高诚为查办盐商朱立基等亏欠帑项事奏折》，《清代长芦盐务档案史料选编》，第94页。

八年,“永庆号”欠缴盐课、帑利、加课、带征等项达二十五万四千八百余两,常茂号本该于乾隆二十七年开始偿还的内务府生息本银一万三千两也变成了空头支票。朱立基的合伙人魏汝植等都深知底里,在他们的配合下,朱立基“挪后掩前,互相弥补”,没有露出行迹,甚至躲过了乾隆二十六年金辉的核查(当然金辉也有可能帮助朱立基掩饰真相)。乾隆二十七年十月确定新的承办商为王得宜后,朱立基借双方签有合作合同为名,一直拖延推诿,不将“永庆号”账目交割明白,王得宜竟也忍气吞声,直到一年后高诚过问,才将实情和盘托出。

自然灾害虽然是朱立基亏赔的重要原因,但他的经营能力确实值得怀疑,而且也算不上尽职尽责。乾隆二十五年,“永庆号”取得了三年中唯一的一次盈利二万两,朱立基并没有用来偿还官帑欠项,而是拿去购置了汲县引地。然而“永庆号”的困境,真的只能归咎于朱立基吗?乾隆帝收到高诚关于此案的奏报后,诧异地提出了两个疑问:“朱立基既无家产,众商如何肯出保?朱立基何致亏欠如此之多?”其实这两个问题应该由长芦盐政、内务府乃至于乾隆帝本人来解答。乾隆二十五年,众商对朱立基的实力和能力心知肚明,但迫于盐政官著的压力不得不为他担保。对于王家负债累累的局面,无论是乾隆帝还是内务府、官著都一清二楚,然而他们还是将“永庆号”交到了王家手上,个中缘由并不难猜测。王家所借内务府生息银的利息都要靠“常茂号”的安阳、林县区区两处引地的利润来保障,一旦经营出现问题,不但利息没有着落,本银也有可能遭受损失。因此,内务府借由官著的招商将“永庆号”交给王家经营,是为了让王家多收余利,以确保内务府息银本利无虞。为了保障“永庆号”的安全,官著打破惯例,先是让长芦盐运使王检从通纲选出多达十二名候选盐商,在确定由王克大作为承办商后,又强令其余的十一名盐商共同为王克大担保。长芦盐商中的大部分殷实者被通过这种方式与“永庆号”的利益捆绑在一起。这再一次说明在“永庆号”引地的招商一事上,皇家利益被高高放在了第一位,这是

"永庆号"亏赔的根本原因。

当然无论是乾隆帝还是内务府、官著都不会主动承担任何责任,所有罪名只能由朱立基和他的合伙人来承担。高诚下令将在天津的朱立基和魏汝植、卫纯修关押起来,并向乾隆帝建议缉拿不在天津的关卫盘、关卫周、王晧、王暲,将这七人的所有资产查封。在扣除了朱立基等自置引地的帑课后,这些资产总共值银十六万四千七百二十余两,全部用于偿还"永庆号"的欠项,剩余的九万余两的差额,由王得宜认赔三万两,十一位保商共同赔补六万余两,均三年还清。朱立基因为"不自量才力,冒昧代办",挪借"永庆号"成本,亏欠"永庆号"课帑,被革去经历头职衔,杖一百,发配充军;魏汝植、卫纯修、关卫周、王暲也各受惩罚。而王得宜、关卫盘、王晧因为并未经手具体事务,在交足认赔款项后,免于其他处罚。

对于王镗的儿子王德浤来说,表兄朱立基获罪带来的最大问题是,没有人帮助他料理"常茂号"的生意了。在父亲王镗去世后,王德浤来到了天津主持盐业生意,但是由于一直跟在父亲身边、年纪幼小又资质愚钝,他根本不懂得盐业应该怎么经营。所幸乾隆帝和高诚不会让这个家族轻易破产,他们命令芦纲纲总帮助王家遴选新的代理人,于是"老成可托"的王家姻亲张大本被选中。张大本又邀约了王家"常茂号"的商伙秦方杰,两人共同出资代办"常茂号"。

他们面临的是比朱立基更加棘手的局面:高诚向乾隆帝建议说,虽然朱立基挪用的九万一千两"永庆号"成本已经通过变抵朱立基等人的家产和十一名保商分赔弥补完毕,但并非出自"常茂号"自身,所以应该由"常茂号"另行照数追缴。这样一来,"常茂号"欠内务府的债务,在原来生息本利二十八万七千八百两的基础上又增加了九万一千两,变成三十七万八千八百两。高诚建议,令王家按照原定计划偿还完内务府生息银本利后,再分七年偿还被挪用的九万余两"永庆号"成本。另外王家还欠有长芦运库赏当生息本银七万七千八百七十三两,这些银子每年的利息九千三百余两必须缴纳[1]。

面对似乎无穷无尽的债务，张大本也无力回天。乾隆三十年，他和秦方杰宁愿舍弃代垫的运本，也不想再经营“常茂号”了。高诚又选中了王德浤的族兄王德滋来天津帮助料理盐务，但很快就发现王德滋“人亦庸暗，与王德浤相彷”，“常茂号”依然毫无起色，高诚终于对王家失去了耐心，七月向乾隆帝提交了选商代运的方案。在这个方案里，高诚计划选出一名殷实而善于经营的盐商代替王家经营“常茂号”，运本由通纲商人共同出资分担，以利润偿还“常茂号”的欠项。高诚还提出，按照原定的还款计划，新的代办商每年应还的项目包括内务府生息银本银一万三千两、“当本生息银”等项利息九千三百余两，又有新增加的缓征银二千五百余两，以上三项共银二万四千八百余两，即便畅销的年份，交完欠项之后也所剩无几，恐怕没有盐商愿意代办，所以应该改变“常茂号”的还款计划：先分十年偿还“当本生息银”等七万七千八百余两的本银及利息，再分二十六年偿还内务府生息银本利及挪欠“永庆号”资本共三十六万五千余两。三十六年之后，“常茂号”所欠的一切帑项如数清还，仍交还给王家经营。在这三十六年中，每年给王家两千两养膳费。乾隆帝批准了高诚的建议，不过将给王家的养膳费减少到一千两[2]。最终在众商的推选和担保下，查懋以“查奕茂”的引名成为“常茂号”的承办商，直到嘉庆九年，“常茂号”

---

① 参见乾隆二十八年十月三十日《长芦盐政高诚为永庆号商人朱立基交代未清以致课帑悬宕事奏折》、乾隆二十八年十二月二十四日《长芦盐政高诚为查办盐商朱立基等亏欠帑项事奏折》、乾隆二十九年三月十五日《长芦盐政高诚奏明永庆号亏欠帑课着落赔补缘由事奏折》、乾隆二十九年三月十五日《长芦盐政高诚为审拟朱立基承办永庆号盐务事奏折》、乾隆二十九年三月十七日《奉旨著积欠盐课二十五万之芦商分别军徒事》、乾隆二十九年三月二十二日《长芦盐政高诚为奏复朱立基亏欠永庆号帑课缘由事奏折》、乾隆二十九年七月初九日《长芦盐政高诚为筹办王镗常茂号盐业完帑事奏折》，《清代长芦盐务档案史料选编》，第92、94、99—104页。

② 台湾“中研院近史所”藏内务府奏销档案全文：《延绥道王镗之子盐务废弛欠银册》。

才重新回到王镗的孙子王朴手中[①]。

## 六、"准皇商"王起凤

朱立基案的另一个受牵连者,是新的"永庆号"承办人王起凤。他以"王得宜"的引名参加了朱立基私立的合约,并付出了三万两银子的运本。他声称并没有参与经营"永庆号"的具体事务,对一切并不知情,于是高诚和内务府让他认赔了三万两"永庆号"欠项,仍将"永庆号"引地交给他承办。其实王起凤从被选为"永庆号"承办商开始,就受到特殊对待。他并非经过签掣而是由盐政达色直接指定,随后他和他的保结商们提出了一个新的请求:将"永庆号"的承办期限从三年延长至五年。他们的理由是,盐商接办三年,刚刚熟悉"永庆号"业务就要转交他人,难免会产生懈怠之心。达色对他们的回复是,如果三年期满办理妥协,帑利、盐课无误,那么就仍然令王得宜继续承办五年,实际上已经应允了他们的请求[②]。这并不令人意外,因为达色和王起凤一向暗通款曲,在达色父亲生辰的时候,王起凤和他的儿子王世荣曾经前去祝贺,其中难免有馈赠之事。乾隆二十八年九月,这件事被乾隆帝获悉,立即将达色解任,转派高诚接替,对王起凤却没有任何处罚[③]。这足以说明,对王起凤另眼相看的不仅是达色,还有内务府和乾隆帝,这是因为王起凤和王镗家族一样,在接办"永庆号"之前就已经频繁为皇家效力。

王起凤是浙江宁波鄞县人,其祖父在鄞县经营盐业起家[④]。到王起凤

---

① 详见第八章。

② 乾隆二十七年十月二十六日《长芦盐政达色为令商人王得宜接办永庆号引地事奏折》,《清代长芦盐务档案史料选编》,第 87 页。

③ 《乾隆朝上谕档》第 4 册,第 293 页。

④ 张升余:《明清时期中日文化交流研究》,陕西人民出版社,2008,第 92 页。

这一代，其家族生意的重心已经北移，曾经远赴恰克图，参加与俄罗斯人的边境贸易[①]。乾隆朝前中期，由于皇商数量减少，内务府开始招募民商办理库货变价事宜，王起凤最晚在乾隆二十五年就已经参与其中。这年十一月，内务府打算将库内剩余的缎纱一千五百余匹、高丽布二千二百余匹变价出售，于是“传唤”王起凤估价领出。王起凤在查看后表示，愿意按照这些缎纱、布匹买入时的原价领出，但需要一年的时限才能将价银交足，经内务府请旨得到乾隆帝批准。此事说明王起凤已经与内务府建立起合作关系，且深得信任。此后王起凤领卖内务府物品相当频繁：乾隆二十六年六月，领出各类毛皮七万余张；乾隆二十七年闰五月，领出各类毛皮五万五千余张，十月、十一月又曾先后三次领出皮张[②]。王起凤非常善于此道且名声在外，以至于乾隆二十九年，管理景德镇窑务的舒善想要将一批次等瓷器变价出售的时候，也找到王起凤帮忙[③]。王起凤还替内务府采买物品，比如乾隆二十八年十月，王起凤还曾从内库领银三千五百两，为内务府采买赤金一千两[④]。从以上事实来看，王起凤的身份虽然是“民人”[⑤]，但与内务府之间的关系已经和康、雍时期的皇商相差无几，可以说是一名“准皇商”。这是他能够承办“永庆号”的重要原因。

王起凤家族由盐业起家，在依靠贸易积累了资金后，再进入盐业是非常自然的。王起凤经营长芦盐业的时间不晚于乾隆二十四年，因为这年长芦盐商捐银二十万两用于朝廷西北屯田之费，王起凤就已经参与其中并得

---

① 中国第一历史档案馆、中国人民大学清史研究所、中国社会科学院中国边疆史地研究中心编：《清代边疆满文档案目录》第 4 册，广西师范大学出版社，1999，第 330 页。

② 台湾“中研院近史所”藏内务府奏销档案全文：《缎库查出旧布变价册》《变价皮张等项价值银两数》《由奇雅克图买到皮张等物》；赖惠敏：《清乾隆朝内务府的皮货买卖与京城时尚》，载张国刚主编：《中国社会历史评论》，商务印书馆，2007，第 45 页。

③ 铁源主编：《江西藏瓷全集 · 清代(上)》，朝华出版社，2005，第 230 页。

④ 台湾“中研院近史所”藏内务府奏销档案全文：《商人王起凤应交银两册》。

⑤ 台湾“中研院近史所”藏内务府奏销档案全文：《为解交旧磁器变价银事》中称他为“京城前门居住民人王起凤 ”。

到“加顶戴一级”的议叙[①]。乾隆二十五年,王起凤以“王得宜”的引名出资与朱立基合作,当“永庆号”面临更换承办商时,王起凤一定向达色表达过承办的愿望。在这件事上,达色与内务府、皇帝很容易达成一致,王起凤的接办可谓水到渠成。差不多与接办“永庆号”同时,王起凤购置了直隶、河南的十七州县引地[②],一举成为长芦盐区的大盐商,并且从北京搬到天津居住。这些引地窝价不菲,王起凤付出了相当大的代价,以至于内务府库货银都未能正常缴纳,到乾隆二十九年已经拖欠达十二万三千两[③]。当然,王起凤拖欠库货银未必都是因为资金周转问题。他领卖内务府库货,可以自行估价,并且领货时不必交纳价银,看起来是无本且稳赚的生意,但这些货物本来就是因为不合用或者难以久贮才被变卖的,他领取后不一定能够用高于估价的价格在限期内卖出。如果这些货物积压日久,那么预想中的利润也就变成了对内务府的债务。

内务府把“永庆号”交给王起凤,或许是为了减轻他在其他方面的压力,但未料到朱立基让“永庆号”成为王起凤新的负担。王起凤接手时,“永庆号”引地短少的盐共十七万余包,都是由他自行出资垫办的,这让他的资金周转更加困难。到乾隆二十九年,王起凤承诺分赔的朱立基的欠银还有二万两没有交上,另外“永庆号”乾隆二十八年的利银八万八千余两还没有缴纳,再加上欠交的库货银,三项欠款的总额达二十三万多两。王起凤虽然实力雄厚,也不免感到吃力。乾隆二十九年十一月,高诚向乾隆帝报告说,如果再让王起凤在短时间内偿还欠款,势必会影响“永庆号”的正常经营,所以建议让他先偿还二万五千两,剩余的二十万两从乾隆三十年起分八年偿还。这个建议导致了“永庆号”引地承办期限近十年来的第

① 《长芦盐法志》卷五《盛典》,第84页。

② 乾隆五十二年五月《长芦盐政穆腾额为芦商王世荣应交帑利银两请分限缓征事奏折》:“长芦商人王世荣,自其父王起凤承办永庆号官引地二十一州县,又自置引地一十七州县二十余年”,《清代长芦盐务档案史料选编》,第165页。

③ 台湾“中研院近史所”藏内务府奏销档案全文:《商人王起凤所欠各项银两册》。

一次调整:内务府同意王起凤分八年偿还欠款,并且决定在他还款限满、帑课全清之后再考虑“永庆号”承办商的更替,而不是原定的三年或五年后。这样一来,王起凤至少可以承办“永庆号”至乾隆三十七年①,这使得王起凤家族有可能长期独占“永庆号”的经营权。

乾隆三十七年原本是王起凤八年期限将满的年份,刚刚进入二月,长芦盐政西宁就向乾隆帝建议,将王起凤的承办期限再延长五年。西宁的理由是,王起凤对“永庆号”的经营十分顺利,所有应交的款项都没有亏欠,而长芦盐商中殷实者已经很少,老成干练之人也是寥寥无几②。然而盐商中除了王起凤真的就无人可用了吗?其实此时的天津至少还有其他三家盐商的实力足够与王起凤相颉颃:皇商范宗文拥有二十州县引窝,行盐十万六千余引;查奕茂除了经营山东票盐,在长芦已有代办的“常茂号”安阳、林县以及承办的曲周引地,共行盐二万八千六百余引;义和泰在乾隆三十六年十二月刚刚接办了皇商王至德家族的八处引地,正是如日初升的新晋大盐商。这三家盐商与王起凤同为天津盐商中的佼佼者,最直观的证据就是他们的慷慨捐输。乾隆三十八年朝廷第二次征讨金川,王起凤和查奕茂都一次性捐出了四万两军费,而范宗文的捐银数额达五万两,实力最弱的义和泰捐银数额也有二万两,这四家盐商的捐银额度,就占了长芦盐商捐银总额六十万两的四分之一③。

乾隆帝和内务府如果考虑更换“永庆号”的承办商,并非没有合适的人选,只是他们并不认为有这个必要。从乾隆帝一贯的立场来看,他最在

① 参见冯明珠主编:《盛清社会与扬州研究》,台湾远流出版事业股份有限公司,2011,第603页注释;台湾“中研院近史所”藏内务府奏销档案全文:《商人王起凤所欠各项银两册》。

② 乾隆三十七年二月十三日《西宁跪奏为奏请圣恩展限以期帑课有俾事折》,收于“台北故宫博物院”藏《清代宫中档奏折及军机处折件》电子数据库,转引自《既是官员也是奴才:乾隆朝长芦盐政》,第75页。

③ 乾隆三十八年十月初二日《长芦盐政西宁为芦东商人愿捐输银两以资攻打金川事奏折》,《清代长芦盐务档案史料选编》,第135页。

乎的只是"永庆号"的成本是否安全、营运是否稳定、欠项是否能被清缴。既然三年轮办的惯例已经被打破,而王起凤承办以来又没有过失,那么何必再大费周章,搅扰"永庆号"的正常经营呢?更何况皇帝和内务府对王起凤的确是有所偏爱。王起凤是一个十分精明的商人,知道该如何保持内务府的信任、讨得皇帝的欢心。在承办"永庆号"及购置了十七处引地后,他并没有因为繁重的盐务而放弃与内务府的合作,直到乾隆四十三年仍然在承办内务府送盛京的瓷器①,并且领买户部三库绸布绒麻②。乾隆三十六年,王起凤的一个举动得到了乾隆帝的亲自嘉奖。这年土尔扈特部十七万人东归,首领渥巴锡于九月到承德觐见乾隆帝。王起凤得到消息后,随即运送大量货物到承德贸易。乾隆帝对王起凤此举十分赞赏,专门下谕旨说:"商人王起凤闻土尔扈特归顺入觐之信,即携带货物来热河贸易,以供远人之需,颇属晓事得体,著加恩赏给五品职衔,仍赏数珠一盘,以示嘉奖。"③有了这层信任,王起凤长期经营"永庆号"自然不在话下。

乾隆四十二年十二月,王起凤承办"永庆号"的五年延期即将结束,五月西宁即上奏折,又一次为王起凤申请了五年延期,所用的理由仍然是"芦商中殷实甚少,而老成干练之人亦属寥寥"④。乾隆四十六年,王起凤在天津病逝,仍然在担任长芦盐政的西宁向乾隆帝奏准,"永庆号"由王起凤的儿子王世荣接着办理⑤,"永庆号"俨然已经成为王起凤的家族世袭产业。

---

① 乾隆四十三年十一月初一日《西宁为遵旨自议事奏折》,《清代档案史料选编》第3册,第455页。

② 《乾隆朝上谕档》第11册,第928页。

③ 《高宗纯皇帝实录》卷八百九十三,《清实录》第十九册,第987页下至988页上。

④ 乾隆四十二年五月初十日《西宁奏请展限五年后仍令盐商王起凤接办引地事》,《宫中档乾隆朝奏折》第三十八辑,第570页。

⑤ 乾隆五十四年二月二十七日《穆腾额奏明将永庆号引地请交王珮接办缘由折》,《宫中档乾隆朝奏折》第七十一辑,第338页。

## 七、接办铜务

王世荣一直跟随在他的商人父亲左右，王起凤去世后，由他来接手家族生意是非常自然的事情。乾隆帝将对王起凤的信任延续到了王世荣身上。乾隆四十八年，王家领买的户部三库绸布、绒麻等项织物，由于遭受火灾的损失，已经超过了五年限期，还有十三万九千余两价银没有缴纳。王世荣声称资金不足，愿意将直隶、河南的六处引地交出来抵补亏欠。乾隆帝大度地允许他分八年偿还这些欠款，不必用引地来抵偿[①]。乾隆帝有意为王世荣减轻负担，除了因为他遭受了火灾，还有一个更加重要的原因：就在这一年，王世荣接办了皇商范清济的洋铜业务。不过对于王世荣来说，接办范氏的铜务并非心甘情愿，他很清楚这项业务能带给他的只有责任和压力，而不会是更多的财富，范氏家族的命运就是前车之鉴。

乾隆四十七年征瑞在揭发范清济的同时，建议由代办范清济引地的十个盐商接手范氏铜务，所考虑的是"铜盐两事自当互为通融，俾商人一手经理，得以从容办运"。乾隆帝认为十人太多，未免彼此观望，令征瑞从中出选一至二人。于是征瑞立刻建议由王世荣一人接办。二月，乾隆帝颁布谕旨，范氏铜务正式移交到了王世荣手中[②]。这几乎是顺理成章的，只要朝廷仍把铜务交给长芦盐商，王世荣就是最合适的人选，不仅因为他的经营规模最大，更因为王家历来忠心耿耿、勤于公事。正如征瑞在奏折里说的："王世荣乃故商王起凤之子，该商世沐深仁，且承办'永庆号'引地多年，从未误公。今王世荣情愿将铜务独力承当，急公报效。臣察其为人，谨

---

① 《乾隆朝上谕档》第 11 册，第 928 页。

② 参见乾隆四十八年二月《长芦盐政征瑞为遵旨并办铜盐事务事奏折》，《清代长芦盐务档案史料选编》，第 150 页；《乾隆朝上谕档》第 11 册，第 547、595、597 页。

慎明白,可以接办铜务。”[①]这段褒奖里所重点强调的是王世荣“从未误公”“急公报效”,因为范氏的洋铜业务,实际上就是一件公务。在乾隆帝眼中,身为皇商的范氏一切都是皇家给予的,因此他们的产业没有私产,他们的经营尽是公务。他们办理得宜是理所应当,经营不善就是渎职罪过,所以惩办起来毫不手软。

王家虽然并非皇商,却与皇商一样享受到皇室的特殊优待,除了领买内府库货,还长期垄断了“永庆号”的经营权及随之而来的内务府帑银支持。王家这种“世沐深仁”的待遇一再被提及,比如长芦盐政穆腾额曾说“王起凤承办‘永庆号’官引地二十一州县,又自置引地一十七州县二十余年,仰蒙皇上深仁,至为优渥”[②],后来嘉庆帝甚至认为这个家族所拥有的一切都来自皇恩的赐予:“王起凤本系无力穷民,因承办长芦引地,屡次加恩借帑,藉资行运起家,积有厚资”[③]。既然如此,王世荣就没有理由不为皇上分忧,对承办洋铜公务可谓责无旁贷。而代办范氏引地的另外九名盐商也不能置身事外,他们需要为王世荣提供铜本,并清偿范清济欠下的款项。征瑞命令他们“出具连环互保,如一商延欠,九商代完,倘致亏缺,即将代商自置引产变抵。”[④]刚刚接办铜务的王世荣就面临一个紧急的状况:他需要尽快补足范清济贻误的乾隆四十八年的铜斤。在征瑞的督催下,王世荣立刻派人将船只尽数发出[⑤]。由于代办的范氏引地尚未盈利,办铜的

① 乾隆四十八年二月《长芦盐政征瑞为遵旨并办铜盐事务事奏折》,《清代长芦盐务档案史料选编》,第150页。

② 乾隆五十二年五月《长芦盐政穆腾额为芦商王世荣应交帑利银两请分限缓征事奏折》,《清代长芦盐务档案史料选编》,第165页。

③ 嘉庆二年三月十八日《谕内阁著纪瑞查明严办芦商王佩无力运课恳请告退事》,《清代长芦盐务档案史料选编》,第201页。

④ 乾隆四十八年二月《长芦盐政征瑞为遵旨并办铜盐事务事奏折》,《清代长芦盐务档案史料选编》,第150页。

⑤ 乾隆四十八年五月十八日征瑞《奏报查追范清济产业并筹补亏缺铜斤事折》,《宫中档乾隆朝奏折》第五十六辑,第187页。

资本全部由他自己筹措。他从范家接收的七艘铜船，每艘需要货本、船价二万三四千两，每年总共需要的本银达十五六万两[1]，就算范氏引地的余利八万两能够足额解送，他仍需要另外筹措七万多两的本银。此外，他每年还要筹措“永庆号”及自置共三十八处引地的运本。朝廷深知这对王世荣来说是非常沉重的负担，为了缓解他的压力，特许他每年交清定额铜斤后，剩余的铜斤可以像民商那样自行变卖[2]。乾隆五十一年，王世荣又被特许每年免予交纳“二钱银两”，作为补贴铜费之用[3]。然而相比巨额的办铜、运盐成本，这些优惠措施带来的收入根本就是杯水车薪。

乾隆五十年，河南发生旱灾，商盐停滞，运盐成本大涨。王世荣的自置引地和“永庆号”引地大部分都在河南，因此损失惨重。乾隆五十、五十一两年，王世荣的运盐成本增加了二十余万两，而收入少了三十余万两，共亏折银六十万两，周转资金告罄，不得不向内务府借帑。乾隆五十一年三月，他为维持自置引地的经营，一次就借领了帑利银三十万两。“永庆号”引地的经营也同样需要帑银的支持，到乾隆五十二年，王世荣为经营“永庆号”已经累计借领内务府帑利银三十八万四千二百余两，仍然资本不继，难以告运。这年正届“永庆号”引地五年期限，以王世荣的经营状况，显然不再适合承办了。但长芦盐政穆腾额认为王世荣出现经营困难是出于客观原因，而非办理不善：“王世荣父子承办官引二十余年，交过帑利二百余万两，从无贻误，实缘五十年歉岁滞销，以致亏本”，所以还是应该由王世荣接着办理。为了恢复“永庆号”引地的运转，穆腾额将运库内闲置四万两库银借给王世荣作为运本[4]，同时为王世荣请求缓交欠款，得到了乾隆帝的允准。

---

① 《乾隆朝上谕档》第 11 册，第 551 页。

② 《高宗纯皇帝实录》卷一千一百八十六，《清实录》第二十三册，第 875 页。

③ 《长芦盐法志》卷十二《赋课下 · 商杂课目》，第 212—214 页。

④ 乾隆五十二年五月《长芦盐政穆腾额为芦商王世荣应交帑利银两请分限缓征事奏折》，《清代长芦盐务档案史料选编》，第 165、166 页。

其实这也是无奈的做法。王世荣经营的引地，包括他的自置引地及"永庆号"引地在内共有三十八处，亏折本银六十万两之多。他的家产仅值三十万两，其余的三十万两需要通纲分赔，但长芦盐商已经无力承担这些赔款。正如穆腾额所报告的，"各商已自顾不暇，岂能再令多添引地，而通纲分赔一时不能清缴，又须分限带完，恐致递年积压稽延岁月"[①]，因为此时长芦盐商的消乏已经成为普遍的现象，再也不能像以前一样轻易选出新商接办参革盐商的引地了。王世荣不得不勉力支撑"永庆号"，但请求朝廷将洋铜业务交给其他商人经营。也许是顾虑"永庆号"引地的成本安全，朝廷同意了王世荣的请求，将洋铜业务交给另一位鄞县商人钱鸣萃经营[②]。

## 八、"永庆号"的归宿

乾隆五十四年王世荣病故。在病故前，王世荣呈请将"永庆号"交给其子王珮经营，而自置引地十七处造册呈明备案。穆腾额本来想在芦商中遴选盐商接办这十七处引地，但实在找不出能够接办的殷实盐商，最后不得不仍由王珮经营[③]。乾隆五十六年，穆腾额建议朝廷谋划"永庆号"引地的久远之计，因为他担心将来王珮难以支撑的时候，同样找不到接手之人。穆腾额提出的建议是，将"永庆号"的成本八十一万余两由长芦盐商分作十五年缴交，其中王珮缴纳一半，另一半由其他盐商按引摊还。所缴本银发商生息，产生的利息可以抵扣王珮每年应缴九万五千余两"永庆号"成

① 乾隆五十二年五月《长芦盐政穆腾额为芦商王世荣应交帑利银两请分限缓征事奏折》，《清代长芦盐务档案史料选编》，第165页。

② 《长芦盐法志》卷十二《赋课下·商杂课目》，第213页。

③ 乾隆五十四年二月二十七日《穆腾额奏明将永庆号引地请交王珮接办缘由折》，《宫中档乾隆朝奏折》第71册，第338页。

本利银。十五年后成本银缴完，内务府再将“永庆号”出租给盐商，每年收租金三万五千两。乾隆五十九年，朝廷又改变了政策，议定在三年后将“永庆号”停利归本，即由王珮分十年将“永庆号”的八十一万余两本银归还完毕，每年归还八万一千余两，同时免除了每年的九万五千余两成本利银。从乾隆五十六年到乾隆五十八年已经由王珮和其他盐商摊还的成本银八万多两，用于抵还王珮此前的欠项①。

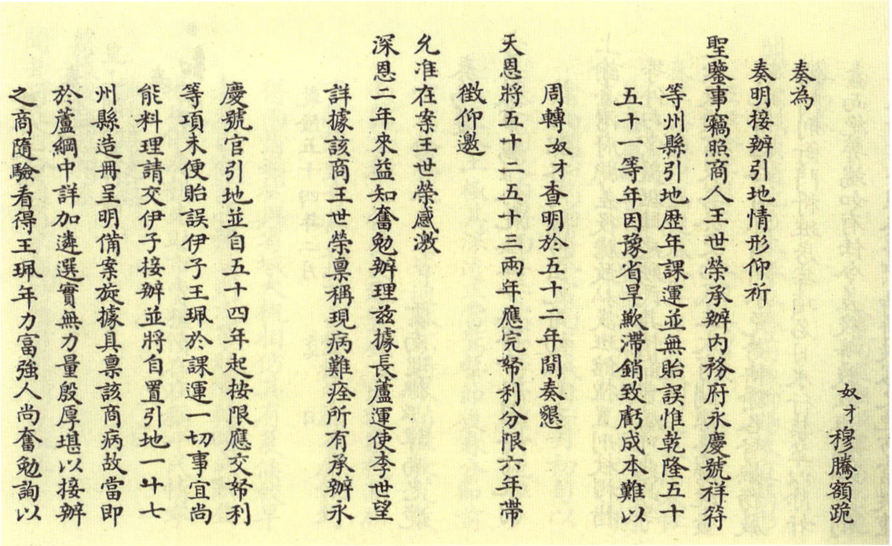
奴才穆騰額跪
奏為
奏明接辦引地情形仰祈
聖鑒事竊照商人王世榮承辦內務府永慶號祥符
等州縣引地歷年課運並無貽誤惟乾隆五十
五十一等年因豫省旱歉滯銷致虧成本難以
周轉奴才查明於五十二年間奏懇
天恩將五十二五十三兩年應完帑利分限六年帶
徵仰邀
允准在案王世榮感激
深恩二年來益知奮勉辦理茲據長蘆運使李世望
詳據該商王世榮稟稱現病難痊所有承辦永
慶號官引地並自五十四年起按限應交帑利
等項未便貽誤伊子王珮於課運一切事宜尚
能料理請交伊子接辦並將自置引地一廿七
州縣造冊呈明備案旋據具稟該商病故當即
於蘆綱中詳加遴選實無力量殷厚堪以接辦
之商隨驗看得王珮年力富強人尚奮勉詢以

**乾隆五十四年二月二十七日《穆腾额奏明将永庆号引地请交王珮接办缘由折》**

**（原件保存在台北故宫博物院）②**

以上这一系列谋划，都是内务府在王珮和其他长芦盐商普遍消乏的背景下，试图确保“永庆号”成本全额回收的预防措施。实际上内务府所谓的“归本”暗含着对盐商的盘剥，因为在“永庆号”的八十一万余两成本中，只有盐包、席绳、器具等已被盐商消耗需要归还，而引地的所有权仍在内务府手中，并没有任何变动，因此窝价本不必另行退还。不管怎么说，“停利

① 《长芦盐法志》卷十一《赋课上·商课》，第198—199页。

② 图片来源：《宫中档乾隆朝奏折》第七十一辑，第337页。

归本”对于王珮应该算是个利好消息,因为这意味着他的家族终于有希望摆脱“永庆号”这个沉重的负担了。但在“停利归本”的设计里,王家至少要经过十年才有可能断绝与“永庆号”的关系,王珮已经无力再支撑这么久了。嘉庆二年原本是朝廷议定的“停利归本”开始的年份,三月份王珮却向长芦盐政董椿呈称“无力行运办课,恳请告退”。为了留住王珮,董椿向朝廷提出了扶助王珮的建议:“借无利帑本,接济接办之商,并将长芦通纲盐价每斤增加制钱四文,其从前未完帑课俱请展限二十五年分年带缴。”概括说来,即加价、借帑、展限。

王珮在这个时候提出告退的请求,令嘉庆帝十分恼火:“王珮得承祖业,坐享温饱,不知感激,急功办运,遽思告退。且伊名下未完帑项,前经征瑞奏请,将长芦通纲帑项停利归本,于三年后起限完缴,本年冬间正届起限,王珮辄欲藉词推卸,尤为取巧。若商众从而效尤,长芦盐课岂不益滋贻误,不可不查明严办。”就连提出扶助措施的董椿也被饬责:“董椿身任盐政,于王珮禀求时即当严加驳斥,乃转为具奏乞恩,已属漫无主见,况所请加价、展限、借帑三事,即一事尚难准行,何况三事?”嘉庆帝的怒火还波及提出“停利归本”政策的前任长芦盐政:“征瑞前任天津盐政,所有停利归本一事,即系于五十九年在任时所办,彼时并据称经此次调集后盐务即有起色,乃征瑞于六十年调任苏州织造旋调两淮,为时未久,将届起限,何以王珮即称无力办运?若非该商捏词推卸,即属征瑞前奏不实,岂可使之仍任两淮,坐拥华膴,转得置身事外?”此时征瑞已经调任两淮盐政,嘉庆帝下令他立刻动身回津,仍担任长芦盐政,处理停利归本之事[①]。

然而事情在征瑞到天津后发生了戏剧性的变化。征瑞对王珮的资产进行了清查,发现王珮确实已经濒临破产,且王珮本人疾病缠身,已经无力再办。户部会同内务府查明,王珮自乾隆二十八年承办起至五十八年止,

---

① 参见嘉庆二年三月十八日《谕内阁著纪瑞查明严办芦商王珮无力运课恳请告退事》,《清代长芦盐务档案史料选编》,第200—201页。

交过的“永庆号”利银已经超过了成本三倍，于是奏请豁免归本。征瑞将“永庆号”引地和王珮的自置引地分配给其他长芦盐商代办，其中“永庆号”引地的四处（大兴、宛平、容城、献县）和王珮自置引地中的四处（宁津、吴桥、沧州、盐山）派给王珮的弟弟王瑍接办，其余引地分给其他十四名盐商经营[①]，所有所有王珮积欠的帑课，“照例归入参课随同通纲分限带完”[②]。王珮最终在毋须归还“永庆号”成本及积欠帑课的情况下摆脱了“永庆号”。而包括王瑍在内的十五名新的承办商此时既不用缴纳利银，也不用缴纳租金，只需要和其他盐商一样缴纳参课以弥补王珮的欠项。

嘉庆十四年，王珮将早已只是名义上的自置引地二十一处（本为十七处，此时已增加至二十一处）呈请交官，这些引地与“永庆号”引地一起作为内务府的产业出租给长芦盐商经营，每年租金共七万两。另外嘉庆元年被收归官有的皇商范氏引地[③]也同时出租，每年租金二万五千两。王氏归官引地、范氏归官引地和“永庆号”引地以及乾隆三十七年入官的满城县引地、乾隆四十四年入官的长垣、阳武二县引地共同组成了规模庞大的内务府官引地，“永庆号”之名逐渐淡出历史舞台。

此后这些官引地长期出租给众多长芦盐商分别经营。随着长芦盐商的衰落，道光十五年内务府不得不将官引地租价减半。道光二十八年三月，直隶总督讷尔经额、长芦盐政沈拱宸共同提出，如果官引地仍照常交租，那么“非特悬岸接办无人，并恐现商日渐倒歇”，应该将官租暂停，招商认引。这个建议被内务府拒绝了。但此后盐商很少能将租金足额缴纳，到

① 嘉庆二十年八月初八日《广惠为承办官引商人王瑍照例请借运本事奏折》，《清代长芦盐务档案史料选编》，第 316 页。

② 《清盐法志》卷二十三《长芦十四 · 征榷门 · 商课上》。参课即前文所提到的“二钱银两”，嘉庆十年起减为每引一钱四分。

③ 见嘉庆元年十月十五日《大学士阿桂等为酌筹长芦范姓引地归公永远收租事奏折》，《清代长芦盐务档案史料选编》，第 199 页。详见第八章。

清末官引地租金已经“无征”了[①]。

## 九、结语

内务府将“永庆号”引地交给盐商承办，最初的设想是让这些引地在所有实力足够的盐商中轮转，但承办权很快就向少数盐商集中，最终成为一个盐商家族的世袭产业。从客观因素来说，这是长芦盐商实力变化的结果。“永庆号”引地开始招商的乾隆朝前期是长芦盐商的鼎盛时期，众多有实力的盐商看重“永庆号”的利润及为皇室效劳的机会，积极参与竞争；而到了乾隆朝中后期，由于长芦盐商整体实力的衰落，“永庆号”引地已经变成了避之唯恐不及的困境。从主观因素来说，这是皇帝和内务府确保“永庆号”成本安全的必然选择，面对盐商接连因积欠而被参革的局面，他们逐渐倾向于将“永庆号”交给自己信任的盐商办理，并且尽量不再变换承办商。

“永庆号”盐商中的凤台王氏、鄞县王氏和内务府盐商类似，他们都是皇室的亲信之人，都领取内务府的资本而获利，都是盐商“皇室家奴化”的典型代表。皇帝对待他们的方式不同于一般盐商：首先，皇帝更积极地给予他们扶助。在引地的获得方面，内务府盐商王氏、范氏都是因接办张霖引地而进入盐业，“永庆号”盐商则直接经营内务府的引地。他们都从内务府得到了远多于其他盐商的帑银扶持，甚至有时这种扶持是皇帝主动给予的。与此同时，皇帝也将更多的责任压在他们身上。他们通过节省银、利银等方式，向内务府贡献了远多于其他盐商的盐利，同时也因为经营引地的可观规模，向国家贡献了更多的课税。他们还需要承担许多盐业之外

---

① 参见《清盐法志》卷二十三《长芦十四・征榷门・商课上》。

的责任，比如为内务府采买用品及变卖库货，办理军需、铜务等对国家至关重要的事务。在皇帝的观念中，这些是他们享受特殊优待所必须付出的代价，因此当皇商王氏陷入债务与罚银的泥潭、皇商范氏被铜务所拖累，以及凤台王氏家族、鄞县王氏家族经营“永庆号”遭遇困境时，都无法轻易脱身，直到破产。

也正因对“永庆号”盐商的另眼相看，乾隆帝对“永庆号”的盐利斤斤计较。在乾隆十七年吉庆与内务府的那次博弈中，他甚至曾为了区区七千多两银子而亲自向吉庆争辩①，这与其在盐务上一向宽宏的姿态形成鲜明对比。但是他不会承认甚至都没有觉察到自己堕入了挂怀私利的小格局，因为在他的观念中，皇家利益并非私事。内务府强调“沈朝安等所办乃内府引地，若无交利一层，是以内府之官物成商人之私产矣”②，明确地将内务府引地定位为“官物”，与盐商的“私产”相对立。在正式的档案文件中，内务府的引地一向被称为“官引地”③而非“皇家引地”，盐商所交的永庆号利银以及借领的内务府帑银也一向被称为“官帑”“官项”④，这既是内务府的态度，也是乾隆帝自己的态度。这种定位符合乾隆帝“天子不言有无，外府内府俱属一体”的标榜，契合“天子之私”的内涵。所以，在乾隆帝的观念中，“永庆号”盐商既是在为皇室之私服务，也是在为国家之公服务，而他在盐利上苛责于盐商，不仅是为皇家之私，更是为国家之公。有一个

---

① 乾隆帝说，沈朝安、查奕茂承办“永庆号”引地“不过代为办理，与众商之自备成本者不同”，所以减免的课项“虽不必仍解户部”，却必须要“照数缴至内府”，而不是“遽入己囊”，见乾隆十七年十二月初二日《长芦盐政天津总兵官吉庆奏为再次复奏商人沈朝安等豁免加斤事折》，《宫中档乾隆朝奏折》第四辑，第466页。

② 乾隆十七年十二月十八日《长芦盐政天津总兵吉庆奏复前奏盐商沈朝安等免追加斤课银折》，《宫中档乾隆朝奏折》第四辑，第617页。

③ 乾隆五十二年五月十二日《谕内阁著芦商王世荣应交帑利并带征银分六年带征事》，《清代长芦盐务档案史料选编》，第165页。

④ 乾隆十四年十月十五日《署理长芦盐政丽柱等为王瑶承办盐店交息银数目事奏折》、乾隆三十四年正月二十五日《奉旨著将长芦“生息”银两改称为“赏借”项款项事》，《清代长芦盐务档案史料选编》，第58、116页。

事实可以帮助我们理解乾隆帝的这种观念:内务府持续、大额地从内务府盐商、“永庆号”盐商那里获得的盐利,除了支持皇家用度外,其实有相当大一部分又借给了盐商,或者在缓带征盐课的时候补充到户部了。从这个角度来说,内务府在盐务体系中起到了类似于蓄水池、调节阀的作用。只不过,乾隆帝并没有掌控好蓄放的时机与调节的尺度。

关于“永庆号”引地,乾隆帝最关注的是两个问题:一是“永庆号”成本的安全性,二是引地经营的持续性。这既是出于对皇家利益的维护,更是对引地经营的基本要求。“永庆号”二十一处引地在长芦引地中占有相当的比重,倘若这些引地经营出现问题,必然会波及整个盐区,比如嘉庆二年王珮请求告退时,嘉庆帝首先担心的就是其他盐商从而效尤,导致本来就已经捉襟见肘的长芦盐课更加贻误。归根结底,“永庆号”盐商和内务府盐商也是长芦盐商,皇帝对待他们的方式,在本质上与其他盐商并无不同,只不过做得更加露骨而已。尤其是乾隆帝对“永庆号”盐商和内务府盐商的政策,集中地体现了他管理盐务的原则,犹如一面镜子,映照出其中公与私、宽与苛矛盾共存的事实。

当然,并不是所有的盐商都像内务府盐商和“永庆号”盐商那样依赖于皇帝。比如乾隆十五年至十八年以引名“查奕茂”参与承办“永庆号”的海宁查氏家族,没有像凤台王氏、鄞县王氏那样将承办“永庆号”进行到底,而是依靠自己的经营策略走出了一条截然不同的道路,并且走得更久、更远。

# 第八章

# 最后的大盐商家族

乾隆朝后期,天津的大盐商家族基本上都已经没落,只有“南查”的海宁查氏家族依然繁盛。这个家族崛起于乾隆朝初期,此后见证并参与了几乎所有天津大盐商家族的盛衰之变:宛平查氏是海宁查氏业盐的引路人,后来不得不依赖于海宁查氏的扶助;朝鲜安氏经营的纳兰家族引地被罚没成为“永庆号”,海宁查氏在乾隆十五年跻身于第一期承办商之列;皇商王氏于乾隆二十九年呈退永平府属七州县引地,海宁查氏是接办的十名盐商之一;凤台王氏于乾隆三十年被剥夺“常茂号”引地的经营权,接办者正是海宁查氏;皇商范氏的引地在嘉庆元年被收归内务府,招商租办,四名租办商中南北查占据其二;浙江鄞县王氏家族的引地在嘉庆二年被招商接办,海宁查氏在十五名接办商中占据其三。在其他大盐商家族一个个倒下的时候,海宁查氏却受到朝廷的信任,一次次从中获得好处,终于在嘉庆朝后臻至鼎盛,出现了查有圻这样牵动朝野、载之史籍的人物,但最终在长芦盐业走向衰落的历史洪流中,还是没有逃脱被债务和罚款拖垮的宿命。

## 一、“南查”与“北查”

海宁查氏与宛平查氏同源,他们共同的祖先在唐代居于安徽休宁,并

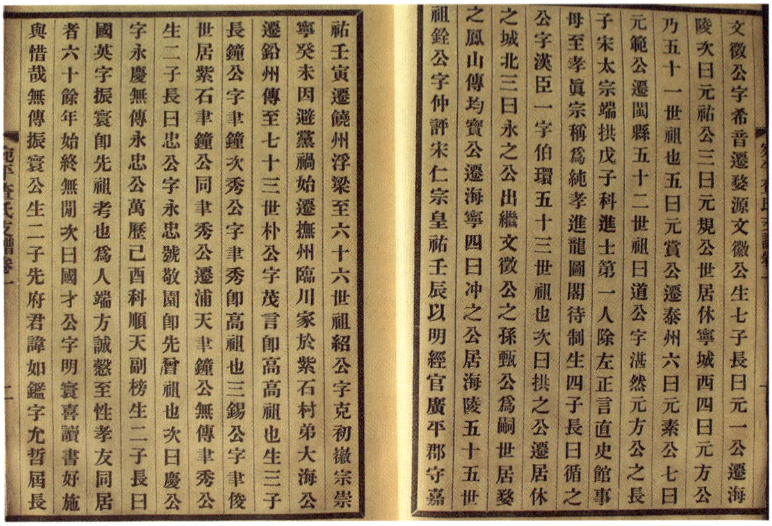
文徽公字希晉遷婺源文徽公生七子長曰元一公遷海
陵次曰元祐公三曰元規公世居休寧城西四曰元方公
乃五十一世祖也五曰元賞公遷泰州六曰元素公七曰
元範公遷閩縣五十二世祖曰道公字湛然元方公之長
子宋太宗端拱戊子科進士第一人除左正言直史館事
母至孝眞宗稱爲純孝進龍圖閣待制生四子長曰循之
公字漢臣一字伯環五十三世祖也次曰拱之公遷居休
之城北三曰永之公出繼文徽公之孫甄公爲嗣世居婺
之鳳山傳均實公遷海寧四曰冲之公居海陵五十五世
祖銓公字仲評宋仁宗皇祐壬辰以明經官廣平郡守嘉
祐壬寅遷饒州浮梁至六十六世祖紹公字克初徽宗崇
寧癸未因避黨禍始遷撫州臨川家於紫石村弟大海公
遷鉛州傳至七十三世朴公字茂言卽高高祖也生三子
長鐘公字聿鐘次秀公字聿秀卽高祖也三錫公字聿俊
世居紫石聿鐘公同聿秀公遷浦天聿鐘公無傳聿秀公
生二子長曰忠公字永忠號敬園卽先曾祖也次曰慶公
字永慶無傳永忠公萬歷己酉科順天副榜生二子長曰
國英字振寰卽先祖考也爲人端方誠慤至性孝友同居
者六十餘年始終無閒次曰國才公字明寰喜讀書好施
與惜哉無傳振寰公生二子先府君諱如鑑字允哲居長
宛平查氏支譜卷一 二

《宛平查氏支谱·世系》对查氏婺源支与临川支的记载

从这里繁衍出众多支派。北宋时期，有一个支派迁移至江西临川，明代万历年间又从临川北迁，遂成为“北查”[①]；另一个支派在北宋初迁至婺源，元末辗转迁移至浙江海宁园花里，是为“南查”[②]。“南北查”最晚在康熙朝中后期已经连宗。康熙三十五年，查嗣瑮中进士后，即与正在北京帮张霖经营京引的查日乾相识，推演家族谱系，认查日乾为弟。在赠与查日乾的诗中，查嗣瑮感慨“紫荆花发旧同根，南北分枝几断魂”，庆幸自相识后，“始极昆弟之欢”[③]。与查日乾有来往的南查成员还有查祥、查继佐、查嗣珣、查慎行、查升等，他们的名字都出现在为查日乾母亲刘氏祝寿诗册中，并且署名之前都加上了“侄、侄孙”等表示辈分的自称。查日乾与查升关系亲密。康熙二十七年，查升中进士，授翰林院编修、国史纂修官，后入直南书

① 《宛平查氏支谱》卷一《世系》。

② 查元翱纂修《海宁查氏族谱》之例言、卷一《原始》、卷二《世次初集》，清道光八年刻本；吴梁《文宦世家——嘉兴海宁查氏》，江苏省政协文史资料委员会、无锡市政协学习文史委员会编：《江苏文史资料》第一百三十一辑《太湖望族》，第 159 页。

③ 查嗣瑮：《赠别天行弟并序》，《宛平查氏支谱》卷八。

房，官至詹事府少詹事。他长期在北京做官，因此结识查日乾，按照谱系称查日乾为叔父①。康熙四十四年，当张霖被李光地参劾后，查日乾首先求助的人就是查升。

查升次子查昌洵的第三子查懋是海宁查氏长芦盐业生意的开创者。查懋字端木，生于康熙四十年。他自幼聪颖，曾经跟随查升住在北京，那时候应该就和查日乾见过面。查升和查昌洵居官清廉，宦囊并不充裕，而且在查懋六岁、十四岁时先后去世了。查懋成年后，其家庭已经十分拮据。雍正初年，查懋将自己继承的二十亩田交给呶呶不休的债主，只身一人北游京师谋求生计，入岳钟琪之子岳浚幕府，不久辞幕。此时他的兄长查奕楠暂住于天津水西庄，查懋前去探望，与查为仁一见如旧相识，遂留在水西庄，并在查为仁父子的帮助下开始涉足盐业。后来王伟人为在他撰写的墓志铭中，对他业盐的天分极力夸赞，说他"精于心计，凡所擘画，悉中款要。时长芦当积弊后，鹾使者受命整饬，遇疑难辄倚公以办，他人棘手者悉迎刃而解，精详无移算，后来奉为师法，莫敢轻易，上下交引重"②。似乎对整顿长芦盐务作出了莫大的贡献，然而长芦盐业相关文献中对此并无记载。倒是清人汤用中的笔记体小说《翼駉稗编》中有一篇名为《查翁暴富》，为查懋如此精于盐务给出了一个解释：宛平查氏身任纲总，长芦盐务的卷册存于其家，查懋悉心研究，最终掌握了盐务的奥妙③。

根据档案记载，查懋最开始在宛平查氏"查茂德"盐店做伙计，帮助其经营盐业生意。最晚在乾隆二年，查懋已经开始经营山东票盐了，其经营

① 康熙三十九年，查升为查日乾生母刘氏七十岁小照题诗，自称"侄孙"，参见《水西余韵》，第 40 页。康熙四十四年七月初九日《步军统领托和齐奏报火漆可疑并翰林官行贿折》提到了查日乾与查升的连宗，但称查升认查日乾为叔祖父，误。见《康熙朝满文朱批奏折全译》，第 1646 页。

② 参见《海宁查氏族谱》卷四《世次三集之十七》、卷十《志状》之《晋赠中宪大夫候选知县查公墓志铭》。

③ 汤用中：《翼駉稗编》，《笔记小说大观》第三十二编，台湾新兴书局，1981，第 5712 页。

范围包括海丰、沾化、滨州、阳信、高苑、临邑、商河七县，所用的引名是“查奕茂”①。值得注意的是，查茂德从雍正年间开始经营的沾化、信阳票盐，此时都归查奕茂所有了。虽然不知道查茂德是因何种原因、以何种方式将

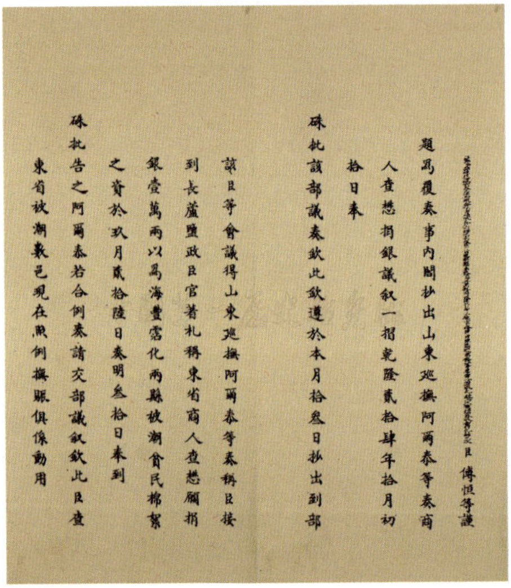

臣傅恒等謹
題爲覆奏事內閣抄出山東巡撫阿爾泰等奏商
人查懋捐銀議叙一摺乾隆貳拾肆年拾月初
拾日奉
硃批該部議奏欽此欽遵於本月拾叁日抄出到部
該臣等會議得山東巡撫阿爾泰等奏稱臣接
到長蘆鹽政臣官著札稱東省商人查懋願捐
銀壹萬兩以爲海豐霑化兩縣被潮貧民棉絮
之資於玖月貳拾陸日奏明叁拾日奉到
硃批告之阿爾泰若合例奏請交部議叙欽此臣查
東省被潮數邑現在照例撫賑俱係動用

**乾隆二十四年十一月十三日《大学士兼管户部事务傅恒题为遵议山东省商人查懋为海丰霑化两县被潮贫民捐银请旨议叙事》(部分)②**

**(档案由中国第一历史档案馆提供)**

---

① 乾隆二十四年九月二十六日《长芦盐政官著奏报商人查懋捐银数目事》：“商人查懋原籍浙江，寄居东省承办海丰、沾化二县票盐已历二十余载”，中国第一历史档案馆档案军机处全宗，档案号：03—0636—048；乾隆二十七年九月二十三日《直隶总督方观承奏报审明萧振杰诬控津商查懋运卖私盐事》：查懋“山东行海丰、沾化、滨州、阳信、高苑、临邑、商河七县票盐”，“自乾隆二年迄今二十五年，卖私盐银约有二十三四万两”，“查懋供：……我原曾在商人查茂德家做伙计”，中国第一历史档案档案军机处全宗，档案号：03—0615—056；乾隆三十年，查奕茂和另一个行办山东票盐的商人周震一起向长芦盐政高诚递交呈文，要求增加票额，他们行盐的地方正是海丰、沾化等州县，参见《清代长芦盐务档案史料选编》，第109页。根据《新修山东盐法志》卷九《转运上・充商》，查奕茂和江公源同列票商之“笃姻纲”，江公源也是查懋家族的引名，见下文。

② 图片来源：中国第一历史档案馆馆藏档案内阁全宗，档案号：02—01—04—15255—001。

自己的产业移交给查奕茂的,但这个事实足以说明南北查之间在盐业生意上的密切关系。查懋在参与盐业数年后,他把母亲和兄弟都接到了沧州,后来又迁居到了山东海丰县。这两个地方都留下了查懋的痕迹:他的第三子查世倓寄籍于沧州,长子查莹寄籍于海丰①。

乾隆十四年查为仁去世后,留给两个儿子查善长、查善和相当可观的产业,其中最重要的仍是引地。他们将父祖曾经使用的“查日昌”“查为仁”引名废弃不用,把京引的引名改为“刘公德”,而经营山东票盐和卢龙等三县、沧州等七州县引地的“查茂德”则被保留了下来。后来他们又租办了昌平、延庆引地,新立引名“刘诚元”②。由于查善长、查善和尚年轻,历练不足,查懋辗转于海丰和天津之间,帮助他们处理盐务及家事,这也就是查懋墓志铭所记载的:“莲坡殁,家事纷纭,公感其知己,不避嫌怨,力为经纪,安全之。”③乾隆十五年“永庆号”开始招商,由于山东盐区也是长芦盐政管辖的范围,所以查奕茂也被纳入备选盐商之列,查善长、查善和以“刘公德”的引名,出面为其担保,使其顺利成为“永庆号”的承办商。乾隆十八年,查善和乡试落第,查懋以族亲的身份劝他纳捐,查善和因不甘心而拒绝。由此可见,查懋参与水西庄查家的家事,他们之间关系还是十分亲密的。

此时宛平查氏的生意走到了由盛而衰的转折点。乾隆二十一年查善长考取进士入京为官,开始了他的仕宦生涯,盐务生意落在了查善和的肩上。这位从小在父兄呵护下长大的富家公子并不懂得经营之道,很快官帑私债积至十万两以上。乾隆二十三年十二月,查懋赠查善和银一万两,查

① 《海宁查氏族谱》卷十《志状 · 诰赠中宪大夫刑部福建司郎中查公墓志》:“寄庵公(查懋)侨寓天津之沧州,后徙山东海丰,公以沧州籍应州府院试,俱第一”;《新修山东盐法志》卷十九《人物 · 科举 · 举人》:“查莹,运学,海丰人,乾隆乙酉科举人”。

② 乾隆二十七年五月十九日《长芦盐政金辉为敕发商人筹办昌平延庆运务以整引地事奏折》,《清代长芦盐务档案史料选编》,第82—83页。

③ 《海宁查氏族谱》卷十。

善和将一半交给在外为官的查善长，一半偿还旧债。在如此的困境中，宛平查氏仍然要履行作为一个大盐商的义务。乾隆二十四年，为了庆祝朝廷平定准噶尔叛乱，长芦盐商共同捐银二十万两用于西域“屯田之费”，宛平查氏以“查茂德”的引名参与其中，并且作为盐商代表之一向盐政官著递交呈文，其捐银数额当不在少数。正在广西太平府任知府的查礼因此得到了“记录一次”的议叙[①]。到了乾隆二十五年，水西庄每况日下，一切废弛。查礼、查善长常年宦游在外，对盐务不加料理，查善和则“因久破之甑，不复顾惜”，一副破罐破摔的架势，甚至干脆携家带口跑到北京躲清静去了。五月，因帑课积欠累累，查懋写信让查善和回津商议，此后直到八月，查善和频繁来往于京津之间，有时查懋甚至派专人到北京迫使查善和回津[②]。最终查善和将曲周引地租给了查懋，沧州、南皮等七处引地及租办的昌平、延庆二处引地也全部交给查懋代办。

乾隆二十七年闰五月，南北查之间发生了矛盾。矛盾的起因是，查善和在将昌平、延庆引地交给查懋代办的同时，仍令其旧伙计刘凤池管理这两地卖盐的收入。刘凤池不顾大局，将卖盐收入拿去先还私债而未交盐课，查懋一气之下不肯再为宛平查氏料理昌、延引地，以至于延误了引盐运销及盐课的缴纳。此事惊动了乾隆帝，他下令长芦盐政金辉严审，最终刘凤池被杖一百、徒三年，永远不许充当商伙。在京做官的查善长作为这些引地名义上的所有者，被交部议处，昌平、延庆引地交给查善长的叔父查为义接办[③]。到年底，沧州等七州县引地也不许查懋再办，而是由查善和另

① 《长芦盐法志》卷五《盛典》，第 84 页。

② 《查善和自述》，参见刘尚恒著、张文琴整理：《天津查氏水西庄研究文录》，天津社会科学院出版社，2008，第 198—204 页。

③ 乾隆二十七年闰五月十七日《长芦盐政金辉奏报查明查善长贻误盐课将昌延引地交查为义接办事》，中国第一历史档案馆档案宫中全宗，档案号：04—01—35—0460—050。

行招商承办[①]。

失去了查懋扶助的查善和随后陷入诉讼泥潭中无法自拔。仅在乾隆二十八年,他就经历了“牛绳祖之讼,昌延换领之讼,潘睿思押引之讼,端木交帑之讼”,乾隆二十九年又有“南院二弟帑案之讼”“王镗赔案之讼”。这些没完没了的诉讼大大损耗了宛平查氏的元气,而查善和本人一直疾病缠身,只能勉强支撑盐务生意,到乾隆二十九年年底,甚至沦落到当衣服过年的地步。在此后艰难的岁月里,查善和与查懋一直保持着一种争斗与合作并存的矛盾关系。一方面,二者之间诉讼不断,在乾隆二十七年昌延引地案后,乾隆二十八年有“交帑之讼”,乾隆三十年,查善和仍有“与端木争斗者久之”这样的记述。另一方面,二者间的争斗不外乎是一些经济利益上的纠葛,两家并没有因此而彻底反目成仇、断绝往来。乾隆二十九年,查善和还曾经赴海丰,与查懋相谈三日。乾隆三十八年冬天,四十一岁的查善和“晕疾”发作,查懋还曾携人参前去看望。

乾隆四十年查懋病逝,查善和痛哭一场后写道:“端木与余中间结讼为仇颜者久矣,两年来修好如故。”查懋的离世让查善和失去了最值得信赖的依靠,不得不谋求自强。乾隆四十一年,查善和虽然尚在病中,但“自觉心计未衰,尚可逐贾贩,求什一之利”,便发奋振作,到乾隆四十八年,“颇能复先人之旧”[②]。

查懋的后人保持了与查善和的合作关系,嘉庆元年,查善和以“查世

① 乾隆二十七年九月二十三日《直隶总督方观承奏报审明萧振杰诬控津商查懋运卖私盐事》,中国第一历史档案馆军机处全宗,档案号:03—0615—056;《查善和自述》:乾隆二十七年十二月,“沧南七州县经部驳不准端木再办,陈运宪嘱余自行觅商,绿签红票交错于门”,第202页。

② 参见《查善和自述》。

兴”的引名，与查懋之子查世倓一起接办了皇商范氏家族被罚没的引地[①]。嘉庆三年、嘉庆五年查善长、查善和先后去世，宛平查氏查为仁一支的盐业生意由查善长的儿子查维震和查善和的孙子、查诚之子查鲁勤办理[②]。此时的宛平查氏已经失去了京引的份额，但在外引盐商中尚能排在比较靠前的位置[③]。到嘉庆十四年，查世兴仍可称“殷商”[④]。海宁查氏除了山东票盐，在长芦盐区的盐业生意，无论是京引还是外引的规模都超过了其他盐商，成为长芦盐区唯一的大盐商家族。

---

① 据嘉庆元年十月十五日《大学士阿桂等为酌筹长芦范姓引地归公永远收租事奏折》，《清代长芦盐务档案史料选编》，第199页。此奏折中记载，嘉庆元年皇商范氏的二十处引地被罚没入官，然后分为四股，交给查世倓、查善和、卫素昌、范重棨租办，而《清盐法志》所载嘉庆十四年礼科给事中花杰奏折（《清盐法志》第二十三卷《长芦十四·征榷门〔三十九下〕》）中提到，在嘉庆元年确定了范氏引地的租办方式后，“商人查世兴等”很快就主动禀请增加租银。因此，最开始的四名租办商中有一位的引名是“查世兴”。查世倓的引名为“查庆余”（见下节注释），“卫素昌”同样也出现在《长芦盐法志》引名册中，说明卫素昌是以本名作为引名的 。上引花杰嘉庆十四年奏折中列出了嘉庆十四年租办范氏入官引地的四名盐商为“查有圻、范重棨、查庆余、查世兴”，说明范重棨的引名也不是查世兴。由此可断定，查世兴是查善和的引名。至于查世兴引名下的引地规模，暂时无从查考。

② 嘉庆十七年七月二十二日《刑部左侍郎景禄奏为天津盐运船户段善庆呈控商人查维震夹私隐课部颁盐砝不准比兑多出斤两请旨究办事》中记载：查维震为盐商，行办河南引盐，参见中国第一历史档案馆档案宫中全宗，档案号：04—01—08—0029—009；《仁宗睿皇帝实录》卷二百六十嘉庆十七年八月辛酉记载：长芦盐砝码案发后，长芦纲总及主要商人都被解送北京候审，而宋思德、查鲁勤二人因患病未到，后来解京的商人很快被放回天津，宋、查二人也就免于起解。参见《清实录》第三十一册，第526页上。这说明此时宛平查氏主持盐务生意的是查鲁勤。

③ 《长芦盐法志》卷九《转运上》“京商引名”中没有“查世兴”或者宛平查氏此前所用引名，而“外商引名”中查世兴位列第五。

④ 嘉庆十七年十月二十四日《内务府大臣征瑞等为请芦商应交赔欠银两分期完纳事奏折》：“嘉庆十四年原任给事中花杰条奏，……彼时查有圻、查庆余、查世兴、范永盛四名，均为殷商。”参见《清代长芦盐务档案史料选编》，第297页。

## 二、跻身大盐商

海宁查氏在长芦盐区的兴旺,是从接办其他盐商的引地开始的。乾隆二十七年昌延引地案之前,查懋除了曾短期承办“永庆号”引地外,在长芦盐区的经营活动仅限于作为宛平查氏的代理人,每年得到四千两的酬金,但这已足够为他提供牟取额外利润的机会。乾隆二十七年九月,此前被查懋解雇的商伙萧振杰向直隶总督方观承首告,指控查懋贩卖私盐。根据他的描述,查懋当年七月份趁长芦盐政、天津道公出之机,从天津盐关运出无引私盐二船计一千九百包,行至青县被当地盐商发觉,报到县衙,查懋随即派人到长芦盐运使衙门,以曲周县引的名义补办了查验手续,并求署运使马德生差役到青县饬令放行,将事情掩盖下来。在萧振杰的指控中,查懋的违法行为远不止于此,而是“素惯贩私成家”。比如他所行运的山东七县票盐,每六包内夹带之盐合少领票一张,每年夹带的私盐价值约一万两,从乾隆二年至乾隆二十七年,卖私盐总额达二十三四万两,隐昧票课银五万余两。

萧振杰的指控并非含糊其辞,查懋贩私的时间、人员、地点、数量,确实如他所宣称的那样“历历可指”,所以很难说查懋并没有做这些事。正因如此,这个案子对查懋来说十分惊险,按照查善和的记述,查懋险些因此倾家荡产[1]。萧振杰的这些指控最终被判定为诬告,查懋没有受到任何惩罚,萧振杰反而被流放了。为了感谢朝廷,查懋一次性捐银四万两,用于修缮因连绵雨水而坍塌的天津城墙、疏浚子牙河河道。对于查懋来说这并不费力,按照萧振杰的说法,此时查懋的身家已经达到六十万两之多。只不

① 《查善和自述》记述:“端木有萧五控案,家几覆”,第 201 页。

过,这些财富主要还是通过经营山东票盐获得的[①]。

昌延引地案让查懋失去了宛平查氏引地的代理权,这也就意味着他失去了长芦盐区的绝大部分利益,于是他开始谋求其他的长芦引地经营权。乾隆二十九年,皇商王至德主动呈请将永平府属的滦州、迁安、乐亭、卢龙、抚宁、昌黎、临榆七州县引地归公。这些引地由于运销的是煎制盐,成本较高,积弊年深,因此没有商人主动认办。查懋通过他的商伙俞维藩向朝廷建议,将这些引岸作为公共口岸,由长芦盐商共同出资办理。朝廷批准了这个建议,于是查懋以"查奕茂"的引名,和其他九名盐商一起成为这七处引地的承办商。他们得到了巨大的优惠,不仅免于缴纳窝价,连旧商积欠的帑课银两也被免除。长芦盐政高诚还特意规定,旧商所欠的债务,将来不得向这十家新商索取。新商接办这七处引地,只需"煎运盐斤,办纳引课"[②]即可,虽然名为公共口岸,实际与自置引地无异。查懋从此在长芦盐区有了真正属于自己的产业。查懋知恩图报,乾隆三十年五月和其他盐商一起捐资,修理天津水师营内的官庙[③]。

此时的查懋在长芦盐区经营多年,积累下了丰厚的人脉和声望,使他总能得到机遇的垂青。乾隆三十年,朝廷将山西凤台王氏的"常茂号"河南安阳、林县引地招商代办,查懋作为"殷实干练、熟悉盐务"的商人,被通纲共同推选为代办商。按照朝廷原定的办法,这两处引地的运本将由通纲商人共同承担,代办商只需出力,用常茂号的盐利,分三十六年偿还王氏欠下的款项。但查懋主动提出,自己有能力筹备运费银两,毋须通纲公出资

① 乾隆二十七年九月二十三日《直隶总督方观承奏报津商查懋愿捐银两为修城疏河之用事》、乾隆二十七年九月二十三日《直隶总督方观承奏报审明萧振杰诬控津商查懋运卖私盐事》,中国第一历史档案馆军机处全宗,档案号:03—0615—055、03—0615—056。

② 乾隆二十九年七月初九日《长芦盐政高诚为调剂积弊之滦州迁安等引地事奏折》,《清代长芦盐务档案史料选编》,第104、105页。

③ 乾隆三十年十二月初七日《长芦盐政高诚为天津水师营官庙工竣事奏折》,《清代长芦盐务档案史料选编》,第110页。

本，并且承诺每年都将如数缴纳欠项。通纲商人愿意为他共同担保，如有拖欠，通纲代为分赔。

在被确定为常茂号引地的代办商后，查懋又一次展示出自己的实力和声望。常茂号有一万一千余两的帑利等银原定由凤台王氏自行清偿，但查懋主动提出，自己和王家有同业之谊，不忍心看到他们在濒临破产的困境中雪上加霜，情愿分十年替王家偿还这些欠款。通纲商人郭源生等似乎是被查懋的大公无私感召，也主动提出，这一万多两帑利是需要解交内务府的，耽误不得，他们情愿先代缴这些银两，然后再由查奕茂分十年还给他们。盐政高诚对长芦盐商的态度十分满意，向乾隆帝夸赞查懋“家道殷实，谙练盐务，甚为奋勉”[①]，建议如果查懋经营顺利，那么常茂号的代办商就毋须再行更换。于是从乾隆三十年十一月初一起，查懋正式代办了安阳、林县引地，直到嘉庆十年。在长达四十年的代办期内，海宁查氏每年能从常茂号引地得到一万余两的余利[②]。

这些接办自其他盐商的引地，只是查懋在长芦盐区的产业的一部分。从宛平查氏手中接办的曲周引地还在他的手中，此前或此后，他将部分京引和河南省引地也收入囊中。乾隆三十八年，长芦盐商为朝廷攻打金川捐助军费六十万两，捐银最多的四位盐商为：范宗文五万两，王起凤四万两，查奕茂四万两，义和泰二万两。这份名单基本上可以视为长芦盐商实力的排行[③]。由此可见，在查懋的经营下，海宁查氏已经跻身于最有实力的长芦大盐商之列。

查懋有三个儿子，即长子查莹、次子查世荣、三子查世倓。出身于文宦

① 乾隆三十年十月二十二日《长芦盐政高诚为王镗名下欠帑由新商查奕茂代办事奏折》，《清代长芦盐务档案史料选编》，第108页。

② 嘉庆九年十二月十二日《长芦商人王朴为盐商查弈茂霸公勒私事呈状》，《清代长芦盐务档案史料选编》，第215页。

③ 乾隆三十八年十月初二日《长芦盐政西宁为芦东商人愿捐输银两以资攻打金川事奏折》，《清代长芦盐务档案史料选编》，第135页。

世家的查懋并不希望他的儿子们一生只做商人,而是让他们参加科举,求取功名,其中最为成功的是查莹。他寄籍于山东海丰县,为山东运学生增贡生,乾隆三十年中举,乾隆三十一年中进士,钦点翰林院庶吉士,后来做过学政、监察御史、吏科给事中。查莹继承了曾祖父查升的文脉渊源,以鉴藏图书及书画名世。查世荣有候选同知衔,但并未入仕,而是留在家中,负责管理家事。查世倓隶籍天津府沧州,以天津府庠生中乾隆三十五年乡试第六名举人,然后连续参加乾隆三十六年辛卯恩科及乾隆三十七年壬辰科会试,都没有考中。此时查懋经营山东与长芦盐业,往来于海丰和天津之间,查世倓跟随左右,帮助父亲打理盐业生意。查懋发现查世倓在这方面颇具才能,遇到疑难时都让他帮助决断,查世倓"一言折中,无不迎刃而解",盐务簿册中但凡有什么差错,查世倓都能"发摘如神",使闻者惊服。查懋能够在长芦盐区站稳脚跟,显然也有查世倓的功劳[①]。

查懋的儿子们子嗣并不兴旺。查莹无后,查世荣、查世倓各只有一个儿子。乾隆四十年,查家发生了比较大的变故。五月初九,年仅二十六岁的查世荣在海丰病亡;一个多月后,查世荣的遗腹子查有圻出生;十一月,患痈疮已经一年多的查懋在天津去世,享年七十五岁。查懋留下的庞大家业大部分都归入大房查莹的名下,除了以原有的"查奕茂"引名继续经营部分京引和租办的曲周、代办的皇商王氏、凤台王氏引地,还增设引名"江公源"经营部分京引和山东票盐[②]。三房查世倓继承了部分京引和河南省

① 《海宁查氏族谱》卷四《世次三集之十七》、卷十《志状·诰赠中宪大夫刑部福建司郎中查公墓志》;吴锡麒《中宪大夫刑部郎中查公墓志铭》(即查世荣墓志铭),见吴锡麒撰《有正味斋骈体文》,清刻本卷二十三。

② 乾隆五十一年六月二十七日《征瑞奏报退商有心悬欠请旨革职勒追以重官项事》:"查有行办京引及山东票商之江公源本名查莹殷实素著,力能兼顾,且其先本在长芦盐务起家……",《宫中档乾隆朝奏折》第六十一辑,第19页。

引地，立引名为“查庆余”[①]。二房的继承人查有圻应当也分到了一部分产业，但并没有独立的引名，由此可以推测只是继承了部分当铺等其他遗产[②]。

查世倓在守丧期满后，便和查莹一起奉母移居北京，并且进入仕途，先后担任内阁中书、刑部福建司郎中。乾隆四十九年，查莹视学广西，三十五岁的查世倓辞去官职，专心侍奉母亲，同时担当起抚养仲兄遗腹子查有圻的责任[③]。查莹和查世倓都不再亲自办理盐务，但这并没有妨碍海宁查氏盐业生意规模的扩大，因为他们招纳了强有力的商伙，作为他们的全权代理人坐镇天津。这些商伙不但熟谙盐业经营之道，还通过占据纲总的位置，帮助东家海宁查氏成为长芦盐商实际上的领袖。

## 三、不可或缺的商伙

商伙是盐商雇佣的经理人。清代盐商雇佣商伙是一种十分普遍的现象，扬州盐商如此，天津盐商也是如此。查懋就是以查日乾商伙的身份起家，而查日乾则曾经相当于张霖的商伙。盐商雇佣商伙的原因不外乎两个

---

① 道光二十九年八月二十二日《长芦盐政崇纶为兵部候补郎中芦商查彦钧欠款误运请查封家产事奏折》中记：“商人查彦钧系兵部候补郎中，世代在芦充商，引名‘查庆余’。”（《清代长芦盐务档案史料选编》，第431页）查彦钧是查世倓的孙子，而“查庆余”引名在嘉庆《长芦盐法志》的引名册中已经出现，因此确为查世倓所使用的引名。嘉庆十九年九月十六日《长芦盐政广惠为查明长芦商力情形请将本年交项量予调剂事奏折》：“查商人查庆余等所办引地，多在河南”，《清代长芦盐务档案史料选编》，第314页。

② 嘉庆十七年八月十七日《江苏巡抚朱理为芦商查有圻所涉砝码加重案供单事奏片》，《清代长芦盐务档案史料选编》，第277页：查有圻在“天津北门外有市房一所，源隆当一所，均系祖业”。

③ 《海宁查氏族谱》卷四《世次三集之十七》、卷十《志状·诰赠中宪大夫刑部福建司郎中查公墓志》；吴锡麒《中宪大夫刑部郎中查公墓志铭》，载吴锡麒撰：《有正味斋骈体文》，清刻本卷二十三。

方面：一是引地数量众多，领引、买盐、榷盐、运盐、卖盐等具体事务繁杂琐碎，盐商做不到事必躬亲，必然要依赖商伙，每个引地的盐店也要有商伙长住照料，盐商本人只坐镇天津，居中指挥。比如王起凤有一商伙名为张玉阶，自从王起凤接办“永庆号”盐务时就在河南陈州等处，替王家总揽当地盐业生意[①]，鄞县王氏在河南各地都有商伙[②]。二是盐商本人没有能力或不愿意亲自经营盐业，于是寻觅代理人全权代理，自己坐收盐利。乾隆朝以后，那些大盐商家族充商年深日久，换代更迭，新一辈或读书入仕，或纨绔颟顸，不再通晓盐务，甚至于对盐务一窍不通，因此任用全权代理商伙的现象比较普遍。王镗因长期在外做官，将“永庆号”和“常茂号”交给外甥朱立基代理，就是这样的情况。在朱立基获罪后，王镗的儿子王德浤正是因为再也找不到合适的代理人，才失去了“常茂号”的经营权。

商伙对于盐务来说是不可或缺的，他们作为引盐运销体系的基本构件，支撑和润滑着这个体系的运作，但同时也带来了大量的弊端。商伙借代理盐务谋取衣食，对于盐务秩序是否正常并不在意，只是寻找一切机会钻营取利，私带盐斤者有之，克扣水脚者有之，乃至于添雇盐捕扰累平民、勾结官僚胥吏舞弊谋私等等不一而足。商伙之弊是全国各盐区的通病，乾隆朝中期就已经常见于长芦盐区。乾隆二十七年，查善和、查善长之所以遭罹昌延帑案，就是因为他们所信任的商伙刘凤池越过了职责的界限，干扰了引地的正常运转。长芦盐政金辉在给乾隆帝的奏折里就此事举一反三，指出了长芦盐商滥用商伙的弊端：“长芦盐务多系倩托伙计经理，本商既不出身亲办，伙计乃依人谋食之人，率多漠视，积习相沿，渐至疲玩。”基于此，金辉建议“嗣后除本人出任当差或居别省不能亲理外，所有在津之

---

① 乾隆五十四年二月二十七日《穆腾额奏明将永庆号引地请交王珮接办缘由折》，《宫中档乾隆朝奏折》第七十一辑，第338页。

② 乾隆五十二年五月《长芦盐政穆腾额为芦商王世荣应交帑利银两请分限缓征事奏折》：“札饬运司李世望调集王世荣河南各处司总商伙”，《清代长芦盐务档案史料选编》，第166页。

本商如遇应问应比事件,务必亲至盐政衙门,概不准令商伙代办”[1]。金辉默认商伙的一切舞弊行为都出自他们自己的小算计,却忽视了商伙和盐商通同舞弊的可能。比如乾隆四十五年,皇商范氏的商伙潘映辰向长芦盐运使锡拉布行贿,即出自范清济的指使[2]。盐商和商伙之间在通过舞弊牟取额外利益上存在默契,这种默契更容易出现在那些出仕或居住外省不能亲理盐务的盐商和他们的全权代理商伙之间,而金辉的禁令恰恰将他们排除在外。

全权代理的商伙在当时的盐务体系中,是一个非常重要而特别的角色。他们名义上是盐商雇佣的经理人,每年按照一定的数额吃劳金,实际上被赋予了很大的自主权,不但经管引盐运销的具体事宜,就连缴纳盐课、营运盐利乃至生意的布局等事务也由他们掌管。他们备受盐商信任,甚至作为盐商的心腹之人参与到贩卖私盐、贿赂盐官这样不可告人的事务中来,张霖与查日乾就是这样的关系。这样的商伙因此也就携带了盐商的财富和地位所产生的威势,使其自身也成为极具影响力的人物。再进一步,商伙可以利用业盐所积累的经验、人脉和资本自立门户成为新的盐商,就像查日乾和查懋做过的那样。如果商伙没有实力或意愿成为新的盐商,他们也有可能以另外一种方式获得社会地位,即成为纲总,比如查日乾投在张霖门下不久就已经担任京引总催,此时他还没有成为真正的盐商。

查懋早在代理宛平查氏沧州盐务的时候,就已经开始雇佣商伙了,那位被逐出盐店后实施报复的沧州人萧振杰就是例证。显然萧振杰并没有受到信任,也没有获得全权代理沧州事务的特权,因为此时海宁查氏的盐

① 乾隆二十七年闰五月十七日《长芦盐政金辉奏报查明查善长贻误盐课将昌延引地交查为义接办事》,中国第一历史档案馆档案宫中全宗,档案号:04—01—35—0460—050。

② 乾隆四十六年五月十七日《直隶总督袁守侗为遵旨会审锡拉布贪鄙不职按律定拟事奏折》:“范宗文因急欲交课,浼商伙潘映辰送银一百二十两,锡拉布嫌少不收,索取银六百两”,《清代长芦盐务档案史料汇编》,第 143 页。

务都是查懋亲自经营的。查懋去世后，海宁查氏的长芦盐务生意都由商伙在天津全权代理。在乾隆朝后期天津大盐商纷纷衰落后，海宁查氏的商伙中先后出现了朱晋、樊宗澄、樊宗清三位纲总。他们虽然没有引地产业，但掌管着长芦盐区数量最为庞大的引额，同时背后又有海宁查氏的支持，逐渐成为天津盐商所宾服和依靠的对象，主宰着长芦盐务的是非曲直和利益分配。这在乾嘉之际长芦盐区发生的三件控案中表现得十分明显。

## 四、三件控案

乾隆五十一年四月，天津盐商徐贤绕过长芦盐政征瑞，到北京向管理户部的大学士和珅呈控，控告的对象包括纲总朱晋、署长芦盐运使龙舜琴、已革京引总催杨秉钺。在徐贤的描述中，这三个人互相勾结，做了许多损害盐商利益，尤其是损害徐贤自身利益的事，比如对盐商随意勒派公费，在催缴盐商帑课的过程中厚此薄彼等，所有这些不端的行为都是由纲首朱晋主导的，连盐运使、盐政也受到他的怂恿蒙蔽。徐贤还控告朱晋保举杨秉钺承办天津、武清两处公共口岸，杨秉钺用天津的无课之盐私自销往武清等处有课之地，牟取暴利。若果真如此，朱晋也难逃从中分肥的嫌疑。乾隆帝将此案交给和珅和直隶总督、军机大臣等人审讯，最终审明徐贤是在挟私诬告，以“砌款赴京控告，希图挟制上司，而其所控又属全诬”的罪名被革去布政司经历职衔，发配到乌鲁木齐充当苦差[①]。

虽然徐贤的控告有诬陷的成分，但杨秉钺的确是受到了朱晋等人的特殊对待，以至于打破了延续多年的惯例，同时办理天津、武清两处公共口岸。从乾隆十八年裁撤牌盐开始，天津的盐价就远远低于其他引岸，且余

① 乾隆五十一年四月二十八日《大学士和珅为奏议长芦商人徐贤呈控案事奏折》，《清代长芦盐务档案史料选编》，第159—161页。

引向来免于纳课；武清盐价与其他引岸相当，且所有正、余引都需要纳课。由于天津、武清两地毗邻，如果由同一盐商承办，那么他就极有可能将天津的免税贱盐偷偷销售到武清牟取暴利，因此天津、武清引盐向来由两商分办。乾隆四十九年，在朱晋等纲总的保举下，杨秉钺开创了兼办津、武口岸的先河，而且承办期限由天津口岸原来的一年改为五年①。根据徐贤提供的数字，杨秉钺每年在天津口岸请领的无课余引达二万余包，而天津的食盐消耗每年仅数千包，多余出来的一万余包余盐不知销往何处。在和珅等人向乾隆帝提交的审案报告中，对徐贤所控此款的回应颇为含混，只是说行盐过程手续严密，稽查严格，因此杨秉钺"断不能将公共口岸无引之盐销武清有课之地"②，却没有给出任何有说服力的证据。这样的判决不免令人狐疑。

徐贤的呈控中，特别提到了朱晋背后的靠山："查奕茂之商伙朱晋倚恃东家查莹现在翰林院，拥赀百余万，巧为退引，贻害众商。"③不管徐贤所罗列的朱晋等人的罪状是真是假，他的这次呈控至少透露出天津盐商的一种看法：朱晋依仗东家海宁查氏的财势，或者说海宁查氏通过朱晋之手，影响着包括盐运使、盐政在内的盐务管理者，掌控着长芦盐商的利益分配。朱晋的纲总地位极为牢固，没有受到徐贤呈控案的任何影响。

海宁查氏通过朱晋掌握纲总特权的好处，很快就显现了出来。乾隆五

---

① 乾隆五十一年四月二十八日《大学士和珅为奏议长芦商人徐贤呈控案事奏折》："四十九年间，经纲总朱晋、张长庚等保举杨秉钺承办公共口岸兼办武清两处盐引，定以五年更换。前任运司详明盐政，咨部复准有案"，《清代长芦盐务档案史料选编》，第 160 页；《长芦盐法志》卷九《转运上·引地引额》："武清引地先于三十七年咨部作为公共口岸，与天津接壤，向来两商承办，心存彼此，巡缉不力，且武清定以十年更换，天津则系按年轮值，久暂未能适中。请归并一商，定以五年更换。……咨部覆准遵行"，见第 154 页。

② 乾隆五十一年四月二十八日《大学士和珅为奏议长芦商人徐贤呈控案事奏折》，《清代长芦盐务档案史料选编》，第 160 页。

③ 乾隆五十一年四月二十日《大学士和珅奏报长芦商人徐贤呈案应交直隶总督等提审事》，中国第一历史档案馆档案军机处全宗，档案号：03—0622—016。

十一年六月，山西籍长芦盐商牛绳祖拖欠款项被革去盐商资格，其河南温县、孟县、河内三处引地选商接办，最终被查莹以“江公源”的引名获得。长芦盐政征瑞给出的理由是：“河南引地道远运艰，必需有力之商方能认办。长芦殷商无多……奴才兹查有行办京引及山东票商之江公源本名查莹殷实素著，力能兼顾，且其先本在长芦盐务起家，理无坐视。”[1]理由虽然充分，但其中一定少不了朱晋的居中运作。

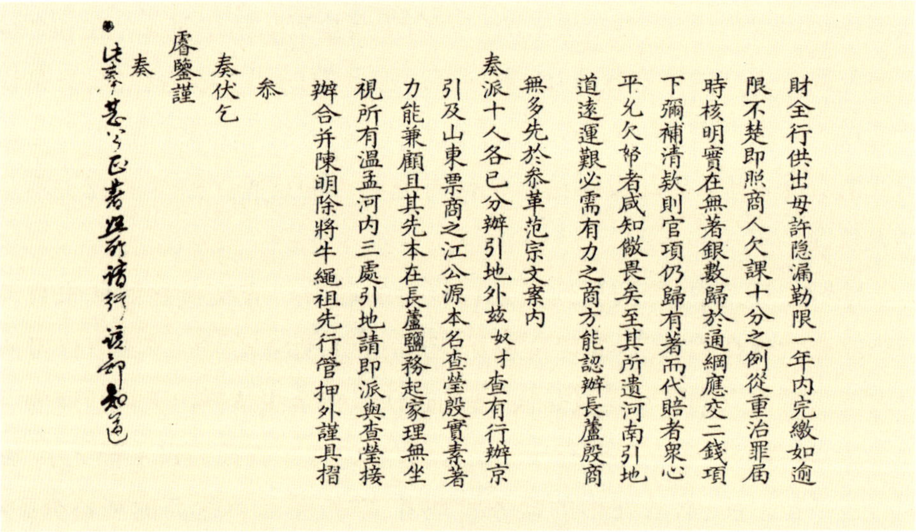
財全行供出毋許隱漏勒限一年内完繳如逾
限不楚即照商人欠課十分之例從重治罪届
時核明實在無著銀數歸於通綱應交二錢項
下彌補清款則官項仍歸有著而代賠者衆心
平允欠帑者咸知儆畏矣至其所遺河南引地
道遠運艱必需有力之商方能認辦長蘆殷商
無多先於叅革范宗文案内
奏派十人各已分辦引地外玆 奴才查有行辦京
引及山東票商之江公源本名查瑩殷實素著
力能兼顧且其先本在長蘆鹽務起家理無坐
視所有溫孟河内三處引地請即派與查瑩接
辦合并陳明除將牛繩祖先行管押外謹具摺
叅
奏伏乞
睿鑒謹
奏

**乾隆五十一年六月二十七日《征瑞奏报退商有心悬欠请旨革职勒追以重官项事》(部分，原件保存在台北故宫博物院)[2]**

杨秉钺经徐贤呈控案后毫发未损，并且很快又成为长芦纲总之一。嘉庆元年，十商代办皇商范氏引地十四年限满，按原定计划，要将这二十处引地退给范毓馪之孙范重棨，但范重棨没有运本，拒绝接受。方维甸遂决定将范氏引地变价充公，另行招商接办。他将引地估价的任务交给长芦纲总，而主导此事的正是杨秉钺。他故意将原本六十多万两的窝价减估为三

① ② 乾隆五十一年六月二十七日《征瑞奏报退商有心悬欠请旨革职勒追以重官项事》，《宫中档乾隆朝奏折》第六十一辑，第19页。

十六万两，参与估价的其他三位纲总宋思德、张永锐、齐佳谷认同了这个数额。方维甸和长芦盐运使阿林保又增加了四万两，凑成四十万两的整数，随后宣布了一个相当令人垂涎的接办方式：选出四位盐商，以十六年为限，缴完四十万两窝价，引地就成为他们自己的产业。最终确定的四位接办盐商是查世倓、查善和、杨秉钺、卫素昌。这四位都不是普通的盐商：杨秉钺本人担任纲总，查世倓在纲总中也有一位代言人，即查有圻的母舅宋思德[①]。查善和能参与其中显然出自查世倓的带挈，卫素昌虽然不是纲总，却也属于长芦盐商中实力最强的梯队[②]，因此也有资格参与引地分配的盛宴。

这是长芦纲总们的一次明目张胆的以权谋私，主谋者正是杨秉钺。他从一开始就产生了吞并范氏引地的念头，于是有意低估窝价，为自己日后多得利润做准备。他之所以能成功，得益于纲总们之间一直存在的“默契”，即在处理涉及自身利益的事务时互利互惠。宋思德支持杨秉钺的估价，杨秉钺则建议方维甸、阿林保将引地交给海宁查氏及与其关系密切的宛平查氏，而南北查又表示引地太多不能全办，迫使方、阿追加盐商名额，这个时候杨秉钺主动提出承办一股，宋思德等纲总出面为他作保。

杨秉钺与海宁查氏的默契早在朱晋做纲总时就达成了，那么方维甸、阿林保为什么也对杨秉钺、宋思德等人言听计从？按照案发后方、阿自己的辩解，他们是受到了杨秉钺的蒙蔽。杨秉钺声称近年钱价过贱，盐商以铜钱售盐而以银两缴纳盐课窝价，若照原价六十万两估变，将会无人接办，

① 嘉庆十四年七月十七日《征瑞奏为遵旨严查给事中花杰参奏长芦积欠窝价案事》：“宋思德系查有圻母舅”，载中国第一历史档案馆档案军机处全宗，档案号：03—1524—058。这位并不殷实的盐商凭借海宁查氏的扶持成为盐商领袖，直到嘉庆十六年仍占据着纲总的职位，参见嘉庆十六年十一月初四《步军统领吉纶为芦商吴致中呈控纲总宋思德革商杨复泰事奏折》，《清代长芦盐务档案史料选编》，第265页。

② 嘉庆六年、十一年、十七年，卫素昌多次作为盐商的主要代表，向朝廷请求优惠政策，参见《清代长芦盐务档案史料选编》，第207、222、301页。

因此照钱价差额，对这些引地六折估价。在确定接办盐商时，方、阿两人唯一的依据显然也是纲总的意见。其实这是长期以来形成的惯例：在处理盐务事宜过程中，盐官在很大程度上是依赖于纲总的。

杨秉钺显然低估了利益分配不公对其他盐商的刺激程度。此前的十名代办盐商每年要交银十万二千余两，而且限满后需要将引地交还，而杨秉钺等人每年只需交银二万五千两，就能将这些引地占为己有，这种过分的不公让他们心生怨恨，很快有人将杨秉钺"欺隐窝价"的罪行告到了北京。嘉庆帝得知后直斥杨秉钺"此人可恶"，令刑部严审，最终杨秉钺按"隐匿课物、欺罔官司"的罪名，被杖一百、流放三千里，所有财产查封充公。刑部怀疑方、阿收受杨秉钺的贿赂，但没有够找到证据，只能将他们革职了事。纲总宋思德、张永锐、齐佳谷因参与估价被罚银共四万两，其他四位纲总虽然没有参与估价，但也因"滥保杨秉钺"而被罚银共二万两。查世倓、查善和、卫素昌因为"无随同议减及蓄意谋产情事"，免于追究。对于范氏引地，朝廷确定了新的处理办法，即收归官有，分四股招商租办，每年共交租银二万两。查世倓、查善和、卫素昌顺其自然地分认了三股，杨秉钺退出的一股则被交给了范重棨。范氏引地共有二十处，以四商分办的平均数算，海宁查氏这次又增加了五处引地，且无需付出窝价银，每年仅需缴纳租银五千两①。

嘉庆二年，鄞县王氏的引地被分给十五名盐商接办，海宁查氏以"江公源""查庆余""查奕茂"的引名占据其三，宛平查氏也以"查世兴"的引

---

① 关于杨秉钺欺隐窝价案，参见嘉庆元年九月十八日《刑部左侍郎张若渟等为遵旨查审长芦总商欺隐窝价案奏折》、嘉庆元年九月二十日《谕内阁著芦商欺隐窝价将盐政方维甸运司阿林保暂行解任事》、嘉庆元年十月十五日《大学士阿桂等为酌筹长芦范姓引地归公永远收租事奏折》，《清代长芦盐务档案史料选编》，第 198—200 页；嘉庆元年九月二十九日《刑部左侍郎张若渟奏为遵旨审拟范光震呈控长芦总商欺隐窝价一案事》，中国第一历史档案馆档案军机处全宗，档案号：03—2381—016。

名成为接办商之一[①]。至此清初三大盐商和皇商、“永庆号”盐商，除了宛平查氏在海宁查氏的扶助下暂时起死回生，其他各家纷纷成为历史，只有海宁查氏仍在逆势上扬。

嘉庆六年，海宁查氏的商伙又一次成为盐商控告的对象。这年查奕茂代办凤台王氏家族的“常茂号”引地三十六年限满，当王镗的孙子王朴向查奕茂商伙、纲总樊宗澄要求收回引地时，却被拒绝了。樊宗澄的理由是，乾隆五十九年朝廷曾恩准长芦盐商，从乾隆六十年起展缓三年缴纳课帑，因此交还引地的日期也要顺延三年至嘉庆九年，以待课帑交完。然而到了嘉庆九年接收引地时，王朴发现乾隆五十九年查奕茂已经将常茂号引地三年的应交帑课混入参商摊纲内，用众商缴纳的“二钱节省”摊交了，也就是说从乾隆六十年到嘉庆二年，查奕茂不缴帑课白办常茂号引地三年，获利共十万两有余。在办理交接时，樊宗澄又提出种种刁难：在代办期间朝廷先后五次缓征课银，省下来的课银共九万余两，本应交还王朴，待朝廷起征以完纳盐课，但樊宗澄“硬欲吞为已有”；查奕茂应该将引地所有积盐点明包数交接给王朴，但樊宗澄坚持要王朴先还清借查奕茂的银两再交接盐包，致使交接无法进行。

王朴决定向官府控告，却遭遇到重重阻力。长芦盐运使索诺木扎木楚含糊其辞，并不追问查奕茂将帑课混入参商摊纲的真相，巡盐御史珠隆阿则在王朴拦轿喊冤的时候拒绝收他的呈状。无奈之下王朴只得进京呈控。档案中只保留了他的呈状，并没有此案处理过程的任何记录，但嘉庆十年五月的一份档案显示，此时王朴和查奕茂已经完成了常茂号引地的交接，查奕茂“按限完交，并无请展拖延，已蒙圣恩将引地赏还”[②]。从这份档案

① 嘉庆二年九月初二日《总管内务府奏为议覆长芦商人王佩引地交伊胞弟王焕等接办事折》，中国第一历史档案馆档案内务府全宗，档案号：05—0468—010。

② 嘉庆十年五月十九日《芦商王至德之子崇文为代奏情愿遵限代商完帑事呈文》，《清代长芦盐务档案史料选编》，第219页。

来看,朝廷调解了王朴和查奕茂之间的纠纷,使得交接顺利完成。尽管不清楚是如何调解的,但可以确定的是,查奕茂和樊宗澄没有被坐实任何罪名[①]。这年闰六月,存放于天津皇船坞的御舟需要修理,珠隆阿将此事交给樊宗澄承办,这已经是他第二次主持御舟的修理了[②],在被王朴控告后他仍然受到朝廷和盐商们的信任。

以上三件针对纲总的呈控案说明,长芦纲总和盐运使、盐政之间的确达成了某种默契,这种默契并不一定就意味着权钱交易,只是说明了纲总和盐务官员在共同维护着一种秩序,即盐务官员通过强力有力的纲总实现对盐商的有效控制。因此当纲总利用职权为自己牟利时,哪怕使用了一些上不得台面的伎俩,只要不是像杨秉钺欺隐窝价时那样损伤了盐商的普遍利益,盐务官员们就总是护短于纲总。当然,大部分盐商也认同这个秩序,王朴在呈控中批评"纲中虽有总商数人,皆是听樊宗澄一人指挥"[③],其实未尝不可以视为盐商对樊宗澄的拥戴。这是全体纲商和盐官一致维护的既有秩序,王朴想要挑战这个秩序,注定就会失败。这也就是为什么长芦盐商与纲总发生纠纷时,总是绕过天津的盐政衙门,直接去北京的都察院或步军统领衙门呈控,以期上达天听。

然而北京并不是一个可以讨回公道的地方,海宁查氏从查升开始在朝中经营的人脉网络树大根深,足以对最高权力阶层的评判产生影响,就像徐贤呈控案中曾发生的那样。这种影响在海宁查氏进入查有圻时代后达到最大。

---

① 王朴呈控案据嘉庆九年十二月十二日《长芦商人王朴为盐商查奕茂霸公勒私事呈状》,《清代长芦盐务档案史料选编》,第215—216页。

② 嘉庆十年闰六月十六日《长芦盐政达灵阿为遵旨估修御舟并确估滩捐事奏折》,《清代长芦盐务档案史料选编》,第220页。

③ 嘉庆九年十二月十二日《长芦商人王朴为盐商查奕茂霸公勒私事呈状》,《清代长芦盐务档案史料选编》,第216页。

## 五、大人物查有圻

嘉庆八年，六十岁的查莹卒于京师，身后无子，查世倓为之立查有圻为嗣子。但对于二房来说查有圻也是独子，于是他“一子两祧”，在原有的财产之外，又继承了查莹的江公源、查奕茂盐业和其他财产。嘉庆十年，查世倓离京南归，卜居嘉兴之角里街。他的独子查元偁（又名查有筠）留在北京做官，并继续以“查庆余”的引名经营盐业。这一年，长芦盐区京引各商中查庆余排第一，查奕茂排第四，江公源排第八，另有排名第六、七、九位的江同源、江聚源、江公和，从名称来看他们与海宁查氏也有关系；外引各商中江公源排第一，查奕茂排第二，查庆余排第四[①]。从这个排名来看，海宁查氏在长芦盐商中已经占据绝对优势。查元偁与查有圻身居北京，将天津的盐业生意委都委托给了樊宗澄。这对堂兄弟同样具有亦官亦商的双重身份，性情却大不相同：查元偁务实低调，查有圻则豪放飞扬，正是他将家族的声势推向鼎盛。

查有圻出生前后，他的父祖相继离世，这让他的人生从开始就显得与众不同。他是一个衔着金汤匙出生的孩子，父祖留下的遗产足以让他过上一般人难以企及的优裕生活。叔父查世倓对他尽心护持，分家析产后仍然帮助他处理家事。在查有圻长大后，查世倓把他和查元偁一起送入太学，并为他谋得郎中衔。嘉庆四年，查有圻补授刑部湖广司郎中，官居正五品，成为财富与地位兼具的贵公子[②]。在兼祧两房后，他的富有程度更是甲于天下，清代笔记小说《水窗春呓》称其“少年以一子承两房，计产三千万。

① 《长芦盐法志》卷九《转运上》，第155—156页，此志编成于嘉庆十年。

② 以上据《海宁查氏族谱》卷四《世次三集之十七》、卷十《志状·晋赠中宪大夫候选知县查公墓志》《诰赠中宪大夫刑部福建司郎中查公墓志》；吴锡麒《中宪大夫刑部郎中查公墓志铭》，见吴锡麒撰：《有正味斋骈体文》清刻本卷二十三。

计平生挥霍不下六七千万，故俗呼曰‘遮半天’”①。

小说家言难免有夸张和想象的成分，但也是基于查有圻真实的财产状况。根据档案记载，到嘉庆十七年，查有圻共有引额九万余引，在天津设有总盐店，置盐坨地二十八条，并有当铺一所，名为“源隆当”；在杨柳青有地六顷余，年收租金大钱四百七十五千零；在北京有当铺九座、油盐店十一座、酱场一座；在浙江、江苏、山东都拥有房产、田地、当铺、商铺等产业，值价无数。这些产业都着占用着大量的资本，以当铺为例，天津源隆当铺本钱三万四千吊，杭州同茂当铺本钱二万六千三百千，浙江秀水县通利典当铺本钱二万九千二百千。平均下来，每座典当铺的本钱都合银二万两以上。另外，查有圻在北京就有住宅九处、其自住的一座住宅有房二百余间，是一座不折不扣的豪宅②。

在仕途方面，查有圻并不像嗣父查莹和堂兄查元偁那样认真对待，基本上他只是顶着郎中的空衔悠游岁月。即便如此，他的名字还是频繁上达天听。嘉庆六年夏天，京城一带雨水连绵，永定河泛滥，受灾贫民食不果腹，流离失所，查有圻以刑部郎中的身份捐资赈灾，被嘉庆帝作为官员的典范提名表扬③。嘉庆十三年，嘉庆帝巡幸天津，查有圻一次性捐银十万两，作为朝廷剿除海盗的费用④。嘉庆帝称赞其“情殷报效，出于志诚”，特地

① 欧阳兆熊、金安清撰：《水窗春呓》，中华书局，1984，第 43 页。

② 嘉庆十七年九月初三日《长芦盐政祥绍为遵旨查封芦商查有圻天津产业事奏折》、嘉庆十七年九月初六日《直隶总督温承惠为遵旨查办查有圻京津房地产情形奏折》、嘉庆十七年九月初十日《浙江巡抚高杞等为查办查有圻浙籍典铺祖业等缘由事奏折》、嘉庆十七年十月十二日《长芦盐政祥绍为革员查有圻请于半年限内完交罚赔事奏折》、嘉庆十七年《密查长芦商人查有圻在京资产情形事奏片》，《清代长芦盐务档案史料选编》，第 283、285、288、294、303 页。

③ 《仁宗睿皇帝实录》卷八十四，《清实录》第二十九册，第 104 页下。

④ 嘉庆十三年三月十六日《长芦盐政李如枚为盐商查有圻情愿捐银十万两事奏折》，《清代长芦盐务档案史料选编》，第 233 页。

下旨赏给他四品卿衔[1]。

皇帝的恩赏让查有圻难掩光芒，他本身也并不愿意低调，而是以家资交结权贵，在京城纵横捭阖。《水窗春呓》记载：查有圻回海宁修墓时，直隶、两江总督和山东、江苏巡抚以及河、漕总督纷纷派人，以接力的形式把他从北京城门一直护送到海宁。旱路全程分十八站，每站预派家丁布置停当；水路所乘船之大之多与封疆大吏相同，而声势还在其上[2]。这其中或许有夸张的成分，但查有圻在嘉道年间的京城，的确曾经是一个跺一跺脚四城颤抖的人物。仅以姻亲而论，工部尚书、太子少保曹振镛的女儿嫁给了查有圻的长子查纶，乾隆朝状元、入直南书房的戴衢亨的女儿嫁给了查有圻的次子查彦[3]。两位堂堂宰辅重臣，竟然都和查有圻这个区区部员结了儿女亲家，足可见查有圻交结权贵的功夫了。《水窗春呓》记载："其母丧时，三相国并集为之知宾。"[4]这样的事，应该也并非天方夜谭。当然，如此赫赫扬扬声势难免令人侧目，有时还会给他带来麻烦。

嘉庆十四年，查有圻遭遇了人生中的第一次危机。七月，礼科给事中花杰参劾时任军机大臣、户部尚书的戴衢亨，所列主要罪状，就是他与查有圻的之间的权钱交易。花杰声称查有圻对戴衢亨肆意行贿，往来馈送源源不断，并为戴衢亨盖房置产提供物资和金钱支持，后来又结为姻亲，将行贿受贿变成亲友馈赠；戴衢亨则听任查有圻把持长芦盐务，"芦商惟查有圻是望，查有圻惟戴衢亨是倚，以致盐务废弛"[5]。花杰还言之凿凿地称，查有圻曾写信给天津的盐商们，告诉他们积欠的盐课、窝价、官帑，已经和戴

① 中国第一历史档案馆编：《嘉庆道光两朝上谕档》第13册，广西师范大学出版社，2000，第115页。

② 《水窗春呓》，第43页。

③ 徐雁平编著：《清代文学世家姻亲谱系》，凤凰出版社，2011，第206页；《海宁查氏族谱》卷四《世次三集之十七》。

④ 《水窗春呓》，第43页。

⑤ 《仁宗睿皇帝实录》卷二百一十五，《清实录》第三十册，第884页下。

衢亨言明可以不交。这些罪状如果被查实,查有圻就是“倚势把持之奸商”,戴衢亨则变成了“负恩误国”的的奸臣[①]。

对查有圻来说幸运的是,由于上一年刚刚捐银十万两,嘉庆帝对他的印象并不差,而戴衢亨又深得嘉庆帝倚重信任。接到花杰的参劾后,嘉庆帝从中找出了大量逻辑漏洞,亲自加以反驳,直斥花杰所列罪状缺乏证据,他甚至为查有圻与戴衢亨之间的暧昧关系辩驳说:“查有圻本系宦家,与戴衢亨向有世谊,并非门户卑微、不可为婚之人,安得谓之有心援系?至于姻戚往来,岁时馈送,本属情事之常,人孰能免?”[②]至于查有圻帮助戴衢亨盖房造屋的事,“尤为琐细,不足置问”[③]。在嘉庆帝的直接干预下,此案很快审结,花杰被嘉庆帝斥为“逞其笔端,有心污蔑”“坏人名节”的诬告者,降三级调用[④];戴衢亨被降一级,由户部尚书调任工部尚书,不过官方给出的降级调任原因,都与此案无关——戴衢亨因违例在圆明园办理公务招致外议而被降一级留任,又因仓场侍郎戴均元为其叔父,按例应回避,所以将其调任工部尚书。查有圻未受任何处分,而戴衢亨留下的户部尚书职位,被嘉庆帝派给了刚刚卸任工部尚书的曹振镛,实际上就是把查有圻两位亲家的职位互换了一下而已[⑤]。

查有圻在京城的人际圈并不只限于权贵阶层。和早期的大盐商张霖、查日乾一样,查有圻也热衷于结交文人。他自小受到良好的教育,并非不学无术之辈,甚至嘉庆五年、六年,他曾先后被派充实录馆提调官、收掌官,“与修宫史”[⑥],这是他能够在京城文人圈中占有一席之地的资本。早在乾隆朝末年,查有圻已经加入以“性灵派三大家”之一的张问陶为中心的文人圈,这个圈子的成员还有翁方纲、罗聘、洪亮吉、赵怀玉、石蕴玉、查堂、汪端先、马履泰、方体、伊秉绶、魏成宪、王霖、彭田桥、王友亮、法式善等,皆一

① ② ③ 《仁宗睿皇帝实录》卷二百一十五,《清实录》第三十册,第885页上。
④ 《仁宗睿皇帝实录》卷二百一十五,《清实录》第三十册,第894页下。
⑤ 《仁宗睿皇帝实录》卷二百一十五,《清实录》第三十册,第888页下。
⑥ 吴锡麒:《中宪大夫刑部郎中查公墓志铭》。

时名士[①]。其具体交游活动，比如嘉庆二年三月，曾为查世荣作墓志铭的浙江籍文人吴锡麟即将离京南归，查有圻与罗聘、洪亮吉等人在陶然亭举行诗会为其送行[②]。查有圻与张问陶尤为契厚，对他资助颇多。张问陶《船山诗草》中有一首诗题名曰："夏日酒贵，衣装典质殆尽，忽查小山送菊花酒一大瓮"[③]，可作为两人日常交往的注脚。嘉庆十九年，张问陶病逝于苏州，查有圻负担了他的全部丧葬费用[④]。

画家王霖曾为查有圻作画像《仗剑拥书图卷》，画中查有圻左手持剑，拥书而坐，颇有睥睨自得之态。多名好友在图卷上题诗相赠。张问陶作诗称赞查有圻道："才人击剑马相如，侠似荆卿转好书。"[⑤]从中可见查有圻面对这些好友们时挥洒任侠的做派。但在京城的普通人眼中，查有圻的做派却呈现出一种更为世俗的色彩。最为人津津乐道的事例是所谓"四鼓开正阳门"。根据当时的制度，晚间城门要关闭，非特旨不能开。有一次查有圻在城外宴客，忽然有急事要回城内家中，当时时方四鼓，而城门竟为之开启，查有圻遂以白银三十万两（一说十万两）犒赏守门兵士，一时轰动京城。此事记于《水窗春呓》《清朝野史大观》等稗官野史。与此相类，在清末及民国的野史笔记中，查有圻俨然成为豪奢的代名词，甚至被赋予了"查三标子"的诨号[⑥]。这些描述多少带了草根的艳羡与写家的渲染，以至

① 《吴锡麟年谱》对查有圻和这些文人的交游多有记载，参见刘欢萍：《乾嘉诗人吴锡麒研究·吴锡麒年谱》，凤凰出版社，2016，第412—417页。

② 吴锡麟《南归记》，载王锡祺辑：《小方壶斋舆地丛钞》第五帙，杭州古籍书店，1985。

③ "小山"，乃是查有圻的号，参见张问陶撰，成镜深、胡传淮主编：《船山诗草全注》第4册，巴蜀出版社，2010，第1912页。

④ 眭骏：《王芑孙年谱》，华东师范大学出版社，2010，第476页。

⑤ 《张问陶书画年谱》，载四川宋瓷博物馆编：《遂宁历史名人年谱》，四川民族出版社，2019，第239页。

⑥ 《金台残泪记》："长芦盐贾查友圻（即查有圻，……未及四十之年，耗白金至二千万。天下称其'查三标子'。"载江畬经选编：《历代小说笔记选·清》，广东人民出版社，1984，第864页。

于完全失去了本来面目。比如民国天津戴愚庵的《沽水旧闻》里，写了三则关于“查三镖子”的故事。这位天津盐商富可敌国，生活极尽豪奢。他蓄养了十二名绝色婢女，分别以“春、夏、秋、冬”命名，娇态各异，风情不一。为了“经营”这十二个婢女，“查三镖子”花费了数十万两白银①。实际上，查有圻的豪奢之举主要发生在北京而非天津。

不过，天津对于查有圻的重要性绝对不亚于北京，因为那里是他真正的财富之源。当他在京城掀起政坛风云的时候，坐镇天津的商伙樊宗澄正在搅动起长芦盐务新的波澜。

## 六、砝码增重

樊宗澄早在乾隆五十八年就已经是海宁查氏的商伙，并且和朱晋一样担任长芦纲总②。在查有圻崛起后，他成为“查奕茂”“江公源”盐店的主要代理人。此人并非完全是市侩之徒，在天津的文人圈中，他与长兄樊宗浩、三弟樊宗清皆有诗名，号称“三樊”，各有诗集问世③。作为查有圻的商伙，

---

① 戴愚庵：《沽水旧闻》，天津古籍出版社，1986，第 14 页。此书中所称之“镖子”与“标子”同义，都是对散漫花钱之人的谑称。

② 乾隆五十八年一月十五日《署理长芦盐政巴宁阿为查明穆腾额侵用办贡缴银事奏折》，《清代长芦盐务档案史料选编》，第 179 页。

③ 樊宗浩有一子樊彬，所著《津门小令》对天津风物多有记述，颇为后世治天津史者所看重。樊宗浩与樊宗清同时中乾隆五十一年丙午科恩贡副榜，樊宗澄为廪膳生。樊宗浩早亡，樊宗清由副榜贡生议叙县丞，后来纳捐成为四川浦江县知县，樊宗澄则留在天津，做起了盐商们的职业经理人。参见徐士銮著、张守谦点校：《敬乡笔述》，天津古籍出版社，1986，第 53 页；《桑梓纪闻》中记：“天津樊宗浩，字晓斋，与弟宗清、宗澄均以诗名。”马鸿翱著、侯福志整理《桑梓纪闻》，天津古籍出版社，2016，第 69 页。嘉庆十七年九月初五日《成亲王永瑆呈为长芦盐砝加重案樊宗清供单》记：“樊宗清供：‘……彼时我哥哥樊宗澄在天津充当纲总’。”（《清代长芦盐务档案史料选编》，第 285 页）可知樊宗浩为伯，樊宗澄为叔，樊宗清为季。

樊宗澄的角色是“外司”，经管引盐运销的外部事务；查有圻还有一位“内司”冯昶，经管盐店内账目银两。樊宗澄的服务对象不止查有圻一人，他同时还充当着查世倓的“查庆余”盐店以及吉恒豫、杨砚亭、春晖、潘复兴等散商的外司。虽然他自己没有引地产业，但经营的引地数量恐怕比任何一位盐商都要多。身为纲总，樊宗澄不只是查有圻的代言人，更是所有长芦盐商的代言人，这个身份使他在嘉庆十二年做了一件注定会震动朝野的事。

事情的起因是朝廷决定更换长芦盐砝。天津称掣引盐用的是户部颁发的一套砝码，包括顺治二年及康熙十六年先后颁发的铜砝码六个、雍正年间加斤时颁发的五十斤石砝码一个，从顺治二年开始算，已经沿用了一百六十余年。这套砝码并不标准，因为是以十七两三钱为一斤铸造，而非通行的十六两。其结果是，长芦引盐每包（即一引）重量表面上是法定的三百斤，但若以十六两为一斤的标准换算，实际上是三百二十五斤四两。长芦盐商售盐用的都是十六两为一斤的标准，一百多年来，他们就从这种从“大秤进、小秤出”的差额中获取更多利润。这并不是一个错误，雍正年间直隶总督李卫的一份公文里提到“部颁盐砝系十七两三钱为一斤”[①]，说明这是朝廷有意为之，也许是顺治初年为恢复长芦盐业而给盐商的宽惠政策之一。但后来长芦盐业复苏后，朝廷并没有加以纠正，盐商们对此也就习以为常。

嘉庆八年，一个名叫张克谐的灶户捅破了窗户纸。他向户部和刑部控告盐商郑澄浮加盐斤，其实这只是砝码不标准造成的偏差，而并非郑澄有意舞弊，刑部据此判张克谐诬告，没有给郑澄任何惩处。但既然砝码并不标准的事实被揭开，朝廷也就难以再视而不见了。嘉庆九年，工部在向户部确认全国各盐区都实行十六两为一斤的标准后，便以“权衡不可紊乱”

① 嘉庆十七年九月初五日《成亲王永瑆呈为盐砝加重案李如枚供单》，《长芦盐务档案史料选编》，第284页。

为由,饬令长芦盐商将盐砝送部勘验,并按照通行标准重铸。这也就意味着长芦盐区每引将会少盐二十余斤,整个盐区每年将少运盐二千余万斤,折合售盐收入三四十万两之巨。对于已经走向衰落的长芦盐商来说,这是难以接受的。盐商们反应激烈,通过纲总向长芦盐政珠隆阿请求不要更换砝码。

珠隆阿将盐商们的诉求转达给了工部,并建议此事从缓,因为他深知此时长芦盐商的真实情况。由于嘉庆六年遭遇水灾,长芦盐区的盐穰、席绳等费用增至以前的一倍到一倍半,盐商们在嘉庆九年亏折的成本就达四十余万两,而当年恰恰又是此前展缓的多项课帑起征的年份,"交项骤增,当此成本赔折之时,几觉难于调剂"①。亏折与债务的叠加已经让长芦盐商喘不上气来,此时如果强行更换砝码,将有可能导致严重的后果。尽管如此,工部还是驳回了珠隆阿的建议,但盐商们也没有放弃抵抗,在珠隆阿离任后,又通过继任的额勒布向工部表达不满,以至于工部更换砝码的计划拖延多年都没有实现。

嘉庆十一年二月,李如枚开始担任长芦盐政,此时樊宗澄正是值年纲总。李如枚甫一到任,樊宗澄等就找到他,请求仍按照十七两三钱为一斤的标准重铸砝码。李如枚和他的两位前任一样站在了盐商一边,他向工部强调了保持原有砝码比重的另一个重要原因,就是引盐在运销过程中由于舟载车装,雨淋日晒,因此极易损耗,即便以十七两三钱为一斤,盐商也并没有获得多少额外利润。这一次工部似乎被说服了,向嘉庆帝奏称更改砝码"轻则累商,重则病灶,转与国课民食大有关碍"②,请嘉庆帝根据李如枚的意见做决定。嘉庆帝也非常谨慎,嘉庆十二年初专门把李如枚召到北京,当面询问长芦盐商的情况,这一次李如枚把嘉庆帝也说服了。对于李

---

① 嘉庆九年九月初八日《长芦盐政珠隆阿为详察商情分限缓征欠课等银两事奏折》,《清代长芦盐务档案史料选编》,第214—215页。

② 嘉庆十二年二月初二日《长芦盐政李如枚为仍照顺治康熙年间部颁砝码铸换新砝事奏折》,《清代长芦盐务档案史料选编》,第229页。

如枚提出的仍按旧砝比重重铸长芦盐砝的建议，嘉庆帝下令户部、工部“悉心妥议具奏”[①]。

事情似乎在向盐商们希望的方向发展，但他们很快就失望了。户部调取长芦盐砝码勘验后，发现经过长年累月的磨损，这些砝码的重量已经大打折扣，每斤实际只折合十六两七钱八厘。这样事情就变得简单多了，工部最终确定的方案是，按照十六两一斤的定例重铸三百斤正砝六块以统一标准，同时将原砝码每斤多出的七钱八厘，按照每包三百斤积成十三斤十一两，另添铸小砝码一块，以表示对盐商的体恤[②]。然而盐商并不买账，因为这样一来，长芦引盐每包的重量就变成了三百一十三斤十一两，比他们的预期仍少了十一斤有余。但这次朝廷不再让步，在嘉庆帝和工部、户部的眼中，盐商已经从砝码重铸中得到了恩惠，尽管这恩惠是缩水了的。

七月，工部开始重铸长芦盐砝。看起来盐商们只能接受这个结果，樊宗澄却并不这么认为。他从芦纲公所修理庙桥的公费中取出五百两，打点了长芦运司的书办、工部的书吏、匠头，竟然成功地将工部重铸的砝码暗中加重六斤四两。八月，这些伪砝码被运回了天津，堂而皇之地摆放在了掣盐厅内，九月二十日开始启用，成为长芦引盐斤重新的衡量标准。砝码加重后，每引多出的六斤四两不在朝廷计量之内，因此就不必缴纳盐课，与私盐无异，而这种“贩私”的参与者是全体长芦盐商。在此后的五年里，长芦盐商用这套伪砝码共运销引盐四百二十三万余引，获得额外利润五十三万一千余两，其中樊宗澄的东家查有圻获得七万五千余两，为所有盐商之冠。对于岌岌可危的长芦盐商来说，这些额外利润多少能给他们提供一丝喘息的机会。

樊宗澄并没有引地产业，不会从砝码加重中直接获利，却为此冒着极

① 嘉庆十二年二月初二日《长芦盐政李如枚为仍照顺治康熙年间部颁砝码铸换新砝事奏折》，《清代长芦盐务档案史料选编》，第 229 页。

② 嘉庆十七年九月二十二日《户部左侍郎初彭龄为饬户工二部会同定议长芦盐砝重量事奏折》，《清代长芦盐务档案史料选编》，第 290 页。

大的风险。朝廷颁发的砝码等同于法律，如此暗中私自加重，紊乱度量权衡，侵蚀引盐课税，这是难以宽宥的重罪。况且伪砝码在天津投入使用后，盐商们就会发现盐包的真实斤重，因此砝码加重几乎立刻就会成为公开的秘密，随时都有被揭发的可能。既然如此，樊宗澄为什么还要去做这件事呢？五年后樊宗澄的弟弟樊宗清回忆道，当时兄长“正在患病，与我言及长芦掣盐砝码奉部调换旧砝，众商均为着急，他今年打头值年，难以坐视”。按照这个说法，众商都不认可工部新铸的砝码，樊宗澄由身为纲总的职责所驱使，想要以这种非常手段拯救长芦盐商于水火之中。既然如此，他也就没有必要对所有人隐瞒真相，至少其他长芦纲总，甚至一部分有实力的盐商必定都参与了事情的谋划，而引地最多、作为樊宗澄东家和靠山、一向有“芦商唯查有圻是望”之名的查有圻，最有可能是其中主谋。

不过还有另一种可能。根据樊宗清的回忆，樊宗澄在操作加重砝码时已经病入膏肓。事实也的确如此，在加重砝码仅仅三个月后，樊宗澄就病故了。这使得他有可能无所顾忌地“舍得一身剐”，单枪匹马完成身为纲总的最后使命。如果是这样，那么樊宗澄的这次舞弊就有了点悲情意味，毕竟他本人并没有从中得到任何好处——案发后朝廷对他家产的查抄结果显示，他死后留下的是没有子嗣的年老遗孀、二十二亩坟地，以及变卖衣物都未曾偿还完的债务①。

---

① 以上据嘉庆十七年九月初五日《成亲王永瑆呈为长芦盐砝加重案樊宗清供单》、嘉庆十七年九月二十二日《长芦盐政祥绍为呈查抄樊宗澄资产及讯问家属情形事奏折》、嘉庆十七年十月十二日《长芦盐政祥绍为革员查有圻请于半年限内完交罚赔事奏折》、嘉庆十七年十月二十四日《内务府大臣征瑞等为请芦商应交赔欠银两分期完纳事奏折》，《清代长芦盐务档案史料选编》，第285、291、294、297页。

## 七、造谋之首

樊宗澄去世后，樊宗清接替他担任查有圻的商伙及长芦纲总，和其他长芦盐商一起默契地对加重的砝码保持沉默，正如他们之前使用旧砝码时那样。樊宗清和他的兄长一样称职，帮助海宁查氏源源不绝地赚取盐利。然而对于其他长芦盐商来说，日子并不那么好过。除了成本增加、银价过高，困扰他们的还有没完没了的积欠，总额高达七百四十余万两。朝廷制定了分年征收积欠的计划，这个计划已经排到了嘉庆三十八年。缓征本来是困难的年份朝廷给盐商的一种恩惠，但到了起征的年份却成为盐商额外的负担。以嘉庆十五年为例，长芦盐商需要缴纳的各项正杂引课及积欠多达二百一十六万余两，比往年要多六十余万两。嘉庆十六年正月，长芦盐政嵩年向嘉庆帝奏报说，长芦盐商“商力竭蹶者居多”，以至于连春运的成本都拿不出来了，不得不请求嘉庆帝恩准，将长芦运库库银借给盐商作为运本。嘉庆十七年六月，长芦盐商终于迎来了一个利好消息，经过盐政祥绍的请求，朝廷决定将长芦盐每斤加价一文，所得收益一半用于偿还积欠，一半归盐商所有[①]。然而长芦盐商们还没来得及尝到加价的甜头，砝码加重案被揭发了。

揭开真相的是一个名叫段善庆的天津船户，而真正的始作俑者是一个人称“魏三”的讼师。嘉庆十六年秋天，段善庆受雇为查善长之子查维震运送河南引盐。十月份河水结冰，段善庆怕船只载重受损，想要中途将引盐起卸上岸，因此与查维震发生矛盾。双方互不相让，矛盾愈演愈烈，以至

① 嘉庆十五年《芦商历年积欠银两分限分年带完细数清单》、嘉庆十六年正月初八日《长芦盐政嵩年为请借库款以裕运本事奏折》、嘉庆十七年六月十三日《长芦盐政祥绍为恩准盐斤加价谢恩事奏折》，《清代长芦盐务档案史料选编》，第262、263、270页。

于到长芦盐运使署互相呈控。段善庆指控查维震有夹带私盐的嫌疑，查维震则指控段善庆“阻运讹诈图赖水脚”，而且曾有刀伤胞兄等罪行。但盐运使似乎对他们的案子并没有兴趣，于是双方僵持不下。嘉庆十七年七月，段善庆向熟识的讼师魏三求助。魏三本名魏瑞麟，身为生员却不用心于科举，专门在京津一带替人写呈状，包揽词讼。他当时正兜揽了一宗盐务讼案，因为此案涉及盐包斤重，五月份天津分司称掣盐包时，他专门跑去观看，发现所掣盐包轻重不等，又见有十余斤砝码一块，疑心盐商加砝舞弊，于是趁机撺唆段善庆在呈状里添上“砝码加重”字样，到和盐商没有关系的巡漕御史连庆那里呈告①。

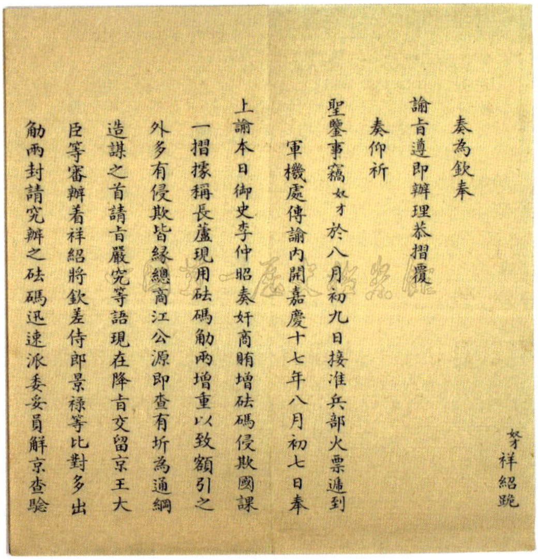
奴才祥紹跪
奏為欽奉
諭旨遵即辦理恭摺覆
奏仰祈
聖鑒事竊奴才於八月初九日接准兵部火票遞到
軍機處傳諭內開嘉慶十七年八月初七日奉
上諭本日御史李仲昭奏奸商賄增砝碼侵欺國課
一摺據稱長蘆現用砝碼觔兩增重以致額引之
外多有侵欺皆緣總商江公源即查有圻為通綱
造謀之首請旨嚴究等語現在降旨交留京王大
臣等審辦着祥紹將欽差侍郎景祿等比對多出
觔兩封請究辦之砝碼迅速派委妥員解京查驗

**嘉庆十七年八月十二日《长芦盐政祥绍奏报遵旨查办长芦砝码加重一案事》(部分)②**

**(档案由中国第一历史档案馆提供)**

---

① 嘉庆十七年十月《董诰等为审理段善庆情形事奏折》,《嘉庆道光两朝上谕档》第17册,第397—399页。

② 图片来源:中国第一历史档案馆馆藏档案宫中全宗,档案号:04—01—35—0493—007。

因涉及部颁砝码，连庆不敢掉以轻心，将案情上奏给嘉庆帝，嘉庆帝下旨让刑部左侍郎景禄负责审讯此案。景禄在审明所谓刀伤胞兄、夹带私盐都不是事实后，将注意力放在长芦盐砝码上。在用天津道库兑银砝码比兑后，他发现这些砝码除去皮条牛筋，每块多出自一二两至二三十两不等。这样问题就严重了，景禄认为必须究办，并且要交到户部用祖砝详细校准，段善庆、查维震都被解送北京。这个时候，段善庆的弟弟段善和又在魏三的怂恿下，到北京试图向御史呈告以解救其兄，虽然没有成功，但已经闹得满城风雨。八月初七日，御史李仲昭上《奏奸商贿增砝码侵欺国课折》，称“长芦现用砝码斤两增重以致额引之外多有侵欺，皆缘总商江公源即查有圻为通纲造谋之首，请旨严究”，将矛头直指查有圻。景禄会同户部、刑部及李仲昭共同用户部的祖砝进行了比兑，结果显示，砝码增加的斤重为六斤四两，长芦砝码增重的秘密被揭开了[①]。

正在热河避暑的嘉庆帝收到报告后，立刻下旨留守北京的大臣们组织了一个强大的审讯班子，其中包括留京王大臣成亲王永瑆、领侍卫内大臣庆桂、管理吏部的大学士勒保、管理工部的大学士刘权之、户部侍郎初彭龄和觉罗桂芳、刑部满尚书崇禄、刑部侍郎景禄、御史李仲昭等，嘉庆帝则在热河遥控指挥，一时奏报谕旨往来交错于京热之间。嘉庆帝对案情的了解巨细靡遗，还不时指出大臣们审办中的错漏之处。他还特地下旨，九月份回銮时，审理砝码案的大臣们不必接驾，就是他回到北京后，这些大臣也不必到圆明园例行陛见。如果有确实需要奏明的事，只准许不超过三人前

---

① 嘉庆十七年七月二十二日《刑部左侍郎景禄奏为天津盐运船户段善庆呈控商人查维震夹私隐课部颁盐砝不准比兑多出斤两请旨究办事》，中国第一历史档案馆档案宫中全宗，档案号：04—01—08—0029—009；嘉庆十七年十月《董诰等为审理段善庆情形事奏折》，中国第一历史档案馆编：《嘉庆道光两朝上谕档》第 17 册，第 398 页；嘉庆十七年八月十二日《长芦盐政祥绍为遵旨查办长芦砝码加重案事奏折》、嘉庆十七年八月十三日《成亲王永瑆为比兑长芦盐砝实有多出分两请质讯事奏折》，《清代长芦盐务档案史料选编》，第 274、275 页。

来，其他人仍留在刑部审案，直到案子审明为止[①]。在这样的审讯力度下，涉案的所有人员都无所逃遁，从当年的长芦盐政李如枚，到长芦所有纲总、主要盐商，参与改铸砝码的工部主事、户部郎中、长芦运同，以及各衙门的书办、胥吏，都一一过堂受审。到九月中旬，审讯基本结束，当年樊宗澄如何贿嘱、书办及胥吏如何串通、砝码如何被掉包增重、如何运到天津等所有细节纤毫毕现，但最关键的问题仍悬而未决：查有圻到底是不是李仲昭口中的“通纲造谋之首”？

李仲昭的奏折让查有圻从一开始就成为此案的焦点。在审讯开始之前，永瑆等人特地请旨让和查有圻有姻亲关系的户部尚书曹振镛、刑部尚书金光悌回避[②]。即便如此，李仲昭还是遭到了攻击，有流言说他参劾查有圻是因为索贿不遂[③]。由于查有圻早就南下苏州陪母亲治病，由江苏巡抚朱理负责押解进京，所以迟迟未能到案。在朱理初步审讯时，查有圻以自己一向不在天津、不理盐务为由否认参与了砝码增重案[④]。而在北京受审的其他所有人，包括樊宗清及查有圻内司冯昶在内，都坚称此事是樊宗澄一手策划实施，并不是查有圻主使，也没有与查有圻商议。但查有圻在各地的财产还是很快就被查封了。审讯大臣们并不相信查有圻真的无辜，正如永瑆在奏折里所说：“臣等复查此项贿嘱银两既系出自通纲，查有圻引地最多，摊出之银亦必较多，况起意之樊宗澄系查有圻外司，断无不通同商办之理。”[⑤]但怀疑归怀疑，他们始终都没有找到切实的证据。

---

① 嘉庆十七年九月十五日《寄谕留京办事王大臣、户部刑部堂官》，《嘉庆道光两朝上谕档》第17册，第356页。

② 嘉庆十七年八月十三日《成亲王永瑆为比兑长芦盐砝实有多出分两请质讯事奏折》，《清代长芦盐务档案史料选编》，第276页。

③ 《清史稿》《列传第一四三·李仲昭》，第8773页。

④ 嘉庆十七年八月十七日《江苏巡抚朱理奏为长芦盐商查有圻所涉砝码加重案并盐引数目家产等情事片》，《清代长芦盐务档案史料选编》，第276页。

⑤ 嘉庆十七年八月二十八日《成亲王永瑆奏为连日审讯长芦盐砝加重案犯大概情形事奏折》，《清代长芦盐务档案史料选编》，第281页。

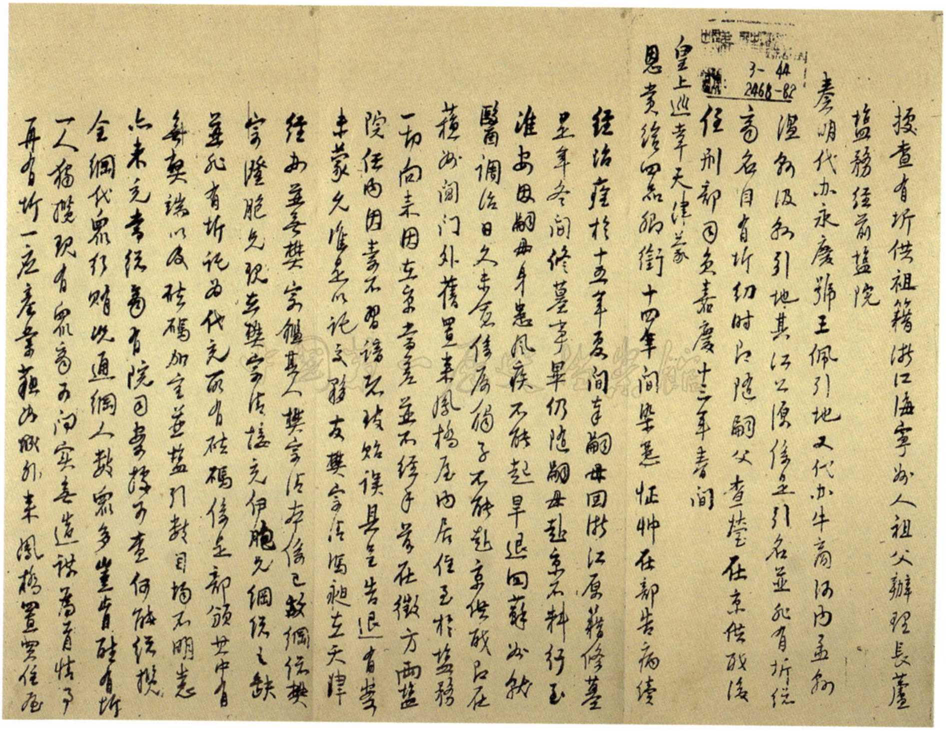

接查有圻係祖籍浙江海寧州人祖父辦理長蘆
鹽務經前鹽院
奏明代办永慶號王佩引地又代办牛商河内孟縣
溫縣汲縣引地其江口原係查引名並無有圻從
商名目有圻幼时即隨嗣父查瑩在京供職後
任刑部因於嘉慶十三年春間
皇上巡幸天津蒙
恩賞給四品職銜十四年間染患怔忡在部告病請
經治痊於十五年夏間幸嗣母回浙江原籍修墓
是年冬间修墓事畢仍隨嗣母赴京不料行至
淮安因嗣母身患風疾不能起旱退回蘇州就
醫調治日久未愈(?)復(?)患(?)痛(?)子不能赴京供職即在
蘇州閶門外舊置來鳳橋屋內居住至於鹽務
一切向未因在京當差並不經手當在徽方西鹽
院任內因素不習諳究被訛誤具呈告退有圻
未蒙允准是以託交好友樊宗清(?)馮昶在天津
經手並無(?)樊宗清其人樊宗清本係已故綱總樊
宗隆胞兄現在樊宗清接充伊胞兄綱總之缺
並非有圻託為代充所有砝碼係呈部領出中有
無輕重(?)以及砝碼加重並鹽引數目均不明悉
亦未充當總商有院因無(?)務可查何能經攬
全綱代衆行賄以通綱人數衆多豈肯聽有圻
一人獨攬現有衆商可問实無造謀為首情事
再有圻一应產業兹(?)將(?)浙(?)外來鳳橋置買住屋

嘉庆十七年八月十七日《江苏巡抚朱理奏为长芦盐商砝码加重并盐引数目家产等事》(部分)①

(档案由中国第一历史档案馆提供)

耐人寻味的是嘉庆帝的态度。审讯之初,他在谕旨里提醒大臣们,李仲昭指称查有圻为造谋之首,是由于查有圻"家赀富厚,又曾任京官,疑其有造谋勾串之事",因此只是"悬揣之词",不足为凭。由此看来他对查有圻似乎有回护之心,但事实上并非如此。他紧接着指出关键是看樊宗清、冯昶在砝码加重后,有没有将所得余利开账目交给查有圻。如果查有圻的确收到了这些余利,那他毫无疑义是知情同谋的。九月十一日,在得到查有圻的内司冯昶"将每年销盐若干、包价银若干两开给查有圻总账,并未

① 图片来源:中国第一历史档案馆馆藏档案军机处全宗,档案号:03—2468—082。

将多出盐斤提出另算”的供词后，嘉庆帝据此推测查有圻一定知道砝码增重。九月十五日查有圻即将被押解到案，嘉庆帝又提醒审案大臣们提防查有圻与其他人串供，因为“查有圻亲戚众多，手眼最大，或于解到时乘间与樊宗清等彼此串供支吾狡展”①，不得不防。

看起来嘉庆帝并没有回护查有圻的打算，但是他并不指望查有圻自认是樊宗澄的幕后主使，因为即便这是事实，也已经死无对证了。查有圻到案后只承认自己知情而不举发，与众商一起侵用余利，隐漏国课。对于嘉庆帝来说，这就足够了。九月二十二日，嘉庆帝降明旨宣布结案：

> 此案私换加重盐砝情节经王大臣等审明，系纲总樊宗澄起意贿嘱舞弊，实为此案罪魁。设该犯尚在，自当从重治罪。现已身故，其家产并已查抄，著毋庸议。其长芦纲总及众商人明知伪砝加重，伙同侵用余利隐漏国课，本应一律治罪。然念承办引课人数众多，未便一时全易生手。各纲总及众商人凡曾经侵用余利者，著将职衔顶戴全行斥革，其应得罪名俱加恩宽免，仍责令照旧充商。如再不实力办公，定当加倍治罪。其应追罚缴银两著照王大臣所议交长芦盐政勒限追缴。查有圻此时亦著暂缓发遣，伊名下各处资产免其查抄，概毋庸看守。责令上紧措缴官项，俟全数完纳，该盐政再行奏明请旨。余依议。钦此。②

“造谋之首”的罪名最终还是由已经死去五年的樊宗澄承担了。其实

① 嘉庆十七年九月十五日《寄谕留京办事王大臣、户部刑部堂官》、嘉庆十七年八月二十八日《寄谕留京办事王大臣、刑部堂官》，《嘉庆道光两朝上谕档》第17册，第356、329页；嘉庆十七年九月十四日《成亲王永瑆等为审讯长芦盐砝码加重案各犯口供事奏折》，《清代长芦盐务档案史料选编》，第289页。

② 嘉庆十八年二月初九日《长芦盐政祥绍为芦商查有圻应交赔银趱限全数完纳事奏折》，《清代长芦盐务档案史料选编》，第304—305页。

嘉庆帝心里很清楚,追究谁是造谋之首并没有太大的意义。景禄审讯段善庆案时查出,早在嘉庆十三、十六年,就多次有盐商在讼案中牵扯到盐砝不准,但巡盐御史、运司都没有加以比兑。永琨等人在审讯中又得知,嘉庆十二年批验所大使王朝兰将砝码领回天津的时候,樊宗澄已经将实情对他和盘托出,所以砝码增重已经“通纲皆知”,在盐官那里也不是什么秘密。这种由商到官、从下到上的普遍隐瞒恰恰说明砝码增重切中了盐商的刚性需求,为了维持长芦盐务的暂时稳定,盐官们也不得不佯装不知。从这个意义上说,砝码舞弊的造谋之首不是樊宗澄一个人,而是所有的长芦盐商[①]。

案子审结后,户部和工部开始考虑重铸长芦砝码的问题。户部左侍郎初彭龄出人意料地建议仍按十七两三钱为一斤的标准重铸,他的理由是“长芦商力固未充裕,若再核减盐包,恐因此更形疲乏,于课项大有关系”[②]。这个建议自然没有被采纳,最终工部仍按照十六两一斤的定例重铸三百斤正砝六块,另添铸十三斤十一两小砝码一块[③],长芦盐商们这次再也无话可说,因为朝廷已经是格外开恩。他们只是被革去了那些顶戴虚衔,仍然可以继续做他们的盐业生意。查有圻所得余利远远高于其他盐商,大臣们原议将他发配,嘉庆帝却开恩暂缓,查有圻被查封的家产也全部发还了。

朝廷对砝码案的处置看起来是“高高举起,轻轻放下”,但这只是假象。嘉庆帝的真实意图不在于要置哪个人于死地,而是要为盐商以银代罪

---

① 嘉庆十七年七月二十二日《刑部左侍郎景禄奏为天津盐运船户段善庆呈控商人查维震夹私隐课部颁盐砝不准比兑多出斤两请旨究办事》,中国第一历史档案馆档案宫中全宗,档案号:04—01—08—0029—009;嘉庆十七年九月初二日《成亲王永琨为遵旨严审李如枚等掣盐砝码加重案奏折》,《清代长芦盐务档案史料选编》,第282页。

② 嘉庆十七年九月二十二日《户部左侍郎初彭龄为饬户工二部会同定议长芦盐砝码重量事奏折》,《清代长芦盐务档案史料选编》,第290页。

③ 另有卤耗砝码十斤一块、五斤一块,与案发前相同。参见道光元年二月初三日《长芦盐政福森为添铸砝码并先套制石砝称掣引盐事奏折》,《清代长芦盐务档案史料选编》,第330页。

作铺垫。所有长芦盐商都会被追缴罚银,而查有圻的"暂缓发遣",也只是给他一个缴纳罚银的期限。盐商们通过砝码增重得到了短暂的好处,却将要为此付出惨重的代价。在面对盐商舞弊时,嘉庆帝的态度与他的父祖一脉相承。

段善庆、查维震用斗气式的互控揭开了一桩惊天大案,他们因此一直被监禁在北京。十月份,朝廷终于腾出手来审讯他们,但重点放在了他们是如何牵扯到砝码增重上的。最终那位打开潘多拉盒子的讼师魏三被揪了出来,并以"积惯讼棍拨弄乡愚"的罪名,革去生员资格,发配云贵两广极边远烟瘴之地充军[①]。而段善庆和查维震在结案后各自领回船、盐,继续经营他们的生意去了[②]。

## 八、查有圻陨落

嘉庆帝对盐商们的"宽容",是因为审案的大臣们向他提交了一份长芦盐商罚银方案。在这个方案里,长芦盐商被分成三个等级:普通盐商按照五年内所得余利加一倍罚银;引地相对较多的查世倓(查庆余)及有引地的纲总、托樊宗清管理外事的盐商加二倍罚银;引地最多的的查有圻加五倍罚银。十月份,内务府大臣征瑞和长芦盐政祥绍按照这个标准清算出了详细数目,长芦盐商需要交纳的罚银总额达一百四十七万余两,其中查世倓需要交纳的数额为二十一万余两,而查有圻需要交纳的数额高达四十五万五千余两,其他商人共需交纳八十余万两。在公布了罚银清单后,征瑞和祥绍饬令盐商们"各发天良",自己上报缴齐罚银的期限。盐商们的

① 嘉庆十七年十月《董诰等为审理段善庆情形事奏折》,《嘉庆道光两朝上谕档》第17册,第399页。

② 嘉庆十七年十月二十八日《钦差大臣征瑞等为查讯核拟丰财场灶户王诰等呈控案奏折》,《清代长芦盐务档案史料选编》,第301页。

确被皇帝的“宽容”激发了“天良”，因皇上“格外免其治罪”而“感激悚惧”，表示“理应将罚项立时措交”，然而身上背负着六百七十余万两的积欠，又遭受着成本高昂、银贵钱贱的困窘，他们无论如何也无法在短时间内交齐罚银。在纲总任秉衡等人的请求下，朝廷将有引纲总的交银期限定为三年，普通盐商为五年[①]。

与此形成鲜明对比的是，罚银最多的查世倓和查有圻主动承诺半年之内就可以交清。海宁查氏作出这样的表示，是因为他们从一开始就是嘉庆帝重点关照的对象。九月二十四日，嘉庆帝特地让长芦盐政祥绍向关押在天津的查有圻传达口谕：“伊身罹罪辜，所有财产皆系应抄没之项，今蒙格外天恩，概行给还，仅止罚赔银两，伊现有如许资产，不能藉口无力，应激发天良，作速措办，将所欠官项依限全数完纳。”[②]。据祥绍描述，查有圻聆听之后“伏地碰头，叩感天恩，不胜战栗恐惧之至，口称革员世受国恩，蒙赏四品卿衔，乃于盐砝加重情弊不早行举发，与众商一同漏课，其咎实较众商加重”[③]，因此情愿变卖家产也要在半年之内交完所有罚银。在罚银清单公布后，查有圻立刻就上交了第一笔罚银十万两，十一月又上交了十万两，十二月将次年正月应交的十万两交齐，嘉庆十八年二月初一日将本来应该三月底交清的最后一笔十五万余两罚银交齐。至此，查有圻将半年的缴银期限又缩短了整整两个月。查世倓也不甘落后，十二月缴纳了第一笔十一

① 嘉庆十七年十月二十四日《内务府大臣征瑞等为请芦商应交赔欠银两分期完纳事奏折》，《清代长芦盐务档案史料选编》，第296—298页。

② 嘉庆十七年十月十二日《长芦盐政祥绍为革员查有圻请于半年限内完交罚赔事奏折》，《清代长芦盐务档案史料选编》，第294页。

③ 嘉庆十七年十月十二日《长芦盐政祥绍为革员查有圻请于半年限内完交罚赔事奏折》，《清代长芦盐务档案史料选编》，第294页。

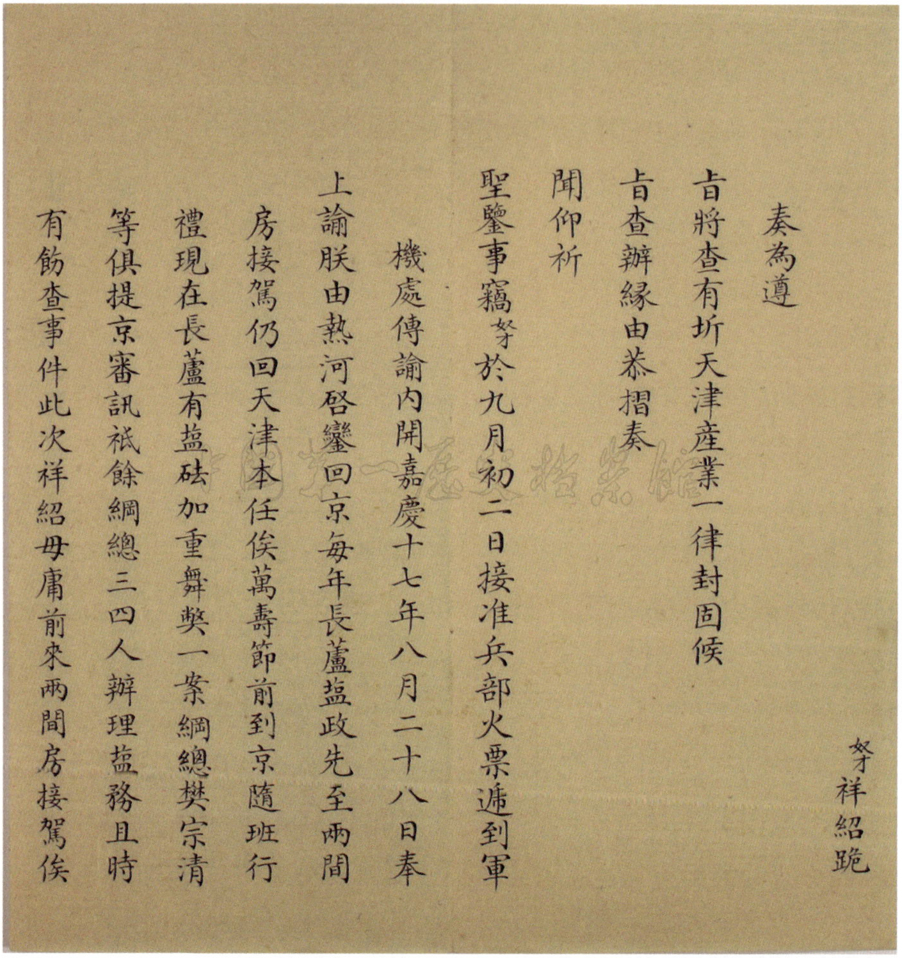
奴才祥紹跪
奏為遵
旨將查有圻天津產業一律封固候
旨查辦緣由恭摺奏
聞仰祈
聖鑒事竊奴才於九月初二日接准兵部火票遞到軍
機處傳諭內開嘉慶十七年八月二十八日奉
上諭朕由熱河啓鑾回京每年長蘆鹽政先至兩間
房接駕仍回天津本任俟萬壽節前到京隨班行
禮現在長蘆有鹽砝加重舞弊一案綱總樊宗清
等俱提京審訊祗餘綱總三四人辦理鹽務且時
有飭查事件此次祥紹毋庸前來兩間房接駕俟

嘉庆十七年九月初三日《长芦盐政祥绍奏报遵旨将查有圻天津产业一律封固候旨查办事》①
（部分，档案由中国第一历史档案馆提供）

① 图片来源：中国第一历史档案馆馆藏档案宫中全宗，档案号：04—01—35—0493—018。

万两，嘉庆十八年四月也如期交完了所有罚银[①]。

嘉庆帝在接到长芦盐政祥绍报告查有圻提前缴齐罚银的奏折后，仅仅朱批了两个字“钦此”，几乎相当于没有什么反应。直到二月十一日，祥绍将查有圻嗣母祝氏的一件“沥血陈情”的呈文转奏给了嘉庆帝。在这件呈文里，祝氏说自己自从查有圻获罪之后忧惧交并，又得了咯血之症，“床褥支离，奄奄一息，老病无依”。如果查有圻被发遣，则母子恐怕再无相见之期了，所以情愿照“四品官赎军流罪正项三千两”的十倍，缴纳三万两赎罪银为子赎罪。就在接到这件呈文的当天，嘉庆帝就下旨宣布查有圻免于流放。他同时还专门下了另一道谕旨，让祥绍告诉查有圻，免除他的流放并非因为他的赎罪银，而是因为他提前缴清了罚银。如果赎罪银还没有交出，就不必交了；如果已经交出也不必发还，即解交内务府。当然，嘉庆帝只是卖一个空头人情，这三万两赎罪银早已经解交内务府兑收了[②]。

海宁查氏在其他涉及交银的事务上也表现出积极态度。嘉庆十七年十月，就在筹措罚银的同时，查有圻主动提出，将在十四年内交完剩余的三十四万九千余两积欠，而查世倓则将交清四万五千多两积欠的时限定为三年，与朝廷原定的期限相比，分别提前了六年和十七年，这就意味着他们每年要缴纳的数额要大幅度增加。嘉庆十九年闰二月，查世倓、查有圻又主动向朝廷捐银每人三万两，用于豫东边界剿匪后的善后事宜。嘉庆帝收下之后，立即赏给了他们六品职衔[③]。

---

① 嘉庆十八年二月初九日《长芦盐政祥绍为芦商查有圻应交赔银遴限全数完纳事奏折》，《清代长芦盐务档案史料选编》，第304—305页。

② 嘉庆十八年二月十一日《致长芦盐政祥绍查祝氏吁恳代子查有圻赎罪事呈》、嘉庆十八年二月十一日《长芦盐政祥绍为代奏芦商查有圻之母祝氏呈请为子捐银赎罪事奏片》，《清代长芦盐务档案史料选编》，第305—307页。

③ 嘉庆十七年十月二十四日《内务府大臣征瑞呈长芦通纲各商积欠银两清单》、嘉庆十九年润二月二十五日《长芦盐政广惠为芦商查世俨（倓）等呈请捐银三万两事奏折》，《清代长芦盐务档案史料选编》第296、309页；嘉庆十九年润二月二十七日上谕，见《嘉庆道光两朝上谕档》第19册，第178页。

在砝码案短短一年多之后,海宁查氏凭借其令人咋舌的强大财力,似乎已经从砝码案的阴影中走出来了。然而这个家族只不过是在做破釜沉舟的挣扎,尤其是对查有圻来说,表面的光鲜是用割肉滴血的舍弃换来的。砝码案审定后,查有圻便被拘禁在天津,他的家人们则到各地地变卖产业。北京的当铺首先被售卖,不足的部分由山东、江苏、浙江等处产业抵补。变卖产业对查有圻的直接影响,就是斩断了盐业与其他生意之间互利互补的资金链条,以至于运盐的资本难以为继。嘉庆二十年,查有圻不得不借领了二十五万两帑银,随后他的盐业经营陷入了以债济运的恶性循环①。

砝码案对其他长芦盐商也造成了严重的打击。与查有圻一样,最大的打击不在于掏腰包出银子,而是给本已脆弱的资金链施加了更大的压力:一方面,砝码减重让他们的年收入大幅度减少;另一方面,罚银和积欠叠加在一起,让他们每年需要交纳的银两大幅度增加。他们的罚银额度虽然远远小于海宁查氏,但本就"资本歉薄,迥非查有圻、查庆余可比",承受能力极为有限。嘉庆十八年正月,他们的第一笔罚银就没有交齐,这笔罚银总数才十一万两。由于资本匮乏,长芦盐商在嘉庆十八、二十年连续两次借领帑银共九十万两,债务负担进一步加重。砝码案发生五年之后,大部分盐商都没有交清罚银,朝廷只好一再展缓期限,于是这些罚银成为长芦盐商积欠中新的部分②。

在重重压力之下,有些长芦盐商破产了,其中就包括以"查世兴"为引名的宛平查氏。虽然查世兴罚银的具体数额不详,但可以确定的是,这些

---

① 嘉庆十七年十月十二日《长芦盐政祥绍为革员查有圻请于半年限内完交罚赔事奏折》、嘉庆二十年八月初八日《都察院左都御史庆溥为长芦参商李芳林控告纲总把持事奏折》,《清代长芦盐务档案史料选编》,第294、316页。

② 嘉庆十七年十月二十四日内务府大臣征瑞等《为请芦商应交赔欠银两分期完纳事奏折》、嘉庆十八年正月《长芦盐政祥绍为催解盐砝案内商罚银两事奏片》、嘉庆二十年八月初八日《都察院左都御史庆溥为长芦参商李芳林控告纲总把持事奏折》,《清代长芦盐务档案史料选编》,第297、304、316页。

罚银造成的打击是迅速而致命的:嘉庆十七年十月,查世兴"业已就乏矣"①,嘉庆十八年就被参退了②。这也证明宛平查氏实际上早已脆弱不堪。道光四年,长芦盐政阿尔邦阿向道光帝呈交的《长芦积欠年份款目总数清单》显示,长芦盐商仍有五十一万余两砝码案罚银没有缴清,而其他积欠包括缓征的盐课、加价银、官租银、借领运库的运本银、捐输银,甚至还有盐商义和泰代认皇商王至德的赔罚余盐银。这些积欠缓征的年份最早追至乾隆年间,总额高达一千零一百二十七万余两,而此时所有长芦盐商的引地窝价总额才不过六七百万两,芦商已经整体陷入资不抵债的境地③。

查有圻的状况更不容乐观,他的盐业生意和他本人的生命都已经进入倒计时。道光四年闰七月,道光帝下令长芦盐政福珠龙阿彻底清查长芦积欠,查有圻被列为重点清查对象。结果显示,他此时的积欠已达二百数十万两之多,同时还欠下了二十三万吊京钱的私债,成本消乏,无力办运,主动向长芦盐政福珠隆阿吁求告退,于是其引地被派给其他盐商接办,家产全部抵偿了债务,这位叱咤京津的富豪终于退出了盐商的行列④。

---

① 嘉庆十七年十月二十四日《内务府大臣征瑞等为请芦商应交赔欠银两分期完纳事奏折》,《清代长芦盐务档案史料选编》,第297页。

② 道光十七年十二月十六日《署理直隶总督琦善为审明芦商邹勇京控纲总朱敦复索费勒派案奏折》:"嘉庆二年并十八年,有旧商王珮、查世兴先后参退,所遗引地,经前任盐政奏派通纲各商分认。"载《清代长芦盐务档案史料选编》,第385页。

③ 内务府来文档案,转引自吴奇衍:《清前期长芦官盐商的管理制度和破产原因》,第394页;道光四年正月二十二日《长芦盐政阿尔邦阿呈长芦积欠年份款目总数清单》、道光四年闰七月二十七日《广东道监察御史王世绂为长芦商欠亟宜盘查事奏折》,载《清代长芦盐务档案史料选编》,第341—342、343页。

④ 道光四年闰七月三十日《长芦盐政福珠隆阿为清厘长芦商欠银两及盘查运库事奏折》,道光五年十一月二十一日《大学士管理刑部事务蒋攸铦奏为盐商王瑍控运司张青选案饬长芦盐政查复事奏折》,《清代长芦盐务档案史料选编》,第343、350页;道光四年十一月二十四日《福珠隆阿奏为特参欠交帑课等项芦商江公源革退事》,中国第一历史档案馆档案军机处全宗,档案号:03—3175—047。

在生命的最后几年里，查有圻虽然失去了主要的经济来源，但仍不改其挥洒豪放的做派。《清稗类钞》中记载，其家道中落后，有一天拿出所藏的一方砚换银一千两，又到“舞榭歌台”之所挥霍。银子花光后回到家里，才想起赎砚无望，于是号啕大哭。哭完却说道：“千古之能散财者，当以查小山为第一人”[①]，纵声狂笑不止。道光七年四月二十日，查有圻殁于天津[②]，年仅五十二岁。

在查有圻陨落的同时，他的叔父查世倓名下的查庆余却依旧稳健。砝码案中查世倓缴纳的罚银要远远少于查有圻，因此并没有伤筋动骨。道光元年查世倓去世后，查元偁继续以查庆余的引名经营着直豫两省十九处引地以及天津、武清二处公共口岸，成为长芦盐区硕果仅存的大盐商[③]。和查有圻一样，他在南方海宁、嘉兴府、苏州等地也置办了很多其他产业。道光五年查元偁去世后，他的次子查彦钧继承了天津的盐业生意，长子查绍钱和三子查诜继承了南方的其他产业[④]。查彦钧延续了海宁查氏的传统，以做官为名长期住在北京，天津盐务则“一切假手于商伙”[⑤]。这些商伙似乎不辱使命，直到道光十七年，查庆余仍然是长芦盐区屈指可数的可称“殷实”的盐商之一[⑥]，其盐业经营活动一直延续到道光末年[⑦]。

---

① 徐珂编纂《清稗类钞》第七册《豪侈类》，中华书局，1986，第 3273 页。

② 《海宁查氏族谱》卷四。

③ 道光二十九年八月二十二日《长芦盐政崇纶为兵部候补郎中芦商查彦钧欠款误运请查封家产事奏折》，《清代长芦盐务档案史料选编》，第 431 页。

④ 《候选郎中查君墓表》，见《张裕钊诗文集》上海古籍出版社，2012，第 127 页。

⑤ 道光二十九年八月二十二日《长芦盐政崇纶为兵部候补郎中芦商查彦钧欠款误运请查封家产事奏折》，《清代长芦盐务档案史料选编》，第 431 页。

⑥ 道光十七年十二月十六日《署理直隶总督琦善为审明芦商邹勇京控纲总朱敦复索费勒派案奏折》，《清代长芦盐务档案史料选编》，第 386 页。

⑦ 详见后文《尾声：衰败的洪流》。

# 九、结语

在清代前中期天津大盐商家族中，海宁查氏是最具有韧性的一个，这在与其他盐商家族的对比中一目了然：当乾隆初年查懋在山东的票盐形成规模，并开始向长芦盐区拓展生意的时候，宛平查氏、朝鲜安氏、皇商王氏和范氏、凤台王氏正处于鼎盛时期，鄞县王氏则要在二十年后才开始经营长芦盐业；当道光末年查彦钧被朝廷追缴欠项而走向破产的时候，朝鲜安氏已经退出长芦盐业整整一个世纪，宛平查氏经过近六十年的挣扎早已被革除了盐商资格，皇商和"永庆号"盐商家族也已次第凋零，就连鄞县王氏的中落都已经过去了半个世纪。从乾隆初年到道光末年，海宁查氏作为大盐商家族完整地跨越了三朝近一百六十年，经历了天津盐商从兴盛到衰落的整个过程，尤其是在乾隆朝后期长芦盐区整体走下坡路之后，仍然一直逆势上扬，直到被长芦盐业衰落的历史洪流击垮。

海宁查氏之所以能坚持到最后，与其经营策略不无关系。这些策略包括：第一，保持稳定的资金链。从查懋开始，海宁查氏就将盐利投资于其他产业，再以这些产业产生的利润反哺盐业，比如在天津的当铺，就是专门为"协济运本之需"[①]而设立的。海宁查氏由此形成了良性循环的资金链条，极少在资金上出问题，在砝码案前也没有过借领帑银的记录，避免了像其他大盐商那样陷入债务的泥潭。第二，使用专业的代理人。查懋去世之后，海宁查氏的盐业生意基本上都是由商伙全权代理经营，由专业的人做专业的事，有效避免了经营不善导致的亏损甚至破产。第三，掌控了盐务中的话语权和主动权。查懋进入长芦盐业后，即受到芦商的广泛拥护，在

---

① 嘉庆十七年十月十二日《长芦盐政祥绍为革员查有圻请于半年限内完交罚赔事奏折》，《清代长芦盐务档案史料选编》，第 294 页。

查懋去世后,海宁查氏通过商伙占据着纲总的职位,牢牢掌握住长芦盐区的话语权和主动权,这使得海宁查氏能够左右长芦盐区的利益分配,尤其是在接办、代办参商引地时总能占得先机,从而使自己的经营规模远远超过其他盐商。第四,与权力阶层保持恰当的距离。海宁查氏从查莹这一辈起回归仕宦,通过姻亲纽带与权力中枢建立起密切的关系,这成为海宁查氏主导长芦盐务的坚强后盾。但海宁查氏并没有过高的政治诉求,其成员担任过的最高的官职就是查莹的吏科给事中(正五品)。所以海宁查氏在政治上始终保持独立,没有对权力阶层尤其是皇权产生依附,也就没有像张霖、安氏那样受到政治斗争的牵连,避免了像皇商家族和"永庆号"盐商那样遭受皇室的利益捆绑。

秉持着这些经营策略,海宁查氏避开了导致其他大盐商家族覆灭的几乎所有危险。但最终这个家族仍与一种危险正面遭遇,那就是曾导致张霖、皇商王氏覆灭的,由舞弊带来的巨额罚银。不过海宁查氏的舞弊与张、王不同。砝码增重本就是长芦盐业发展到当时的必然结果,不管造谋之首是樊宗澄还是查有圻,他们做此决定的动机,都契合着所有长芦盐商共同的意志,而非像张霖、王惠民的贩私行为那样纯粹出于一己之私。查有圻最终被罚银间接拖垮,查庆余挺过了罚银的危机,在继续维持了二十余年的正常经营后,因银价与成本的高昂而破产。以上事实说明,查有圻和查庆余覆灭于历史发展不可抗拒的的趋势,并非政治立场、人身依附关系、经营方式上的主观错位所致,而这些正是其他大盐商家族覆灭的直接原因。因此,其他大盐商家族的覆灭多少都有些"自作自受"的意味,海宁查氏则是真正的被动式覆灭。

海宁查氏的覆灭是长芦盐业向一个新的时代转变的副产品,这种转变在其他盐区同样发生了。道光十年,由于两淮盐商的积欠达到惊人的六千三百余万两,朝廷不得不将淮北引岸全部改为票盐,大量引商同时被裁撤[1]。这是历史发展的大势，随着中国历史由古代迈入近代，大清王朝在社会各个层面都开始了深刻的变革，盐商的改变也已经不可避免。

① 《清代盐政与盐税》，第 319—323 页。

# 尾　声

# 衰败的洪流

从嘉庆十七年砝码案发到道光朝结束的这段时期,可以说是长芦盐商历史上最为艰难的时期。成本增加与银贵钱贱仍然如影随形,而在砝码案后又增加的积欠成为压在盐商头上永远也挖不完的大山。进入道光朝后,积欠终于引发了危机,盐商普遍亏折,不再积极领引办运,盐引积压,引岸虚悬,长芦盐业和盐商被裹挟进衰败的洪流。道光帝一开始只是疲于应付前朝留下的积弊,没有提出有效的盐务整顿改革方案。直到道光二十八年,道光帝下决心施行了一次比较彻底的改革,才让盐商暂时获得了喘息之机,但这次改革也改变了长芦盐业和盐商的走向。

## 一、积欠危机

道光元年,道光帝一即位就借给长芦盐商帑银一百五十万两,看起来是一次强有力的扶助,道光帝和长芦巡盐御史阿尔邦阿都"满望商力经此渐就纾解”[①],但是这些银子远远不能解决芦商面临的困难。此时他们每年应交的正课、杂款、帑利、租息以及带征起限各款总额为一百六十余万两,即便盐商们将帑银直接全部用于交款尚且不够,何况他们还要为运销投入本金。道光二年,长芦盐区再次遭遇连绵阴雨,直隶遇水患的州县达一百余处,滩盐歉收,盐运受阻,盐穰骤然贵至三倍之多。再加上“近年以来,钱价过平,易银亏者,运道多阻,行销壅滞,加以交项重叠,成本昂贵”[②]这类的老问题,盐商似乎永远都看不到希望的曙光了。

在这样的情况下,加价又被重新提起。道光四年,直隶总督蒋攸铦、河南巡抚程祖洛为芦商请求加价一文,但仍被户部以“直隶省叠被水灾,民力竭蹶……尤宜仰体皇仁,倍加矜恤”[③]为由拒绝。然而次年三月,当朝廷缺乏堰工经费时,蒋攸铦提议芦盐每斤加价二文以济工需,加价政策反而因“每人日食盐三钱计之,约五十余日,始多用钱二文,统计一年所费无几”[④]而具备了“不致病民”的充足理由,于是芦盐顺利加价二文。加价所得全部用于堰工,三年后一半解部充公,一半抵完商欠[⑤]。由此可见,道光帝和嘉庆帝一样强调盐利补充国家财税的功能,甚至不惜增加百姓的负担。对盐商来说,这种因公加价乃按引摊交,和普通加价一样会带来私盐等种种弊病,而盐商无法从中获利,反而会因为引盐销售的不畅而承担额外的付出。

---

① 道光二年十月初九日《长芦盐政阿尔邦阿为引地被水阻运滞销请调剂事奏折》,《清代长芦盐务档案史料选编》,第 335 页。

② 以上见道光二年十月初九日《长芦盐政阿尔邦阿为引地被水阻运滞销请调剂事奏折》,《清代长芦盐务档案史料选编》,第 335 页。

③ 道光四年九月二十五日《直隶总督蒋攸铦为察看引地情形仍请酌增盐价事奏折》,《清代长芦盐务档案史料选编》,第 345 页。

④ 道光五年三月初十日《直隶总督蒋攸铦为酌议长芦盐斤加价以济工需事奏折》,《清代长芦盐务档案史料选编》,第 347 页。

⑤ 道光八年四月十一日《钦差大臣王鼎为遵旨确查长芦盐务核实酌定章程事奏折》,《清代长芦盐务档案史料选编》,第 354 页。

道光七年三月,长芦盐政阿扬阿向道光帝列出长芦盐商之困苦情形:第一,入不敷出。长芦引额本有一百余万道,由于盐商常年亏损,资本逐渐消乏,加之交款繁多,近年领运引盐不过八十余万道,售盐所得远远不足以完交积欠、补充运本。以前有余利时大家还可以互相通融接济,但现在盐商普遍银钱匮乏,无处可以挪借,只能坐等亏折。第二,运盐迟误。长芦引岸离天津远至数百里至千数里,主要依靠水运,夏季容易阻于大水,冬季容易阻于河冻,所以必须及时赶运,但盐商们每年要先竭力交纳积欠,而后才能筹措运本,以致耽误运盐,一旦被阻于大水或河冻,则亏本更重。第三,成本高昂。早在嘉庆年间,盐商运盐所用盐穰绳席、水陆运脚、辛工火食、房租等成本较乾隆年间已经翻倍,近年又复增加,而盐价仍是乾隆年间所定,因此赔累日重。第四,钱贱银贵。银价已经增至每两合钱一千三百五六十文之多。多年以来,盐商因此累计亏折超过千万两[①]。积欠引起的盐务危机已经成为事实。

阿扬阿知道这样的局面急切需要整顿。正常的做法是将那些濒临破产的盐商参革淘汰,另行招募殷实盐商接办他们的引地,并将他们的欠项摊派于通纲商人。但这个做法已经不适用了。此时的长芦盐区"十商九欠",除了个别的殷实盐商,谁也没有余力大量接办新的引地,即便是仅有的少数殷实盐商,也会因为顾惜身家而不肯轻易接办,以至于朝廷只能采用强制措施,盐商邹世庆的遭遇就是鲜活的例证。这位起家于乾隆年间的盐商,在嘉庆朝仍然被朝廷归入殷商之列,先后被派接办王珮、查世兴遗留的引地,以及"疲乏之区"永平府属七州县官引地。道光四年查有圻被参革后,其所遗留的河南孟县、河内两处引地无人主动接办,运司又强行派给邹世庆。这一次邹世庆"抗不接办",双方僵持一年有余,邹世庆最终以代为补缴一万余两引课的代价,摆脱了这两个烫手山芋。与此同时,由于永

① 道光七年三月二十六日《长芦盐政阿扬阿为芦纲疲乏积重情形事奏折》,《清代长芦盐务档案史料选编》,第352—353页。

平府官引地亏损严重，邹世庆强烈要求退出，为此甚至不惜帮贴接办商八万两运本，但运司认为两个接办商并非殷实，不能妥善办理，拒绝改派。邹世庆又请求与查庆余等轮流办理，纲总朱敦复拒不配合，邹家只好任由永平引岸“诸务废弛”。邹家怀疑朱敦复有意庇护查庆余，直到道光十七年，邹世庆的儿子邹勇赴京呈控退引，仍然将朱敦复的“庇护亲谊”列为控告的内容之一[①]。

基于这种情况，阿扬阿向道光帝报告说，如果将乏商一概参革，将会导致严重的后果，“引地多致虚悬，帑本咸归无著，即使抄产变抵，收禁监追，终属有名无实”[②]。至于分摊参商的欠项，对于自顾尚不暇的盐商们来说更是极不现实的。面对“疲商既难尽撤，殷商又无可佥”的两难局面，道光帝无奈地表示：“总要筹画可以经久无弊之策，课运务须年清年款，若只知乞恩展缓，终无实济，朕不能俞允也。”[③]道光帝期待中的“经久无弊之策”注定难产。芦商困苦的主因在于资本的匮乏，而资本匮乏的根源在于积欠、银价与成本。积欠已是积重难返，非一朝一夕可以解决；成本的增长是经济变动的自然结果，无法以人力更改；至于银价太贵的问题，本来像两淮那样改用银桩，即允许盐商以银售盐即可解决，但道光帝像他的父祖一样，顾虑改用银桩会导致芦盐的实际价格猛涨，“病民太甚，其势万不可行”。所以道光帝和他的大臣们除了对盐商施恩宽免，终究也拿不出什么别的方案[④]。

道光八年三月，道光帝派善于处理盐务的军机大臣、户部尚书王鼎作

---

① 道光十七年十二月十六日《署理直隶总督琦善为审明芦商邹勇京控纲总朱敦复索费勒派案奏折》，《清代长芦盐务档案史料选编》，第385—386页。

② 道光七年三月二十六日《长芦盐政阿扬阿为芦纲疲乏积重情形事奏折》，《清代长芦盐务档案史料选编》，第353页。

③ 道光八年四月十一日《钦差大臣王鼎为遵旨确查长芦盐务核实酌定章程事奏折》，《清代长芦盐务档案史料选编》，第354页。

④ 道光十八年正月二十四日《长芦盐政钟灵为直陈芦纲疲乏必须兼顾运课以清年款事奏折》，《清代长芦盐务档案史料选编》，第388页。

为钦差大臣，到天津设法解决长芦盐务的积弊。王鼎发现芦商每年带征的积欠款项已经占应交款项的三分之一，如果按照期限起征，则“必至挪移悬垫，弊窦丛生”[①]；如果再展缓期限，则不过是“苟且目前之计，从此永无清理之期，年复一年，靡所底止”[②]。所以，必须对长芦盐业进行彻底整顿，而整顿的首要之点，就是达到“年清年款”。为了实现这个目标，清政府从五月份开始按照王鼎的建议厘剔长芦积欠。此次厘剔最主要的措施就是以道光二年为界，将芦商的积欠分为“旧欠”和“新欠”，允许盐商先分年交完新欠再缴纳旧欠[③]，再辅以加价、加斤、停帑以及豁免部分欠款等宽惠措施。在道光帝看来，这些措施足以纾解盐商们的压力，因此他对盐商拖欠款项的容忍度也就随之下降。他通过盐政阿扬阿告诫长芦盐商说：“经此次厘剔之后，再无词可藉，如不能按限清完，年清年款，自问当如何？可凛之！”[④]

厘剔的效果很快就显现了。道光八年底，阿扬阿报告长芦盐商当年上缴的款项比往年多了十一万余两，只有九千余两没有收齐。阿扬阿替没有缴齐欠款的盐商求情说，他们都是“至疲至累之商”，已是“踊跃急公，并不稍遗余力”，如果因为尾款未清就被参革，就违背了“圣主轸念商艰之至意”，请求允许再给他们一个月期限。道光帝虽然同意了这个请求，但留下了一个冷冰冰的朱批：“朕惟知年清年款，断不准迟至次年，业经立定章

① 道光八年四月十一日《钦差大臣王鼎为遵旨确查长芦盐务核实酌定章程事奏折》，《清代长芦盐务档案史料选编》，第354页。

② 道光八年四月十一日《钦差大臣王鼎为遵旨确查长芦盐务核实酌定章程事奏折》，《清代长芦盐务档案史料选编》，第354页。

③ 道光八年五月十二日《谕内阁著长芦盐政三月内清查各项欠款并造具细清册另行奏报事》，《清代长芦盐务档案史料选编》，第356—357页。

④ 道光八年六月十三日《长芦盐政阿扬阿为免缴加价银两代芦商叩谢天恩事奏折》，《清代长芦盐务档案史料选编》，第358页。

程，嗣后虽百计迁延，朕只知执法，不能变更曲宥也。”[①]道光帝的这种苛刻，是因为他自认为已经将长芦盐商解救出了困境。然而实际上，对积欠的厘剔仍然是头痛医头脚痛医脚的表面文章，朝廷并没有解决银价、成本等困扰盐商已久的根本性问题，更何况经过厘剔后的积欠仍然是盐商们的不可承受之重。

道光十一年底，长芦盐区有六名盐商没有缴完欠项[②]；到了道光十二年底，拖欠款项的盐商增加到十五名[③]，那些缴齐欠款的盐商，也无不经历了一番挣扎。道光十五年三月，盐商们到北京呈诉，称他们每年赔折的银两达四五十万两。他们这样描述自己的困窘："每遇交课，实系摘东补西，挪前掩后，甚至变产鬻物借资出息，现实精疲力竭，水穷山尽，万不能支"[④]。他们运盐的积极性已经降到了谷底，春关运盐仅十六万余道，不到全年正引额的五分之一。为了避免"悬帑数十万无产可抵，悬岸数十处无商可招"的局面，朝廷不得不又一次借给盐商十万两运本[⑤]。然而朝廷的救济措施很快被银价和成本的增长抵消了。道光十八年，纹银一两兑换制钱数增至一千六百数十文[⑥]，同时车船、运脚、盐穰、席绳等无不随银价而增昂，长芦盐商每况日下，一百余家长芦盐商中，能做到年清年款的不过十

① 道光八年十二月初五日《长芦盐政阿扬阿为查明芦商欠交引课立限勒追事奏折》，《清代长芦盐务档案史料选编》，第360页。

② 道光十二年三月初九日《长芦盐政钟灵为严参芦商范永盛违限未完帑课事奏折》，《清代长芦盐务档案史料选编》，第372页。

③ 道光十二年十二月初七日《长芦盐政祝麟为芦商晋汉隆等蒂欠引课请分别办理事奏折》，《清代长芦盐务档案史料选编》，第375页。

④ 道光十五年三月二十六日《长芦盐政钟灵为设法整顿长芦盐务情形事奏折》，《清代长芦盐务档案史料选编》，第380页。

⑤ 道光十五年四月二十四日《长芦盐政钟灵为整顿长芦课运以保年清年款章程事奏折》，《清代长芦盐务档案史料选编》，第382页。

⑥ 道光十八年正月二十四日《长芦盐政钟灵为直陈芦纲疲乏必须兼顾运课以清年款事奏折》，《清代长芦盐务档案史料选编》，第387页。

分之一二[①]。长芦盐政钟灵再次整顿长芦盐务，但他所能做的仍不过是增加盐价、借给运本、展缓欠款而已[②]。不同的是，他将加价与银价的变动联系了起来。按照议定的方法，长芦盐每斤加价二文，三年后停止。三年中若银价有所回落，那么就将加价停止。但三年后的道光二十一年，银价攀升至每两制钱一千八百数十文，二文加价只得继续实行[③]。

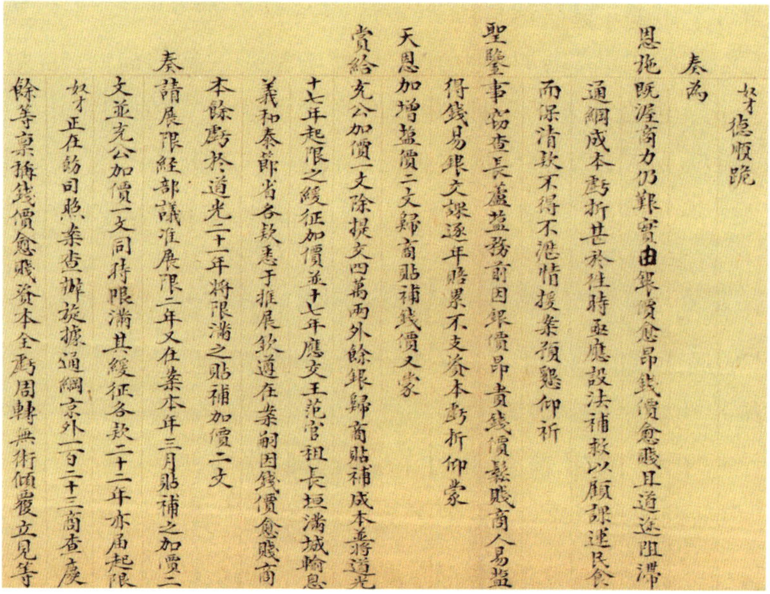
奴才德順跪
奏為
恩施既渥商力仍艱實由銀價愈昂錢價愈賤且道途阻滯
通綱成本虧折甚於往時亟應設法補救以顧課運民食
而深清款不得不揣情援案覆懇仰祈
聖鑒事竊查長蘆鹽務前因銀價昂貴錢價鬆賤商人易鹽
得錢易銀交課逐年賠累不支資本虧折仰蒙
天恩加增鹽價二文歸商貼補錢價又蒙
賞給充公加價一文除提交四萬兩外餘銀歸商貼補成本並將道光
十七年起限之緩征加價並十七年應交王范官租長垣滿城輸息
義和泰節省各款悉予推展欽遵在案嗣因錢價愈賤商
本愈虧於道光二十一年將限滿之貼補加價二文
奏請展限經部議准展限二年又在案本年三月貼補之加價二
文並充公加價一文同時限滿其緩征各款二十二年亦屆起限
奴才正在飭司照案查辦旋據通綱京外一百二十三商查慶
餘等稟稱錢價愈賤資本全虧周轉無術傾覆立見等

道光二十三年三月二十一日《长芦盐政德顺为银价昂贵道途阻滞成本亏折应设法补救事折》(部分)
(原件保存在中国第一历史档案馆)[④]

① 道光十八年《调任浙江运司文纶为自行检举长芦运司任内芦课情形详文》,《清代长芦盐务档案史料选编》,第390页。

② 道光十八年正月二十四日《长芦盐政钟灵为设法变通课运兼顾以保清年款事奏折》,《清代长芦盐务档案史料选编》,第389—390页。

③ 道光二十一年三月初四日《长芦盐政德顺为暂缓停止芦纲二文加价事奏折》,《清代长芦盐务档案史料选编,第401页。

④ 图片来源:《清宫塘沽秘档图典(长芦盐务卷)》,第126页。

这些被动的措施于事无补，芦商衰败的趋势仍在继续，最明显的表征就是引额的减少和悬岸的增加。由于盐商频繁误运或被参革，大量引额积累多年无法疏销而成为积引，牵连所及，甚至每年应销的正引也未能领运足额。为了解决积引的问题，清政府从道光元年开始，在长芦盐区实行减引并包。"减引并包"又称"并引加斤"，就是将原有引额按照十引并为九引的标准削减，将减引的盐斤重量分摊于剩余盐引中，也就是说，减少引额的同时施行盐包加斤，减引的一切正杂盐课、商捐领告各款都归并于加斤数内。这样整个盐区盐的总重量和课额都不会减少，但盐商挽运捆载的成本降低了，同时由于大幅度增加了盐包重量，也就杜绝了盐商私自重斤夹带之弊。经过数次减引并包，到道光二十六年，长芦盐区额引从嘉庆年间的九十六万余道减少到六十八万余道，每引正额从三百斤增加到三百七十斤五两[①]。

在盐商们毫无运盐积极性的情况下，减引并包并不能彻底消除积引。道光二十六年，芦商放弃的引额又累积至一百一十七万余道，而二十六、二十七两年芦商的领引数额仅为三十七万九千余道和三十七万一千余道，勉强超过额引的一半[②]。领运不足则收入锐减，资本更加消乏，长芦盐商纷纷缩小经营规模，甚至因破产而被革除盐商资格。比如经营规模较大的盐商冯恩绶、瑞裕丰、全义成、义和泰、潘复兴等，都在道光二十六年因欠课而被参革[③]。其直接的结果就是产生了许多无人认领的虚悬引岸。到道光

① 道光二十一年四月初十日《长芦盐政德顺为依限清厘长芦运库各款严定随引归补章程事奏折》、道光二十二年五月初八日《长芦盐政德顺为严定征收加价章程并核计应征银两数目事奏折》、道光二十六年十二月初八日《长芦盐政沈拱辰为归补库垫一文加价酌议应征银数事奏折》，《清代长芦盐务档案史料选编》，第402、405、414页。

② 道光二十六年八月二十八日《直隶总督讷尔经额为援案展限奏销长芦道光二十五年引课事奏折》，《清代长芦盐务档案史料选编》，第426页。

③ 道光二十六年闰五月二十五日《长芦盐政士魁为库款未清动垫虚悬仰恳钦派大臣来津查办事奏折》、道光二十六年八月二十八日《直隶总督讷尔经额为芦属蓟永等处未便试行票盐事奏片》，《清代长芦盐务档案史料选编》，第411、412页。

二十八年,长芦盐区一百八十五处引岸中悬岸达到五十五处[①],占比近三成。引岸的虚悬给了私盐可乘之机,而私盐的侵灌又进一步加重了芦商的疲敝。此时运销芦盐已经不再盈利,在缴纳了正课、帑利、积欠、杂款等费用并扣除成本费用后,芦商每引约亏赔京钱四五千文[②]。在这种情况下,芦商自然无力再偿还任何债务,并且需要朝廷一再缓征课帑、拨借运本,以至于积欠的数额猛增到二千三百四十余万两[③]。长芦盐业已经到了"全纲颓败"[④]的边缘。

道光二十八年十一月,道光帝又一次向天津派出了以载铨为首的钦差大臣,对长芦盐务进行整顿。其措施如下:第一,无商悬岸试行官办或改行票盐。五十五悬岸中十一处由当地州县官办,余下的河南二十处皆仿照淮北改为票盐,直隶二十四处限期半年,或招商、或招贩,若商贩无人,则责成当地州县官办。第二,停减支销,裁汰浮费。载铨等调查后发现,芦商在正课之外的其他税名目繁杂,总数达每引一两二三钱,这成为盐商的沉重负担。遂议定裁汰浮费数十项,总额为每年七万八千余两。第三,分摊积欠。所有积欠二千三百四十三万余两,由芦商按引分摊,每年缴纳十七万两,合每引摊银二钱四分有零。第四,均摊帑利。各商每年应交帑利共二十八万余两,原领帑本早已亏折殆尽,空赔利息。载铨等议定将这些帑利按引分摊,每年摊交额为二十八万八千余两,遇闰加银二万三钱余两。第五,加斤减价。私盐的优势在于便宜的价格,载铨等人决定将长芦引盐每包一次将性增重一百五十斤,同时每斤盐的价格下调京钱四文,且所加之盐不收盐

① 道光二十八年十二月初八日《定郡王载铨单呈会议酌改长芦盐务章程条款》,《清代长芦盐务档案史料选编》,第428页。

② 道光二十八年十二月初八日《钦差大臣载铨等为遵旨会查酌改长芦盐务章程事奏折》,《清代长芦盐务档案史料选编》,第427页。

③ 道光二十八年十二月初八日《定郡王载铨单呈会议酌改长芦盐务章程条款》,《清代长芦盐务档案史料选编》,第429页。

④ 王守基:《长芦盐法议略》,《清朝续文献通考》卷三十七《征榷考九》,商务印书馆,1936,第一册。

课。这样官盐在价格上就能够与私盐相抗衡。第六,加强缉私。仿照京营捕盗章程,以缉获人盐的数量论功行赏,所获私盐贩统一由运司审办,以免事权不一。道光帝对这些措施照单全收[①]。

道光帝显然下了很大的决心,在积欠、悬岸等问题上进行了比较彻底的改革。对于盐商来说,这意味着他们的负担骤然得到减轻。积欠、帑利按引分摊,不再归属于特定盐商的名下,犹如给他们撤去了捆绑多年的枷锁。分摊之后的积欠和帑利实际上成为长芦盐区的一项附加税长期征收,但征收的情况并不理想。盐商们怀着法不责众的心态,并没有像道光帝想象的那样积极摊交积欠,官员们也“置若罔闻”,并没有按时催交报解,所以直到同治年间仍然“报解寥寥”[②]。盐商们用消极拖延的方式暂时摆脱掉了积欠的包袱,终于获得了喘息之机。到道光三十年,长芦盐区有二十八个州县销引全完,另有二十五个州县销引达九分以上[③]。盐商们虽然可以勉强维持手中的引盐运销,但仍然没有能力响应朝廷的号召,去主动领运那些悬岸。到咸丰十年,长芦盐区的悬岸增加到七十余州县[④]。长芦盐区再也无法回到道光朝之前的局面了。

---

① 道光二十八年十二月初八日《定郡王载铨单呈会议酌改长芦盐务章程条款》、同治八年十一月初一日《直隶总督曾国藩为整顿长芦盐务十条办法事奏折》,《清代长芦盐务档案史料选编》,第428—430、485页。

② 同治八年四月二十九日《户部尚书宝鋆等呈遵议陈鸿翊整顿长芦盐务十条清单》,《清代长芦盐务档案史料选编》,第481页。

③ 咸丰元年十一月二十三日赛尚阿题《为遵旨查核具奏事》,《清代盐政与盐税》,第329页。

④ 同治元年《户部为饬查明长芦悬岸一律招商认办事奏片》,《清代长芦盐务档案史料选编》,第455—456页。

## 二、大盐商的转变

在长芦盐商普遍消乏的滚滚洪流中,海宁查氏也无法独善其身。由于引地众多,银价与成本的高昂对海宁查氏的影响更加明显。道光二十年,查庆余已经由殷实商人变为欠商[①],此后便在衰败的道路上一去不复返。道光二十八年的改革后,查庆余作为引地最多的盐商,分摊的积欠和帑利数额也是最多的,这无异于雪上加霜。道光二十九年,在商伙冯相桂的经营下,查庆余除了正课之外的其他一切应交款项都拖延未交,各处引盐也没有领运。长芦盐政崇纶对查彦钧数次催促,他却"恃系职官,置若罔闻"。道光帝采纳了崇纶的建议,将查彦钧的兵部候补侍郎职衔革除,他在北京、天津以及南方查绍籛、查诜名下的财产全部查封以勒追欠款[②]。其中查绍籛、查诜勒限交银九万两,查彦钧勒限变交京寓财产银三万两。但直到咸丰四年,查彦钧仅交银一万五千余两,查绍籛、查诜仅交银八万一千余两,引盐也没有设法领运。于是查彦钧被剥夺了引地和引名,革除了盐商资格[③]。对于此事,查绍籛墓志铭是这样记载的:

道光中,银值腾跃。仲为鹾务累,且不支。君以己与季所受产,集赀累巨万,转运天津以济之。已而银值日益昂,负日益多,复罄己所有

① 道光二十年七月二十一日《直隶按察使金应麟为审拟护理长芦运司杨成业得受陋规案奏折》,《清代长芦盐务档案史料选编》,第396页。

② 道光二十九年八月二十二日《长芦盐政崇纶为兵部候补郎中芦商查彦钧欠款误运请查封家产事奏折》、道光二十九年十一月初四日《浙江巡抚吴文熔为查明芦商查彦钧原籍并无资财隐寄事奏片》,《清代长芦盐务档案史料选编》,第431—432页。

③ 咸丰四年十二月十五日《长芦盐政文谦奏为商人查彦钧延不交款领运请参革监追等事》,中国第一历史档案馆档案军机处全宗,档案号:03—4387—062。

以偿。其后卒不济，则又躬自浙驰赴天津，为之经纪其事，遂遘膨疾以归。君家以此中落，而君亦且惫矣[①]。

从这个记载可以看出，道光二十九年的这次追欠让查元偁一支就此中落，海宁查氏退出了大盐商的行列。这标志着清代前中期天津大盐商家族的时代宣告结束。咸丰四年，随着查彦钧被革除盐商资格，这类盐商家族最后的余烬也熄灭了。此后出现的天津大盐商开始向新的形态转变。

天津大盐商的第一个变化表现在经营规模的收缩。清代前中期天津大盐商家族经营的引地普遍达到十几、二十几处，引额在十万道以上，盐引高度集中于少数大盐商手中。以乾隆三十七年为例，此时天津实力最强的两家盐商为王起凤、范宗文，他们自有和代办的引地总数为五十八处，占长芦引地总数的百分之三十一；其引额合计在四十万道以上，占长芦额引总数的百分之四十一以上[②]。这种规模上的绝对优势是他们财富的保障和实力的来源，同时也是其致命的弱点：由于引地分布太广，他们更容易因自然灾害、私盐侵灌而遭受损失；在正常的年份他们需要缴纳更多的税费、捐输和报效，当资本不济时他们需要借领更多的帑银、担负更多的帑利；当出现成本高昂、银价上涨等不利因素时，由于经营所需流动资金数额巨大，他们更容易出现资金问题。即便规避了以上风险，大盐商也难逃"树大招风"的铁律。作为在经济、政治、社会方面都具有影响力的豪门，大盐商必定会吸引朝廷乃至皇权的关注，要么像康熙帝、雍正帝看待张霖、查日乾那样，将其视为扰乱朝政与盐务的"恶棍"加以防范打压，要么像皇商范氏、鄞县王氏那样被看作承担皇差及公务的不二人选，被捆绑在皇室和朝廷的

① 《候选郎中查君墓表》，第128页。

② 此时长芦引地一百八十五处，额引九十六万六千四十六道。王起凤承办"永庆号"引地二十一处，额引二十万四千三百三十一道，自置引地十七处额引不详，估计在十万道左右；范宗文二十处引地额引十万六千余引。见《长芦盐法志》卷九《转运上·引地引额》，前文第六、七章。

利益链条上不得脱身。这些弱点让大盐商家族在牟取巨额财富的同时也承担着巨大的风险,使他们的兴盛普遍无法持续三代以上。

在嘉庆朝的砝码案及道光朝的积欠危机中,大盐商受到的冲击要远远大于中小盐商。除了海宁查氏和宛平查氏、邹世庆等,嘉庆末年兴起的盐商冯恩绶是又一个例证。他在短短二十数年中即成为拥有十余处引地的大盐商,但在道光二十六年,就因为欠项太多而被发县监追,最后不得不弃产还债,仅剩余四处引岸①。前车可鉴,盐商们对大规模兼并引地的态度变得谨慎起来。在积欠危机结束后,长芦盐商向中小化、分散化转变,即便是实力较强的盐商,引地也不会超过十处,引额不会超过五万道。比如同治末年的一份《长芦额引册》显示,此时天津实力最强的两家盐商为和同泰、振德号,他们所拥有的引地总数只有十一处,占长芦引地总数的百分之五;引额总数为八万三千三百四十五道,占长芦额引总数的百分之十二②。那种在规模上处于绝对优势地位的大盐商已经成为历史。

天津大盐商的第二个变化在于和权力阶层尤其是皇权的关系。从康熙朝到乾隆朝,天津大盐商和包括权臣、皇权在内的权力阶层一直保持着合作,合作模式即前者凭借后者的支持进入盐业、扩大经营规模、规避经营风险,再通过各种方式将盐利分享给后者。张、查、安三大盐商家族与明府之间、皇商及"永庆号"盐商与皇权之间都是这种合作关系。有些家族的主要人物,甚至与皇帝本人建立起一种微妙的亲密关系。这种合作为皇权操纵盐商提供了便利,即便是张、查、安三大家族和他们的政治后盾明府,

① 黎汉明、关文斌:《一部中国近代长芦盐业史:天津冯氏家史零拾》,冯承柏教授纪念集编委会编:《春思秋怀忆故人:冯承柏教授纪念集》,南开大学出版社,2008,第293、296页。

② 此时长芦引地一百八十五处,额引六十六万二千四百九十七道。和同泰引地六处,额引四万三千四百七十八道;振德号引地数为五处,额引三万九千八百六十七道。义泰公引地数最多,为八处,但其额引数仅为三万一千三百三十六道。参见同治《长芦额引册》,转引自高鹏:《芦砂雅韵:长芦盐业与天津文化》,天津古籍出版社,2017,第80页。

也被皇权用政治杠杆牢牢地掌控着。

这种合作关系从海宁查氏开始发生变化。一方面，海宁查氏并不想深度参与政治，对皇权始终若即若离；另一方面，皇权也改变了对盐利和盐商的态度。进入嘉庆朝后，皇商、“永庆号”引地先后成为历史，皇权不再有意扶植自己的亲信成为大盐商，甚至不再热心于通过内务府参与盐利的分配，就连嘉庆十七年砝码加重案的罚银，也都解交户部而非内务府[①]。此后朝廷发放给盐商的生息银两，基本上都出自各衙门闲余的经费，而不再使用内帑[②]。道光朝之后，内务府在盐业上仅有的利润来源，即官引地的租金，也被减半以至于“无征”[③]，长芦盐商的捐输、报效大幅度减少，并且都是用于公务，没有一次是直接贡献给皇室[④]，而皇帝也不再热衷于通过议叙拉近与盐商的关系。比如道光二十年鸦片战争爆发后，芦商曾经在当年和次年先后两次捐银共四十五万两，用于天津海口的防务[⑤]。以此时芦商的困难程度，能够捐出这些银两已经实属不易，但道光帝最后只以“盐臣等劝谕有方”为由，给予长芦巡盐御史德顺赏戴花翎、盐运使陆荫奎交部议叙的奖励[⑥]。皇帝不再像以前那样亲近盐商，盐商再也不会因为向皇室直接贡献了盐利而成为皇帝的红人。那种生来就携带着来自最高权力阶层的政治基因的大盐商从此成为历史。

---

① 嘉庆十七年十月《内务府大臣征瑞为遵旨派员解交罚赔银两交部事奏片》，《清代长芦盐务档案史料选编》，第 302 页。

② 《清盐法志》卷二十三《长芦十四 · 征榷门 · 帑利》。

③ 《清盐法志》卷二十三《长芦十四 · 征榷门 · 商课上》。

④ “历年报效数额的统计与说明”，《清代盐政与盐税》，第 295 页。

⑤ 道光二十年十二月二十二日《长芦盐政德顺为筹拨捐筑炮台经费银两事奏折》、道光二十一年十一月十二日《长芦盐政德顺为芦商公捐犒赏津海口驻军事奏折》，《清代长芦盐务档案史料选编》，第 399、403—404 页。

⑥ 道光二十二年十月初九日《直隶总督讷尔经额奏为长芦盐政德顺等捐输防堵出力请旨奖励事奏片》、道光二十二年十月十四日《长芦盐政德顺为赏戴花翎谢恩事奏折》、道光二十二年十月十七日《长芦盐政德顺为代奏长芦盐运使陆荫奎交部议叙谢恩事奏折》，《清代长芦盐务档案史料选编》，第 406—407 页。

经过道光二十八年的整顿之后，长芦盐业又重新运转起来。盐商虽然很难达到前中期大盐商的经营规模，但由于维持了垄断经营，一旦进入盐业，仍很容易积累起财富。直到二十世纪，盐商一直都是天津最为富裕的阶层，其间也出现了一些有名望的盐商家族，如张锦文、李春城家族等。这些家族兴起于中国跨入近代之后，在新的社会架构下，其参与政治、经济、社会的方式与前中期大盐商家族都已经迥然不同了[①]。

## 三、总结

基本上，从顺治帝到道光帝，清代前几位皇帝都履行了他们作为专商引岸制体系实际掌控者的责任。尽管他们盐务政策的侧重点和效果不尽相同，但总体上保持了专商引岸制体系的持续运转，并造就了一批非常值得关注和书写的大盐商家族。单就这些家族经营的规模和时长来看，我们也不能武断地判定专商引岸制一无是处。更何况，盐商的确为国家贡献了巨额的财税，仅鄞县王氏一家，从乾隆二十七年承办“永庆号”到嘉庆二年告退，所交过的正课、杂款、帑利、参课等银总额就达七百余万两之多[②]。

在嘉庆朝之前的盐务领域，清廷基本上将经济负担的增加限定在盐商这个特定的群体，而不像其他领域那样，明目张胆地违背“永不加赋”的原则。即便是在乾隆朝中期以后的艰难时期，盐给百姓增加的负担也是极为有限的，只是盐商和内务府付出了相当大的代价。从这个意义上来说，顺

① 参见关文斌：《文明初曙：近代天津盐商与社会》，张荣明主译，天津人民出版社，1999。

② 嘉庆二十年八月初八日《广惠为承办官引商人王瑍照例请借运本事奏折》，《清代长芦盐务档案史料选编》，第316页。

治帝到乾隆帝的盐务管理实现了“百倍归于上，人无以避此者”的初衷[①]。但是到了嘉庆、道光朝，情况开始发生变化。嘉庆帝反对以扶助盐商为目的的盐斤加价，却开创了以缓解财政困难为目的的“因公加价”，嘉庆十四年的“河工加价”即为肇端。此后的道光至同治年间，清廷曾至少五次实施因公加价，而光绪一朝的因公加价竟达到十一次之多，每次加价至少二文，到光绪朝后期，直隶盐价已经是嘉庆年间的一倍有余。另外咸丰朝以后清廷创收盐厘，盐商将增加的负担转嫁到食盐百姓身上，以至于“膏血尽竭于盐，贫乏小户往往有兼旬弥月坚忍淡食，不知盐味者”。盐务政策已经伤及百姓，甚至引发了抢砸盐店的风潮[②]。皇权打算通过专商引岸制竭力避免的局面最终还是出现了。

乾隆朝之后盐务的状况，令人难免对专商引岸制的合理性产生怀疑，但我们还是应该持有历史而辩证的眼光，因为盐务的衰颓并不是专商引岸制度单独作用的结果。盐务政策有一个根本的前提，即社会经济发展状况。比如雍正朝盐商拥有一个极为有利的经济环境，只要他们正常经营，就很容易获利，雍正帝的措施只是顺应了这个现实；乾隆帝需要应对的局面比雍正帝更为复杂，社会经济发展所导致的物价增长和银贵钱贱挤压了盐商的利润空间，乾隆帝不得不设法激励扶助盐商，以维持盐务体系的运转，不过他从皇权统治架构的整体要求考量，拒绝从成本、银钱比价等市场要素入手进行调整，而只是通过帑银借贷及盐课缓带征之类的优恤措施拆东补西。乾隆帝的做法抵消了市场变化带给盐务改革的外在推动力，降低了整个盐务体系良性运转的可能性。市场是变化的，体制是僵化的，盐的运销不能随着市场脚步作出相应调整，必然会出现混乱失序的局面，此后的历任皇帝都没有将盐务从这种混乱失序中挽救回来。

① 这只是就宏观决策层面而言。由于盐务管理体系存在漏洞，盐商私自加价、短斤等舞弊行为无法禁绝，在一定范围、时段内，食盐百姓负担的增加是难以避免的。

② 以上参见《清代盐政与盐税》，第192—213页。

但是乾隆帝没有其他的选择,他的所有措施都基于他在盐务管理体系中的角色定位,就连他参与盐利的分配、与盐商建立起“准主仆”的关系,也是专商引岸制的题中应有之义。其实乾隆帝所犯的错误都并非他的独创,可以说基本上是对祖父康熙帝的继承和“发扬”,即便理性克制如雍正帝、嘉庆帝者,也同样允许内务府分沾盐利,同样对盐商频繁施以缓带征、借帑的恩惠,只不过他们没有像乾隆帝那样失度而已。恩格斯说:“一切政府,甚至最专制的政府,归根到底都只不过是本国状况所产生的经济必然性的执行者。它们可以通过各种方式——好的、坏的或不好不坏的——来执行……”①。清代皇帝通过专商引岸制来管理盐务,最大程度上将盐利挹注于国家财税,这就是他们所执行的关于盐的“经济必然性”,与此同时,他们还要达成保持民心安定的“政治必然性”。专商引岸制是经过长期历史选择,与皇权专制的政治体制和“利出一孔”的利益分配思想相匹配的国家专卖方式,基于盐这种商品的特殊性,皇权无论如何都会将专商引岸制坚持下去,而不可能允许盐务领域存在市场化的运作。事实上直到二十世纪四十年代末,长芦盐区才在形式上实现了盐的自由贸易,但也仅限于形式上而已②。

那么,清朝的皇帝们有没有可能在坚持专商引岸制的前提下,让盐的运销正常运转下去,而不是漏洞百出呢?事实上是不可能的。专商引岸制的本质是国家专卖,盐商只不过是其中的一个环节,他们并不具备自主的经营权和财产权,甚至他们的破产也只是交还了皇帝(国家)赋予他们的垄断特权而已。他们作为市场主体的作用被行政权力严重压制以至于可以忽略不计,他们的运销活动常常无法遵循趋利避害的基本商业原则,因此不能持续健康发展。在利润分配上,盐利与通常意义上的商业利润截然

---

① 《马克思恩格斯选集》第四卷,人民出版社,1972,第495页。

② 参见吉朋辉:《民国政府废除长芦专商引岸制述论》,《盐业史研究》2012年第3期。

不同，皇帝作为当权者、官员作为管理者、盐商作为经营者都参与盐利的分配，三者之间既没有明晰身份与权责的界限，也没有建立起合理而稳定的盐利分配机制，因此盐利的分配存在严重的不确定性、不规范性。比如道光朝的积欠危机后，芦商积欠的帑银本利、盐课有相当大一部分最终并没有被内务府和户部收回，而是成为一笔烂账。但是内务府和户部又没有实质性的损失，因为芦商早就通过帑利、捐输等其他方式缴纳了与积欠相当甚至更多的盐利。用一句通俗的话讲，肉烂也不过是烂在锅里罢了。虽然这可以视为资本在专商引岸制体系内的循环，但其后果是盐利很难成为盐商保持健康经营或扩大经营的有源活水。总之，皇权体制下的专商引岸制是没有办法自主保持健康运转的。

另一方面，皇帝的宏观盐务政策或者利用内务府等控制阀进行的调节无法保持精准有效，乾隆帝优恤盐商政策的失度就是例证。表面上看这是因为乾纲独断的皇帝并不能总能勘破一切，但从根本上来说，是因为皇权专制下的人身关系及行政管理运作模式，将盐的运销和盐利输送都畸变为掺杂着政治考量、身份限阈与私密盘算的复杂交易，而极少是单纯视社会经济发展状况和市场变化作出的针对性调整（只在雍正朝初期实现过）。只要皇权专制还在，只要皇帝的威权还在，这种畸变就无法消除，专商引岸制下的盐业就不可能走向良性运转的永生之途。

# 参考文献

## 档　案

[1] 中国第一历史档案馆馆藏宫中全宗、军机处全宗、内阁全宗、内务府全宗档案.

[2] 中国第一历史档案馆编. 康熙朝汉文朱批奏折汇编[A]. 北京:档案出版社,1985.

[3] 中国第一历史档案馆编. 雍正朝汉文朱批奏折汇编[A]. 南京:江苏古籍出版社,1989.

[4] 中国第一历史档案馆编. 乾隆朝上谕档[A]. 北京:档案出版社,1991.

[5] 中国第一历史档案馆编. 康熙朝满文朱批奏折全译[M]. 北京:中国社会科学出版社,1996.

[6] 中国第一历史档案馆译编. 雍正朝满文朱批奏折全译[M]. 合肥:黄山书社,1998.

[7] 中国第一历史档案馆编. 雍正朝汉文谕旨汇编[A]. 桂林:广西师范大学出版社,1999.

[8] 中国第一历史档案馆,中国人民大学清史研究所,中国社会科学院

中国边疆史地研究中心编. 清代边疆满文档案目录[A]. 桂林:广西师范大学出版社,1999.

[9] 中国第一历史档案馆编. 嘉庆道光两朝上谕档[A]. 桂林:广西师范大学出版社,2000.

[10] 中国第一历史档案馆,天津市档案馆,天津市长芦盐业总公司编. 清代长芦盐务档案史料选编[A]. 天津:天津人民出版社,2014.

[11] 允禄、鄂尔泰等编. 朱批谕旨[A]. 点石斋刊本,1887.

[12] 允禄、鄂尔泰等编. 世宗宪皇帝上谕八旗[M]//钦定四库全书:史部六,影印文渊阁四库全书,台北:台湾商务印书馆,1986.

[13] 故宫博物院编辑出版. 文献丛编:第三辑[M]. 1930.

[14] 上海书店出版社编. 清代档案史料选编[A]. 上海:上海书店出版社,2010.

[15] 台北故宫博物院图书文献处文献科编. 宫中档乾隆朝奏折[A]. 台北故宫博物院,1982—1988.

[16] 辽宁社会科学院历史研究所等译编[A]. 清代内阁大库散佚满文档案选编[A]. 天津:天津古籍出版社,1992.

[17] 故宫博物院明清档案部编. 关于江宁织造曹家档案史料[M]. 北京:中华书局,1975.

[18] 中国第一历史档案馆辑. 康熙年间关于盐务的御史奏章[A]. 历史档案,(1 期).

[19] 中国第一历史档案馆编辑. 乾隆年间内务府官当史料选[A]. 历史档案,(20 期).

[20] 中国第一历史档案馆辑. 乾隆年间查办长芦盐商王至德父子亏欠帑银案[A],历史档案,(2 期).

[21] 吕小鲜选编. 乾隆初陈顺等合伙偷刨安图入官房院内窖银案史料[A]. 历史档案,1992(2 期).

[22] 台湾"中央研究院"近代史研究所藏内务府奏销档案全文数据库[EB/OL][2021—7—26]. 网址 http://www.ihp.sinica.edu.tw/ttscgi/ttsweb? @0:0:1:thii@@0.527960035556059.

## 官书、正史、政典、类书

[1] 清实录[M],北京:中华书局,1985.
[2] 吴亮辑. 万历疏钞[M]//续修四库全书编委会编. 续修四库全书:第468册. 上海:上海古籍出版社,1996.
[3] 徐尚定标点. 康熙起居注[M]. 北京:东方出版社,2014.
[4] 陈戍国校注. 尚书[M]. 长沙:岳麓书社,2019.
[5] 班固. 汉书[M]. 北京:中华书局,1962.
[6] 司马迁. 史记[M]. 长沙:岳麓书社,1988.
[7] 贺长龄,魏源辑. 皇朝经世文编[M]//沈云龙主编. 近代中国史料丛刊:第七十四辑. 新北:文海出版社,1972.
[8] 张廷玉等撰. 明史[M]. 北京:中华书局,1974.
[9] 刘昫等撰. 旧唐书[M]. 北京:中华书局,1975.
[10] 赵尔巽等撰. 清史稿[M]. 长春:吉林人民出版社,1995.
[11] 萧奭. 永宪录[M]. 北京:中华书局,1997.
[12] 昆冈等辑. 钦定大清会典事例[M]//续修四库全书编纂委员会编. 续修四库全书:第804册. 上海:上海古籍出版社,1996.
[13] 张廷玉等撰. 清朝文献通考[M]. 杭州:浙江古籍出版社,2000.
[14] 戴逸、李文海主编. 清通鉴[M]. 太原:山西人民出版社,1999.
[15] 刘锦藻撰. 清朝续文献通考:第一册[M]. 北京:商务印书馆,1936.

## 志　书

[1] 莽鹄立等纂修. 新修长芦盐法志[M]. 台北:台湾学生书局,1966.

[2] 莽鹄立等纂修.(雍正)山东盐法志[M].台北:台湾学生书局,1966.
[3] 莽鹄立等纂修.(雍正)山东盐法志[M]//四库未收书辑刊:一辑第二十四册.北京:北京出版社,2000.
[4] 王世球等纂修.(乾隆)两淮盐法志[M].乾隆十三年刻本.
[5] 黄掌纶等纂修.长芦盐法志[M].北京:科学出版社,2009.
[6] 张茂炯等编.清盐法志[M].民国盐务署铅印本,1920.
[7] 佶山修、单渠纂、方浚颐续纂.(嘉庆)两淮盐法志[M].广陵书社影印同治九年扬州书局重刊本,2015.
[8] 王定安纂修.(光绪)重修两淮盐法志[M].清光绪刻本.
[9] 唐执玉、李卫等修,陈仪纂.(雍正)畿辅通志[M].清雍正十三年刻本.
[10] 天津市地方志编修委员会编.天津通志·旧志点校卷[M].天津:南开大学出版社,1999.
[11] 岳浚等纂修.(乾隆)山东通志[M].扬州:江苏广陵古籍刻印社,1986.
[12] 周庆云编纂.盐法通志[M].鸿宝斋刊本,1928.
[13] 谢开宠等修纂.(康熙)两淮盐法志[M].台北:台湾学生书局,1966.
[14] 高锡畴等纂,高凌蔚等重修.临榆县志[M].台北:成文出版社有限公司,1968.
[15] 游智开修,史梦兰纂.(光绪)永平府志:卷二十八[M]//董耀会主编.秦皇岛历代志书校注.北京:中国审计出版社,2001.
[16] 邵友濂,孙德祖等纂.(光绪)余姚县志[M].台北:成文出版社,1983.
[17] 定祥等修纂.(光绪)吉安府志[M].台北:成文出版社,1975.
[18] 高延第,吴昆田纂.(光绪)淮安府志[M]//中国地方志集成·江苏

府县志:54. 南京:江苏古籍出版社,1991.
[19] 王者辅修、吴廷华纂.(乾隆)宣化府志[M]//中国地方志集成:河北府县志辑 11. 上海:上海书店出版社,2006.
[20] 王谋文纂修.(乾隆)介休县志[M]. 台北:成文出版社,1976.
[21] 黄彭年总纂.(光绪)畿辅通志[M]. 北京商务印书馆,1934 年影印光绪十年刊本.
[22] 王葆安修、陈式谌纂. 香河县志[M]. 1936 年排印本.
[23] 左承业纂修.(乾隆)万全县志[M]. 乾隆十年刻本.

## 谱　牒

[1] 查禄百、查禄昌修. 宛平查氏支谱[M]. 1941 年铅印本.
[2] 涪陵韩氏续修并印. 涪陵韩氏宗谱[M]. 2000.
[3] 辽宁省图书馆古籍部整理. 八旗满洲氏族通谱[M]. 沈阳:辽沈书社,1989.
[4] 中国谱谍学研究会编. 谱牒学研究:第二辑[M]. 北京:文化艺术出版社,1991.
[5] 查元翱纂修. 海宁查氏族谱[M]. 清道光八年刻本.

## 资料汇编

[1] 李利锋编著. 抚宁史料集[M]. 北京:中国文史出版社,2006.
[2] 庄建平主编. 近代史资料文库[M]. 上海:上海书店出版社,2009.
[3] 马子木编. 清代大学士传稿(1636-1795)[M]. 济南:山东教育出版社,2013.
[4] 王思治、李鸿彬主编,清史编委会编. 清代人物传稿:上编[M]. 北京:中华书局,1995.
[5] 政协天津市红桥区委员会、天津博物馆编. 水西余韵[M]. 天津:天

津古籍出版社,2008.
[6] 钱仪吉编.碑传集[M].北京:中华书局,1993.
[7] 皮福生.吉林碑刻考录[M].长春:吉林文史出版社,2006.
[8] 阮荣春主编.海外藏中国历代名画[M].长沙:湖南美术出版社,1998.
[9] 福建省少数民族古籍丛书编委会编.福建省少数民族古籍丛书:满族卷[M].北京:民族出版社,2004.
[10] 山西省政协《晋商史料全览》编辑委员会主编,晋城市政协.晋商史料全览·晋城卷》编辑委员会编.晋商史料全览:晋城卷[M].太原:山西人民出版社,2006.
[11] 铁源主编.江西藏瓷全集:清代[M].北京:朝华出版社,2005.
[12] 四川宋瓷博物馆编.遂宁历史名人年谱[M].成都:四川民族出版社,2019.

## 著 作

[1] 故宫博物院明清档案馆编.李煦奏折[M].北京:中华书局,1976.
[2] 毕自严.度支奏议[M]//续修四库全书:第487册.上海:上海古籍出版社,1996.
[3] 黎翔凤.管子校注[M].北京:中华书局,2004.
[4] 陈桐生译注.盐铁论[M].北京:中华书局,2015.
[5] 曾国藩.曾国藩全集[M].长沙:岳麓书社,1994.
[6] 谈迁.北游录[M].北京:中华书局,1960.
[7] 苏舆.春秋繁露义证[M].北京:中华书局,2015.
[8] 汪康年辑.振绮堂丛书初集[M]//沈云龙主编.近代中国史料丛刊:第55辑.台北:文海出版社,1970.
[9] 张泰交.受祜堂集[M]//白鸿昌等整理,冀东、等审订.阳城历史名

人文存:第 5 册. 太原:三晋出版社,2010.

[10] 魏源. 圣武记[M]. 长沙:岳麓书社,2011.

[11] 姜宸英. 姜先生全集[M]//清代诗文集汇编. 编纂委员会编. 清代诗文集汇编:第 107 册. 上海:上海古籍出版社,2010.

[12] 李国强,秦良选注. 江西古文精华丛书:散文卷[M]. 南昌:江西人民出版社,1998.

[13] 顾炎武. 天下郡国利病书[M]//江右集团、南昌大学编. 江右. 宁波出版社,2014.

[14] 许承尧撰,李明回等校点. 歙事闲谭[M]. 合肥:黄山书社,2001.

[15] 梅成栋纂. 卞僧慧、濮文起校点. 津门诗钞[M]. 天津:天津古籍出版社,1993.

[16] 吴敬梓. 儒林外史[M]. 北京:人民文学出版社,1979.

[17] 王维德. 林屋民风[M]. 清康熙刻本.

[18] 朱书. 朱书集[M]. 合肥:黄山书社,1994.

[19] 吴雯著,李雪梅等点校. 吴雯集:第 1 册[M]. 太原:三晋出版社,2016.

[20] 汪世清编著. 石涛诗录[M]. 石家庄:河北教育出版社,2005.

[21] 杨钟羲撰集,刘承干参校. 雪桥诗话余集[M]. 北京:北京古籍出版社,1992.

[22] 李光地. 榕村全书:第 10 册[M]. 福州:福建人民出版社,2013.

[23] 赵执信. 饴山堂诗文集[M]//四部备要:第 85 册. 北京:中华书局,1989.

[24] 查为仁. 蔗塘未定稿[M]//清代诗文集汇编. 编纂委员会编. 清代诗文集汇编:第 273 册. 上海:上海古籍出版社,2010.

[25] 陈宏谋. 培远堂偶存稿[M]//清代诗文集汇编. 编纂委员会编. 清代诗文集汇编:第 280、281 册. 上海:上海古籍出版社,2010.

[26] 查礼.铜鼓书堂遗稿[M]//清代诗文集汇编.编纂委员会编.清代诗文集汇编:第338册.上海:上海古籍出版社,2010.

[27] 安岐.墨缘汇观[M].广州:岭南美术出版社,1994.

[28] 安岐刻本.孙过庭书谱:影印版[M].北京:北京出版社,1992.

[29] 俞丰译注.王翚画论译注[M].北京:荣宝斋出版社,2012.

[30] 柳得恭.滦阳录[M].沈阳:辽海书社,1934.

[31] 刘声木.苌楚斋随笔[M].北京:中华书局,1998.

[32] 李斗.扬州画舫录[M].北京:中华书局,1960.

[33] 袁枚.子不语[M].上海:上海古籍出版社,1986.

[34] 徐珂.清稗类钞:第九册[M].北京:中华书局,1986.

[35] 凌廷堪.校礼堂文集[M].北京:中华书局,1998.

[36] 陶澍.陶澍全集:奏疏2[M].长沙:岳麓书社,2010.

[37] 曾仰丰.中国盐政史[M].北京:商务印书馆,1984.

[38] 汤用中.翼駉稗编[M]//笔记小说大观:第三十二编.台北:新兴书局,1981.

[39] 吴锡麒.有正味斋骈体文[M].清刻本.

[40] 欧阳兆熊,金安清.水窗春呓[M].北京:中华书局,1984.

[41] 吴锡麟.南归记[M]//王锡祺辑.小方壶斋舆地丛钞:第五帙.杭州:杭州古籍书店,1985.

[42] 江畬经选编.历代小说笔记选:清[M].广州:广东人民出版社,1984.

[43] 戴愚庵.沽水旧闻[M].天津:天津古籍出版社,1986.

[44] 徐士銮著,张守谦点校.敬乡笔述[M].天津:天津古籍出版社,1986.

[45] 马鸿翱著,侯福志整理.桑梓纪闻[M].天津:天津古籍出版社,2016.

[46] 徐珂编纂. 清稗类钞:第七册[M]. 北京:中华书局,1986.
[47] 张裕钊. 张裕钊诗文集[M]. 上海:上海古籍出版社,2012.
[48] 张问陶撰,成镜深、胡传淮主编. 船山诗草全注[M]. 成都:巴蜀书社,2010.
[49] 汤中. 梁质人年谱[M]//民国丛书:第 4 编. 上海:上海书店,1992.
[50] 眭骏. 王芑孙年谱[M]. 上海:华东师范大学出版社,2010.
[51] 民国盐务署编印. 中国盐政沿革史:长芦[M]. 1914.
[52] 张宗友. 朱彝尊年谱[M]. 南京:凤凰出版社,2014.
[53] 陈锋. 清代财政政策与货币政策研究:第 2 版[M]. 武汉:武汉大学出版社,2013.
[54] 萧国亮. 皇权与中国社会经济[M]. 北京:新华出版社,1991.
[55] 周良霄. 皇帝与皇权(增订本)[M]. 上海:上海古籍出版社,2006.
[56] 张毅. 明清天津盐业研究(1368—1840)[M]. 天津:天津古籍出版社,2012.
[57] 陈锋. 清代盐政与盐税:第二版[M]. 武汉:武汉大学出版社,2013.
[58] 杜家骥. 杜家骥讲清代制度[M]. 天津:天津古籍出版社,2014.
[59] 祁美琴. 清代内务府[M]. 北京:中国人民大学出版社,1998.
[60] 史景迁. 曹寅与康熙:一个皇帝宠官的生涯揭秘[M]. 桂林:广西师范大学出版社,2014.
[61] 王振忠. 明清徽商与淮扬社会变迁[M]. 北京:生活·读书·新知三联书店,1996.
[62] 宋良曦. 盐史论集[M]. 成都:四川人民出版社,2008.
[63] 刘秋根. 中国典当制度史[M]. 上海:上海古籍出版社,1985.
[64] 吴慧主编. 中国商业通史[M]. 北京:中国财政经济出版社,2005.
[65] 邹范平. 康雍乾盛世中的君臣关系[M]. 西安:陕西人民出版社,2014.

[66] 孙欣. 清代余姚邵氏家族[M]. 杭州:浙江大学出版社,2012.
[67] 叶修成. 紫芥掇实:水西庄查氏家族文化研究[M]. 天津:天津古籍出版社,2017.
[68] 刘尚恒著,张文琴整理. 天津查氏水西庄研究文录[M]. 天津:天津社会科学院出版社,2008.
[69] 刘尚恒. 二馀斋文集[M]. 天津:天津古籍出版社,2013.
[70] 薛柏成. 叶赫那拉氏家族史研究[M]. 长春:吉林文史出版社,2005.
[71] 徐顺荣. 明清扬州盐官与扬州盐商[M]. 扬州:广陵书社,2015.
[72] 王瑜,朱正海主编. 盐商与扬州[M]. 南京:江苏古籍出版社,2001.
[73] 赖惠敏. 乾隆皇帝的荷包[M]. 北京:中华书局,2016.
[74] 王宏斌. 清代价值尺度:货币比价研究[M]. 北京:生活·读书·新知三联书店,2015.
[75] 杨端六编著. 清代货币金融史稿[M]. 武汉:武汉大学出版社,2007 年.
[76] 陈锋. 清代财政政策与货币政策研究[M]. 武汉:武汉大学出版社,2013.
[77] 张升余. 明清时期中日文化交流研究[M]. 西安:陕西人民出版社,2008.
[78] 冯明珠主编. 盛清社会与扬州研究[M]. 台北:远流出版事业股份有限公司,2011.
[79] 徐雁平编著. 清代文学世家姻亲谱系[M]. 南京:凤凰出版社,2011.
[80] 刘欢萍. 乾嘉诗人吴锡麒研究[M]. 南京:凤凰出版社,2016.
[81] 高鹏. 芦砂雅韵:长芦盐业与天津文化[M]. 天津:天津古籍出版社,2017.
[82] 薛瑞录. 清史文苑[M]. 沈阳:辽宁民族出版社,2013.
[83] 卞僧慧. 天津史志研究文集[M]. 天津:天津古籍出版社,2011.

[84] [德]马克思、恩格斯. 马克思恩格斯选集:第三十八卷[M]. 北京:人民出版社,1972.

[85] 松浦章. 清代海外贸易史研究[M]. 李小林,译. 天津:天津人民出版社,2016.

[86] 关文斌. 文明初曙:近代天津盐商与社会[M]. 张荣明,主译. 天津:天津人民出版社,1999.

## 论　文

[1] 李克毅. 清代盐商与帑银[J]. 中国社会经济研究,1989年(2期).

[2] 晁中辰. 清代有“康乾盛世”,为何没有近代工业:以清前期高利贷为研究中心[J]. 社会科学辑刊,2010(4).

[3] 林文勋. 中国古代专卖制度的源起与历史作用:立足于盐专卖制的考察[J]. 盐业史研究,2003(3).

[4] 吴奇衍. 清前期长芦官盐商的管理制度和破产原因[C].《平准学刊》编辑委员会编. 平准学刊:第五辑下册. 北京:光明日报出版社,1989.

[5] 香坂昌纪撰. 论清朝嘉庆年间的国家财政与关税收入[J]. 赵中男,译. 社会科学辑刊,1993(3).

[6] 王振忠. 康熙南巡与两淮盐务[J]. 盐业史研究,1995(4).

[7] 芮和林. 勤政清廉的长芦巡盐御史——莽鹄立[J]. 盐业史研究,2000(4).

[8] 杜广学. 姜宸英与纳兰性德交游考论[J]. 文艺评论,2015(10).

[9] 晏路. 郭琇弹劾靳辅案中案[J]. 满族研究,2001(4).

[10] 张金栋,高朝英. 虎卧老人行书《遂闲堂十律诗》考——兼谈畿辅先哲张霖、张霔(上)[J]. 文物春秋,2008(1).

[11] 刘聿鑫. 赵执信和天津张霖、张坦父子[J]. 朱万曙主编. 古籍研究:

2008 卷(下).合肥:安徽大学出版社,2009.

[12] 刘小萌.旗籍朝鲜人安氏的家世与家事[J].清史研究,2013(4).

[13] 杨小京.关于安岐的新材料[J].新美术,2015(1).

[14] 韦明铧.安岐与扬州——记录中韩交往史上的一位扬州盐商[J].扬州大学学报(人文社会科学版),2002(2).

[15] 申学锋,清代财政收入规模与结构变化述论[J].北京社会科学,2002 年(1).

[16] 韦庆远.康熙时期对“生息银两”制度的初创和运用——对清代“生息银两”制度兴衰过程研究之一[J].中国社会经济史研究,1986(3).

[17] 韦庆远.雍正时期对“生息银两”制度的整顿——清代“生息银两”制度兴衰研究之二[J].中国社会经济史研究,1987(3).

[18] 韦庆远.乾隆时期“生息银两”制度的衰败和“收撤”——清代“生息银两”制度兴衰研究之三[J].中国社会经济史研究,1988(3).

[19] 常建华.捐纳、乡贤与宗族的兴起及建设——以清代山西洪洞苏堡刘氏为例[J].安徽史学,2017(2).

[20] 王宏斌.乾嘉时期银贵钱贱问题探源[J].中国社会经济史研究,1987(2).

[21] 赖惠敏.清乾隆朝的盐商与皇室财政[C].中国第一历史档案馆编.明清档案与历史研究论文集:下.北京:新华出版社,2008.

[22] 孙晓莹.简论清代北京内三旗所属内务府商人[J].清华大学学报(哲学社会科学版),2020(1).

[23] 王萌.康熙朝后期的铜政改革与内务府官商[J].清史研究,2010(1).

[24] 王佩环.略谈清代东北采参制度的几个问题——兼与久保悌郎教授商榷[J].东北史研究:第 1 辑.1983.

[25] 韦庆远、吴奇衍. 清代著名皇商范氏的兴衰[J]. 历史研究,1981(3).

[26] 薛明. 康熙朝中后期内务府商人赴日办铜的利润问题[J]. 清史研究,2014(2).

[27] 王明星. 清代范氏皇商兴衰的经济学分析[C]. 明清商业史研究:第一辑:北京:中国财政经济出版社,1998.

[28] 赖惠敏. 清乾隆朝内务府的皮货买卖与京城时尚[C]. 张国刚主编. 中国社会历史评论. 北京:商务印书馆,2007.

[29] 吴梁. 文宦世家——嘉兴海宁查氏[C]. 江苏省政协文史资料委员会,无锡市政协学习文史委员会编,江苏文史资料:第一百三十一辑:太湖望族.

[30] 黎汉明、关文斌. 一部中国近代长芦盐业史:天津冯氏家史零拾[C]. 冯承柏教授纪念集编委会编. 春思秋怀忆故人:冯承柏教授纪念集. 天津:南开大学出版社,2008.

[31] 吉朋辉. 民国政府废除长芦专商引岸制述论[J]. 盐业史研究,2012(3).

[32] 吉朋辉. 清代内务府盐商透视——以长芦盐商王惠民家族为例[J]. 盐业史研究,2017(4).

[33] 王士铭. 既是官员也是奴才:乾隆朝长芦盐政[D]. 台湾暨南国际大学,2007.

[34] 张致和. 清代长芦盐业经济研究[D]. 南开大学,2022.

[35] 孙明. 清朝前期盐政与盐商[D]. 东北师范大学,2012.

[36] 吉朋辉. 康亲王府的盐务官司[N]. 中国档案报,2019—4—12(4).

[37] 吉朋辉. 乾隆朝长芦盐政的进贡秘事[N]. 中国档案报,2016—6—27.

# 附　录

**附表一：清前中期天津大盐商家族本名引名对照表**

| 家族 | 本名 | 引名 | 起止时间 |
| --- | --- | --- | --- |
| 抚宁张氏 | 张希稳 | 张希思、张希稳 | 顺治二年至康熙二年 |
| | 张霖 | 张行、张希思、迟茂相、常天卓、郑维屏 | 康熙二年至康熙四十四年 |
| | 不详 | 郑维屏、常天卓 | 康熙四十四年之后至雍正年间 |
| 宛平查氏 | 查日乾 | 查日昌 | 康熙三十二年至乾隆初年 |
| | | 查茂德 | 雍正八年至乾隆六年 |
| | 查为仁 | 查茂德、查为仁 | 乾隆六年至乾隆十四年 |
| | 查为义 | 不详 | |
| | 查善长 | 查茂德、刘诚元、刘公德 | 乾隆十四年至乾隆朝后期 |
| | 查善和 | 查世兴 | 乾隆朝后期至嘉庆五年 |
| | 查维震 | 不详 | |
| | 查诚 | 查世兴 | 嘉庆五年至嘉庆十六年 |
| | 查鲁勤 | 查世兴 | 嘉庆十六年至嘉庆十八年 |
| 朝鲜安氏 | 安尚仁 | 金义、钱仁 | 康熙三十三年至康熙四十四年 |
| | 安岐 | 金义、钱仁 | 康熙四十四年至乾隆十年左右 |

续表

| 家族 | 本名 | 引名 | 起止时间 |
| --- | --- | --- | --- |
| 皇商王氏 | 王惠民 | 王惠民 | 康熙四十五年至乾隆初年 |
| | 王至德 | 王至德 | 乾隆初年至乾隆三十五年 |
| | 同文 | 同文 | 乾隆三十五年至乾隆三十六年 |
| | 王慎德 | 王庆余 | 乾隆初年至欠二十七年之前 |
| | 王廷献 | 王庆余 | 乾隆二十七年之前至乾隆三十年 |
| 皇商范氏 | 范毓馪 | 范宗文 | 雍正元年至乾隆十~十三年 |
| | 范清注 | 范宗文 | 乾隆十~十三年至乾隆二十九年 |
| | 范清济 | 范宗文 | 乾隆二十九年至乾隆四十七年 |
| | 范重棨 | 范重棨 | 乾隆四十八年至嘉庆年间 |
| 凤台王氏 | 王廷扬 | 王克大 | 康熙四十六年至雍正九年 |
| | 王镗 | 王克大 | 雍正九年至乾隆二十六年 |
| | 王德浤 | 王克大 | 乾隆二十六年至乾隆三十年 |
| | 王朴 | 王克大 | 嘉庆十年开始,结束时间不详 |
| 鄞县王氏 | 王起凤 | 王得宜 | 乾隆二十四年至乾隆四十六年 |
| | 王世荣 | 王得宜 | 乾隆四十六年至乾隆五十四年 |
| | 王珮 | 王得宜 | 乾隆五十四年至嘉庆十四年 |
| 海宁查氏 | 查懋 | 查奕茂 | 乾隆二年至乾隆四十年 |
| | 查莹 | 查奕茂、江公源 | 乾隆四十年嘉庆八年 |
| | 查世倓 | 查庆余 | 乾隆四十年至道光元年 |
| | 查有圻 | 查奕茂、江公源 | 嘉庆八年至道光四年 |
| | 查元偁 | 查庆余 | 道光元年至道光五年 |
| | 查彦钧 | 查庆余 | 道光五年至咸丰四年 |

**附表二:清前中期天津大盐商家族借领帑银表**

| 盐商家族 | 借帑年份 | 借帑本银数额 | 帑银来源 | 归还情况 | 备注 | 资料来源 |
|---|---|---|---|---|---|---|
| 抚宁张氏 | 康熙四十三年 | 四十一万九千两 | 内务府 | 至康熙四十四年张霖案发未归还 | | 《清代档案史料选编》,第764页 |
| 宛平查氏 | 康熙四十三年 | 十二万两 | 内务府 | 至康熙四十四年张霖案发,有十万八千六百五十九两八钱未还 | | 同上 |
| | 乾隆元年 | 五万五千两 | 不详 | 乾隆元年,查茂德接办卢龙等三县引地,情愿分代前商田笃信等偿还所欠五万五千两帑银,以十年为限每年偿还五千五百两 | 乾隆二年十月,朝廷允许"查茂德应完本年卢龙等三县帑银五千五百两,宽限一年催完" | 乾隆元年九月十八日《大学士管户部尚书事张廷玉题为遵议长芦盐政三保题请将认办卢龙等三县引地新商查茂德所请加引事宜暂为停止事》,中国第一历史档案馆档案内阁全宗02—01—04—12857—007;《长芦盐法志》卷六《优恤·恤商》,第94页 |
| | 乾隆二十一年 | 不详 | 不详 | "官帑私债,积至十余万" | 此处的"官帑"不一定是指借领的帑银,也有可能是盐课 | 《查善和自述》,《天津查氏水西庄研究文录》,第200页 |

续表

| 盐商家族 | 借帑年份 | 借帑本银数额 | 帑银来源 | 归还情况 | 备注 | 资料来源 |
|---|---|---|---|---|---|---|
| 朝鲜安氏（明府） | 不详，大概在乾隆朝初期 | 七万五千两 | 内务府生息本银 | 乾隆十三年，因无法偿还而被没收二十一州县引地 | 此项生息银为玉琳所借，并非用于盐务 | 本书第四章 |
| 皇商王氏 | 雍正元年 | 不详 | 内务府 | 雍正元年，王惠民接替梁樟承办张霖引地，一次性付清了梁樟欠下的二十八万多两内务府本利及节省银 | 此项为王惠民代梁樟偿还 | 本书第六章 |
| | 雍正年间，具体年份不详 | 十万两有零 | 内务府 | 到乾隆二年尚欠此数，乾隆帝恩准分十三年完缴 | 王至德领借 | 《高宗纯皇帝实录》卷三十七，《清实录》第九册，第671页下 |
| | 不详。在乾隆十七年分家之后 | 十一万九千余两 | 内务府当本、香灯、宗人府银等 | 到乾隆三十年欠引课、帑利银三万两 | 此项帑银为王廷献所借，且是王廷献破产的重要原因 | 《清代长芦盐务档案史料选编》，第107页；《宫中档乾隆朝奏折》第22册，第621页 |
| | 乾隆二十九年 | 二万两，与其他盐商共借 | 内务府 | 本利未能偿还。乾隆三十年，因拖欠引课及帑利等十八万七千余两，被革退 | 此项帑银为王廷献所借 | 《清代长芦盐务档案史料选编》，第107页 |

续表

| 盐商家族 | 借帑年份 | 借帑本银数额 | 帑银来源 | 归还情况 | 备注 | 资料来源 |
|---|---|---|---|---|---|---|
| | 乾隆三十六年之前 | 十六万两 | 内务府万成当等 | 未能清还。乾隆三十六年原议定由同文分八年连本带利偿还,共应交本利二十五万四千八百四十一两零。同文无力偿还,被革去商名,引地由义和泰接办 | 此项帑银为王至德历年所借领 | 《乾隆年间查办长芦盐商王至德父子亏欠帑银案》,第51页 |
| 皇商范氏 | 乾隆二十年之前 | 不详 | 内务府 | 乾隆二十年,范清注呈内务府称,“前后共欠银三百三十七万一千余两,历年完过银二百八十九万六千余两,尚有未完银四十七万五千余两” | 范氏借领帑银中,有相当大一部分是用于铜务 | 《清代著名皇商范氏的兴衰》,第136页 |
| 皇商范氏 | 乾隆二十年 | 二十万两 | 内务府 | 原定每年一份起息,十年本利全还。但范氏只在乾隆二十一年如期交还了本利,此后将每年的欠数滚加到欠帑总数之内 | 范清注借 | 同上 |
| 皇商范氏 | 乾隆二十七年 | 三十万两 | 内务府 | “甫经一载,即已溃惫不堪” | 范清洪借 | 同上 |

续表

| 盐商家族 | 借帑年份 | 借帑本银数额 | 帑银来源 | 归还情况 | 备注 | 资料来源 |
|---|---|---|---|---|---|---|
| | 乾隆二十九年 | 三十万两 | 内务府 | 加恩免其交利，宽限五年。此后范清济惨淡经营，到乾隆三十一年，积欠的内帑达一百二十余万两，到了乾隆四十七年仍然是这个数，引地被朝廷交给其他盐商经营 | 范清济借。范氏内帑积至巨额，主要是铜务所累 | 本书第六章 |
| | 乾隆三十六年 | 三十万两 | 内务府帑银 | “甫及年余，即至误运误课” | 范李领借 | 《清代长芦盐务档案史料选编》，第151页 |
| 凤台王氏 | 乾隆十年 | 五万两 | 内务府生息银 | 每月一分五厘起息，每年利银九千两。到乾隆二十一年，王镗向内务府缴纳的利银已经达到十万六千余两。乾隆二十二年降为一分起息，与新借领的生息银合为一笔。乾隆二十六年起开始偿还本金，到乾隆三十年引地被其他盐商接办时，仍没有偿还 | 王镗领借 | 本书第七章 |

续表

| 盐商家族 | 借帑年份 | 借帑本银数额 | 帑银来源 | 归还情况 | 备注 | 资料来源 |
| --- | --- | --- | --- | --- | --- | --- |
| | 乾隆二十二年 | 十万两 | 内务府生息银 | 与原有内务府息银合为一笔，一分行息，乾隆二十六年起开始偿还本金。此时王家所欠内务府生息银本息共二十八万七千八百两，到乾隆三十年引地被其他盐商接办时，仍没有偿还 | 王镗领借 | 同上 |
| | 乾隆二十四年之前 | 七万七千八百七十三两二钱零 | 长芦运库 | 每年应交利息九千三百余两。乾隆三十年查奕茂接手后继续偿还 | 这些款项的名目包括：当本生息银、赏赍生息银、内府帑利银、水师营生息银、莲池书院生息银等 | 同上 |
| 鄞县王氏 | 乾隆五十一年三月 | 三十万两 | 不详 | 乾隆五十二年穆腾额奏：“至该商此外应交各项帑利银两，仍饬依限完缴，不令延误。”到嘉庆二年，这些帑银仍然没有还完，王珮呈请告退被拒绝 | 为王世荣借领，用于自置引地的经营 | 《清代长芦盐务档案史料选编》，第165、200页 |

续表

| 盐商家族 | 借帑年份 | 借帑本银数额 | 帑银来源 | 归还情况 | 备注 | 资料来源 |
| --- | --- | --- | --- | --- | --- | --- |
| | 乾隆五十一年之前 | 三十八万四千二百余两 | 各项帑本银 | | 用于“永庆号”引地的经营 | 同上 |
| | 乾隆五十二年 | 四万两 | 运库闲款 | 归还情形不详。但根据此后王家经营的惨淡情况，应该未能顺利归还 | 由于王世荣资本缺乏，为避免起耽误春运，长芦盐政穆腾额饬运司借给 | 《清代长芦盐务档案史料选编》，第165页 |
| | 乾隆五十八年 | 鄞县王氏累计借领过的各项帑本银达一百八万五千二十六两四钱三分二厘 | | | | 乾隆五十八年十二月二十六日《总管内务府(本堂)为王佩等街领过各项帑本共银数目事呈文》，中国第一历史档案馆档案内务府全宗05—0450—067 |
| 海宁查氏 | 乾隆三十年 | 二十八万七千八百两 | 内务府生息本银 | 从乾隆四十年开始，分二十六年，偿还常茂号所欠的内务府生息银本利及挪欠永庆号资本共三十六万五千余两 | 海宁查氏接办凤台王氏常茂号引地，同时接手了其所欠的内务府生息银本利 | 本书第八章 |
| | 嘉庆二十年 | 二十五万两 | 不详 | 到道光四年查有圻被参革时仍未还完 | 查有圻所借 | 同上 |

**附表三：清前中期天津大盐商家族捐输报效表**

| 盐商家族 | 捐输报效年份 | 捐输报效数额 | 用途 | 交付情况 | 议叙情况 | 备注 | 资料来源 |
|---|---|---|---|---|---|---|---|
| 宛平查氏 | 雍正十年 | 与其他二百三十一名盐商共同捐银十万两，宛平查氏名列第三位 | 盐商的本意是作为军需之用，但雍正帝令作为公费听候部拨。其中大部分用于抵算商欠盐课其余三万余两收贮运库 | 随同雍正十一年引课交纳 | 无 | 以"查日昌"引名捐出 | 《世宗宪皇帝朱批谕旨》第37册，第98页下；《长芦盐法志》，第82页 |
| | 乾隆九年 | 与其他三十七名盐商共同捐银十万两，宛平查氏名列第五位 | 交库用于听后拨济公用。在呈文里的表达，是为了报答"浩荡之皇恩" | 于秋成陆续交库 | 查为仁被授予七品顶戴，查礼"补官日加二级" | 以"查为仁"名义捐出 | 《清代长芦盐务档案史料选编》，第50页；《长芦盐法志》，第82—83页 |
| | 乾隆十三年 | 与其他芦商共同捐银二十万两，宛平查氏名列第三位 | 用于金川军费 | 随同乾隆十四、十五两年正课按年交库，报明户部听候拨饷 | 查善长、查善和以生员身份，以正八、正九品未入流兼掣，以掣得之缺归于双月四选一升轮用三班后选用 | 以"查茂德"引名捐出 | 《清代长芦盐务档案史料选编》，第57页；《长芦盐法志》，第83页 |

附录

续表

| 盐商家族 | 捐输报效年份 | 捐输报效数额 | 用途 | 交付情况 | 议叙情况 | 备注 | 资料来源 |
|---|---|---|---|---|---|---|---|
| | 乾隆二十四年 | 与其他芦商共同捐银二十万两，宛平查氏名列第一位 | 用于平定准噶尔后的“屯田之费” | 暂支库项解赴甘省，于千里二十五、二十六两年随同正课照数还库 | 正在广西太平府任知府的查礼因此得到了“记录一次”的议叙 | 以“查茂德”引名捐出 | 《长芦盐法志》，第84页 |
| | 乾隆五十年 | 与其他芦商共同捐银三十万两 | 用于备造剥船一千余只 | 赏借库项。各商按引均摊。分限十年归款 | 无 | | 《清代长芦盐务档案史料选编》，第154、155页；《高宗纯皇帝实录》卷一千二百三十八，《清实录》第二十四册，第647页上 |
| | 嘉庆十年 | 查鲁勤、查问勤、查宗勤授予州同知职衔。此次议叙对象为乾隆五十三年、嘉庆四年两次捐输的盐商。不确定宛平查氏具体参与了这两次捐输中的哪一次或两次都参与了。另外，乾隆五十七年芦商捐银三十五万两、嘉庆八年芦商捐银十万两，宛平查氏是否参与，不详 | | | | | 《长芦盐法志》，第89页 |

续表

| 盐商家族 | 捐输报效年份 | 捐输报效数额 | 用途 | 交付情况 | 议叙情况 | 备注 | 资料来源 |
| --- | --- | --- | --- | --- | --- | --- | --- |
| 朝鲜安氏 | 雍正十年 | 同宛平查氏，安氏名列第二位 | 同宛平查氏 | 同宛平查氏 | 无 | 以“金义”引名捐出 | 同宛平查氏 |
| | 乾隆九年 | 同宛平查氏，安氏名列第二位 | 同宛平查氏 | 同宛平查氏 | “金义”被授予七品顶戴，当为安岐 | 以“金义”引名捐出 | 同宛平查氏 |
| 皇商王氏 | 雍正十年 | 同宛平查氏 | 同宛平查氏 | 同宛平查氏 | 无 | 以“王惠民”名义捐出 | 同宛平查氏 |
| | 乾隆九年 | 同宛平查氏 | 同宛平查氏 | 同宛平查氏 | 候选员外郎王至德归双月即用 | 以“王至德”名义捐出 | 同宛平查氏 |
| | 乾隆十三年 | 同宛平查氏 | 同宛平查氏 | 同宛平查氏 | 候选郎中王至德准以应得之缺，不论单双月即用 | 以“王至德”义捐出 | 同宛平查氏 |
| | 乾隆二十四年 | 同宛平查氏 | 同宛平查氏 | 同宛平查氏 | 同文给与六品职衔 | 以什么名义捐出不详 | 同宛平查氏 |
| 皇商范氏 | 雍正十年 | 同宛平查氏 | 同宛平查氏 | 同宛平查氏 | 无 | 以“范宗文”引名捐出 | 同宛平查氏 |

续表

| 盐商家族 | 捐输报效年份 | 捐输报效数额 | 用途 | 交付情况 | 议叙情况 | 备注 | 资料来源 |
|---|---|---|---|---|---|---|---|
| | 乾隆九年 | 同宛平查氏,范氏名列第三位 | 同宛平查氏 | 同宛平查氏 | 中书范清注加顶带二级 | 以"范宗文"引名捐出 | 同宛平查氏 |
| | 乾隆十三年 | 同宛平查氏,范氏名列第二位 | 同宛平查氏 | 同宛平查氏 | 太仆寺少卿衔、现任户部郎中范清注准加四级、纪录三次 | 以"范宗文"引名捐出 | 同宛平查氏 |
| | 乾隆十四年 | 二十万两 | 朝廷为金川军需,向富商巨室派捐助饷 | 一次性交出 | 无 | 范清注以内阁中书名义捐出 | 《清通鉴》第8册,第3573页 |
| | 乾隆二十四年 | 同宛平查氏 | 同宛平查氏 | 同宛平查氏 | 太仆寺少卿衔、现任户部郎中范清注准加四级、纪录两次 | 以什么名义捐出不详 | 《长芦盐法志》,第85页 |
| | 乾隆三十八年 | 与其他芦商共同捐银六十万两,范氏捐五万两,列第一位 | 用于金川战事 | 范氏的五万两分限五年交完 | 捐职郎中范李于双月选用 | 以"范宗文"引名捐出 | 《清代长芦盐务档案史料选编》,第135页;《长芦盐法志》,第85、86页 |

续表

| 盐商家族 | 捐输报效年份 | 捐输报效数额 | 用途 | 交付情况 | 议叙情况 | 备注 | 资料来源 |
| --- | --- | --- | --- | --- | --- | --- | --- |
| | 乾隆五十年 | 同宛平查氏 | 同宛平查氏 | 同宛平查氏 | 无 | | 同宛平查氏 |
| | 嘉庆四年 | 与其他芦商共同捐银三十九万六千两 | 用于川楚教匪善后事宜 | “不敢循照从前于奏销项下借拨”，直接捐银解交部库 | 捐纳选用员外郎范重棨酌予郎中职衔，仍准其加二级 | 此时范氏引地已经变成了官有引地，范重棨租办其中之一部分 | 《长芦盐法志》，第 89 页 |
| 凤台王氏 | 康熙六十年 | 二十万两 | 助饷，自运军前 | 一次性交付 | 无 | 王廷扬捐出 | 《永宪录》，第 136 页 |
| | 雍正元年 | 八万两 | 用于西北军需 | 一次性交付 | 候补道员王廷扬以一等议叙，廷扬子王镃授一品荫生 | 王廷扬捐出 | 同上 |
| | 雍正三年 | 一万两 | 用于修理天津海口龙王庙 | 一次性交付 | “不敢仰邀议叙” | 王廷扬捐出 | 《雍正朝汉文朱批奏折》第 5 册，第 911 页 |

续表

| 盐商家族 | 捐输报效年份 | 捐输报效数额 | 用途 | 交付情况 | 议叙情况 | 备注 | 资料来源 |
|---|---|---|---|---|---|---|---|
| | 乾隆十三年 | 承诺捐银十五万两 | 响应朝廷派捐，用于大小金川军费 | 直到乾隆二十年仍有十二万两没有交足，乾隆帝下旨免除 | “乾隆十三年办理金川时，范毓馪、王镗辈曾有助饷加衔之事” | 王镗以原任刑部郎中名义捐出 | 见本书第七章；《高宗纯皇帝实录》卷九百三十八，《清实录》第二十册，第648页上 |
| 鄞县王氏 | 乾隆二十四年 | 同宛平查氏 | 同宛平查氏 | 同宛平查氏 | 七品顶带王起凤加顶带一级 | 以什么名义捐出不详 | 《长芦盐法志》，第84页 |
| | 乾隆三十八年 | 同皇商范氏。鄞县王氏捐银四万两，与查奕茂同列数额第二位 | 同皇商范氏 | 同皇商范氏 | 捐职郎中王实荣（王世荣）不论单双月即用 | 以“王起凤”名义捐出 | 《长芦盐法志》，第86页 |
| | 乾隆五十年 | 同宛平查氏 | 同宛平查氏 | 同宛平查氏 | 无 | | 同宛平查氏 |

续表

| 盐商家族 | 捐输报效年份 | 捐输报效数额 | 用途 | 交付情况 | 议叙情况 | 备注 | 资料来源 |
|---|---|---|---|---|---|---|---|
| 鄞县王氏 | 乾隆五十三年 | 和其他一盐商一起捐银五三十万两，鄞县王氏第一列位 | 用于庆祝荡平台匪林爽文，共军营赏赉 | 于运库暂借起解，于乾隆五十四年起限，分作五年随正课同完交归款 | 此项捐输直到嘉庆十年才付诸议叙，但此时王氏已经引地由其他盐商代办，所以没有列入议叙行列 | 以"王得宜"引名捐出 | 《长芦盐法志》，第87页 |
| | 乾隆五十七年 | 与其他共芦商同捐银三十五万两，鄞县王氏位列第一 | 用于进剿廓尔喀军费 | 于本年奏销乾隆五十六年引下课项借拨，俟奏销五十七年引课后，起限五年完交归款 | 咨部照例议叙 | 以王珮名义捐出 | 《长芦盐法志》，第88页；《清代长芦盐务档案史料选编》，第117页 |
| 海宁查氏 | 乾隆二十七年 | 四万两 | 为感谢朝廷审明萧振杰诬告案，捐银修缮因连绵雨水而坍塌的天津城墙，疏浚子牙河河道 | 一次交清 | 无 | 以津商查懋名义捐出 | 本书第八章 |

附录

续表

| 盐商家族 | 捐输报效年份 | 捐输报效数额 | 用途 | 交付情况 | 议叙情况 | 备注 | 资料来源 |
| --- | --- | --- | --- | --- | --- | --- | --- |
| | 乾隆三十年 | 与其他盐商一起捐银，数目不详 | 修理天津水师营庙 | 一次交清 | 无 | 以“查奕茂”引名捐出 | 《清代长芦盐务档案史料选编》，第110页 |
| | 乾隆三十八年 | 同皇商范氏。海宁查氏捐银四万两，与王起凤同列数额第二位 | 同皇商范氏 | 同皇商范氏 | 捐职郎中查世倓于双月选用 | 以“查奕茂”引名捐出 | 同皇商范氏 |
| | 乾隆五十年 | 同宛平查氏 | 同宛平查氏 | 同宛平查氏 | 无 | | 同宛平查氏 |
| | 乾隆五十七年 | 同鄞县王氏，查氏列第二位 | 同鄞县王氏 | 同鄞县王氏 | 同鄞县王氏 | 以“查奕茂”引名捐出 | 同鄞县王氏 |
| | 嘉庆四年 | 同皇商范氏，海宁查氏位列第一 | 同皇商范氏 | 同皇商范氏 | 见嘉庆十年 | 以“江公源”引名捐出 | 同皇商范氏 |

续表

| 盐商家族 | 捐输报效年份 | 捐输报效数额 | 用途 | 交付情况 | 议叙情况 | 备注 | 资料来源 |
| --- | --- | --- | --- | --- | --- | --- | --- |
| | 嘉庆十年 | 查捐职郎中查世倓酌予知府职衔。此次议叙对象为乾隆五十三年、嘉庆四年两次捐输的盐商。不确定海宁查氏具体参与了这两次捐输中的哪一次或两次都参与了 | | | | | 《长芦盐法志》,第89页) |
| | 嘉庆十三年 | 十万两 | 作为朝廷剿除海盗的费用 | 一次性交清 | 查有圻加恩赏给四品卿衔,俟补原官后遇有应升卿员缺请旨陛用 | 查有圻以候补郎中名义捐出 | 《清代长芦盐务档案史料选编》,第233页;《嘉庆道光两朝上谕档》第13册,第115页 |
| | 嘉庆十九年 | 六万两 | 用于赈济河南 | 一次性交清 | 查世倓、查有圻均赏给六品职衔 | 以查世倓、查有圻名义捐出 | 《清代长芦盐务档案史料选编》,第296、309页;《嘉庆道光两朝上谕档》第19册,第178页 |
| | 嘉庆二十四年 | 与其他芦商共同捐银十二万两,海宁查氏列第一位 | 用于嘉庆帝万寿庆典 | 一次性交清 | 无 | 以“查庆余”引名捐出 | 《清代长芦盐务档案史料选编》,第326页 |

续表

| 盐商家族 | 捐输报效年份 | 捐输报效数额 | 用途 | 交付情况 | 议叙情况 | 备注 | 资料来源 |
|---|---|---|---|---|---|---|---|
| | 道光二十年 | 与其他盐商共同捐银五万两 | 用于天津海口改筑炮台 | 于运库现行垫借，分限三年按期随引缴还 | 无 | 以"查庆余"引名捐出 | 《清代长芦盐务档案史料选编》，第399页 |
| | 道光二十一年 | 与其他盐商共同捐银四十万两，海宁查氏列第一位 | 用于天津海口驻军犒赏之需 | 先缴银五万两，余银三十五万两在当年盐课中垫拨，自道光二十二年起分五年按引征收 | 无 | 以"查庆余"引名捐出 | 《清代长芦盐务档案史料选编》，第403—404页 |

**附表四：乾隆朝长芦课帑缓带征表**

| 序号 | 年份 | 缓带征内容 | 缓带征年限 | 缓带征原因 | 资料来源 |
|---|---|---|---|---|---|
| 1 | 乾隆元年正月 | 长芦众商旧欠未完银十一万余两 | 从当年起分作十二年带征 | 俱系从前积累、现在带征之项目，非现年课额可比 | 《长芦盐法志》卷二《谕旨二》，第12页 |
| 2 | 乾隆二年十月 | 本年秋冬二季引课 | 分作二年，自戊午年起至己未年末，每年带征一季银两 | 雨水过多，地亩淹涝，滩盐湿耗 | 《长芦盐法志》卷六《优恤》，第94页 |
| 3 | 乾隆三年 | 本年秋冬季及带征乾隆二年秋冬季盐课 | 分限三年 | 不详 | 同上 |
| 4 | 乾隆四年六月 | 乾隆二年秋冬季盐课 | 再展限一年 | 乾隆三年夏秋多雨，引盐难销 | 《清代长芦盐务档案史料选编》，第38页 |
| | | 本年冬季课银 | 宽期于乾隆六年完纳 | | |
| 5 | 乾隆八年 | 本年正课、加课等银 | 分为十四年完交 | 盐斤壅滞，运费倍增 | 《长芦盐法志》卷六《优恤》，第94页 |
| 6 | 乾隆十五年十月 | 本年应征秋冬二季盐课 | 分作二年带征 | 雨水过多，盐价昂贵，受贮之处又多被水耗损 | 《长芦盐法志》卷二《谕旨二》，第14页 |
| 7 | 乾隆十六年八月 | 乾隆十六年应征秋冬二季引课及十五年缓征秋冬二季引课 | 分作三年，自次年为始次第征收 | 长芦灶地有被灾之处。春夏连阴，滩盐失晒 | 《长芦盐法志》卷二《谕旨二》，第15页；卷六《优恤》，第94页 |
| 8 | 乾隆二十二年七月 | 被水各商本年应征课银 | 分限三年带征 | 河南、直隶水灾 | 《长芦盐法志》卷二《谕旨二》，第16页 |

续表

| 序号 | 年份 | 缓带征内容 | 缓带征年限 | 缓带征原因 | 资料来源 |
| --- | --- | --- | --- | --- | --- |
| 9 | 乾隆二十六年十月 | 本年未完盐课四十二万两 | 缓至次年奏销后分五年点整 | 直隶、河南多有被水地方 | 同上 |
| 10 | 乾隆三十六年十一月 | 应完乾隆三十六年引课 | 分作三年带征 | 皇太后八旬万寿，各地盐商效力 | 同上，第 17 页 |
| 11 | 乾隆三十八年三月 | 乾隆三十七年正余课项 | 乾隆三十八年奏销后分限六年 | 翠华临幸，各商无不踊跃欢呼 | 同上 |
| 12 | 乾隆三十九年三月 | 乾隆三十六、七年两限应完银两 | 于本年奏销后分作十年带征 | 长芦商本较薄，每年应交正课尚多，若将此两项同时并征，商力未免拮据 | 《清代长芦盐务档案史料选编》，第 136 页 |
| 13 | 乾隆四十一年四月 | 本年盐课四十九万八千余两，未完前年借项银四十三万二钱两 | 本年奏销后起限，分作八年带征 | 东巡回銮驻跸天津，众商欢迎有功 | 《长芦盐法志》卷二《谕旨二》，第 17 页 |
| 14 | 乾隆四十三年 | 应完乾隆四十二年份正余盐课银四十万两 | 分作五年带征 | 春夏运河浅阻，又兼仪封一带被水，以致运销迟滞 | 同上 |
| 15 | 乾隆四十五年正月 | 应征乾隆四十四年分盐课银五十余万两内十分之一 | 分作五年带征 | 巡幸江浙，道经畿辅，长芦商众踊跃抒忱，用宜一体加恩，俾沾庆泽 | 《清代长芦盐务档案史料选编》，第 140 页 |

续表

| 序号 | 年份 | 缓带征内容 | 缓带征年限 | 缓带征原因 | 资料来源 |
|---|---|---|---|---|---|
| 16 | 乾隆四十九年闰三月 | 长芦应征课银四十九万余两 | 分作八年带征 | 朕銮辂时巡,普施庆惠,前长芦、山东商众踊跃抒忱,自应一体加恩,俾沾渥泽 | 《清代长芦盐务档案史料选编》,第151页 |
| 17 | 乾隆五十年六月 | 本年应完引课 | 分作三年带完 | 各引地麦收歉薄,引盐难售 | 《长芦盐法志》卷二《谕旨二》,第18页;卷六《优恤》,第95页 |
| 18 | 乾隆五十一年闰七月 | 芦应完正余引课,原分三年带征者 | 分作六年带征 | 长芦盐商应完课项为数较多,若同时并征,未免竭蹶 | 《长芦盐法志》卷二《谕旨二》,第19页 |
| 19 | 乾隆五十四年八月 | 所有四十八年起至五十二年止本年应交带征课项银二十万三千六百三十余两,并五十三年应交引课银一十七万六千八百五十余两 | 于五十五年秋后起征,分限三年带完 | 本年长芦一带雨水较多,以致海潮漫溢,滩坨淹浸,盐斤折耗 | 《清代长芦盐务档案史料选编》,第173页 |
| 20 | 乾隆五十五年三月 | 本年盐课五十七万二千余两 | 自本年奏销后分八年带征 | 朕此次巡幸山左于回銮时驻跸天津,所有东省长芦两处商人情殷瞻就踊跃欣忭具见悃诚。今翠华临莅,允宜再沛恩膏 | 《清代长芦盐务档案史料选编》,第174页 |

续表

| 序号 | 年份 | 缓带征内容 | 缓带征年限 | 缓带征原因 | 资料来源 |
|---|---|---|---|---|---|
| 21 | 乾隆五十七年四月 | 乾隆四十八至五十四等年缓征引课未完银一百五十三万六千余两,包括“各项帑息、杂款及节年缓征之项” | 于本年奏销后仍按原限分作七年 | 该商等赀本微薄,从前原定七年限内,前数限应交缓带银两较多,若令按限照数完纳,商力究未免拮据 | 《长芦盐法志》卷二《谕旨二》,第20页;卷六《优恤》,第95页 |
| 22 | 乾隆五十八年九月 | 本年长芦应征正余引课银五十余万两 | 自五十九年起分限三年 | 上年该处雨泽愆期,收成稍歉,引盐不能畅销 | 《长芦盐法志》卷二《谕旨二》,第21页 |
| 23 | 乾隆五十九年四月 | 所有长芦山东未完六限、三限缓征及带征五限川饷,并本年应完正余引票课银三百八十八万两 | 于原限届满奏销后起限,统行接展三年,分年带征 | 翠华莅临天津,芦东各商俱情殷瞻就,踊跃欣忭,具见悃诚 | 同上 |
| 24 | 乾隆六十年九月 | 本年应征课银七十余万两 | 次年起分二年带征 | 长芦上年行盐各地,间有雨多歉收,引盐不能畅销,成本加增,众商办课实属竭蹶 | 《长芦盐法志》卷二《谕旨二》,第23页;卷六《优恤》,第95—96页 |
| | | 节年缓征银三百三十余万两 | 于二年限内交完时再行起限 | | |

### 附表五:本书所涉年号纪年与公元纪年对照表

| 年号纪年 | 公元纪年 | 年号纪年 | 公元纪年 |
|---|---|---|---|
| 汉 | | 顺治十五年 | 1658.02.02—1659.01.22 |
| 始元六年 | 前81.02.08—前80.01.27 | 顺治十六年 | 1659.01.23—1660.02.10 |
| 唐 | | 顺治十七年 | 1660.02.11—1661.01.29 |
| 上元元年 | 760.01.23—761.02.09 | 顺治十八年 | 1661.01.30—1662.02.17 |
| 明 | | 康熙元年 | 1662.02.18—1663.02.07 |
| 永乐十八年 | 1420.01.15—1421.02.01 | 康熙二年 | 1663.02.08—1664.01.27 |
| 万历三十五年 | 1607.01.28—1608.02.15 | 康熙三年 | 1664.01.28—1665.02.14 |
| 万历三十七年 | 1609.02.04—1610.01.24 | 康熙四年 | 1665.02.15—1666.02.03 |
| 万历三十八年 | 1610.01.25—1611.02.12 | 康熙五年 | 1666.02.04—1667.01.23 |
| 崇祯二年 | 1629.01.24—1630.02.11 | 康熙六年 | 1667.01.24—1668.02.11 |
| 崇祯十七年 | 1644.02.08—1645.01.27 | 康熙七年 | 1668.02.12—1669.01.31 |
| 清 | | 康熙八年 | 1669.02.01—1670.01.20 |
| 顺治元年 | 1644.02.08—1645.01.27 | 康熙九年 | 1670.01.21—1671.02.08 |
| 顺治二年 | 1645.01.28—1646.02.15 | 康熙十年 | 1671.02.09—1672.01.29 |
| 顺治三年 | 1646.02.16—1647.02.04 | 康熙十一年 | 1672.01.30—1673.02.16 |
| 顺治四年 | 1647.02.05—1648.01.24 | 康熙十二年 | 1673.02.17—1674.02.05 |
| 顺治五年 | 1648.01.25—1649.02.10 | 康熙十三年 | 1674.02.06—1675.01.25 |
| 顺治六年 | 1649.02.11—1650.01.31 | 康熙十四年 | 1675.01.26—1676.02.13 |
| 顺治七年 | 1650.02.01—1651.01.20 | 康熙十五年 | 1676.02.14—1677.02.01 |
| 顺治八年 | 1651.01.21—1652.02.08 | 康熙十六年 | 1677.02.02—1678.01.22 |
| 顺治九年 | 1652.02.09—1653.01.28 | 康熙十七年 | 1678.01.23—1679.02.10 |
| 顺治十年 | 1653.01.29—1654.02.16 | 康熙十八年 | 1679.02.11—1680.01.30 |
| 顺治十一年 | 1654.02.17—1655.02.05 | 康熙十九年 | 1680.01.31—1681.02.17 |
| 顺治十二年 | 1655.02.06—1656.01.25 | 康熙二十年 | 1681.02.18—1682.02.06 |
| 顺治十三年 | 1656.01.26—1657.02.12 | 康熙二十一年 | 1682.02.07—1683.01.26 |
| 顺治十四年 | 1657.02.13—1658.02.01 | 康熙二十二年 | 1683.01.27—1684.02.14 |

续表

| 年号纪年 | 公元纪年 | 年号纪年 | 公元纪年 |
|---|---|---|---|
| 康熙二十三年 | 1684.02.15—1685.02.02 | 康熙四十九年 | 1710.01.30—1711.02.16 |
| 康熙二十四年 | 1685.02.03—1686.01.23 | 康熙五十年 | 1711.02.17—1712.02.06 |
| 康熙二十五年 | 1686.01.24—1687.02.11 | 康熙五十一年 | 1712.02.07—1713.01.25 |
| 康熙二十六年 | 1687.02.12—1688.02.01 | 康熙五十二年 | 1713.01.26—1714.02.13 |
| 康熙二十七年 | 1688.02.02—1689.01.20 | 康熙五十三年 | 1714.02.14—1715.02.03 |
| 康熙二十八年 | 1689.01.21—1690.02.08 | 康熙五十四年 | 1715.02.04—1716.01.23 |
| 康熙二十九年 | 1690.02.09—1691.01.28 | 康熙五十五年 | 1716.01.24—1717.02.10 |
| 康熙三十年 | 1691.01.29—1692.02.16 | 康熙五十六年 | 1717.02.11—1718.01.30 |
| 康熙三十一年 | 1692.02.17—1693.02.04 | 康熙五十七年 | 1718.01.31—1719.02.18 |
| 康熙三十二年 | 1693.02.05—1694.01.24 | 康熙五十八年 | 1719.02.19—1720.02.07 |
| 康熙三十三年 | 1694.01.25—1695.02.12 | 康熙五十九年 | 1720.02.08—1721.01.27 |
| 康熙三十四年 | 1695.02.13—1696.02.02 | 康熙六十年 | 1721.01.28—1722.02.15 |
| 康熙三十五年 | 1696.02.03—1697.01.22 | 康熙六十一年 | 1722.02.16—1723.02.04 |
| 康熙三十六年 | 1697.01.23—1698.02.10 | 雍正元年 | 1723.02.05—1724.01.25 |
| 康熙三十七年 | 1698.02.11—1699.01.30 | 雍正二年 | 1724.01.26—1725.02.12 |
| 康熙三十八年 | 1699.01.31—1700.02.18 | 雍正三年 | 1725.02.13—1726.02.01 |
| 康熙三十九年 | 1700.02.19—1701.02.07 | 雍正四年 | 1726.02.02—1727.01.21 |
| 康熙四十年 | 1701.02.08—1702.01.27 | 雍正五年 | 1727.01.22—1728.02.09 |
| 康熙四十一年 | 1702.01.28—1703.02.15 | 雍正六年 | 1728.02.10—1729.01.28 |
| 康熙四十二年 | 1703.02.16—1704.02.04 | 雍正七年 | 1729.01.29—1730.02.16 |
| 康熙四十三年 | 1704.02.05—1705.01.24 | 雍正八年 | 1730.02.17—1731.02.06 |
| 康熙四十四年 | 1705.01.25—1706.02.12 | 雍正九年 | 1731.02.07—1732.01.26 |
| 康熙四十五年 | 1706.02.13—1707.02.02 | 雍正十年 | 1732.01.27—1733.02.13 |
| 康熙四十六年 | 1707.02.03—1708.01.22 | 雍正十一年 | 1733.02.14—1734.02.03 |
| 康熙四十七年 | 1708.01.23—1709.02.09 | 雍正十二年 | 1734.02.04—1735.01.23 |
| 康熙四十八年 | 1709.02.10—1710.01.29 | 雍正十三年 | 1735.01.24—1736.02.11 |

续表

| 年号纪年 | 公元纪年 | 年号纪年 | 公元纪年 |
|---|---|---|---|
| 乾隆元年 | 1736.02.12—1737.01.30 | 乾隆二十七年 | 1762.01.25—1763.02.12 |
| 乾隆二年 | 1737.01.31—1738.02.18 | 乾隆二十八年 | 1763.02.13—1764.02.01 |
| 乾隆三年 | 1738.02.19—1739.02.07 | 乾隆二十九年 | 1764.02.02—1765.01.20 |
| 乾隆四年 | 1739.02.08—1740.01.28 | 乾隆三十年 | 1765.01.21—1766.02.08 |
| 乾隆五年 | 1740.01.29—1741.02.15 | 乾隆三十一年 | 1766.02.09—1767.01.29 |
| 乾隆六年 | 1741.02.16—1742.02.04 | 乾隆三十二年 | 1767.01.30—1768.02.17 |
| 乾隆七年 | 1742.02.05—1743.01.25 | 乾隆三十三年 | 1768.02.18—1769.02.06 |
| 乾隆八年 | 1743.01.26—1744.02.12 | 乾隆三十四年 | 1769.02.07—1770.01.26 |
| 乾隆九年 | 1744.02.13—1745.01.31 | 乾隆三十五年 | 1770.01.27—1771.02.14 |
| 乾隆十年 | 1745.02.01—1746.01.21 | 乾隆三十六年 | 1771.02.15—1772.02.03 |
| 乾隆十一年 | 1746.01.22—1747.02.08 | 乾隆三十七年 | 1772.02.04—1773.01.22 |
| 乾隆十二年 | 1747.02.09—1748.01.29 | 乾隆三十八年 | 1773.01.23—1774.02.10 |
| 乾隆十三年 | 1748.01.30—1749.02.16 | 乾隆三十九年 | 1774.02.11—1775.01.30 |
| 乾隆十四年 | 1749.02.17—1750.02.06 | 乾隆四十年 | 1775.01.31—1776.02.18 |
| 乾隆十五年 | 1750.02.07—1751.01.26 | 乾隆四十一年 | 1776.02.19—1777.02.07 |
| 乾隆十六年 | 1751.01.27—1752.02.14 | 乾隆四十二年 | 1777.02.08—1778.01.27 |
| 乾隆十七年 | 1752.02.15—1753.02.02 | 乾隆四十三年 | 1778.01.28—1779.02.15 |
| 乾隆十八年 | 1753.02.03—1754.01.22 | 乾隆四十四年 | 1779.02.16—1780.02.04 |
| 乾隆十九年 | 1754.01.23—1755.02.10 | 乾隆四十五年 | 1780.02.05—1781.01.23 |
| 乾隆二十年 | 1755.02.11—1756.01.30 | 乾隆四十六年 | 1781.01.24—1782.02.11 |
| 乾隆二十一年 | 1756.01.31—1757.02.17 | 乾隆四十七年 | 1782.02.12—1783.02.01 |
| 乾隆二十二年 | 1757.02.18—1758.02.07 | 乾隆四十八年 | 1783.02.02—1784.01.21 |
| 乾隆二十三年 | 1758.02.08—1759.01.28 | 乾隆四十九年 | 1784.01.22—1785.02.08 |
| 乾隆二十四年 | 1759.01.29—1760.02.16 | 乾隆五十年 | 1785.02.09—1786.01.29 |
| 乾隆二十五年 | 1760.02.17—1761.02.04 | 乾隆五十一年 | 1786.01.30—1787.02.17 |
| 乾隆二十六年 | 1761.02.05—1762.01.24 | 乾隆五十二年 | 1787.02.18—1788.02.06 |

续表

| 年号纪年 | 公元纪年 | 年号纪年 | 公元纪年 |
|---|---|---|---|
| 乾隆五十三年 | 1788.02.07—1789.01.25 | 嘉庆十九年 | 1814.01.21—1815.02.08 |
| 乾隆五十四年 | 1789.01.26—1790.02.13 | 嘉庆二十年 | 1815.02.09—1816.01.28 |
| 乾隆五十五年 | 1790.02.14—1791.02.02 | 嘉庆二十一年 | 1816.01.29—1817.02.15 |
| 乾隆五十六年 | 1791.02.03—1792.01.23 | 嘉庆二十二年 | 1817.02.16—1818.02.04 |
| 乾隆五十七年 | 1792.01.24—1793.02.10 | 嘉庆二十三年 | 1818.02.05—1819.01.25 |
| 乾隆五十八年 | 1793.02.11—1794.01.30 | 嘉庆二十四年 | 1819.01.26—1820.02.13 |
| 乾隆五十九年 | 1794.01.31—1795.01.20 | 嘉庆二十五年 | 1820.02.14—1821.02.02 |
| 乾隆六十年 | 1795.01.21—1796.02.08 | 道光元年 | 1821.02.03—1822.01.22 |
| 嘉庆元年 | 1796.02.09—1797.01.27 | 道光二年 | 1822.01.23—1823.02.10 |
| 嘉庆二年 | 1797.01.28—1798.02.15 | 道光三年 | 1823.02.11—1824.01.30 |
| 嘉庆三年 | 1798.02.16—1799.02.04 | 道光四年 | 1824.01.31—1825.02.17 |
| 嘉庆四年 | 1799.02.05—1800.01.24 | 道光五年 | 1825.02.18—1826.02.06 |
| 嘉庆五年 | 1800.01.25—1801.02.12 | 道光六年 | 1826.02.07—1827.01.26 |
| 嘉庆六年 | 1801.02.13—1802.02.02 | 道光七年 | 1827.01.27—1828.02.14 |
| 嘉庆七年 | 1802.02.03—1803.01.22 | 道光八年 | 1828.02.15—1829.02.03 |
| 嘉庆八年 | 1803.01.23—1804.02.10 | 道光九年 | 1829.02.04—1830.01.24 |
| 嘉庆九年 | 1804.02.11—1805.01.30 | 道光十年 | 1830.01.25—1831.02.12 |
| 嘉庆十年 | 1805.01.31—1806.02.17 | 道光十一年 | 1831.02.13—1832.02.01 |
| 嘉庆十一年 | 1806.02.18—1807.02.06 | 道光十二年 | 1832.02.02—1833.02.19 |
| 嘉庆十二年 | 1807.02.07—1808.01.27 | 道光十三年 | 1833.02.20—1834.02.08 |
| 嘉庆十三年 | 1808.01.28—1809.02.13 | 道光十四年 | 1834.02.09—1835.01.28 |
| 嘉庆十四年 | 1809.02.14—1810.02.03 | 道光十五年 | 1835.01.29—1836.02.16 |
| 嘉庆十五年 | 1810.02.04—1811.01.24 | 道光十六年 | 1836.02.17—1837.02.04 |
| 嘉庆十六年 | 1811.01.25—1812.02.12 | 道光十七年 | 1837.02.05—1838.01.25 |
| 嘉庆十七年 | 1812.02.13—1813.01.31 | 道光十八年 | 1838.01.26—1839.02.13 |
| 嘉庆十八年 | 1813.02.01—1814.01.20 | 道光十九年 | 1839.02.14—1840.02.02 |

续表

| 年号纪年 | 公元纪年 |
|---|---|
| 道光二十年 | 1840.02.03—1841.01.22 |
| 道光二十一年 | 1841.01.23—1842.02.09 |
| 道光二十二年 | 1842.02.10—1843.01.29 |
| 道光二十三年 | 1843.01.30—1844.02.17 |
| 道光二十四年 | 1844.02.18—1845.02.06 |
| 道光二十五年 | 1845.02.07—1846.01.26 |
| 道光二十六年 | 1846.01.27—1847.02.14 |
| 道光二十七年 | 1847.02.15—1848.02.04 |
| 道光二十八年 | 1848.02.05—1849.01.23 |
| 道光二十九年 | 1849.01.24—1850.02.11 |
| 道光三十年 | 1850.02.12—1851.01.31 |
| 咸丰元年 | 1851.02.01—1852.02.19 |
| 咸丰二年 | 1852.02.20—1853.02.07 |
| 咸丰三年 | 1853.02.08—1854.01.28 |
| 咸丰四年 | 1854.01.29—1855.02.16 |

# 后　记

本书的产生，是天津市档案馆长芦盐务档案整理汇编工作的结果。这项工作开始于2011年，结束于2018年，最终出版了三卷本的《长芦盐务档案史料丛编》，其内容涵盖了清初到中华人民共和国成立前三百多年的长芦盐务。在这个过程中，天津市档案馆先后和天津市长芦盐业总公司、中国第一历史档案馆、河北省档案馆合作。可以说，这是天津市档案馆时空跨度较大的一个档案汇编项目。丛编出版后，得到了学界的充分肯定，并荣获第十六届天津市社会科学优秀成果奖。

我作为天津市档案馆编辑研究部的成员，从一开始就有幸参与其中，此后长达七年多的时间里，对长芦盐务档案的整理都是我工作的一项重要内容。久久浸润于其中，让我不能不对长芦盐务发生研究的兴趣，而这份兴趣又恰好契合了我在文化上寻幽探胜的心理。早在2007年来到天津以后，我就开始寻找这个地方残留的古韵，于是盐商就自然地进入了我的视野。犹记初识水西庄时的悸动，以及得知水西庄已经无迹可寻时的失落。在某一段时期里，我曾经饶有兴味地搜集关于天津古代盐商园林的资料，靠着想象去亲近其中曾经发生过的那些风雅往事。在这个过程中就已经发现，其实能够承载天津古典文化的那些盐商家族，大部分都已经被历史的风尘磨蚀得模糊不清了，甚至连他们来自哪里，去向何方，都已经没有人能够说清楚。

因此，能够有机会参与到长芦盐务档案的整理汇编工作，对我来说是正中下怀。这项工作是从中国第一历史档案馆馆藏的清代长芦盐务档案开始的。这些清代档案为我打开了通往古代天津大门的钥匙，因为那些早已熟知的天津人名和风物，在奏折谕旨中显露出清晰的面容。我迫不及待地把其中最生动或最能补苴天津古代史的部分整理成短文，公诸报端。在这个过程中，时而闪现于档案史料中的天津大盐商家族及其主要人物，便逐渐连缀成虽模糊却具有时空延续性的印象。于是，完整系统地梳理他们的历史，便成为我心中必须要做的一件工作。

2020 年，我以《清前中期天津盐商家族研究》为题，获准立项馆内年度科研课题，在前期大量占有史料的基础上，提纲挈领地写出了部分天津盐商家族的历史。2021 年，本书正式列入馆年度档案编研工作目标任务。除了继续将大盐商家族史补充完整，更重要的工作就是离开家族史的单一轨道，从盐业史的视角去探寻天津盐商家族兴衰变迁的原因。在 2021 年整整一年的时间里，在馆内、部门内业务工作目标任务繁重的情况下，馆领导和部门领导仍给予我充足的时间，让我集中精力进行书稿的写作。他们对本书寄予厚望，时刻在关注着写作的进度，给我鼓舞和激励，这是我完成书稿的强大动力。初稿完成后，馆领导和部门领导拔冗对书稿进行了审阅，指出了书中观点的不允当之处，订正了许多文字及表述上的错误，并在书名设定、持论方向等方面提出了建设性的意见。总之，本书并不是我个人的成果，而是天津市档案馆档案工作的结晶。

在书稿写作和出版过程中，中国第一历史档案馆利用处在档案查阅、档案使用授权等方面给予了大力支持；南开大学张致和博士慷慨地分享了他手中的资料；书稿整体成形后，按照馆学术工作规范的要求，邀请天津市社会科学院张利民老师和扬州市税务局徐顺荣老师对书稿进行了专业而细致的审阅，他们作为经济史、盐业史领域的专家，在书稿的观点、论证、史实、学术规范等方面提出了很多中肯的意见，对本书的完善起到了重要的作用；天津社会科学院出版社高潮社长亲自审校了书稿，以她深厚的编辑专业功底勘正谬误、规范体例，提升了书稿的质量；韩鹏副社长、吴琼女士在书稿的审校、编辑、装帧设计以及其他相关事务上付出了大量心血。在此，对以上师友、同仁一并致谢。

作为档案工作者，开发利用档案是分内的工作；作为历史研究者，开发利用档案是得天独厚的优势。因此，利用档案进行历史研究是档案工作的一项不可或缺的重要内容。近年来，天津市档案馆强化了学术研究工作，在建立健全学术研究工作机制模式、培养学术研究人才、打造学术研究成果，营造专业性、学术性、开放性、文化性氛围方面作出了不懈的努力，本书的选题、立项、写作无不得益于这样的学术环境。本书的完成，既是达成了个人的夙愿，更是向档案学术研究事业交出了一份答卷。这份答卷是否合格，留待读者诸君评定。

吉朋辉

2022 年 10 月 20 日